올해의 판결
2008~2013년 92개 판결

이 도서의 국립중앙도서관 출판시도서목록(CIP)은 서지정보유통지원시스템 홈페이지
(http://seoji.nl.go.kr)와 국가자료공동목록시스템(http://www.nl.go.kr/kolisnet)에서
이용하실 수 있습니다.(CIP제어번호: CIP2014008698)

이명박 정부 5년,   그리고 박근혜 정부 1년

올해의 판결
2008~2013년 92개 판결
한겨레21 선정 올해의 판결 취재팀 지음

북콤마

올해의 판결에 대하여

2012년 12월 17일 발행된 〈한겨레21〉 941호 표지엔 '잘 가라, MB, 잘 가라, 삽질 법들이여'라는 도발적인 문구가 쓰여 있었다. 18대 대통령선거를 이틀 앞둔 날이다. 〈한겨레21〉은 이명박 정부 집권 첫해인 2008년부터 해마다 연말에 '올해의 판결'을 선정해 표지 이야기로 실어왔다. 이때가 한 정권의 끝물인 2012년 12월이었으니 그해 올해의 판결을 기획하면서 이명박 정부를 마감하는 감회가 없을수 없었다. 상식과 품격, 이성과 공존의 가치가 하무하게 무너지고, 그 자리를 토건과 개발의 광풍이 휩쓸고 간 MB 시대 5년이었다. 드디어 이를 떠나보내는 〈한겨레21〉의 마음속엔 분명 새 시대를 기다리는 희망이 자리 잡고 있었으리라.

운명은, 보기 좋게, 희망을 무릎 꿇렸다. 우리는 그사이 또 한 해를 흘러 보내고 2014년 봄을 맞이하고 있다. 지난해를 돌이켜보면, 우리 사회를 뜨겁게 달군 이슈들은 하나같이 민주주의가 후퇴하는 징후를 뚜렷하게 보여준다. 국가정보원을 비롯한 주요 국가기관이 지난 대통령선거에 불법 개입한 사실이 드러났음에도, 이를 밝혀내려 애쓰던 사람들은 하나둘씩 입에 재갈이 물린 채 밀려나고 있다. 때 아닌 공안정국은 우리 사회의 시곗바늘을 30, 40년 전으로 되돌리는 듯한 인상을 준다. 이 모두가 2013년, 그러니까 새로 탄생한 박근혜 정부의 집권 첫해에 여름철 소나기 쏟아지듯 몰아친 일이다.

최근 들어 사법부의 판결에 웃고 우는 사례가 부쩍 늘어나고 있는 점은 주목할 만하다. 퇴행적인 보수·수구 성향의 정권 아래 공공성과 시민사회의 공간이 점차 위협받고 있는 흐름과 궤를 같이한다. 사법부의 움직임에 예전보다 더 많은 눈길이 쏠리는 것 또한 숨길 수 없는 사실이다. 이는 분명 이중적이고 양가적 의미를 지니는 현상일 게다.

한편으로는 사법부가 고삐 풀린 권력에 제동을 걸 수 있는 최후의 보루라는 걸 떠올리게 한다. 물론 '사법 정의'가 제대로 살아 숨 쉬는 한 그렇다는 말이다. 다른 한편으로는 사회 구성원들 간의 이해 갈등을 조율할 사명을 가진 정치 영역이 제힘을 발휘하지 못해 생겨난 사법 만능주의일 수도 있다. 시민사회가 스스로 문제를 해결해나갈 역량이 갈수록 부족해지는 작금의 현실을 여실히 드러내는 것이다. 어찌 보면 1987년 민주화 이후 사반세기 세월이 흘렀음에도 시민사회가 아직 토대를 제대로 마련하지 못했음을 방증하는 것이리라. 자칫 사법 만능주의가 '법치주의의 강화'를 내세우는 정권의 퇴행적 행보와 맥이 닿아 이를 정당화하는 역할을 하지 않을까 하는 우려 또한 있다.

무엇을 할 것인가? 〈한겨레21〉이 그간 여섯 차례에 걸쳐 진행해온 '올해의 판결' 기획은 사법부를 향한 날선 채찍질이자, 매서운 감시 운동이다. '주목할 판결'과 '문제적 판결'로 시야를 넓힌 이유도 여기에 있다. 여기 단행본 1권으로 묶인 6년간의 기획 기사는 사법부의 판결이라는 거울에 비친, 이명박 정부 5년과 박근혜 정부 첫해에 대한 기록이다. 우리 사회를 지탱해온 헌법적 가치가 무참히 짓밟히고 시민의 소중한 기본권이 마구 훼손되는 상황에서 올해의 판결이 떠안아야 할 몫은 더욱 커질지도 모른다. 분명 힘들고 고된 작업일지언정 앞으로도 〈한겨레21〉은 우리 사회를 비추는 기록에 대한 사명을 꿋꿋이 이어가련다.

—최우성 〈한겨레21〉 편집장

차례

부문별 올해의 판결(92개)

(* 표시한 경우는 최악의 판결, 걸림돌 판결, 문제적 판결)

집회의 자유 부문

_ 서울중앙지방법원, 촛불 집회에 참가한 시민단체는 손해배상 책임이 없다는 판결. 2013년

_ 헌법재판소, 서울광장 차벽은 일반적 행동 자유권을 침해한 것으로 위헌이라는 결정. 2011년

_ 서울행정법원, 유령 집회로 집회의 자유를 제한해서는 안 된다는 판결. 2011년

* 대법원, 집회 주최 측이 집회로 인한 손해액 전체를 배상하라고 파기환송한 판결. 2010년

* 헌법재판소, 국회 앞에서의 집회를 금지하는 집시법 조항은 합헌이라는 결정. 2010년

_ 서울중앙지방법원, 야간 옥외 집회 참가자에게 무죄 선고한 판결. 2009년(최고의 판결)

_ 대법원, 삼보일배 행진은 합법적인 시위 방식이라는 판결. 2009년

_ 대법원, 금지 통보를 받은 집회라도 상경하려던 농민을 원천 봉쇄한 것은 불법이라는 판결. 2008년

_ 헌법재판소, 접수 순위를 정하기 어렵다는 이유로 집회신고서를 반려한 경찰의 관행은 위헌이라는 결정. 2008년

표현의 자유 부문

* 대법원, 삼성 떡값 검사의 명단을 폭로한 노회찬 전 의원에게 유죄 확정한 판결. 2013년

* 대법원, 청년유니온의 플래시몹 행사는 집시법 대상이라는 판결. 2013년

_ 헌법재판소, 인터넷실명제는 위헌이라는 전원 일치 결정. 2012년(최고의 판결)

_ 서울고등법원, 수사기관의 요청만으로 인터넷 포털 업체가 개인의 통신 자료를 넘기는 관행에 제동을 건 판결. 2012년

_ 서울고등법원, 삼성 X파일 떡값 검사의 명단을 공개한 노회찬 전 의원의 행위는 공익성이 인정되므로 손해배상 책임이 없다는 판결. 2011년

_ 서울중앙지방법원/서울고등법원, 〈PD수첩〉의 광우병 쇠고기 보도에 무죄를 선고한 판결. 2010년(최고의 판결)

* 서울행정법원, 군대 내 불온서적 지정은 위헌이라며 헌법소원 냈다는 이유로 군법무관들을 징계한 것은 적법하다는 판결. 2010년

* 헌법재판소, 국방부가 불온서적 지정한 것은 합헌이라는 결정. 2010년

_ 서울중앙지방법원, '미네르바'에게 무죄를 선고한 판결. 2009년

노동 부문

_ 서울행정법원, 고용노동부가 전교조에 내린 법외 노조 처분의 효력을 정지시킨 판결. 2013년

_ 서울행정법원, 삼성전자 반도체 공장 노동자의 백혈병이 산업재해임을 또다시 인정한 판결. 2013년

_ 서울행정법원, 재능교육 학습지 교사를 노동조합법상의 노동자로 인정한 판결. 2012년

_ 대법원, 현대차의 사내 하청은 불법파견임을 다시 확인한 확정판결. 2012년

_ 대법원, 근로계약에 갱신 규정이 없더라도 갱신 기대권을 인정받을 수 있다는 판결. 2011년

_ 대법원, 노동운동 탄압의 감초인 업무방해죄를 남용하는 관행에 제동을 건 판결. 2011년

_ 대법원, 현대차의 사내 하청 노동자도 2년 이상 근무하면 직접 고용된 것으로 간주해야 한다는 파기환송 판결. 2010년

_ 서울남부지방법원, 교원 노조 가입 현황 자료는 민감한 정보이므로 보호돼야 한다는 판결. 2010년

* 서울행정법원, 전국공무원노동조합의 노조 설립 신고를 반려한 고용노동부의 처분은 정당하다는 판결. 2010년

* 서울행정법원, 청년유니온의 노조 설립 신고를 반려한 고용노동부의 처분은 정당하다는 판결. 2010년

_ 인천지방법원, '긴박한 경영상의 필요'라는 해고의 요건을 엄격하게 따져볼 때 콜트악기의 해고는 부당하다는 판결. 2009년

_ 대법원, 법 개정 전의 불법파견도 2년을 넘기면 원청 업체가 직접 고용한 것으로 간주한다는 판결. 2008년(최고의 판결)

_ 대법원, 요양 승인 기다리다 뒤늦게 휴업급여를 신청한 경우 시효 소멸을 적용해서는 안 된다는 판결. 2008년

형사·사법 부문

_ 대법원, 실질적인 부부간에도 강간죄가 성립함을 처음 인정한 판결. 2013년

_ 서울중앙지방법원, 탈북자 출신 서울시 공무원의 간첩 혐의에 무죄를 선고한

판결. 2013년

* 대법원, 김형근 전교조 교사의 국가보안법 위반 혐의에 무죄 선고한 원심을 파기한 판결. 2013년

_ 대법원, 검찰이 용산 참사 철거민에게 수사 기록을 공개하지 않은 것은 위법이라며 국가가 배상하라는 확정판결. 2012년

_ 서울중앙지방법원, 검찰이 용산 참사 철거민에게 수사 기록을 공개하지 않은 것은 위법이라며 국가가 배상하라는 판결. 2010년

* 의정부지방법원, 기무사의 민간인 사찰 현장을 잡아 카메라를 뺏은 행위에 강도상해죄를 적용한 판결. 2010년

* 서울행정법원, 공안 사범 자료 등을 공개하지 않은 경찰의 처분이 적합하다는 판결. 2010년

* 대법원, 조사 과정에서 변호인의 참여권을 제한한 것은 위법이라는 원심을 파기한 판결. 2010년

_ 대법원, 압수수색 영장을 집행하는 데 엄격하고 구체적인 기준을 제시한 판결. 2009년

_ 대법원, 조사 과정에서 변호인의 참여권을 제한한 것은 위법이라는 판결. 2008년

국가 상대 소송 부문

_ 서울중앙지방법원, 기간을 정하지 않고 무제한적으로 전자우편을 압수수색 한 것은 위법하다며 국가가 배상하라는 판결. 2012년

_ 서울고등법원, 병사의 자살 이유를 허위로 알린 경우 소멸 시효가 다했더라도 국가가 책임져야 한다는 판결. 2009년

_ 대법원, 폭설로 고속도로에 고립된 피해자에게 한국도로공사가 배상하라는 판

결. 2008년

_ 대법원, 성매매 밀집 지역의 화재로 질식사한 것에 대해 국가와 지방자치단체가 배상하라는 판결. 2008년

여성 부문

_ 대법원, 여성 회원이 총회원이 되는 것을 제한한 것은 성차별이므로 서울 YMCA가 배상하라는 판결. 2011년

_ 대법원, 직장에서 성희롱한 지점장을 해고한 것은 정당하다는 판결. 2008년

환경 부문

_ 제주지방법원, 불법 포획되어 쇼에 동원된 돌고래를 몰수한 판결. 2012년

_ 수원지방법원, 4대강 사업 앞에서 삶터를 지키려는 팔당 유기농 농민들의 손을 들어준 판결. 2011년

* 서울행정법원, 4대강 사업에 대한 집행정지 신청을 기각한 판결. 2010년

_ 서울고등법원, 환경영향평가 절차의 중요성을 강조한 판결. 2010년

경제 정의 부문

_ 서울중앙지방법원, 남양유업은 '밀어내기' 피해액을 전액 배상하라는 판결. 2013년

* 대법원, 키코KIKO가 환헤지에 적합한 상품이라며 은행의 손을 들어준 전원 일치 판결

_ 서울서부지방법원, 김승연 한화그룹 회장에게 실형 선고하고 법정 구속한 판결. 2012년

_ 대법원, 임대주택 분양 전환가를 높게 매기면서 건설 원가 자료를 공개하지 않은 LH공사에게 제동을 건 판결. 2011년

_ 대법원, 납품 업체를 속여 부품 단가를 깎은 대기업에게 하급심보다 더 엄격한 잣대를 댄 판결. 2010년

_ 서울고등법원, 조합원 부담금의 구체적 산정 기준을 제시하지 않은 재개발 조합 설립은 무효라는 판결. 2009년

_ 서울고등법원, 시장금리가 하락했는데 대출금리는 기존대로 유지한 은행의 불공정 행위에 책임을 물은 판결. 2009년

_ 대법원, 자금 차입에 의한 기업 인수(LBO 방식)는 불법이라는 판결. 2008년

_ 서울고등법원, 하청 업자에게 미분양 아파트를 떠넘긴 것은 불공정 거래라는 판결. 2008년

과거 청산 부문

_ 대법원, 일제 강제징용 피해자들에 대한 일본 기업의 배상 책임을 인정한 판결. 2012년

_ 서울중앙지방법원, 1979년 신민당사 점거 농성한 YH무역 농성자들에게 국가가 배상하라는 판결. 2012년

_ 헌법재판소, 위안부 피해 할머니들의 청구권 문제를 외면해온 정부의 행위는 기본권을 침해한 것으로 위헌이라는 결정. 2011년(최고의 판결)

_ 서울고등법원, 독립운동가에게 유죄 선고한 판사를 친일 반민족 행위자로 인정한 판결. 2011년

_ 대법원, 울산 국민보도연맹 사건에서 국가권력의 소멸 시효는 없다며 국가의 배상 책임을 인정한 판결. 2011년

_ 대법원, 박정희 정권을 보위하고 기본권을 탄압한 '긴급조치 제1호'는 위헌이라는 판결. 2011년

* 서울행정법원, 일제강점기에 독립운동가에게 실형 선고한 판사를 친일 반민족 행위자로 볼 수 없다는 판결. 2010년

소수자 인권 부문

_ 서울서부지방법원, 성기 형성을 하지 않은 성전환자에게도 성별 정정을 허가한 결정. 2013년(최고의 판결)

_ 서울행정법원, 취업 허가 없이 일한 난민 신청자에게 내려진 강제 퇴거 명령을 취소한 판결. 2013년

_ 대법원, 베트남 이주노동자들의 파업에 적용된 업무방해 혐의는 무죄라는 판결. 2012년

_ 청주지방법원, 반복 처벌받는 '양심적 예비군 훈련 거부자'에게 실형 대신 벌금형을 선고한 판결. 2011년

_ 서울고등법원, 동성애를 다룬 영화 〈친구 사이?〉에 '청소년관람불가' 등급을 매긴 영등위의 결정을 취소한 판결. 2011년

_ 대법원, 난민 신청자에게 요건과 증명 책임을 완화해준 판결. 2008년

_ 헌법재판소, 시각장애인 안마사 독점권은 합헌이라는 결정. 2008년

생활 속의 권리 부문

* 헌법재판소, 일반투표의 투표 시간을 오후 6시로 제한하는 공직선거법 조항은 합헌이라는 결정. 2013년

_ 대구고등법원, 부양 의무자가 있어도 실제 부양받지 못하는 이들의 기초생활

수급권을 인정한 판결. 2011년

_ 서울고등법원, 발암 우려 물질이 들어간 생수를 판매한 업체의 이름을 공개하
라는 판결. 2010년

_ 헌법재판소, 교통사고 처리 특례법의 종합보험 가입자 면책 조항은 위헌이라
는 결정. 2009년

_ 서울동부지방법원, 출입 제한이 요청된 도박 중독자를 출입시킨 강원랜드에게
손해배상 책임을 물은 판결. 2009년

행정 부문

_ 서울행정법원, 대형 마트의 영업을 규제하는 지방자치단체 조례는 적법하다는
판결. 2013년

* 서울행정법원, KT의 세계 7대 자연경관 선정 의혹을 폭로한 공익 신고자에게
보호조치를 내린 것은 부당하다는 판결. 2013년

_ 서울고등법원/대법원, 촛불 집회에 참여했다는 이유로 정부가 보조금 지급을
중단한 것은 위법하다는 판결. 2010년

_ 서울행정법원, 검역에서 불합격 판정을 받은 미국산 쇠고기의 작업장을 공개
하라는 판결. 2009년

_ 서울행정법원, 사면심사위원회 위원의 명단과 약력을 공개하라는 판결. 2008년

가족·가사 부문

_ 대법원, 성姓과 본本의 변경을 당사자의 복리 차원에서 허가한 판결. 2010년

_ 헌법재판소, 혼인빙자간음죄는 위헌이라는 결정. 2009년

_ 서울서부지방법원, 회복 불가능한 환자가 요구할 경우 인공호흡기를 제거하라

는 '존엄사' 판결. 2008년

_ 대법원, 친권과 양육권은 아이의 복리를 우선적으로 고려해 결정하라는 판결. 2008년

교육 부문

_ 대법원, 금성출판사 역사 교과서에 대한 교육부의 수정 명령은 부당하다는 판결. 2013년

_ 대법원, 연세대는 등록금 인상의 근거 자료를 공개하라는 확정판결. 2013년

* 대법원, 집단 괴롭힘을 당하다 자살한 성소수자 학생 사건에서 학교의 책임을 인정한 원심을 파기한 판결. 2013년

_ 창원지방법원, 특수목적고 출신 지원자를 우대한 고려대에게 배상 책임을 물은 판결. 2010년

2013년
올해의
판결

'법원이 현재 사회의 성숙도를 반영하지 못하고 뒤늦게 따라오는 경향이 있다.'
'우리 사회에서 민주주의나 정치적 의사 표시는 권리로 제대로 인정받지 못하는 것 같다.'

최고의 판결

- 서울서부지방법원, 성기 형성을 하지 않은 성전환자에게도 성별 정정을 허가한 결정

주목할 판결

- 대법원, 실질적인 부부간에도 강간죄가 성립함을 처음 인정한 판결
- 서울행정법원, 고용노동부가 전교조에 내린 법외 노조 처분의 효력을 정지시킨 판결
- 서울중앙지방법원, 탈북자 출신 서울시 공무원의 간첩 혐의에 무죄를 선고한 판결
- 대법원, 금성출판사 역사 교과서에 대한 교육부의 수정 명령은 부당하다는 판결
- 서울행정법원, 삼성전자 반도체 공장 노동자의 백혈병이 산업재해임을 또다시 인정한 판결
- 서울행정법원, 대형 마트의 영업을 규제하는 지방자치단체 조례는 적법하다는 판결
- 대법원, 연세대는 등록금 인상의 근거 자료를 공개하라는 확정판결
- 서울중앙지방법원, 촛불 집회에 참가한 시민단체는 손해배상 책임이 없다는 판결
- 서울중앙지방법원, 남양유업은 '밀어내기' 피해액을 전액 배상하라는 판결
- 서울행정법원, 취업 허가 없이 일한 난민 신청자에게 내려진 강제 퇴거 명령을 취소한 판결

문제적 판결

- 대법원, 삼성 떡값 검사의 명단을 폭로한 노회찬 전 의원에게 유죄 확정한 판결

- 서울행정법원, KT의 세계 7대 자연경관 선정 의혹을 폭로한 공익 신고자에게 보호조치를 내린 것은 부당하다는 판결

- 헌법재판소, 일반투표의 투표 시간을 오후 6시로 제한하는 공직선거법 조항은 합헌이라는 결정

- 대법원, 집단 괴롭힘을 당하다 자살한 성소수자 학생 사건에서 학교의 책임을 인정한 원심을 파기한 판결

- 대법원, 키코KIKO가 환혜지에 적합한 상품이라며 은행의 손을 들어준 전원 일치 판결

- 대법원, 청년유니온의 플래시몹 행사는 집시법 대상이라는 판결

- 대법원, 김형근 전교조 교사의 국가보안법 위반 혐의에 무죄 선고한 원심을 파기한 판결

'주목할 판결'과 '문제적 판결'로 나눠 심사

정치 실종 2013, 사법부의 고민
올해의 판결 선정이 가진
'기록의 사명'

"국회가 만든 법이 헌법재판소의 위헌 결정에 따라 한갓 종잇장으로 변하기도 하고, 행정부의 법 집행을 무효화하는 판결도 나온다. 법치주의가 강화되는 한편 사회의 이해관계를 조정해야 할 정치가 표류하면서 사법부의 구실은 더욱 중요해지고 있다."

2008년 〈한겨레21〉은 올해의 판결 기획을 처음 내놓으며 '기획의 이유'를 이렇게 설명했다. 이명박 정부 5년에 걸쳐 올해의 판결에 선정된 74개 판결은 권력에 흔들린 헌법적 가치와 시민적 기본권의 위기를 오롯이 기록하고 있다.

올해로 6회째인 올해의 판결 선정이 가진 '기록의 사명'은 박근혜 정부에 들어와서도 변함이 없다. 오히려 사법부의 역할에 대해 묻는 목소리의 울림은 예전보다 더 커졌다. 국가정보원 대선 개입 논란에 귀를 닫은 채 공안 통치의 기운을 뻗

쳐가는 행정부 권력을 보면서, 사법부를 향한 채찍질을 멈출 수 없다. 올해의 판결을 선정하는 작업이 계속되는 이유다.

2013년 올해의 판결 선정 작업은 11월 초부터 시작했다. 심사위원으로는 김보라미 변호사(법무법인 나눔), 김성진 변호사(법무법인 한결·참여연대 시민경제위원회 부위원장), 오창익 인권연대 사무국장, 유성규 노무사(노무법인 참터), 조혜인 변호사(공익인권변호사모임 '희망을 만드는 법'), 최재홍 변호사(수륜아시아법률사무소, 녹색법률센터), 홍성수 숙명여대 법대 교수 등 7명이 참여했다. 정보통신(IT), 경제, 인권, 노동, 소수자, 환경, 표현의 자유 등 여러 분야에서 활동하는 심사위원들이 큰 역할을 해줬다.

선정 작업은 후보 추천→1차 심사→2차 심사를 거쳤다. 우선 사회 각 분야를 막론하고 올해 나온 판결 가운데 후보작 77건을 모았다. 후보작 추천 작업은 심사위원 7명 외에도 몇몇 단체와 기관이 참여했다. 참여연대, 민주사회를 위한 변호사모임 과거사청산위원회, 권두섭 변호사(공공운수노조 법률원장) 그리고 헌법재판소 홍보심의관실과 대법원 홍보심의관실이 도움을 주었다.

후보작은 '주목할 판결'과 '문제적 판결'로 나눠 심사했다. 사법부가 제 역할을 했다고 판단되는 주목할 판결 11개, 사법부가 기본권 침탈 행위를 눈감아줬다고 보이는 문제적 판결 7개를 뽑았다. 심사위원들은 고심한 끝에 주목할 판결 가운데 올해를 빛낸 '최고의 판결'에 성기 형성을 안 한 성전환자에게 성별 정정 결정을 내린 서울서부지방법원의 판결을 선정했다. 대법원과 헌법재판소의 굵직한 판결들을 제쳐두고 하급심 판결의 손을 들어준 점이 눈에 띈다.

최종 심사에서 그 어느 해보다 판결의 내용보다 판결을 대하는 법원의 자세에 대한 토론이 치열했다는 사실도 밝혀둔다. 새 정부를 맞았지만 여전히 정치가 실종된 이즈음 사법부가 어떤 고민을 해야 할지 말해주는 대목이다.

서울서부지방법원 | 2013호파1406

성기 형성을 하지 않은 성전환자에게도
성별 정정을 허가한 결정

최고의 판결

'돈'으로 만든 성기 없어도 남자
성기 형성은 필요하지 않은데
'기준'에 맞추기 위해 하는 수술

1) 이상은(49세·가명) 씨의 주민등록번호 뒷자리는 2로 시작한다. 그러나 어릴 적부터 사내아이 같던 그는 주변에서 남자로 인정받는 게 행복했다. 성인이 되어선 남성호르몬 요법과 유방·자궁 절제 수술을 받았다. 3000만 원가량 드는 위험한 성기 성형수술은 받지 못했다. 아내와 함께 어머니를 모시고 23년 동안 살고 있지만, 그는 주민등록번호상의 성별과 다른 탓에 혼인신고를 하지도, 제대로 된 직장을 구하지도 못했다.

2) 김정민(29세·가명) 씨는 여자로 태어났지만, 10대 때부터 남성의 정체성을 자연스럽게 받아들였다. 그는 고등학생 시절 운동선수로 활동해 국가대표 상비군 훈련에 참가하고 대학의 스카우트 제의를 받을 정도로 재능을 보였다. 그러나 여자 운동선수가 되고 싶지 않았다. 스물세 살에 병원에서 성주체성 장애 진단을

여성에서 남성으로 성전환 한 FTM(Female to Male) 이야기를 다룬 다큐멘터리 〈3×FTM〉(2009)의 세 주인공을 그린 그림. 일러스트 조혜원

받은 뒤 유방·난관 절제 수술을 받았다. 졸업한 뒤 음식 배달 등 일용직을 전전한 그는 현재 마땅한 직업이 없다. 주민등록번호상의 성별과 맞지 않는 탓에 병원에 가거나 선거에 참여하기도 어렵다.

이들을 '두 여성'이라고 불러야 할까, 아니면 '두 남성'이라고 해야 할까. 성전환자의 성별 정정 문제가 사법부에서 판단을 처음 받은 때는 2003년이다. 여성에서 남성으로 성전환 한 자가 호적(현 가족관계등록부)의 성을 남성으로 바꿔달라며 개명과 호적 정정 신청을 냈다. 이 사건은 대법원 전원합의체(주심 김지형)의 2006년 6월 22일 결정으로 이어졌다(2004스42). 당시 재판부는 성별 정정을 불허한 원심을 파기하고 사건을 하급심으로 돌려보냈다. 판결문에서 이렇게 설명했다. "성전환자가 명백한데도 호적의 성별이나 이에 따라 받게 되는 주민등록번호가 여전하다면, 사회적으로 비정상적인 사람으로 취급되고 취업이 제한돼 행복추구권 등 헌법상 기본권이 침해될 우려가 있다."

성별 정정을 허가하는 일곱 가지 기준

이 대법원 결정으로 성별 정정을 허가하는 기준도 생겼다. 성장기 때부터 지속적으로 선천적인 생물학적 성과 자기의식이 불일치하여 고통을 받았으며 생물학적으로 반대인 성에 귀속감을 느꼈을 것, 정신과 치료나 호르몬요법 치료 이후 본인이 원해 성전환 수술을 받았고 외부 성기를 포함한 신체 외관이 반대의 성으로 바뀌었을 것, 성전환 수술을 받고 나서 현재 반대의 성으로 삶을 성공적으로 영위하고 있을 것 등 모두 일곱 가지 조건을 제시했다.

그러나 현실은 말처럼 쉽지 않았다. 성별 정정에 필요한 성전환 수술은 길고 복잡한 과정을 거쳐야 하기 때문이다. 남성에서 여성으로 성전환 한 자MTF·Male to Female는 유방 확대, 생식기 제거 수술 등을 거치는 게 보통이다. 반면 여성에서 남성으로 성전환 한 자FTM·Female to Male는 질 제거, 요도 성형, 음낭 성형, 고환 보형물 삽입술, 음경 성형(피부이식 등) 등 복잡한 수술을 거쳐야 한다. 이 가운데 성기 형성은 모든 성전환자에게 의료적으로 필요하지는 않지만 성별 정정을 허가하는 기준에 언급돼 있어 대개 가장 마지막에 진행하는 수술이다. 2006년 성전환자 인권실태조사 기획단이 MTF과 FTM 성전환자 78명을 대상으로 실시한 '성전환자 인권실태조사'의 자료를 보면, 성전환자의 외부 성기 수술 비용은 평균 1390만 원이다.

외부 성기 형성 수술의 문제

FTM 성전환자의 외부 성기 형성 수술은 남성호르몬이 증가해 비대해진 음핵을 확대해 요도로 연결하는 '남성성기지향술'이나, 한쪽 팔에 있는 두 개의 뼈 가운데 한 개와 주변 근육을 함께 잘라낸 뒤 여기에 팔에서 떼어낸 피부조직을 말아 음경을 만들고, 부착한 다음 성형한 요도를 삽입하는 '유리피판술'을 거친다.

수술 과정이 복잡해 MTF 성전환자의 외부 성기 형성 수술보다 비용이 많이 든다. 게다가 생식기 기능을 하지 못하고 괴사하는 등 의료적으로 아주 위험하다고 알려졌다.

이처럼 현실적으로 까다로운 성별 정정 허가에 대해 '성적지향·성별정체성 법정책 연구회SOGI'가 문제를 제기했다. 2012년 12월 외부 성기 형성 수술을 받지 않은 FTM 성전환자 5명과 함께 "전환한 성에 부합하는 성기 성형을 요구하는 것은 성전환자의 성별 정정 허가에 있어서 가장 큰 장벽으로 작용하고, 성전환자의 헌법상 기본권을 보장한다는 성별 정정 제도의 취지에 반한다"라는 내용을 담아 서울서부지방법원에 성별 정정 신청을 냈다.

실제로 FTM 성전환자의 경제적·의료적 부담은 수치에서도 나타난다. 성전환자 인권 실태 조사에 응답한, 직장을 가진 38명의 FTM 성전환자들은 대부분 공장 노동, 서빙, 배달, 운전, 과외 등 불안정한 직업에 종사하고 있었다. 서류에 성별이 드러나는 것을 꺼리기 때문이다. 또 전체 조사 대상의 70퍼센트는 월평균 200만 원 이하의 수입으로 생활하고 있었다. 현실적으로 높은 비용의 성전환 수술을 감당하기 어려운 경우가 대부분인 셈이다.

서울서부지방법원은 2013년 3월 15일 처음으로 이들의 성별 정정 신청을 받아들였다. 결정 소식이 알려지자 FTM 성전환자들의 성별 정정 신청이 30건이나 이어졌다. 법원은 여기에서 그치지 않고 좀 더 명확한 결정 이유를 전달하고자 7월 25일 서울서부지방법원 안에 '성소수자 인권법 연구회'를 만들었다. 박희승 수석부장판사와 예지희 부장판사, 연구회 회원 13명 등이 성전환자의 성별 정정 요건을 주제로 삼아 정기적으로 토론하고 해외 사례를 연구했다.

성별 안 드러나는 직업에 종사해야 해

결국 첫 결정을 내놓은 뒤 8개월 만에 서울서부지방법원은 FTM 성전환자의 성별 정정 요건에 외부 성기 형성이 필수적인가 하는 문제를 담은 19쪽 분량의 결정문을 내놓았다. 결정문 마지막에는 이런 내용이 담겼다. "관용은 내게 편안한 사람들에게 편안한 삶의 방식을 공유할 공간을 내어주는 것이 아니라, 내게 불편한 사람들에게 불편한 삶의 방식을 함께할 공간을 내어주는 것으로서 차이를 뛰어넘는 동등과 배려와 존중을 의미한다."

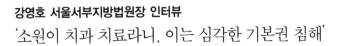

강영호 서울서부지방법원장 인터뷰
'소원이 치과 치료라니, 이는 심각한 기본권 침해'

이번 성별 정정 신청 결정문은 강영호(56) 서울서부지방법원장이 직접 썼다. 그는 서울행정법원에서 근무하던 2001년부터 5년 가까이 환경단체와 새만금 지역 주민, 정부 사이에 첨예한 갈등을 빚은 이른바 '새만금 소송'을 맡기도 했다. 2013년 12월 17일 만난 그는 이번 결정문을 쓰는 과정 역시 쉽지 않았다고 털어놓았다.

평소 성전환자 문제에 관심이 있었나.

─사실 서울서부지방법원에 와서 처음 접한 문제다. 성별 정정 결정을 내리면서 FTM 성전환자를 여럿 만났다. 대부분 고등학교를 졸업하고 나면 돈을 벌어 남성호르몬 주사를 맞는다. 성별 문제 탓에 주민등록등본을 내지 않아도 되는 일을 찾는다. 일용직, 택배, 아르바이트 등으로 어렵게 산다. 아파도 병원에 못 가

고, 심지어 주민등록증을 보여주기 힘들어서 투표장에도 안 간다. 너무 안타까웠다. 성별을 바꾸면 가장 먼저 뭘 하고 싶냐고 물었더니, '치과에 가겠다'고 하더라. 이건 심각한 기본권 침해다. 이처럼 성별 정정 요건을 다 갖췄지만 외부 성기 형성을 안 한 이들을 인권의 사각지대에서 구제하고 싶었다.

결정문을 내놓은 구체적인 계기가 있었나.

―3월에 첫 결정문을 내놓았을 때는 따로 결정 이유를 밝히지 않았다. 그런데 이 결정을 보고 외관상 여성이 남성으로 성별을 정정할 수 있다고 오해하는 이도 있었다. 우리가 원한 건 그런 사회적 혼란이 아니었다. 그래서 결정문에 정확한 이유와 내용을 담아 이를 바로잡으려고 연구회를 통해 11월에 결정문을 냈다.

성소수자 인권법 연구회에서는 어떤 논의를 거쳤나.

―세계 각국의 판례를 찾아봤다. 벨기에와 독일 등의 사례를 자세히 봤다. 이 과정에서 헌법 공부를 다시 하고 또 많이 하게 됐다. 과연 민주 사회에서 관용이란 무엇인지 고민했다. 결정문에서 관용의 정의를 내리고 싶었다. 결국 헌법적 가치는 인간의 존엄을 챙겨야 하는 것이라고 생각한다. 그런 점에서 이 결정문은 그저 대법원 예규에 있는 내용을 그대로 적용해 해석한 것일 뿐이다.

외국의 성전환자 성별 정정 기준
영국은 심리학자의 진단을 받는 것만으로 성별 정정

성전환자에게 성별 정정을 허가하는 요건으로 외부 성기 형성 수술을 명시한 나라는 우리나라와 일본뿐인 것으로 알려졌다.

유럽에서는 2002년 유럽인권재판소가 '성별 인정 절차를 마련하지 않는 것은 유럽인권협약 위반'이라는 결정을 내리자 나라마다 관련 법령을 마련했다. 독일에서는 2011년 연방헌법재판소가 '성전환자법에 규정한 성별 변경의 요건으로 성기를 변형하는 성전환 수술을 받도록 요구한 것은 헌법에 불합치하다'라는 판결을 내렸다. 영국은 2004년 '성별 인정법'을 만들어 성별을 정정하고 싶은 성전환자에게 외과적·의료적 조치가 아니라 의사나 심리학자의 진단만을 요구한다.

미국은 주정부에 따라 차이가 있지만, 수술적 조치를 요구하는 주라도 진단서 등으로 증명하게 할 뿐 외부 성기 형성 수술 같은 구체적인 수술 조치를 언급하지 않는다. 애리조나와 앨라배마 등 17개 주에서는 성별 정정을 위한 외과적 절차를 요구하며, 아이오와와 유타 등 6개 주는 수술 대신 다른 요법으로 입증이 가능하도록 법 조항에 명시했다.

이 밖에 스페인, 포르투갈, 아르헨티나, 브라질, 우루과이에서는 외과 수술이나 의료적 조치를 요구하지 않을 뿐만 아니라, 법 문언에서 해당 조치가 필요하지 않다고 밝히고 있다. 벨기에, 오스트리아, 스웨덴, 핀란드도 성전환 수술을 허가 요건으로 명시하지 않으나, 벨기에에서는 치료 등을 통해 생물학적 외관을 비슷하게 충족하도록 요구한다.

(참고 문헌: SOGI 콜로키엄 '성전환자의 성별 정정의 요건과 쟁점' 자료집)

심사위원 20자평

김보라미 수술로 만들어진 외부 성기는 더 이상 성적 정체성 입증 요건이 아니다
김성진 법원의 존재 이유를 보여준 모범 재판. 다수의 편견을 재판으로 극복!

실질적인 부부간에도 강간죄가
성립함을 처음 인정한 판결

남편은 지옥이었다
부부간에도 강간죄 성립

2001년 결혼에 골인한 김철수(45·가명) 씨와 박영희(41·가명) 씨는 1남 1녀를 둔 부부다. 경북 지역에서 살림을 꾸려가던 부부는 2008년 처가가 있는 경기도로 거주지를 옮긴다. 남편은 다니던 직장을 그만두고 처가가 운영하는 가게의 일을 도왔지만, 처가 식구들이 자신을 무시한다는 생각에 일을 그만둔다. 부부 사이에 갈등이 시작된 건 그 무렵이었다. 김씨는 별다른 직업 없이 지내다가 아내의 남자관계를 의심해 한 달에 두세 차례 폭력을 행사했다. 폭력 뒤에는 강제적인 성관계가 따랐다. 상황은 더욱 심각해졌다. 2011년 어느 날, 김씨는 아내를 부엌칼로 위협해 상처를 입혔고, 강제로 성관계를 맺었다. 이틀 뒤에도 비슷한 일이 반복됐다. 남편은 아내를 승용차에 강제로 태워 32시간 동안 지방 각지를 끌고 다니기까지 했다. 친정 식구들의 신고로 김씨가 경찰에 체포되면서 아내는

가정폭력 피해 여성 중 상당수가 배우자에게 성폭력에 시달린다. 2013년 5월 16일 부부 사이의 강제적 성관계를 강간죄로 처벌할 수 있다는 대법원 전원합의체 판결이 나왔다.

감금 상태에서 풀려날 수 있었다. 남편은 피고인으로 법정에 섰다. 아내가 바람을 피웠고 처가가 자신을 무시했다는 주장을 반복했다. 김씨의 죄목은 무엇일까. 흉기를 갖고 폭행을 했다. 감금도 처벌 사유가 될 것이다. 그렇다면 성폭력은 어떤가. 부부 사이에도 강간죄가 성립할까.

강간죄의 객체인 '부녀'에 아내도 포함

수원지방법원 안산지원 재판부(재판장 김세윤)는 2012년 5월 18일 특수강간 등 범죄 혐의가 인정된다며 김씨에게 징역 6년에 정보공개 7년, 위치추적전자장치(전자발찌) 부착 10년을 선고했다. 항소심을 맡은 서울고등법원 재판부(재판장 권기훈)는 2012년 11월 8일 '부부 사이라도 폭행과 협박 등 강제로 성관계를 할 권리까지 있다고 할 수 없다'라며 유죄를 선고했다. 대법원 전원합의체(주심 신영철)는 2013년 5월 16일 김씨의 유죄를 인정하여 징역 3년 6개월에 정보공개 7년, 위치추적전자장치 부착 10년을 판결한 원심을 확정했다. 결혼 생활을 유지하는 부부 사이에서 강간죄가 성립함을 인정한 첫 대법원 판결이 나온 것이다. 1970년 이후 대법원이 유지해온 '실질적인 부부 관계가 유지될 때에는 강간죄가 성립하지 않는다'라는 판례(70도29)가 변경되는 순간이었다.

"아내의 성적 자기결정권이 심각하게 유린되는 상황이 지속되는데도 국가가 부부간의 성생활이라는 이유로 개입을 자제한다면, 개인의 존엄성과 양성 평등에 기초한 혼인 생활을 보장할 국가의 책무에 소홀한 것이다."

이번 선고에서 쟁점이 된 부분은 구 형법 제297조의 강간죄 규정 중 '폭행·협박을 동원해 부녀를 간음한 경우'의 '부녀'에 아내도 포함되는가였다. 2012년 말 형법을 개정할 때 강간죄 대상이 '부녀'에서 '사람'으로 변경돼 남성도 여기에 포함됐다. 대법원의 다수 의견은 "'부녀'란 성년이든 미성년이든, 기혼이든 미혼이든 여자를 가리키는 것"이라 하고 "민법 제826조 1항에 배우자와 성생활을 함께 할 의무가 포함되더라도, 폭행과 협박에 의해 강요된 성관계를 감내할 의무가 있다고 할 수 없다"고 판시했다. 반면 이상훈, 김용덕 대법관은 '간음'의 사전적 의미는 '부부가 아닌 남녀가 성관계를 맺는 것'이고 강간은 '강제적인 간음'을 의미하므로, 강간죄 대상에서 '아내'를 제외해야 한다는 반대 의견을 내놓았다. 굳이 강간죄로 처벌할 이유가 없고 폭행이나 협박 혐의로 처벌해도 아내의 성적 자기 결정권을 보호할 수 있다는 입장이다.

부부 사이의 성폭력

여성계에서는 1990년대부터 부부 사이에서 벌어지는 성폭력을 처벌하라고 요구해왔다. 1986년 유럽의회는 혼인과 상관없이 모든 강간을 처벌하라고 촉구했으며, 독일은 1997년 형법을 개정해 '부부 강간'을 범죄로 규정했다. 유엔인권위원회는 1999년 한국 정부가 부부 강간을 범죄로 인정하지 않는 데 우려를 표했다. 부부 강간을 인정하지 않는 대법원 판례가 있는 이상 부부 사이의 성폭력은 기소조차 되지 않았다.

법원의 판단이 달라진 건 2000년대 중반부터다. 2004년 서울중앙지방법원은 성관계를 거부한 아내를 폭력적으로 강제 추행하고 상처를 입힌 혐의로 기소된 남편에게 징역 2년 6개월에 집행유예 3년을 선고했다(2003고합1178). 당시 검찰은 고심한 끝에 강간 혐의에 대해서는 무혐의 처분을 내리고 강제추행치상 혐의로 남편을 기소했다. 2009년에는 부부 강간죄를 인정한 판례가 처음으로 나왔다. 부산지방법원 형사5부(재판장 고종주)는 2009년 1월 16일 외국인 아내를 흉기로 위협해 성폭행한 혐의로 기소된 남편에게 징역 2년 6개월에 집행유예 3년을 선고했다(2008고합808).

부부 강간 피해가 외부로 드러나는 경우는 드물다. 2010년 여성가족부의 가정 폭력 실태 조사에 따르면, 가정 폭력 피해 여성 중 성적인 폭력을 당하는 경우는 70.4퍼센트에 육박한다. 고미경 한국 여성의 전화 가정폭력상담소장은 "가정 폭력 피해자들도 남편한테 당한 성폭력을 언급하기를 꺼린다. 오랫동안 폭력에 시달리다 결국 남편을 살해한 여성들의 판결문을 분석해보니, 안타깝게도 부부 강간 피해가 무척 많았다"고 말했다.

신체적 폭력이 없는 상황에서도 부부 강간은 일어날 수 있다. 2004년 대전과 충북 지역의 기혼 여성 446명을 대상으로 한 설문조사에 근거한 논문 '우리나라 부부의 결혼 생활과 아내 강간'(유공순·이화정)을 보면, 응답자의 57.9퍼센트가 남편이 강요하여 성관계를 한 경험이 있다고 했다. 남편이 강요하는 방식으로는 '힘을 사용한다'(37.4퍼센트)라는 대답이 가장 많고, 그다음은 '심한 욕 등 언어폭력'(10.9퍼센트), '언어폭력과 신체적 폭력 동반'(7.6퍼센트) 등의 순이다. '흉기로 위협한다'라는 응답은 2.1퍼센트다.

피해자의 '무력화' 여부로 범죄 여부 따져

원치 않는 성관계가 발생했더라도 모두 강간죄로 처벌되는 것은 아니다. 법원에서는 폭행과 반항 정도, 가해자와의 관계 등을 따져 피해자가 얼마나 '무력화'됐는지를 고려한다. 이 과정에서 가부장적 통념이 개입돼 피해자에게 불리한 판단이 나온다는 비판이 많았다. 대법원은 "남편이 반항을 불가능하게 하거나 현저히 곤란하게 할 정도의 폭행이나 협박을 가하는 경우에 강간죄를 적용해야 한다"고 밝혔다. 어느 정도의 폭행과 협박이 있어야 범죄가 성립되는지 모호하다. "폭행에 이르게 된 경위, 평상시 부부 관계, 폭행 당시와 이후 사정을 종합해 신중하게 판단해야 한다." 대법원이나 하급심이 부부 강간으로 인정한 사례를 보면, 남편이 흉기로 협박하거나 상해를 가하는 등 피해자가 극한의 공포를 느꼈을 법한 상황이 대부분이었다. '여성폭력피해자 추모 및 여성폭력 근절을 위한 공동행동'은 2013년 5월 논평을 내어 "대법원의 부부 강간죄 유죄판결을 환영한다"고 했지만 "심각한 수준의 폭행과 협박이 수반해야 강간으로 인정하는 관행에 너무나 부합하는 판결"이라고 평가했다.

심사위원 20자평

오창익 당연하잖아. 내가 싫으면 안 하는 거야

조혜인 개인은 부부 이전에 개인, 이 인정이 이토록 오래 걸렸다니

홍성수 당사자가 원치 않는 성관계는 어떤 상황에서도 범죄다

고용노동부가 전교조에 내린 법외 노조 처분의 효력을 정지시킨 판결

학교는 어떻게 민주주의를 가르칠까

전교조에 대한 법외 노조 처분

경기도 지역의 고등학교 교사인 강지현(33·가명) 씨도 2013년 한 해 안녕하지 못했다. 그는 전국교직원노동조합(전교조) 평조합원이다. 대학교를 다닐 때 이른바 운동권과는 거리가 멀던 강씨는 10년 전 학교를 졸업하자마자 선생님이 된다. 전교조에 가입한 건 그로부터 5년 뒤였다. '비민주적인' 학교 운영에 대한 반발심 때문이었다. "교장 등 관리자들이 마음대로 하는 게 너무 많았다. 법적으로 보장된 병가나 연가도 사용하지 못하게 할뿐더러, 담임교사로서 내세운 교육철학이 잘 받아들여지지 않았다. 학교에서 교장은 제왕 같은 존재다. 학교운영위원회는 자문기구일 뿐, 결정은 교장이 마음대로 할 수 있다." 자신이 전교조 조합원임을 굳이 드러내진 않았다. 같은 학교에서 근무하는 다른 조합원들도 마찬가지였다. 전교조란 울타리는 여전히 학교 현장에서 불리한 조치를 받는 '낙인'이

서울행정법원 행정13부가 고용노동부의 '노조 아님' 처분의 효력을 정지시킨 2013년 11월 13일 오전. 김정훈 전국교직원노동조합 위원장(왼쪽)과 이영주 부위원장이 환한 표정으로 이야기를 나누고 있다.

었다. 전교조 활동이 항상 만족스러운 건 아니었다. "생각하던 것보다 진보적이지 않았다. 교육 체계를 완전히 흔들어야 해결되는 문제들이 있는데 틀을 깨는 데 소극적이란 느낌을 받았다. 학교의 행정 일을 누구보다 열심히 하는 선생님이 많다. 어떻게 보면 순종적이랄까. 옛날식 운동권의 촌스러움도 있다."

조합원의 자격 요건은 노조가 결정해야

이러한 고민은 이제 사치가 돼버렸다. 전교조가 다시 법의 테두리 밖으로 내쫓길 위기에 처했기 때문이다. 1989년 결성돼 10년을 버티고 버텨 합법 노조로 인정받은 지 14년 만이다. 2013년 9월 고용노동부는 해직자에게 노조 가입을 허용하는 규약이 '교원의 노동조합 설립 및 운영 등에 관한 법률'(교원노조법) 제2조에 위배되니, 이를 시정하지 않으면 전교조에 '노조 아님'을 통보하겠다고 했다. 이명박 정부 때도 '해직자 조합원 자격 유지' 규약을 문제 삼아 두 차례 시정 명령을 내렸지만 '노조 아님' 카드를 꺼내들진 않았다. '노동조합 및 노동관계조정법'(노조법)에선 정부에 노조 해산권을 부여하지 않았다. 1987년 '행정관청의 노조 해산권'이 삭제됐다.

정부는 노조법 대신 노조법 시행령 제9조 2항을 들이밀었다. 노조 설립 신고서를 반려할 사유가 생기면 행정관청은 30일 이내의 기간을 정하여 시정을 요구하고, 이를 이행하지 않으면 '노조 아님'을 통보한다는 내용이다. 노조 규약을 고치라는 요구를 듣지 않으면, 아예 노조 설립을 취소하겠다는 것이다. 이 시행령은 헌법이 보장하는 단결권 등을 침해한다는 지적이 많았다. 2010년 국가인권위원회는 "다른 제재 조치가 가능한데도 조합원의 자격 요건을 이유로 노동조합의 자격을 완전히 박탈하는 것은 과잉 금지 원칙에 위배된다"라며 해당 시행령을 삭제하라고 권고했다. 국제노동기구ILO는 한국 정부에 "조합원의 자격 등은 노조가 결정해야 하고, 정부에서는 이 권리를 침해하려고 개입해서는 안 된다"고 하며 관련 조항을 개정하라고 수차례 요청했다.

효력 집행정지 신청

'시정 명령을 이행하지 않는다고 해서 곧바로 법외 노조로 봐야 하는지는 미지수'

정부의 무리수 뒤로, 비수 같은 질문이 날아들었다. 해직자 9명을 버리고 조합원 6만여 명이 살 것이냐 말 것이냐. 10월 16일부터 사흘 동안 조합원 총투표가 진행됐다. 분위기는 어수선했다. '뭉쳐야 한다'고 독려하는 문자메시지가 이어졌다. 강씨는 '거부' 의견에 한 표를 던졌다. 투표 참여자 5만 9828명 가운데 67.9퍼센트가 그와 같은 의견이었다. "전교조 일을 열심히 하다가 해고된 건데 그분들을 빼고 갈 수 있겠나 생각했다. 그렇지만 정부의 요구를 받아들이자는 사람들의 마음도 너무나 이해된다. 법외 노조가 되면 조합원들에게 닥칠 손실이 너무 크니까."

10월 24일 고용노동부는 전교조에 정말로 '노조 아님'을 통보했다. 정부의 움직임은 신속했다. 통보한 다음 날 교육부는 시도 교육청에 공문을 보내 전교조 전임자는 30일 이내에 학교로 복귀할 것, 지부 사무실 퇴거, 조합비는 원천징수를 하지 말 것 등 후속 조치를 이행하라고 요구했다. "너무 큰일이 벌어졌는데 처리해야 할 학교 업무는 늘 그렇듯 많았다. 밀어붙이면 이렇게 밀려나는 것인가 하는 무력감마저 들었다." 고용노동부의 통보를 받은 그날, 전교조는 서울행정법원에 '법외 노조 통보처분 취소' 소송과 집행정지 신청을 냈다.

법원에서 숨통을 틔우는 소식이 들려왔다. 사건을 맡은 서울행정법원 행정13부(재판장 반정우)는 2013년 11월 13일 '법외 노조 통보처분' 효력을 1심 선고가 날 때까지 정지시켰다. 앞서 전교조가 고용노동부를 상대로 낸 집행정지 신청을 법원이 받아들인 것이다. 재판부는 법외 노조 통보처분의 효력이 유지되면 전교조 교사들이 '회복하기 어려운 손해'를 입을 수 있다고 봤다. 노동위원회에 노동쟁의의 조정과 부당노동행위의 구제를 신청할 수 없고, 단체교섭 권한을 실질적으로 인정받지 못할 우려가 있는 등 노조 활동이 제한될 수밖에 없다는 것이다. 또 공공복리를 위해서도 효력을 정지시켜야 한다고 판단했다. 전교조가 14년 동안 합법 노조로 활동했고, 법외 노조 처분을 받아 법적 분쟁이 확산되면 교육 환경에 영향을 줄 우려가 있다는 점도 고려했다. 재판부는 특히 시정 명령을 이행하지 않는다고 해서 곧바로 법외 노조로 봐야 하는지는 명확하지 않다고 덧붙였다. 정부 조처의 법적 근거가 탄탄하지 못하다는 뜻이다.

고용노동부는 이에 불복해 즉시항고를 했다. 앞서 전교조는 10월 2일 법외 노조 통보처분의 근거인 노조법 시행령 제9조 2항과 교원노조법 제2조에 대해 헌법소원을 제기했다.

'학교의 민주주의를 지키는 최후의 보루'

전교조가 노조 지위를 유지할 수 있을지는 아직 판가름 나지 않았다. 지루한 법적 공방이 이어질 공산이 크다. 강씨는 전교조가 흔들릴까 봐 불안하다. 사법부가 과연 '말도 안 되는 상황'을 바꿀 수 있을지 의문이다. 그럼에도 그는 여전히 전교조 조합원이다. 전교조가 존재해야 하는 까닭이 무엇인지 물었다.

"전교조는 학교의 민주주의를 지키는 최후의 보루다. 설령 개미 목소리밖에 안 되더라도 교장의 의견에 이의를 제기하는 사람은 전교조 교사밖에 없다. 승진에 관심 없는 조합원이 많기 때문이다. 단체교섭을 통해 자문 기구나 운영위원회에 참여했고, 독단적인 학교 운영이나 결재를 견제하는 역할을 해왔다. 그런데 법외 노조가 되면 단체협약의 효력을 잃게 되고 상황이 달라질 게 뻔하다. 만약 그렇게 되면 학교는 민주적이지 않아도 된다는 것인데. 과연 학생들에게 민주주의를 무엇이라고 가르칠 수 있을지 잘 모르겠다."

심사위원 20자평

김성진 당연한 가처분 법리의 확인. 그래도 법원이 자존심을 지킨 점은 칭찬

조혜인 법도 상식도 넘어서는 정부의 '속도전'에 제동 걸다.

홍성수 막 나가는 정부 vs 중심을 잡는 법원

판결 이후

2심을 맡은 서울고등법원 행정7부(재판장 민중기)는 2013년 12월 26일 "집행정지 사유가 있다고 본 원심의 결정은 정당하다"고 하며 고용노동부의 즉시항고를 받아들이지 않았다.

전교조가 낸 헌법소원은 정식 재판에 회부돼 헌법재판관들의 본격적인 심리를 거치고 있다. 헌법재판소는 노조법 시행령 제9조 2항 등이 헌법에서 밝히는 '피해 최소성의 원칙'에 비추어 위헌 소지가 있는지를 심리에서 다툴 것으로 보인다.

본안 소송에서 양측은 첫 재판부터 격론을 벌였다. 전교조는 재판이 진행되는 동안 합법적인 노조 지위를 유지한 채 본안 판단을 받게 된다.

탈북자 출신 서울시 공무원의
간첩 혐의에 무죄를 선고한 판결

하루 만에 북한에 들어갔다가 나와?
검사님 당황하셨어요?
국정원과 검찰이 협업한 '서울시 공무원 간첩 사건'

　　서울시에 간첩이 침투해 남한에 정착한 탈북자들의 신상 정보를 북으로 넘겼다? 국가정보원과 검찰이 협업을 해 완성한 '서울시 공무원 간첩 사건'의 공소장 내용을 한번 적어보겠다.

　　북한에서 태어난 화교 유우성 씨는 2004년 4월 남한으로 들어왔고 재북 화교라는 사실을 숨기고 '탈북자'로 인정받았다. 유씨는 2년 뒤인 2006년 5월 22일, 어머니의 부고를 접하고 입북했다가 회령시의 국가안전보위부 요원에게 검거됐고 공작원으로 활동하겠다고 약속한 뒤 남한으로 돌아왔다. 유씨는 탈북 대학생 모임에서 활동하고 서울시 공무원으로 일하는 동안 탈북자 신상 정보 200여 건을 북한에 넘겼다. 2007년부터 2012년까지 세 차례에 걸쳐 북한 회령으로 들어가 보위부 반탐(방첩)부부장에게서 꾸준히 지령을 받았다.

'약점' 잡은 국정원, 협박하고 때리며 탈북자 심사

그러나 국정원과 검찰이 완성한 '공소사실'은 재판이 거듭될수록 무참히 깨져 버렸다. 유씨가 북한을 드나들었다는 날짜부터가 맞지 않았다. 검찰은 유씨가 2012년 1월 22일부터 24일까지 북한에 머물렀다고 주장했지만, 이때 유씨는 설을 맞아 돌아간 중국 옌지에서 아버지와 여동생과 함께 지냈다. 1월 22일 사진관에서 가족사진을 찍었고 그날 밤 불꽃놀이를 즐겼다. 23일 밤에는 노래방에서 즐거운 시간을 보냈다. 유씨의 아이폰에 담긴 사진이 이를 또렷이 증명한다. 검

간첩으로 몰렸다가 최근 무죄판결을 받은 유우성 씨는 보수 언론들이 2013년 1월 자신과 관련해 쓴 기사들을 모아놓았다. 보수 언론들은 유씨가 '남한 거주 탈북자 1만 명 정보를 북에 넘겼다'고 단정하듯 보도했다. 그는 "어떻게 국정원의 말만 듣고 이런 기사를 쓸 수 있느냐"고 하며 혀를 찼다.

유우성 씨의 동생 유가려 씨가 2013년 12월 14일 중국 길림성 용정시 인근 산에 올라 자신의 고향인 북한 회령시와 두만강 일대를 돌아보고 있다. 유씨는 자신이 국가정보원에서 진술한 뱀골초소 쪽 두만강 지역을 가리키며 "여자가 혼자 도강하기에는 수심이 깊다"고 설명했다. 유씨는 '국정원의 강요로 간첩 행위를 한 것처럼 허위 자백했다'고 주장했다.

사는 재판 과정에서 유씨의 알리바이가 입증되자 '유씨가 2012년 1월 24일 새벽에 북한에 들어갔다가 같은 날 밤에 돌아왔다'라고 공소장을 변경하겠다고 신청했다. (검사님, 당황하셨어요?)

국정원과 검찰이 유씨의 혐의를 입증한다며 들이민 유씨의 여동생 유가려 씨의 진술도 모순투성이다. "2011년 7월 회령을 떠나 중국 옌지로 완전히 이사를 나왔지만, 아버지는 사업 관계로 회령과 옌지를 왔다 갔다 했다. 나도 2012년 7월 회령에 들어가 오빠한테서 받은 탈북자 자료를 반탐부부장에게 전달하고, 회령 집에서 잠을 잔 다음 날 보위부 사무실을 찾았다." 유가려 씨의 진술이다. 중국 엔지로 '완전히 이사를 나왔다'고 했다가 다시 북한에 들어가 '회령 집에서 잠을 잤다'고 주장한 것이다. 유씨의 진술만 보더라도 앞뒤가 맞지 않는 대목이 한두 군데가 아니다.

이번 사건의 '그림'은 유가려 씨가 2012년 10월 남한으로 들어온 뒤 탈북자 심사를 받는 과정에서 그려지기 시작했다. '아줌마 수사관'과 '대머리 수사관'은 협박하고 때리고, '60대 아저씨'는 새벽까지 '오빠가 간첩 맞지?' 하며 거짓 진술을 유도했다는 게 유가려 씨의 주장이다. 화교 신분을 속이고 자신의 오빠처럼 남한에 정착하려 한 유가려 씨는 국정원에 '약점'을 잡힌 상황이었다. 그의 진술은 그런 이유로 휘둘릴 수밖에 없었다.

'특수성 있어도 기본 원칙이 후퇴하면 안 돼'

서울중앙지방법원 형사합의21부(재판장 이범균)는 2013년 8월 22일 유씨가 서울시청에 근무하며 탈북자 정보를 북한에 전달한 혐의(국가보안법 위반)에 대해 무죄를 선고했다. 하지만 유씨가 국적을 숨기고 탈북자로 가장해 정착지원금을 가로챈 혐의 등에 대해선 징역 1년에 집행유예 2년, 추징금 2560만여 원을 선고했다. 재판부는 "간첩 사건은 그 행위의 상당 부분이 북한에서 행해지기 때문에 어쩔 수 없이 수사와 증거 조사에 한계가 있을 수밖에 없다는 특수성이 있어도, 형사소송법의 기본 원칙이 완화되거나 후퇴해서는 안 된다"고 일침을 놓았다.

이번 사건은 국정원의 대공 수사 능력을 적나라하게 보여준 사례다. 국회에서는 국정원 개혁 특위가 활동하고 있고 이래저래 반성해도 모자랄 판인데, 국정원은 대공 수사권만큼은 절대 건드리지 말라고 아우성이다.

오창익 만만한 탈북자만 간첩으로 모는 작태는 이제 그만!

최재홍 조작과 억압, '응답하라 1970'이니?

홍성수 국정원 수사권에 또 한 번 의문을 던지다

판결 이후

검찰과 국정원의 어긋난 '그림'은 항소심에서도 쟁점이 되고 있다. 검찰의 항소로 서울고등법원 형사7부(재판장 김흥준)가 2013년 9월부터 공판을 진행하고 있다. 유씨와 변호인단은 2014년 1월 7일 서울 서초동 민주사회를 위한 변호사모임 사무실에서 기자회견을 열어 "항소심을 진행하는 중에 검찰이 제출한 증거는 허위로 조작됐을 뿐만 아니라, 검찰이 무죄의 증거를 은닉하고 있다"고 말했다. 변호인단은 검찰과 국정원이 유씨의 휴대전화에서 나온 사진 파일과 유씨의 출입국 기록을 조작했으며, 무죄의 증거가 될 만한 유씨의 통화 기록을 은닉한다고 주장했다. 유씨의 변호인단이 곧바로 검찰과 국정원을 국가보안법상 무고 및 날조죄 혐의로 경찰청에 고소한 상태다.

그러던 중 검찰이 항소심에 제출한 유씨의 '북한·중국' 출입국 기록 등이 위조된 것이라고 중국 정부가 공식 회신한 사실이 2014년 2월 14일 밝혀졌다. 문서 위조의 진상에 대해 앞으로 커다란 파문이 일 것으로 보인다.

금성출판사 역사 교과서에 대한
교육부의 수정 명령은 부당하다는 판결

2004년 시작된 네버 엔딩 스토리
고등학교 한국 근·현대사 교과서에 대한 수정 명령

이것은 수정인가, 검정인가. 교육과학기술부(현 교육부)가 금성출판사 '고등학교 한국 근·현대사' 교과서에 내린 수정 명령에 대한 두 번의 판결은 정면으로 엇갈렸다. 1심을 맡은 서울행정법원은 이것은 수정이 아니라 검정에 해당하므로 수정 명령에 절차상 잘못이 있다고 지적했다. 반면 2심 재판부인 서울고등법원은 교육과학기술부에게 수정 명령을 내릴 권한이 있으므로 명령이 정당하다고 판결했다. 삼세판, 대법원은 1심 판결에 가까운 해석을 하여 수정 명령이 정당하다는 2심 판결을 파기하고 사건을 서울고등법원에 돌려보냈다. 역전에 역전, 법원은 최종적으로 원고인 교과서 저자들의 손을 들어주었다.

금성출판사 '한국 근·현대사' 교과서의 저자인 김한종 교수와 홍순권 교수(왼쪽)가 2008년 12월 서울중앙지방법원에 저작권 침해 금지 가처분 신청서를 제출하고 있다.

저자들의 반대에도 출판사는 수정을 강행

　사실 이것은 교과서를 둘러싼 대리전에 가까웠다. 문제 제기부터 그랬다. 한국 근·현대사 교과서는 검정을 거쳐 2003년 3월 초판이 발행됐고 몇 차례 수정을 하며 2007년 3월 5판이 발행됐다. 멀쩡하게 쓰이던 교과서는 2004년 10월, 국정감사에서 '좌파적 편향이 심하다'는 공격을 받았다. 일부 국회의원이 앞장섰고, 우파 학자로 구성된 '교과서포럼'은 물론 심지어 대한상공회의소도 수정을 요구했다. 결국 교육과학기술부는 2008년 8월 '한국사 교과서 심의협의회'를 구성해 55개 항목을 수정하라고 금성출판사에 권고했다. 금성출판사는 저자들의 반대에도 수정을 강행했다.

　대한민국의 정통성, 우파들이 '애정하는' 단어가 논란의 시발이 되었다. 교과서의 일부 내용이 그들의 '역사관'에 맞지 않는다는 것이다. 이들의 의견이 반영돼, 29개 항목에서 저자들이 중요하다고 생각하는 문구가 삭제되거나 수정됐다. 저자 3명은 2009년 교육과학기술부를 상대로 '수정 명령처분 취소' 소송을 냈다. 서울행정법원 5행정부(재판장 이진만)는 2010년 9월 2일 "대한민국의 정통성을 저해" 한다는 사유가 "피고의 자의적 판단에 불과하다"고 적시하며 원고 승소 판결했다. 더구나 수정 범위가 "피고 자신이 2002년에 한 검정 처분을 실질적으로 변경하는 것"에 해당한다고 판단했다.

하지만 항소심에선 결과가 달랐다. 서울고등법원 1행정부(재판장 김창석)는 2011년 8월 16일 "검정에서 검정권자의 상당한 재량이 인정되는 점" 등을 들어 원고 패소 판결했다. 교육과학기술부가 수정 명령을 내릴 권한이 있음을 인정한 것이다. 1심과 2심은 심지어 수정 명령이 대통령령에 따라 행해질 수 있는지에 대한 해석도 정반대였다.

대법원 2부(주심 이상훈)는 2013년 2월 15일 1심 판결의 취지에 따라 사건을 파기환송했다. 수정 명령이 "헌법에 근거를 둔 교육의 자주성, 전문성, 정치적 중립성 그리고 교과서 사용 도서에 관한 검정 제도의 취지에 비추어 (…) 객관적 오류를 바로잡는 정도를 넘어서서 이미 검정을 거친 내용을 실질적으로 변경하는 결과를 가져오는 경우"라는 것이다. 그러므로 검정 절차에 해당하는 '교과용 도서 심의위원회'를 거쳐야 하고, 이를 거치지 않은 수정 명령은 부당하다는 결론이다.

'검정을 거친 내용을 실질적으로 변경하는 결과'

그러나 법 따로 현실 따로의 현실은 변하지 않았다. 대법원 판결이 나왔지만, 교육부는 2013년 또다시 고등학교 한국사 교과서 6종에 대해 수정 명령을 내렸다. 교학사의 것을 제외한 5종 교과서의 집필진은 이를 거부하며 명령을 철회하라고 요구한다. 금성 교과서 소송이 재연될 상황이다. 우파가 문제를 제기한 2004년부터 역사 교과서 논란은 네버 엔딩 스토리가 되었다.

심사위원 20자평

김보라미 자라나는 학생들이 보는 교과서를 정권 입맛대로 왜곡하지 맙시다.

김성진 교과서의 저자는 역사학자지 교육부의 관료가 아니란 것

최재홍 역사마저 정권에 이용하려는 그들에게 국민이 고한다. 수정하라, 너희들을!

판결 이후

대법원이 파기환송한 사건을 맡은 서울고등법원 3행정부는 2013년 11월 7일 교육부의 항소를 기각했다. 하지만 교육부가 재상고를 제기해 다시 대법원의 최종 판단을 기다리게 되었다. 한마디로 아직 끝나지 않은 사건이다. 금성 교과서의 저자들은 대법원의 판단이 뒤집어지지 않으리라 보지만, 역사 교과서를 둘러싼 논쟁이 점점 뜨거워지고 있는 상황이라 귀추를 지켜보고 있다.

　금성 교과서의 저자들은 교과서 수정을 강행한 금성출판사를 상대로 '저작인격권 침해 정지' 소송을 낸 바 있다. 대법원 1부(주심 고영한) 2013년 4월 26일 원고의 상고를 기각함으로써 서울고등법원의 원고 패소 판결을 확정했다(2010다79923).

서울행정법원 | 2013구합51244

삼성전자 반도체 공장 노동자의 백혈병이 산업재해임을 또다시 인정한 판결

세 번째 '삼성 백혈병'
삼성 반도체 노동자들의 산업재해 문제

아내는 곧 서른넷이 된다, 살아 있다면. 아들은 새해에 여섯 살이 된다. 녀석이 엄마를 하늘나라로 떠나보낸 지도 4년이 흘렀다.

약품 리스트는 없지만 업무상 재해는 아니다?

아내는 1999년 삼성전자 기흥사업장에 입사했다. 만 열아홉에 첫 직장이었다. 아내는 '식각' 공정이라 불리는, 반도체를 만들 때 필요한 얇은 원판인 웨이퍼의 표면을 매끄럽게 하는 업무를 맡았다. 아내는 여러 화학물질이 담긴 수조에 웨이퍼를 손으로 직접 담갔다가 빼거나, 가스를 이용해 웨이퍼 표면의 감광막을 벗겨냈다. 3교대 근무라 일은 더 고달팠다. 머리가 아프고 체하는 일도 잦았다. 결국 아내는 2004년 2월 퇴사했다.

삼성전자 반도체 공장에서 일한 뒤 백혈병에 걸려 숨진 고 황유미 씨의 6주기를 맞아, 2013년 3월 6일 서울 강남 삼성 본관 앞에서 추모제가 열렸다. 황씨의 아버지 황상기 씨가 오열하며 딸의 사진을 어루만지고 있다.

그해 12월, 우리는 결혼했다. 이듬해 첫 임신을 했지만 자연유산했다. 그 뒤론 아이가 잘 생기지 않아 산부인과 진료까지 받았다. 2007년 7월, 어렵게 첫아이가 우리에게 왔다. 하지만 행복은 오래가지 않았다. 아들이 돌도 되지 않은 2008년 4월, 갑자기 아내의 몸 여기저기에 파란 멍 자국이 나타났다. 급성 골수성 백혈병이라고 했다. 항암 치료와 두 차례의 골수이식 수술을 받았음에도 아내는 채 2년을 견디지 못했다. 2009년 11월 24일, 아내는 우리 곁을 떠났다.

아내는 건강했다. 가족 중 혈액 질환이나 암에 걸린 사람은 없었다. 2003년 회사에서 마지막으로 받은 건강검진의 결과를 봐도 백혈구 수치는 정상이었다. 삼성전자를 그만두고 나서는 농업 관련 회사에서 씨앗을 배양하는 작업을 반년가량 했을 뿐이다. 삼성전자에서 근무한 일 말고는 백혈병의 다른 원인을 떠올릴 수 없었다.

고 김경미 씨의 남편 강 모 씨는 2010년 한국산업안전보건공단에 아내의 죽음과 관련해 역학조사를 의뢰했다. 근로복지공단에는 '업무상 재해에 따른 유족급여를 달라'고 신청했다. 아내가 일한 기흥사업장 3라인은 이미 폐쇄된 뒤였다. 삼성전자는 '당시 사용한 전체 화학물질 리스트를 보관하고 있지 않다'고 주장했다. 역학조사 평가위원 9명 가운데 7명은 벤젠과 포름알데히드 등 백혈병의 원인이 되는 화학물질에 노출될 가능성이 낮았다는 이유를 들어 '업무상 재해가 아니다'고 판단했다. 근로복지공단은 유족급여 지급을 거부했다.

서울행정법원 1부(재판장 이승택)는 2013년 10월 18일 강씨가 근로복지공단을 상대로 낸 '유족급여 및 장의비 부지급처분 취소' 소송에서 강씨의 손을 들어줬다. 재판부는 "급성 백혈병의 발병 경로가 의학적으로 명백히 밝혀지지 않더라도, 김씨가 기흥사업장에 근무하는 동안 발암물질을 포함한 각종 유해 화학물질에 지속적으로 노출돼 백혈병이 발병했거나 적어도 그 발병이 촉진되었다고 추단할 수 있다"고 판단했다.

접수한 피해자만 138명

법원이 삼성전자 반도체 공장에서 일하다가 백혈병으로 숨진 노동자에게 '업무상 재해'(산업재해)를 인정한 것은 이번이 세 번째다. 김경미 씨의 옆 라인에서 일한 고 황유미 씨와 이숙영 씨도 앞서 업무상 재해로 인정받았다. 이들의 유족이 근로복지공단을 상대로 낸 같은 이름의 소송에서 서울행정법원 14행정부는 2011년 6월 23일 원고 일부 승소 판결했다(2010구합1149). 쌍방이 모두 불복해 현재 서울고등법원 9행정부에서 항소심이 진행 중이다. 김경미 씨 관련 사건의 항소심도 9행정부가 맡고 있다.

지금까지 인권 단체 '반도체 노동자의 건강과 인권 지킴이, 반올림'(반올림)에 접수된 피해자는 138명(사망 56명 포함)에 이른다. 2013년 12월 18일, 삼성전자 쪽과 유족을 비롯한 반올림 쪽은 직업병 문제에 대한 사과, 보상, 재발 방지 대책 등 세 가지 안건을 놓고 첫 본교섭을 열었다. 삼성이 '또 하나의 가족'과 마주 앉는 데에만 6년이 걸렸다.

심사위원 20자평

김보라미 근무 환경 정보를 보관·관리·공개하지 않은 것만으로도 유죄

유성규 법원이 던진 돌직구, 위험사회를 관통하다

조혜인 힘겹지만 꾸준하게 반올림!

대형 마트의 영업을 규제하는
지방자치단체 조례는 적법하다는 판결

고질라의 목에 방울을 달아라
전국 128개 지방자치단체들이 유통업체와 법정 다툼 중

2011년 중순, 서울 동대문구에 있는 전통시장인 답십리 현대시장이 발칵 뒤집어졌다. 유통업체 1위인 이마트가 시장에서 직선거리로 100미터도 안 되는 곳에 기업형 슈퍼마켓SSM을 차린 게 이유다. SSM은 작지만 강했다. 시장의 고객을 단숨에 빨아들였다. 상인들은 가슴을 쳤다. 다행히 1년이 안 돼, 상인들의 숨통이 조금은 트였다. 동대문구청이 대형 마트와 SSM은 둘째 · 넷째 일요일에 의무적으로 쉬도록 조처한 덕분이다. 시장에서 31년간 속옷을 판매해온 정성관(상인회장) 씨는 "SSM이 쉬는 날에는 손님들이 시장을 찾아와 모처럼 활기가 돈다"고 했다.

대형 마트의 휴업을 의무화한 지방자치단체 조례

전통시장과 골목 상권을 보호하기 위해 대형 마트의 휴업을 의무화한 유통산

경제민주화와 재벌개혁을 위한 국민운동본부, 중소상인살리기전국네트워크, 합정 홈플러스 입점 저지대책위 등 시민사회단체와 중소 상인들이 2012년 11월 15일 오후 대형마트 입점 반대와 중소상인 살리기 국민대회를 연 뒤 국회로 행진하고 있다.

업발전법 개정안이 2011년 12월 국회를 통과한 지 꼭 2년이 됐다. 이 개정안에 따라 조례를 만들어 대형 마트의 영업을 규제하는 기초 지방자치단체는 2013년 11월 말 174곳에 이른다. 전체 기초 지방자치단체(229곳) 중 76퍼센트다(소상공인진흥원 집계). 규제는 효과가 있었다. 서울에선 전통시장 점포 700개 가운데 40퍼센트 정도가 규제한 이후 매출과 고객 수가 증가한 것으로 나타났다(2012년 7월, 서울연구원).

지방자치단체가 대형 마트와 SSM의 영업을 규제하게 되기까지 우여곡절이 많았다. 지방자치단체는 당초 '지방자치단체장은 대형 마트 등에 대해 오전 0~8시까지 영업을 제한하고, 매월 둘째·넷째 일요일을 의무 휴업일로 지정하여 이를 명하여야 한다'라는 조례를 만들었다. 대형 마트 영업을 규제하는 것을 지방자치단체장의 의무로 규정한 것이다. 그러나 유통업체들은 '지방자치단체장에게 규제를 강제했다'고 하며 소송을 냈고 여기에서 이겼다.

지방자치단체는 문제가 된 조례를 고쳤다. '지방자치단체장은 오전 0~8시까지 범위 내에서 영업시간 제한을 명하거나 매월 1일 이상 2일 이내의 의무 휴업을 지정하여 이를 명할 수 있다'라는 식으로 지방자치단체장의 재량을 인정했다. 유통업체들은 이마저도 '지방자치단체장이 재량권을 남용한 규제'라며 또다시 소송을 걸었다.

이번엔 법원의 판단이 달랐다. 서울행정법원 14부(재판장 진창수)는 2013년 9월 24일 이마트와 홈플러스 등 6개 유통업체가 동대문구청장과 성동구청장 등 5개 서울시 지방자치단체장을 상대로 낸 '의무 휴업일 지정 등 처분 취소' 소송을 기각했다. 재판부의 판단 취지는 이렇다. "의무 휴업일이 지정되면 원고(유통업체)들의 매출 감소분이 작지 않겠지만 중소 유통업자와 소상공인, 전통시장의 매출이나 이익 증대에는 큰 영향을 미쳐 공익을 달성하는 데 매우 효과적일 것으로 보인다. 따라서 영업시간 제한 등이 원고들의 사익을 지나치게 침해하여 현저하게 (지방자치단체장의) 재량을 벗어났다고 보기 어렵다." 대형 마트의 영업을 규제하는 지방자치단체의 조례가 적법하다고 인정한 법원의 첫 판결이다.

의무 휴업은 현재진행형 정책

이는 한 지방자치단체가 거둔 작은 승리에 불과하다. 유통업체가 곧바로 항소했기 때문이다. 전국의 다른 128개 지방자치단체도 유통업체들과 법정 다툼을 벌이고 있다. 전국에서 처음으로 대형 마트의 의무 휴업을 실시한 전북 전주시에서 시의원으로 일하는 조지훈 씨는 이렇게 지적했다. "대형 유통업체가 반발하여 소송을 내고 변종 SSM을 편법 운영하는 통에 지역 상권과 중소 상인을 보호하는 (유통산업발전법 개정안의) 당초의 취지가 위협받고 있다. 대형 마트와 SSM의 의무 휴업을 실시한 정책은 '과거완료형' 정책이 아니다. 정부와 지방자치단체의 적극적인 법적·제도적 보완이 필요한 '현재진행형' 정책이다."

심사위원 20자평

김보라미 이제는 제대로 된 유통 질서가 필요한 때!

김성진 경제민주화와 헌법 정신을 법원도 잊지 않고 있다

유성규 공익-사익＝공익

판결 이후

대형 마트의 영업을 규제하는 조례를 둘러싼 소송은 유통업체의 항소로 서울고등법원 행정8부(재판장 이기택)에서 진행 중이다.

그런데 항소심이 이어지는 사이, 의미 있는 판결이 있었다. 2013년 12월 26일 유통업체들이 의무 휴업일 지정을 강제하는 유통산업발전법 제12조의2가 영업의 자유를 침해한다며 낸 헌법소원에 대해 헌법재판소 전원재판부가 각하 결정을 내렸다(2012헌마162, 252).

서울행정법원의 결정과 취지가 같은 판결도 나왔다. 광주지방법원 행정1부(재판장 김재영)는 2014년 1월 9일 롯데쇼핑과 이마트, 홈플러스 등이 광주시의 구청장들과 목포, 순천, 여수시장을 상대로 낸 '영업시간 제한 등 처분 취소' 소송에서 원고 패소 판결을 내렸다(2012구합2900). 대형 마트의 영업을 규제하는 조례의 정당성을 다시 확인한 판결이다.

연세대는 등록금 인상의 근거 자료를 공개하라는 확정판결

대학은 모두의 것이다

등록금 근거 자료를 공개하라는 정보공개 소송

– 안진걸 참여연대 협동사무처장(반값등록금 국민본부 공동집행위원장)

2008년 어느 날이었다. 연세대 학생들이 서울 통인동에 있는 참여연대 사무실을 찾아왔다. 참여연대는 당시 등록금 문제와 고등교육 이슈에 대한 연구를 한창 진행하고 있었다. 연세대 학생들이 만든 단체의 이름이 참 멋있었다. '부자학교 펀드감시단'이라니! '아하, 이런 활동도 있구나' 하고 무릎을 칠 정도였다. 당시 이명박 대통령은 반값 등록금 공약을 파기했고(이는 박근혜 대통령도 마찬가지), 오히려 '이상한' 대학 총장들 몇몇은 전 세계에 걸쳐 등록금 상황이 이미 최악인데도 등록금을 2배로 올려야 한다는 발언을 했다. 이런 상황에서 사립대학의 부자 재단들이 막대한 적립금을 쌓아놓고도 해마다 등록금을 인상하는 근거, 적립금을 사용한 실태, 적립금을 펀드에 투자한 과정, 투자한 뒤의 이익과 손실여부, 펀드 운용 금액의 구체적 현황을 꼭 한번 확인해보고 싶었다.

참여연대와 연세대 총학생회가 2013년 12월 4일 서울 연세대 정문 앞에서 5년 전 연세대를 상대로 낸 '등록금 인상 근거 및 적립금 내역 등에 대한 정보공개' 청구 소송에서 대법원이 원고 승소를 확정했음을 알리는 기자회견을 하고 있다.

참여연대 사무실을 찾아온 대학생들

소송은 그렇게 시작됐다. 부자학교 펀드감시단의 김영민 학생과 참여연대는 2008년 10월 연세대에 처음으로 정보공개를 청구했다. 예상대로 그해 11월 연세대는 이를 거부했다. 2009년 3월 서울행정법원에 '정보공개 거부처분 취소' 소송을 제기했다. 서울행정법원 14부(재판장 성지용)는 2009년 12월 7일 '등록금 산정을 위한 근거 자료가 공개된다고 해서 연세대의 정당한 이익이 침해될 우려가 있다고 보기 어렵다'고 판단하여 원고 일부 승소 판결했다. 2011년 1월 9일 서울고등법원 행정6부(재판장 황찬현)는 항소를 기각했지만 소송은 대법원까지 이어졌다. 그렇게 5년 가까운 세월이 흘러 2013년 11월 28일, 대법원 3부(주심 김신)는 상고를 기각하고 등록금 인상의 근거가 되는 정보 대부분을 공개하라는 확정판결을 내렸다.

연세대 학생들과 참여연대는 공익 소송에서 이긴 기쁨도 컸지만, 장막에 가려진 한국 대학의 운영 실태에 학생과 학부모, 국민이 공개적으로 접근할 길이 열렸다는 점에 의미를 두었다. 고등교육기관을 운영하는 데 학생의 주권을 제고하고 국민의 알 권리를 보장한 뜻깊은 판례가 나온 것이다. 끝내 상고를 제기해 5년 동안이나 소송을 끌어온 연세대는 그동안의 비공개적이고 불투명한 대학 행정을 대학생과 학부모들에게 사과하고 관련 정보를 최대한 자세하게 즉각 공개해야 한다. 그러나 이 글을 쓰는 지금까지 연세대는 대법원 판결에 따라 정보를 공개할 생각을 않고 있다.

대법원 판결에도 미동 않는 연세대

이번 판결에 비추어 전국 대학들은 등록금과 적립금에 관한 주요 정보를 스스로 공개해야 할 것이다. 교육기관은 행정의 투명성이 중요하기 때문에 정보공개법 말고도 교육기관 정보공개법이 따로 제정돼 있다. 이 법을 개정해 적립금과 기숙사비 등 더 많은 정보를 공개하는 길이 열려야 한다.

그동안 대학들은 '사립학교'라는 장막 안에서 부조리한 일과 횡포를 수없이 저질러왔다. 결국 학생과 학부모들이 '호갱'(호구가 된 고객)이 되어 죽도록 고생해왔는데, 이제는 이런 악순환이 끝나야 한다. 반값 등록금, 학자금 무이자 대출,

대학의 투명성과 공공성이 중요한 이유다.

심사위원 20자평

김성진 사학 재단의 막무가내, 법원이 제동

최재홍 등록금, 너 왜 자꾸 오르니? 보여줘!

홍성수 대학은 단순한 기업이 아니기에……

촛불 집회에 참가한 시민단체는
손해배상 책임이 없다는 판결

돈으로 겁박하지 말라
집회 참가자의 우발적 일탈 행위를
주최 쪽이 책임질 의무는 없다

집회가 끝나고 거리 행진이 이어졌다. 대열은 곧 경찰의 차벽에 가로막혔고 경찰은 선무방송을 시작했다. "여러분은 지금 불법 시위를 하고 있습니다. '민주'를 외치는 시민답게 법질서를 준수하기 바랍니다." 물병이 날아가고 버스 바퀴에 밧줄이 걸렸다. 경찰은 물대포와 소화기 분말로 시위대의 접근을 막았다. 물과 분말을 뒤집어쓰고 방패에 찍힌 시위대 일부가 경찰 버스의 유리창을 깨기 시작했다. 주최 쪽의 방송 차량에서 다급한 목소리가 흘러나왔다. "시민 여러분, 우리는 평화롭게 우리의 뜻을 전달하기 위해 모였습니다. 폭력은 안 됩니다. 궁지에 몰린 이명박에게 강경 대응할 명분을 제공할 뿐입니다." 행진하는 대열 안에서도 '비폭력'과 '앉자'라는 구호가 계속 나왔지만, 피를 본 이들의 흥분과 분노를 가라앉히기엔 역부족이었다. 미국산 쇠고기 수입 철회를 요구하는 촛불 시

2008년 5월 6일 서울 여의도 국회 앞에서 열린 미국산 쇠고기 수입을 반대하는 촛불 집회. 정부는 참여 연대 등 주최 단체와 핵심 활동가들이 촛불 집회 기간에 경찰의 인적·물적 피해를 배상하라고 청구 소송 을 냈으나 법원은 이를 기각했다.

위가 절정에 달한 2008년 6월, 서울 종로와 태평로 일대에서 숱하게 반복되던 장면이다.

정부가 참여연대 등에게 5억 원 배상 요구

촛불 정국이 잦아든 뒤 정부는 형사소송과 별개로 집회를 주도한 '광우병 위 험 미국산 쇠고기 전면 수입을 반대하는 국민대책회의'와 참여연대 등 3개 단체, 국민대책회의에서 활동한 박원석(현 정의당 국회의원), 박석운, 안진걸 등 14명을 상대로 5억 1700만여 원의 손해배상 소송을 냈다. 서울중앙지방법원에 배당된 사건은 5년을 끌었다. 피고 중 몇몇은 그사이 형사재판을 받아 사법 처리 절차를 마치기도 했다. 민사재판의 핵심 쟁점은 경찰의 신체와 장비에 위해를 가한 사람이 가려지지 않은 상태에서, 집회를 주최한 단체와 사람들에게 배상 책임을 물을 수 있는지에 대한 판단이었다.

서울중앙지방법원 31민사부(재판장 윤종구)는 2013년 10월 31일 정부의 청구를 기각하며 원고 패소 판결했다. 가해자와 가해 장소, 원인을 구체적으로 특정하지 않고 집회와 시위 기간에 발생한 모든 인적·물적 손해와 손실을 배상하라는 것은 부당한 요구라고 본 것이다. 재판부는 집회와 시위를 주도한 단체와 핵심 활동가들에게 책임을 물으려면 구체적인 상해나 손괴 행위를 한 사람과 이들의 관계를 어느 정도 확인할 수 있어야 한다고 밝혔다. 또 이를 입증할 책임을 진 정부 쪽이 피해자와 피해 사실, 손실의 정도만 밝혔을 뿐 양쪽의 관계를 보여주는 증거는 제시하지 못했다는 점을 기각 사유로 들었다.

촛불 집회와 관련한 다른 사건을 다룬 서울고등법원의 2012년 2월 판결도 재판부의 판단에 영향을 줬다. 코리아나호텔이 2008년 촛불 시위에 참가한 시민 몇몇이 호텔 로비에 쓰레기를 투기해 영업을 방해받았다며 낸 손해배상 소송에서, 서울고등법원은 "참가자 일부가 우발적으로 저지른 일탈 행위를 주최자인 국민대책회의가 적극적으로 격려한 적도 없거니와 오히려 평화 집회를 호소하고 질서 유지 활동을 한 점이 인정된다"라며 항소를 기각한 바 있다.

구체적 행위자와 주최 쪽과의 연관성 입증

공판 과정에서 정부는 과거 노조의 집회 과정에서 발생한 손해에 대해 노조 집행부의 배상 책임을 인정한 대법원 판례를 들어 배상 청구가 정당하다고 주장했다. 그러나 1심 재판부는 "(그때) 대법원이 판단한 사건은 (수만 명의 일반 시민이 참여해 2개월 가까이 이어진) 2008년 촛불 시위 같은 집회나 시위가 아니라, 단일 목적을 가진 단체가 특정일에 단체 구성원을 중심으로 특정 집회를 하는 과정에서 발생한 사건"이라며 인용하지 않았다.

심사위원 20자평

김성진 항의할 자유를 소송으로 겁줘서는 안 된다!

오창익 뭐든 돈으로 해결하겠다는 발상에 쐐기

최재홍 촛불이 타오른다. 뜨거움을 느껴라

판결 이후

정부는 서울중앙지방법원의 판결에 불복해 2013년 11월 항소를 제기했다. 항소심은 서울고등법원 민사1부(재판장 정종관)에 배당돼 재판이 진행되고 있다. 촛불 집회를 주도한 시민사회단체에 기어이 손해배상금을 물리겠다는 정부의 의지는 여전히 꺾이지 않았다.

〉〉 2010년 올해의 판결 '대법원, 집회 주최 측이 집회로 인한 손해액 전체를 배상하라고 파기환송한 판결' 참조

서울중앙지방법원 | 2016가단5005216
남양유업은 '밀어내기' 피해액을
전액 배상하라는 판결

브레이크 걸린 갑의 질주
밀어내기 없었다고 입증할 책임은 '강자'인 회사에 있다

박수영(33·가명) 씨는 스물세 살 때부터 식품 유통 분야에서 일했다. 새벽 4시부터 일하는 고단한 생활이지만 한 푼이라도 모아 대리점 주인이 되리라는 꿈을 키웠다. 2011년 9월 보증금 500만 원을 내고 남양유업과 대리점 계약을 맺었다. 마진이 좋다는 소문을 듣고 뛰어들었지만 첫 달부터 적자를 냈다. 박씨가 주문 관리 프로그램인 '팜스21'에 다음 날 필요한 주문량을 등록하면 몇 시간 뒤 거짓말처럼 물량이 바뀌었다. 바로 '물량 밀어내기'다.

주문하지 않은 물량을 대리점에 강제로 떠넘기고

공정거래위원회의 실태 조사를 보면, 남양유업은 2007년부터 유통기한이 거의 다 된 제품이나 비인기 품목 등을 대리점에 강제 할당하고 임의 공급하는 방

2013년 5월 9일 김웅 대표이사 등 남양유업 임직원들이 물량 밀어내기 등 강압적 영업 활동에 대한 사과의 뜻으로 고개를 숙이고 있다.

식으로 밀어내기를 해왔다. 대리점들은 떠안은 물량을 울며 겨자 먹기로 떨이 판매하거나 폐기 처분할 수밖에 없었다. 박씨도 그랬다. 영업 적자는 달마다 수백만 원씩 쌓였다. 1년도 안 돼 빚이 6000만 원을 웃돌자 2012년 7월 대리점을 그만뒀다. 하지만 남양유업은 현금 보증금 500만 원과 선납한 물품 대금 300만 원을 돌려주지 않았다. 박씨는 항의했지만 묵묵부답이었다. "너무 억울해서 지푸라기라도 잡는" 심정으로 2013년 1월 '나 홀로 소송'을 제기한다. 마지막 달에 648만 원어치를 주문했지만 남양유업이 1285만 원이나 많은 1933만 원어치의 제품을 밀어내 손해를 입었다는 주장도 했다. 지난 10개월 내내 반복된 일이지만 우선 1개월분만 청구했다.

때마침 남양유업의 횡포가 사회문제로 폭발했다. 2013년 5월 5일 인터넷에 올라온 욕설 음성 파일이 방아쇠를 당겼다. 남양유업의 한 30대 영업사원이 아버지뻘인 50대 대리점주에게 막말을 퍼붓는 모습이 녹음된 것이다. "망해, 망해. 그러면 망하라고요. 이 ○○○야!"(영업사원) 비판 여론이 거세지자 김웅 남양유업 대표이사가 기자회견을 자청해 '죄송하다'라며 대국민 사과문을 낭독했다.

하지만 법정에서 남양유업의 태도는 전혀 달랐다. 법원은 정확한 주문량과 공급 내역이 나오는 팜스21의 기록을 제출하라고 명령했지만, 남양유업은 이 프로그램을 최근 폐기했다는 이유로 거부했다. 서울중앙지방법원 민사83단독부의 오규희 판사는 2013년 10월 2일 '회사가 100퍼센트 배상하라'고 판결했다. "손해액 산정을 위한 기초 자료가 회사에 편중돼 있으므로, 남양유업은 형식적 입증 책임만 내세울 게 아니라 증거 불평등을 완화하기 위해 법원의 조치에 성실하게 답할 의무가 있다. 남양유업이 자료를 제출하지 않으므로 박씨가 주장하는 손해액이 입증된 것으로 보는 게 타당하다." 원고 측의 차태강 변호사는 "의료사고로 피해를 입은 환자처럼 대리점주를 상대적 약자로 보고 입증 책임을 완화한 판결"이라고 설명했다. 남양유업은 변호인 5명을 선임해 항소했다. "대리점주가 100퍼센트 승소했다는 판례가 남는 게 두려운 것"이라고 박씨가 말했다.

남양유업이 '100퍼센트 배상하라'

박씨는 아내와 세 살짜리 아들과 함께 살던 아파트(24평)를 팔아 우선 '빚잔치'를 했다. 없는 살림에 항소심을 맡을 변호인도 선임했다. 밀어내기로 손해를 본 금액도 1개월분에서 10개월분으로 늘려 손해배상을 확대 청구할 계획이다. 박씨가 말한다. "남양유업은 지금껏 미안하다는 말 한마디를 하지 않았다. 여론이 잠잠해지자 '갑의 횡포'를 다시 휘두른다. 그대로 놔두면 안 되니까 싸움을 멈출 수 없다."

김성진 남양유업, 자료 제출 거부는 곧 도둑질을 자인한 것

유성규 을乙이 주인 되는 세상을 향한 발돋움

최재홍 밀어낼 때 좋았니? 국민들한테 밀리니 어떠니?

판결 이후

남양유업이 항소한 뒤 아직 소송 결과가 나오지 않았다.

이와 별도로 서울중앙지방법원 형사25부(재판장 위현석)는 2014년 1월 28일 밀어내기 등 불공정 행위로 대리점에 피해를 입힌 혐의(독점 규제 및 공정거래에 관한 법률 위반)로 기소된 김웅 남양유업 대표에게 징역 1년 6개월에 집행유예 2년, 사회봉사 명령 160시간을 선고했다.

취업 허가 없이 일한 난민 신청자에게 내려진 강제 퇴거 명령을 취소한 판결

난민 신청자도 먹고살아야 한다
생계 지원을 받지 못한 채 난민 인정 심사가 오래 걸리는 상황

아무런 생계 지원을 받지 못한 상황에서, 허가를 받지 않고 두 차례 취업을 했다는 이유로 난민 신청자를 구금하거나 추방 명령을 내려도 될까. 서울행정법원 행정7부(재판장 심준보)는 '그럴 수 없다'고 판단했다.

1년 넘는 심사 기간에 뭘 먹고 살라고

2011년 6월 버마(미얀마)의 소수민족인 친족 출신 해리(24·가명)가 한국으로 향했다. 입국한 지 10여 일 만에 법무부 산하 서울출입국관리사무소에 정치와 종교적 사유로 난민 인정 신청을 냈다. 보통 난민 신청자에겐 기타(G-1) 체류 자격이 주어진다. G-1 비자는 원칙적으로 일을 할 수 없는 체류 자격이다. 난민 심사는 1년 넘게 결론이 나지 않았다. 구 출입국관리법엔 난민 인정 신청을 한 날

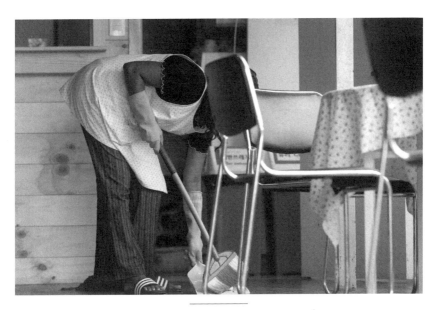

서울 상도동 난민지원센터에서 청소하는 난민 신청자. 법원은 허가 없이 취업 활동을 했다는 이유로 난민 신청자를 구금한 출입국관리사무소의 조처는 행정의 편의만 앞세운 것이라고 판시했다.

로부터 1년 안에 심사 결과가 나오지 않으면, 법무부 장관은 취업 활동을 '허가할 수 있다'고 돼 있다. 해리는 허가를 따로 받지 않고 2012년 8월 일용직 일을 시작했다가 보름 만에 적발된다. 서울출입국관리소는 범칙금 100만 원 처분을 내리고, 같은 해 12월 28일이 기한인 취업 허가를 내준다.

2012년 11월 법무부는 난민 불인정을 통보했다. 심사 결과에 수긍할 수 없던 해리는 12월 24일 법무부에 이의신청을 냈다. 서울출입국관리소엔 체류·취업 허가 기간을 연장해달라고 신청했다. 체류 허가 기간은 연장되지만, 취업 허가는 기간은 연장되지 않았다. 취업 허가 기간이 지난 뒤에도 계속 일하다 2013년 2월 또다시 단속에 걸렸다. 서울출입국관리소는 강제 퇴거 및 보호 명령을 내리고 그를 화성외국인보호소에 구금했다. 공익인권법재단 '공감'의 장서연, 황필규 변호사는 그를 대신해 서울행정법원에 '강제 퇴거 및 보호 명령처분 취소' 소송을 제기했다. 또 판결이 확정되기 전까지 강제 퇴거 및 보호 명령 집행을 정지해달라는 신청을 낸다. 집행정지 신청이 받아들여지자 해리는 갇힌 지 5개월 만에 보호소에서 나올 수 있었다.

서울행정법원 7부(재판장 심준보)는 2013년 10월 10일 해리에 대한 강제 퇴거 및 보호 명령을 모두 취소한다고 선고했다. 난민 인정 신청을 한 뒤 1년이 지나서야 제한적으로 취업 활동을 허가하고, 난민 불인정 결정이 난 뒤에도 취업 허가 기간을 연장해주지 않고서 일을 했다는 이유로 강제 퇴거를 결정한 것은 행정의 편의만을 위한 조처라는 것이다. 재판부는 또 "난민협약은 난민에 대한 추방과 송환을 원칙적으로 금지하고 극히 예외적인 경우에만 허용하는데, 생계 지원을 받지 못한 채 난민 인정 심사가 오래 걸리는 상황에서 허가 없이 취업을 한 이유만으로 '공공의 안전을 해쳤거나 해칠 우려가 있는 경우'에 해당한다고 보기 어렵다"고 판시했다. 장서연 변호사는 "외국인에 대한 출입국 행정에서 출입국관리사무소의 재량을 넓게 인정해온 게 관례인데, 이번 판결은 그 재량의 범위를 엄격하게 판단했다는 데 의미가 있다"고 설명했다.

난민 불인정 이의신청은 법무부가 기각

서울출입국관리사무소는 1심 선고에 불복해 항소했다. 앞서 해리가 법무부에 낸 난민 불인정 이의신청은 기각됐다. 그는 서울행정법원에 '난민 불인정처분 취소' 소송을 낸 상태다. 한국에서 살 수 있을지, 다른 나라로 떠나야 할지 불확실한 채 불안한 한국살이는 하루하루 이어지고 있다.

심사위원 20자평

오창익 난민 신청자도 사람이라는 평범한 상식을 확인

유성규 2013년 대한민국, 난민이 공기만 먹고 살 수 없음을 인정하다

조혜인 생존권 보장 없는 '난민 보호'라는 난센스는 이제 그만

판결 이후

해리가 서울행정법원에 낸 난민 불인정처분 취소 소송과 서울출입국관리사무소
가 항소한 강제 퇴거 및 보호 명령 취소 소송의 결과는 모두 아직 결과가 나오지
않았다. 그사이 난민 신청자 신분인 해리의 한국 생활은 3년을 채워가고 있다.

문제적 판결

- 대법원, 삼성 떡값 검사의 명단을 폭로한 노회찬 전 의원에게 유죄 확정한 판결

- 서울행정법원, KT의 세계 7대 자연경관 선정 의혹을 폭로한 공익 신고자에게 보호조치를 내린 것은 부당하다는 판결

- 헌법재판소, 일반투표의 투표 시간을 오후 6시로 제한하는 공직선거법 조항은 합헌이라는 결정

- 대법원, 집단 괴롭힘을 당하다 자살한 성소수자 학생 사건에서 학교의 책임을 인정한 원심을 파기한 판결

- 대법원, 키코KIKO가 환헤지에 적합한 상품이라며 은행의 손을 들어준 전원 일치 판결

- 대법원, 청년유니온의 플래시몹 행사는 집시법 대상이라는 판결

- 대법원, 김형근 전교조 교사의 국가보안법 위반 혐의에 무죄 선고한 원심을 파기한 판결

삼성 떡값 검사의 명단을 폭로한
노회찬 전 의원에게 유죄 확정한 판결

삼성, 권력 위에 있는 초월적 존재
'표현의 자유에 적신호가 켜졌다'

"로스쿨이나 법대에서 토론 수업의 주제나 시험문제로 많이 나온대요. 면책특권의 대상 여부, 표현의 자유, 공익과 사생활 보호 등 쟁점이 많은 사건이었으니까요. 대전의 한 대학교수가 학생들이 기말고사의 과제로 제출한 리포트를 전부 복사해 보내주기도 했어요."

명예훼손 혐의는 무죄, 통신비밀보호법 위반은 유죄로

노회찬 전 정의당 의원은 '학생들도 대법원 판결에 문제가 있다고 썼는가'라는 질문에 "100퍼센트죠"라며 웃었다. 2013년 12월 17일 전화기 너머의 목소리는 밝았다. 대법원 3부(주심 박보영)가 2013년 2월 14일 '삼성 X파일 사건'의 재상고심에서 유죄 판결을 확정함으로써 그는 국회의원직(서울 노원병)을 잃었다.

'삼성 X파일' 떡값 검사 명단을 폭로한 노회찬 전 정의당 의원에 대한 대법원 판결은 '도둑은 처벌하지 않고 도둑이라고 외친 사람만 처벌한 판결'에 비유된다. 2013년 2월 14일 대법원의 유죄 확정판결을 받고 의원직을 잃게 된 그가 침통한 표정을 짓고 있다.

선거권과 피선거권을 박탈당한 것은 물론, 정당의 직책도 맡을 수 없게 됐다. 그러나 그는 오히려 '공부'할 시간이 많아졌다고 했다. 대법원 판결의 문제점을 조목조목 설명하는 대목에서는 법조인 뺨치는 실력을 뽐내던 '국회 법사위 소속 의원 노회찬'이 떠올랐다.

　그는 민주노동당 소속 의원이던 2005년 8월 '삼성 X파일'의 떡값(금품) 검사 명단을 폭로했다. 삼성 총수와 주변 인물들이 1997년 대선에서 특정 후보의 당선을 위해 발 벗고 뛰었다는 사실이 담긴 국가안전기획부(현 국가정보원)의 도청 파일이 2005년 뒤늦게 공개된 직후다. 그러나 당시 '정경 유착' 문제는 온데간데없이 불법 도청만 부각됐고, 그의 폭로에도 불구하고 상황은 반전되지 않았다.

전직 국정원장들이 줄줄이 구속됐지만, 삼성 관계자들은 모두 무혐의 처분을 받았다. 그리고 그는 폭로한 지 2년 만인 2007년 5월 명예훼손과 통신비밀보호법 위반 혐의로 기소됐다.

6년 동안 재판은 널을 뛰었다. 2009년 2월 1심 유죄→2009년 12월 2심 무죄→2011년 5월 대법원 파기환송(명예훼손 무죄, 통신비밀보호법 일부 유죄)→2011년 10월 파기환송심 유죄→2013년 2월 대법원 유죄 확정판결. 징역 4개월에 집행유예 1년, 자격정지 1년.

떡값 검사로 지목된 이들이 명예를 훼손당했다며 낸 민사소송에선 1심은 유죄, 2심은 무죄를 선고했고 대법원은 상고를 기각함으로써 이를 확정했다. 민사재판의 2심 판결은 표현의 자유 부문에서 2011년 올해의 판결로 선정된 바 있다. 종합하면, 명예훼손 혐의는 무죄이고 통신비밀보호법 위반은 유죄라는 말이다. 하지만 법원이 유죄를 선고한 논리가 시대착오적이라는 비판이 쏟아진다. 떡값 검사 명단을 공개한 보도 자료를 만들어 배포한 행위는 면책특권에 해당하지만, 이 보도 자료를 홈페이지에 올린 행위는 통신비밀보호법 위반이라고 판단했기 때문이다.

"인터넷 시대잖아요. 대법원도 보도 자료를 내면서 바로 홈페이지에 올리지 않습니까. 보도 자료를 언론사에 배포하면 면책특권이 적용되고, 보도 자료를 홈페이지에 올리면 면책이 안 된다는 건 받아들이기 어렵습니다. 인터넷 시대라는 새로운 환경을 전혀 감안하지 못한 판결이라고 봐요."

'삼성과 기득권층을 위한 억지 판결'

공익적 목적을 가진 정당행위로 받아들여지지 않은 것도 아쉬운 대목이다. 명예훼손죄가 '진실한 사실로서 공익에 관한 내용'을 공개했을 때 면책되는 것과 달리, 통신 비밀의 공개는 '비상한 공적 관심의 대상일 때' 등으로 면책의 조건이 무척 까다롭다. 노 전 의원은 "국내 최대 재벌의 회장이 특정 대선 후보에게 거액의 불법 정치자금을 건넨 사건이 공공의 비상한 관심사가 아니라면 무엇인가"라고 따졌지만, 대법원은 "떡값 검사 문제는 8년 전의 대화 내용이어서 비상한 공적 관심의 대상이 되지 않는다"고 했다.

노 전 의원이 승소한 민사소송 재판부(서울고등법원 13민사부)는 2011년 '삼성 X파일의 녹음 내용을 살펴봤을 때 노 전 의원이 낸 보도 자료의 내용을 허위라고 볼 수 없고, 검찰 직무 수행의 청렴성과 공정성이 의문시되어 제기한 내용이므로 공익성이 인정된다'고 밝힌 바 있다. 노 전 의원은 형사소송의 대법원 판결에 대해 "삼성과 기득권층을 보호하려는 억지 판결이라고 여전히 생각한다"고 말했다. 그는 2월 14일 '국회를 떠나며'란 성명에서 이렇게 말하기도 했다. "오늘의 대법원 판결은 최종심이 아니다. 국민의 심판, 역사의 판결이 아직 남아 있다. 법 앞에 1만 명만 평등한 오늘의 사법부에 정의가 바로 설 때 한국의 민주주의도 비로소 완성될 것이다."

노회찬 전 의원 인터뷰
'유신 시대의 긴급조치를 방불케 한다'

삼성, 무엇이 문제인가.

– 두 가지다. 첫째, 경제 권력도 법 앞에서 평등해야 하고 잘못하면 처벌받아야 한다. 국가 경제에 영향을 끼친다는 이유로 특혜를 받아선 안 된다. 둘째, 재벌이라는 기업 집단을 관리하는 방식이 문제라고 본다. 재벌 체제는 시장 질서에

비춰봐도 특혜이고, 그 체제를 유지하는 기업들에 대한 특혜다. 특혜를 줄이고 장기적으로 없애나가자는 것이지, 기업 자체를 반대하거나 덩치가 크니까 없애자는 게 아니다. 삼성을 포함한 재벌들의 총수 대부분이 엄청난 전과자가 아닌가. 대기업일수록 더 법을 무시하고 불법과 편법을 일상화해왔다는 얘기다.

대법원 확정판결이 날 때 〈한겨레21〉의 기사 제목이 '떡값 준 놈·받은 놈보다 나쁜, 알린 사람?'이었다.

– (웃음) 재벌의 정경유착, 배임과 횡령, 상속세 탈루 등에 대해 법원이 엄정한 심판자로서 역할을 포기해왔다. 삼성 X파일 사건은 정경유착 사건인데, 삼성에 대한 수사는 거의 하지도 않고 그것을 폭로한 사람들만 처벌했다. (삼성의) '관리대상'에 검사들만 있는 게 아니다. 권력이 시장에 넘어갔다는 얘기처럼, 삼성은 삼권분립 체제인 우리나라에서 삼권 위에 있는 초월적 존재로 삼권의 각 영역에 영향을 끼쳐왔다.

요즘 부쩍 '표현의 자유'에 대한 얘기가 많이 나오는데.

– 엄청 후퇴했다. 과학기술의 발전에 따라 국민의 표현 영역이 늘어나는 것과 관계있다. 군사독재 시절에는 언론사를 탄압하고 긴급조치로 국민의 비판을 봉쇄하면 됐다. 민주화가 된 이후 그런 문제들이 대부분 해결됐다. 그런데 인터넷을 통해 표현의 자유 영역이 확장되면서 그에 대한 두려움으로 재갈을 물리기 시작했다. '미네르바 사건'처럼 인터넷에 정부 정책을 비판하는 글을 올리거나, 심지어 패러디물을 올려도 단속하기 시작했다. 여기까지는 이명박 정부 때의 일이다. 박근혜 정부는 일상적으로 정부를 비판하는 표현에 법적인 족쇄를 채우려 할 뿐 아니라, '종북'이니 뭐니 하면서 정치와 사회 분야에서 매장하려 한다. 표현의

자유가 제한되는 현 상황은 유신 시대의 긴급조치를 방불케 한다. '대통령 물러나라'라고 한마디를 했다고 대통령이 직접 나서서 국론 분열을 운운하는 건 '막걸리 반공법'이나 다름없다. 표현의 자유에 적신호가 켜졌다.

심사위원 20자평

오창익 국회의원도 시끄럽게 굴면 안 돼. '도둑이야'도 안 돼

최재홍 국민은 알고 싶다. 그들의 X파일을!

홍성수 이 X파일이 '비상한 공적 관심의 대상'이 아니라고?

〉〉 2011년 올해의 판결, '서울고등법원, 삼성 X파일 떡값 검사의 명단을 공개한 노회찬 전 의원의 행위는 공익성이 인정되므로 무죄라는 판결' 참조

서울행정법원 | 2012구합32352

KT의 세계 7대 자연경관 선정 의혹을 폭로한 공익 신고자에게 보호조치를 내린 것은 부당하다는 판결

공익은 나중에 따지는 거라고?

내부 고발자에 대한 보호는 잘 되고 있는가

"내부 고발자 보호는 현행 법률로 충분하다."

남재준 국가정보원장은 2013년 12월 12일 국회 국정원개혁 특별위원회에서 이렇게 말했다. 여야가 국정원 개혁을 위해 합의한 '내부 고발자 신분 보장'에 대해 거부 의사를 밝힌 것이다. 이 방안이 나온 것은 국정원 직원 정 모 씨가 민주당에 국정원의 여론 조작 댓글 활동을 제보했다가 공무상 비밀을 누설했다는 혐의(국정원직원법 위반 등)로 기소돼 재판을 받고 있기 때문이다.

사후적으로 공익 침해 행위로 인정되어야 공익 신고

남재준 원장이 말한 현행 법률이란 '부패방지법'과 '공익신고자보호법'이다. 2002년 생긴 부패방지법(부패 방지 및 국민권익위원회의 설치와 운영에 관한 법)은

세계 7대 자연경관 선정 이벤트와 관련해 KT의 가짜 국제전화 의혹을 폭로한 이해관 씨가 서울 광화문 KT 사옥 앞에 서 있다.

공공 분야의 부패 신고를 대상으로 했다. 민간 분야에서도 내부 고발을 활성화하자는 공감대가 형성되자 2011년 공익신고자보호법이 시행됐다. 남 원장의 호언대로 내부 고발자 보호가 잘되고 있을까. 2013년에 나온 사법부의 판결을 보면 아직 먼 얘기다.

  2011년 온 나라를 떠들썩하게 한 '세계 7대 자연경관 선정' 이벤트는 이해관 (50) 씨의 폭로로 진상이 드러났다. 외국의 한 민간단체가 주관하는 이벤트에 KT가 '제주도를 7대 자연경관에 올리자'라며 국민들에게 전화 투표를 하라고 독려했다. 당시 이명박 대통령까지 투표할 정도로 과열 양상이 벌어졌다. KT는 이

것이 국제전화라고 홍보했다. KT 새노조 위원장인 이씨는 2012년 2월 "전화 투표가 사실은 국내전화이고, KT가 비싼 요금을 받아 부당 이득을 취했다"고 폭로했다.

고발의 대가는 인사 조치로 돌아왔다. 서울에서 근무하던 이씨는 3개월 뒤 연고가 없는 경기도 가평으로 전보됐다. 국민권익위원회는 2012년 8월 이는 공익신고자에게 불리한 조치이니 KT는 '보호조치'(원상 복귀)를 하라고 결정했다. KT는 이에 불복해 행정소송을 냈다.

서울행정법원 행정12부(재판장 이승한)는 2013년 5월 16일 KT가 국민권익위원회를 상대로 낸 '공익 신고자 보호조치 결정처분 취소' 소송에서 KT의 손을 들어주었다. 이씨의 신고는 공익 신고가 아니므로 국민권익위원회가 신고자에게 보호조치를 내린 것은 부당하다는 것이다. 공익신고자보호법을 적용한 사건을 다루면서 사법부가 내린 첫 판단은 '공익 신고가 아니다'였다.

재판부는 이 신고가 공익 신고가 아니라는 근거로 "신고를 받아 조사한 결과 공정거래위원회가 무혐의 결정을" 한 것을 내세웠다. 신고할 당시의 상황을 기준으로 판단한 게 아니라, 신고한 뒤 이 사건이 실제 공익을 침해한 것으로 확인됐는지를 따진 것이다. 사후적으로 공익을 침해했다고 확인되어야 공익 신고에 해당하고, 공익 침해 여부가 불분명하면 공익 신고에 해당하지 않는다는 논리다.

국민권익위원회는 "보호조치 결정은 공익 신고 때문에 불리한 처지가 될 때 하는 것이지, 공익 신고의 내용이 사후적으로 공익 침해 행위로 인정된 뒤에 하는 것이 아니다. 공익 신고의 내용이 명백한 거짓이 아니므로 공익 신고자를 보호할 법적 실익이 있다"고 주장했다. 하지만 받아들여지지 않았다.

보통 내부 고발을 하면 행정기관이나 수사기관이 조사해 고발 내용을 확인하기까지 오랜 시간이 걸린다. 그사이 내부 고발자는 조직의 보복으로 버림받는다.

이를 막기 위해 공익신고자보호법이 필요한 것인데 사법부는 이런 취지를 전혀 고려하지 않은 것이다. 반면 이씨는 이와 별도로 전보가 부당하다며 행정소송을 냈다. 1심 재판부는 이씨의 손을 들어줬다.

부패 신고 때문에 불리한 조처

내부 고발자 보호에 대한 사법부의 몰이해는 2개월 뒤 한 대법원 법정에서도 그대로 드러났다. 이번에는 부패방지법을 적용한 사건이었다. 경기도선거관리위원회가 2008년 3월 화장장 유치 문제로 하남시장에 대한 주민소환이 추진될 때였다. 하남시선거관리위원회 직원인 박 모 씨가 "투표 청구 서명부가 조작됐는데도 선관위 직원들이 이를 묵인했다"고 국민권익위원회에 신고한 뒤 언론 인터뷰를 하자, 경기도선거관리위원회는 박씨를 전보했다. 국민권익위원회는 박씨가 부패 신고로 불이익을 당했다고 보고 징계 절차를 취소하라고 권고했다. 하지만 결국 경기도선거관리위원회는 국민권익위원회를 상대로 서울행정법원에 '불이익처분 원상회복 등 요구처분 취소' 소송을 냈다. 2009년 경기도선거관리위원회는 박씨를 파면했다. 서울고등법원 9행정부(재판장 박병대)는 2010년 12월 9일 '박씨의 신고는 부패 행위 신고에 해당하지 않는다'고 원고 승소 판결했다. 대법원 2부(주심 이상훈)는 2013년 7월 25일 '국민권익위원회가 부패 신고자를 보호 조치하라고 결정한 것은 부당하다'라며 확정판결을 내렸다(2011두1214).

대법원 재판부는 판결문에서 "행정소송에서 특별한 경우를 제외하면 행정처분의 적법성은 행정청(이 사건의 경우 국민권익위원회)이 주장하거나 증명해야 한다"고 밝혔다. 또 "경기도선거관리위원회가 박씨의 징계를 요구한 것은 방송 인터뷰를 통해 선거관리위원회의 입장과 다른 허위사실을 진술했기 때문일 뿐, 국민권익위원회에 신고했기 때문이라고 인정할 아무런 자료가 없다"고 판단했다.

국민권익위원회는 신고와 방송 인터뷰를 맥락이 같은 하나의 행위로 보고 이로 인해 불리한 조처를 받았다고 봤지만, 대법원은 공식적인 징계 사유가 '방송 인터뷰'라는 이유를 들어 '국민권익위원회에 신고했다고 징계한 것이 아니다. 부패 신고 때문에 불리한 조처를 받았다는 사실은 국민권익위원회가 입증해야 한다'라는 논리를 편 것이다. 내부 고발자에 대한 보복은 대부분 은밀하고 교묘하게 가해진다. 이 때문에 부패방지법이나 공익신고자보호법에선 보복 징계가 아니라는 것을 해당 기관이 입증하라고 규정하고 있다. 이 대법원 재판부는 이런 취지를 정면으로 뒤집은 것이다.

대법원 판결이 난 뒤 국민권익위원회의 내부 고발자 보호조치에 대한 소송이 2건 더 있었다. 모두 1심에서 국민권익위원회가 승소했지만 해당 기관이 보복 징계를 한 정황이 비교적 명확히 입증된 경우였다. 하지만 내부 고발자 대부분은 불리한 상황에 처했을 때 법의 보호를 받기가 힘들다.

국민권익위원회의 자료를 보면, 2002년부터 2013년 12월 18일까지 내부 고발자가 보호를 요청한 건수는 총 180건이다. 이 가운데 실제 보호조치를 받은 것은 62건이다. 구체적으로 보면, 신분 보장을 요청한 145건 가운데 48건만 인정됐고, 신변 보호를 요청한 22건 중 14건만 받아들여졌다. 내부 고발자의 신분을 공개한 것에 대해 징계해달라는 요청도 13건 중 4건만 이뤄졌다.

KT 내부 고발자 이해관 씨 사건의 판결문에는 공익신고자보호법 자체가 지닌 한계도 드러난다. 방송통신위원회가 '사기 국제전화'에 대해 KT에 전기통신사업법 위반으로 과태료 350만 원을 부과했지만, 전기통신사업법은 공익신고자보호법이 공익 신고 대상 법률로 정한 180개 법률에 해당하지 않아 공익 신고로 인정받지 못했다. 공익신고자보호법을 입법 예고하던 당시에는 465개 법률의 위반 행위를 공익 침해 행위로 지정했지만, 정부 부처의 반발로 대상 법률이 169개로 축소되는 과정에서 전기통신사업법이 제외된 것이다.

참여연대와 국민권익위원회가 개정안 추진

이 문제를 보완하고자 참여연대 공익제보지원센터는 2013년 12월 12일 국회에 내부 고발자 보호를 강화하는 취지의 부패방지법·공익신고자보호법 개정안을 청원했다. 개정안은 공익 신고 대상 법률을 현행 180개에서 사실상 모든 법률로 확대하고, 신고할 당시 합리적 의심이 인정된다면 공익 제보로 인정한다는 명문 규정을 두는 것을 비롯해, 공익 제보자에게 불리한 조처를 할 경우 처벌을 강화하고, 국민권익위원회의 보호조치 결정을 따르지 않으면 이행강제금을 부과하는 방안 등을 담았다. 국민권익위원회도 비슷한 내용의 개정안 입법을 추진하고 있다.

심사위원 20자평

김보라미 힘내라, 이해관! 고마워요, 이해관!

김성진 공익신고보호법제 미비＋법원의 보호 의지 부족

홍성수 이것이 공익 신고가 아니면 도대체 무엇이 공익 신고일 수 있나?

판결 이후

KT와 국민권익위원회 사이에 공익 신고자 보호를 두고 벌어진 소송은 국민권익위원회의 항소로 서울고등법원 행정9부(재판장 박형남)에서 재판이 이어지고 있다. 공익 신고의 범위에 대해 항소심 재판부는 과연 어떤 판단을 내놓을까.

일반투표의 투표 시간을 오후 6시로 제한하는 공직선거법 조항은 합헌이라는 결정

비정규직도 투표 좀!

투표 시간 보장받지 못하는 비정규직과 영세 사업자

"누구를 지지하든, 누구를 반대하든, 투표를 하든, 기권을 하든, 적어도 실질적으로 투표할 권리는 줘야 합니다."

2012년 9월 20일, 인터넷 포털 사이트 '다음'의 서명 게시판에 이런 내용을 담은 글이 올라왔다. '투표 좀 하자―투표 시간 밤 10시까지 연장'이라는 제목의 글을 읽고 이날 하루 동안 2000여 명이 지지를 보냈다. 국회 행정안전위원회에 상정된 투표 시간 연장 법안이 새누리당의 반대로 부결된 지 이틀 뒤였다. 시민사회단체를 중심으로 투표 시간 연장 법안을 입법하라는 청원도 이어졌다. 대통령 선거를 3개월 남짓 앞두고 '투표 시간 제한' 논란에 불이 붙는 순간이었다.

'투표권보장 공동행동'이 대선을 앞둔 2012년 12월 17일 서울시청 앞 서울광장에서 투표 시간 연장을 요구하고 있다.

투표 시간을 보장받지 못한 사례 속출

사실 투표 시간을 둘러싼 논란은 수년 전부터 이어져왔다. 그러나 2012년 대통령 선거를 앞두고 투표 시간을 늘려야 한다는 목소리가 다시 힘을 얻었다. 실제 공직선거법에서는 재·보궐 선거가 아닌 일반투표의 경우, 법정 공휴일로 정해 아침 6시부터 오후 6시로 투표 시간을 제한한다. 또 '법정 공휴일'이 모두에게 적용되는 빨간 날은 아니다. 노동인구의 상당수를 차지하는 비정규직과 중소 영세 사업자 등에게는 투표 시간에 맞춰 시간을 내는 일조차 버겁기 때문이다. 2012년 10월 참여연대와 민주노총 등 200여 개 시민사회단체가 모여 '투표권보장 공동행동'을 조직한 것도 이 때문이었다. 이들은 시민 9만 5000여 명의 서명을 받아 투표 시간을 밤 9시까지 늘리는 내용을 담은 입법 청원을 요구했다.

헌법소원도 이어졌다. 민주사회를 위한 변호사모임은 2012년 10월 9일 투표

마감 시간을 오후 6시로 제한하는 공직선거법 관련 조항은 헌법에 위배된다며 헌법소원 심판을 청구했다. 소송은 실제로 투표권을 행사하기 힘든, 다양한 직종과 연령으로 구성된 청구인단 100여 명이 냈다.

그러나 대선이 치러질 때까지 투표 시간 연장과 관련한 입법은 이뤄지지 않았다. 박근혜 당시 새누리당 대통령 후보는 대선 후보 토론회에서 예산 문제를 언급하며 공개적으로 투표 시간을 연장하는 데 반대했다. 그렇게 치른 대통령 선거에서는 투표 시간을 보장받지 못한 사례가 속출했다. '투표권보장 공동행동'이 대선 직전에 운영한 '투표권보장 신고센터'에 투표권을 보장하지 않은 사업장에 대한 제보가 405건이나 들어왔다.

헌법재판소는 노동자의 마음을 읽으려 했을까

헌법재판소의 판단에 눈길이 쏠릴 수밖에 없었다. 그럼에도 헌법재판소는 투표 시간을 늘려달라는 비정규직과 중소 영세 사업자의 손을 들어주지 않았다. 헌법재판소는 2013년 7월 25일 재판관 전원 일치 의견으로 공직선거법 해당 조항에 대해 합헌 결정을 내리며 이렇게 밝혔다. "현행 공직선거법 제155조 1항은 국민의 선거권을 침해하지 않는다. 오전 6시에 투표소를 열게 해 근로자가 출근하기 전에 투표할 수 있도록 보장하며, 근로기준법 제10조에선 근로자가 근로시간 중에 투표를 위하여 필요한 시간을 청구할 수 있도록 규정하고 있다. 또 이 사건 심판을 청구한 이후 통합선거인명부 제도가 시행됨에 따라 누구든지 사전 신고를 하지 않고도 부재자투표가 가능해졌으며, 임기 만료에 의한 선거일이 관공서의 공휴일이기 때문이다." 과연 헌법재판소는 노동자의 마음을 읽으려 하긴 했을까.

조혜인 투표할 시간 없는 '을'들의 나라, '갑'들의 민주주의

오창익 헌법재판소라면, 투표일을 이틀로 늘리자고 해야 할 판인데

유성규 퇴직을 할 것인가? 투표를 할 것인가?

대법원 | 2013다203215
집단 괴롭힘을 당하다 자살한 성소수자 학생 사건에서 학교의 책임을 인정한 원심을 파기한 판결

30퍼센트의 책임도 지울 수 없나
소수자여서 괴롭힘을 당하는 아이들을 방기하는 학교

대법원은 학교에게 30퍼센트의 책임이 있다는 것마저 인정하지 않았다.

파기환송이었다. 교내에서 집단 괴롭힘을 당하다 자살한 성소수자(동성애자) ㄱ군의 사건에서 학교에겐 책임이 없다고 판단한 것이다. 앞서 부산지방법원 5민사부는 2012년 7월 12일 ㄱ군의 자살을 예방하지 못한 책임을 학교에 물어 부산시가 ㄱ군 유족에게 손해배상금 5500만여 원을 지급하라며 원고 일부 승소 판결했다. 2013년 2월 28일 부산고등법원 6민사부도 항소를 기각했다. 그러나 대법원 민사3부(주심 김신)는 2013년 7월 26일 학교는 책임이 없다는 부산시의 상고를 받아들여 원심을 파기하고 사건을 환송했다.

5500만여 원은 ㄱ군이 살았을 경우 생길 기대수익의 30퍼센트에 해당하는 금액이다. 이는 책임의 70퍼센트가 부모 등에게 있다는 것을 의미한다. 대법원은

한국의 조사에서도 성소수자 청소년의 자살 시도율은 이성애자 청소년에 견줘 5배 높게 나온다. 괴롭힘은 자살의 심각한 원인이다. 2007년 퀴어퍼레이드 모습.

학교에게 ㄱ군의 자살에 대한 책임이 30퍼센트 있다는 것마저 인정하지 않은 셈이다.

학생이 자살했는데도 괴롭힘은 심하지 않았다?

판결문에 나오는 사정은 이렇다. 동성애 성향을 보이는 ㄱ군에게 같은 반 학생들은 '뚱녀' '걸레년'이라고 욕했다. 몇몇은 "발로 엉덩이를 파고들"거나 "지우개 가루와 감기약 시럽을 뿌리"는 식으로 괴롭혔다. 반에서 유일하게 친하게 지내던 학생한테마저 폭행당하자, 2009년 9월 15일 ㄱ군은 자살을 암시하는 메모를 책상에 남겼다. 메모는 담임교사에게 전달됐다. 학교에서 실시한 심리검사에서 ㄱ군은 우울증이나 자살 생각 척도가 심각하다는 결과가 나왔다. 담임은 ㄱ군의 부모를 불러 전학을 권했다. 결국 ㄱ군은 2009년 11월 30일 집 지하실에서 허리띠로 목을 매 자살했다.

1심 재판부는 "교사로서 학생들에게 사회적 소수자에 대한 이해와 관용을 (가질 것을) 교육해야 할 지위에 있음에도, ㄱ군과 반 학생들 사이에 마찰이 일어났을 때 ㄱ군의 예민함과 동성애 성향에 원인이 있다고 생각하고 ㄱ군을 변화하게 하는 방향으로 해결을 모색한 점", 괴롭힘이 일어난 수업 시간 전후의 휴식 시간도 교사가 보호하고 감독해야 할 영역이라는 점 등을 들어 교사에게 책임을 물었다. 결국 담임교사의 고용주인 부산시가 손해배상을 하라고 판결했다.

그러나 대법원 재판부는 이 괴롭힘이 '통상 발생할 수 있다고 하는' 예측' 범위 내에 있지 않다고 보았다. 판결문에서 "반 학생들의 조롱, 비난, 장난, 소외" 등 행위가 "아주 빈번하지는 않던 것으로 보이고" "행위의 양태도 폭력적 방법이 아닌 조롱, 비난 등에 의한 것이 주된 것이던 점 등에 비추어" "사회 통념상 허용될 수 없는 악질, 중대한 집단 괴롭힘에 이를 정도라고 보기 어려우며"라고 적시했다. 따라서 '사고가 일어날 당시 담임교사가 망인의 자살을 예견할 수 있었다고 인정하기 어렵다'고 판결했다.

사회적 소수자에 대한 책임을 방기하는

부산고등법원 1민사부의 파기환송심에서 변론을 맡은 한가람 변호사(공익인권변호사모임 '희망을 만드는 법')는 "소수자여서 괴롭힘을 당하는 아이들, 예컨대 혼혈, 이주민, 성소수자에 대한 책임을 학교로 하여금 방기하게 만드는 판결"이라고 비판했다. 이런 판결은 학생인권조례와 비슷한 효과를 낳는다. 학생인권조례를 싫어하던 교사도 제정되고 난 뒤 이를 의식하게 되는 것처럼, 변화한 인권 상황을 반영한 판례는 향후 인권 상황을 바꾸어놓는다.

대법원 판결의 주심인 김신 대법관은 소아마비를 앓은 적이 있어 소수자 몫으로 대법관에 임명됐다고 알려졌다. 대법원 판결이 나온 배경에 그의 종교적 신념이 깔려 있다는 시각이 있다. 그는 자신의 책에 기독교 선교 금지국에서 일어난 지진에 대해 '하나님의 경고'라고 써 논란을 일으켰다. 이것은 인간의 법인가, 신의 법인가?

심사위원 20자평

유성규 무책임한 학교, 무책임한 대법원, 이제는 무책임 사회?

조혜인 법원에 소수자 혐오, 폭력, 자살에 대한 기초 학습을 권함

홍성수 학생 인권에 대한 관점이 근본적으로 바뀌어야 할 시점

대법원 | 2011다53683, 2012다1146, 2013다26746
키코(KIKO)가 환혜지에 적합한 상품이라며 은행의 손을 들어준 전원 일치 판결

피해자는 있는데 가해자는 없다
키코 피해 기업, 은행은 아무런 책임이 없다

"우리 싸움은 아직 끝나지 않았습니다. 그런데 자꾸만 힘이 빠져요. 앞서 대법원 판결이 치명적입니다."

수출 중소기업을 운영하는 김형식(가명) 사장은 최근 밤마다 잠을 제대로 이루지 못한다고 했다. 5년 넘게 은행과 법정 다툼을 벌여온 키코(KIKO·고위험 통화옵션 상품) 소송의 항소심 결과가 2014년 1월 17일에 나오기 때문이다. 그의 회사는 2008년 초 은행의 권유로 환율이 하락할 때를 대비하는 '최첨단 환혜지(펀드를 환매할 때 당초 계약한 환율에 따라 돈을 돌려받는 것) 상품'이라는 키코에 가입했다. 그러나 수개월 뒤 환율이 치솟아 165억 원의 손해를 보게 되자 소송을 냈다. 1심 재판부가 '은행에는 책임이 없다'고 원고 패소 판결을 했을 때만 해도, 김 사장에게는 '2심과 3심에서 뒤집을 수 있다'는 자신감이 있었다. 그러나 얼마

김상근 키코피해기업 공동대책위원장(왼쪽 두 번째)이 2013년 10월 17일 은행에 면죄부를 준 대법원 판결을 비판하는 기자회견을 하던 중 물을 마시고 있다.

전 희망은 사그라지고 말았다.

공개변론을 열었을 때만 해도 희망적이었는데

그를 좌절시킨 건 대법원의 판결이었다. 대법원 전원합의체는 2013년 9월 26일 키코 계약으로 피해를 본 수산중공업, 세신정밀, 삼코, 모나미 4개 회사가 은행을 상대로 낸 '부당 이득금 반환 등' 소송에서 은행 쪽 손을 들어줬다. 대법원은 키코가 환혜지에 적합한 상품이고, 불공정한 계약도 아니며, 은행이 기업에 수수료를 포함한 모든 정보를 제공할 의무도 없다고 못을 박았다. 다른 214개 기업이 제기한 소송을 심리하고 있는 1심, 2심 재판부에게 따라야 할 기준이 생긴 것이다. 하나같이 은행 쪽이 그간 펼쳐온 주장이었다.

실제 대법원 판결이 난 뒤 하급심 재판부는 판례를 개별 재판에 적용했다. 6개 기업이 3심에서 원고 패소 판결을 확정받았다. 5개 기업은 1심과 2심에서 졌다. 그나마 5개 기업은 1심에서 3심에 걸쳐 은행의 책임을 10~30퍼센트 인정받았다. 은행이 기업에 적합한 상품을 권유하고 이를 제대로 설명할 의무를 저버린 것이 명확하게 드러난 경우였다.

기업들은 이번 대법원 판결이 소수 의견을 낸 대법관 한 명 없이 전원 일치로 결정됐다는 데에도 충격을 받았다. 선고를 앞둔 2013년 7월. 대법원이 예외적으로 공개변론을 열고 양쪽의 법정 공방을 생중계했을 때만 해도 '대법관의 의견이 나뉘고 있는 만큼 승소할 가능성이 있다'고 희망을 품었기 때문이다. 기업 쪽 변호인의 말이다. "키코의 계약 구조가 기업에 불리한 점을 대법원도 인정했고, 비슷한 해외 사례에선 은행을 제재했다는 점도 우리가 충분히 설명했다. 그런데도 대법원이 13 대 0으로 은행은 잘못이 없다고 판결했으니, 법을 떠나 상식에도 맞지 않는다." 한 대법원 관계자는 이에 대해 "대법원에서는 대법관 4명으로 구성된 소부에서 의견이 일치되지 않거나 사회적 파장이 큰 사건인 경우 공개변론을 실시한다. 키코 사건은 사회적 파장을 고려해 공개변론을 실시한 것이기 때문에 소수 의견이 없을 수도 있다"고 설명했다.

대법원 판단까지 나온 터라 기업들이 은행에 책임을 물을 길은 더 좁아졌다. 키코피해기업 공동대책위원회는 "근시안적인 대법원 판결로 기업들이 재산권 침해를 받았다"라며 헌법재판소에 헌법소원을 청구하기로 했다. 법으로 구제받을 수 있는 사실상의 마지막 수순이다.

책임 지지 않는 은행에 결정적 면죄부

키코 사태로 적어도 734개 기업이 총 3조 2000억 원의 손실을 입은 것으로 추정된다(금융감독원). 이 중 110개 기업은 자금 압박에 시달리다 폐업하거나 법정 관리와 워크아웃(기업 개선 작업)에 들어갔다. 기업은 막대한 피해를 입었는데 은행은 아무런 책임을 지지 않는다. 대법원 판결은 그런 은행에 결정적인 면죄부가 됐다.

심사위원 20자평

김성진 대법원, '속인 은행보다 속은 수출 기업의 잘못이 크다!'

김보라미 들었다 났다~

유성규 땅땅땅! 대한민국을 진정한 위험사회로 인정합니다

대법원 | 2011도2393

청년유니온의 플래시몹 행사는
집시법 대상이라는 판결

'사전 허가'의 대상이 된 표현의 자유
플래시몹이라도 정치적 주장 담으면 집회 신고 대상

재기발랄한 퍼포먼스로 사회적 요구 자체를 놀이처럼 즐겼던 청년유니온에게 요새 플래시몹(불특정 다수가 특정 장소에 모여 짧은 시간 약속된 행동을 한 뒤 순식간에 흩어지는 것)은 그리 재미있지만은 않다. 플래시몹 방식으로 집회를 열더라도, 정치·사회적 주장을 대외에 알리는 모양을 띠었다면 '집회 및 시위에 관한 법률'(집시법)에 따라 사전 신고를 해야 한다는 2013년 3월 대법원의 판결 때문이다.

'심리적으로 압박받는 게 사실'

양호경 청년유니온 정책국장은 "판결 이후에는 무조건 집회 신고를 한다"고 밝혔다. "예전처럼 발랄한 퍼포먼스를 하기엔 심리적으로 압박받는 게 사실"이라고 말했다. 또 "경찰들에게 에워싸여 플래시몹을 하다 보니 자율성이 있는지

2013년 5월 문화연대 회원들이 서울 중구 광화문광장에서 '표현의 자유'를 위한 플래시몹을 하다 관리인에게 제지당하고 있다.

잘 모르겠다"고 하면서 "문화 형식을 빌린 집회도 신고하게 한 것은 표현의 자유를 명백히 침해한 것"이라고 덧붙였다. 모임 내용을 기준으로 해 사전 신고 의무 여부를 따지는 것은 사실상의 검열 행위로서, 표현의 자유를 위축시키는 판결이라는 당시의 비판이 현실화되는 셈이다.

청년유니온 준비위원회 위원장이자 인터넷 카페 '청년유니온'의 카페지기인 김영경(33) 씨는 고용노동부가 청년유니온의 노조 설립 신고를 반려하자 규탄 모임을 열기로 하고 카페의 공지 사항에 '2010년 4월 4일 서울 중구 명동예술극장 앞에서 퍼포먼스를 하자'라는 글을 올렸다. 김씨는 약속된 날짜와 장소에서 회원 10여 명과 함께 플래시몹 방식으로 정부 정책을 규탄하는 퍼포먼스를 했다가 집시법 위반 혐의로 기소됐다.

김씨는 법정에서 '플래시몹은 집회가 아니라 순수한 예술 행위'라고 주장했다. 집시법 제15조는 학문, 예술, 체육, 종교, 의식, 친목, 오락, 관혼상제, 국경 행사와 관련한 집회에 대해선 사전 신고 의무를 면제하도록 규정하고 있다.

서울중앙지방법원 형사31단독부(판사 권순건)는 김씨의 행위가 집시법의 집회에 해당한다며 벌금 70만 원을 선고했다. 항소심 재판부인 서울중앙지방법원 8형사부(재판장 성지호)는 김씨의 항소를 기각했다. 김씨는 다시 이에 불복해 대법원에 상고했다. 대법원 2부(주심 김소영)는 2013년 3월 28일 김씨의 상고를 기각하고 벌금 70만 원을 선고한 원심을 확정했다. 재판부는 "이 모임은 집시법 제15조에 의해 신고 의무의 적용이 배제되는 오락이나 예술 등에 관한 집회라고 볼 수 없고, 실질적으로 정부의 청년 실업 정책을 규탄하는 등 주장하고자 하는 정치·사회적 구호를 대외적으로 널리 알리려는 의도 아래 개최된 집시법의 옥외 집회에 해당해 사전 신고의 대상이 된다"고 밝혔다.

'다시 정치적 자유를 걱정해야 하는 시대'

모임 내용을 기준으로 해 사전 신고 의무 여부를 따지는 대법원의 판결은, 표현의 자유마저도 '사전 허가'의 대상이 된 2013년 한국 사회의 한 단면에 불과하다. 이원재 문화연대 사무처장은 "노무현 정부 때 대마초 합법화와 문신 등 문화적 표현의 자유까지 논의되던 수준에서 지금은 다시 국가보안법(이 위세를 떨치던) 시절로 돌아가, 정치적 표현의 자유를 걱정하는 시대가 됐다"고 개탄했다. "예전에 독재정권도 쉽게 못 건드린 종교계의 표현의 자유도 퇴행하고 있다."

김보라미 학문과 예술, 정치·사회적 구호의 차이. 구별이 가능한가

조혜인 예측 어려운 플래시몹을 미리 신고? 그냥 의사 표현 말라는 소리

홍성수 '순수한' 예술이 가능하단 말인가?

대법원 | 2010도12836

김형근 전교조 교사의 국가보안법 위반 혐의에 무죄 선고한 원심을 파기한 판결

〈조선일보〉가 찍고 대법원이 따르고

1심과 2심에서 무죄판결을 받은 국가보안법 위반 사건을 파기환송

2006년 12월 초 〈조선일보〉는 현직 교사인 김형근(53) 씨와 관련한 비판 기사를 큼지막하게 실었다. 북한을 찬양하는 빨치산 행사에 학생들을 데리고 동참했다는 것이다. 그는 전북 임실 관촌중에 재직하던 2005년 5월 28일, 순창군 회문산에서 열린 '남녘 통일 애국열사 추모제'에 학생과 학부모 180여 명과 함께 참가했다. 그는 전국교직원노동조합 전북지부 통일위원장과 전북통일교사모임 사무국장을 맡고 있었다.

2년 지나 문제가 된 문화제 행사

보도가 나간 뒤 그는 "2005년 당시 이틀 동안 열린 행사 중에서 문화제 성격의 전야제에만 참석했고, 이튿날 본행사에 참석하는 대신 등산을 했다. 따라서

김형근 씨 관련 보도가 실린 〈조선일보〉 2006년 12월 6일자 지면. 〈조선일보〉는 이 기사에 '전교조 교사 중학생 180 명 데리고 비전향 장기수들과 빨치산 추모제'라는 제목을 실었다.

'제국주의 양키군대를 섬멸하자' 등 정치적 구호는 전혀 없었고, 학생들은 6·15 남북공동선언 암기, 북녘 친구에게 편지 쓰기 등을 진행했다"고 항변했다. 그는 특히 "당시 행사에 참여한 이후 보도가 된 시점까지 단 한 번도 공안 당국의 조사 를 받은 적이 없는데, (1년 6개월이 넘은) 이제 와서 왜 문제가 되는지 이해할 수 없다"고 강조했다. 그때만 해도 그렇게 끝나는 줄만 알았다.

그런데 〈조선일보〉에 비판 기사가 실린 뒤 얼마 뒤인 2007년 4월 14일 전북지 방경찰청은 그의 집과 학교 사무실을 압수수색했다. 경찰은 그의 휴대전화와 컴 퓨터 하드디스크 등을 가져갔다. 2008년 1월 그는 국가보안법 위반 혐의로 구속됐다. 각종 이적 표현물을 취득해 인터넷 카페에 게재하고, 자신이 지도하는 중학생들을 빨치산 추모제에 데려가 비전향 장기수들을 만나게 하는 등 국가보안법 제7조 5항(이적 표현물 제작·배포·소지)을 위반했다는 것이다.

전주지방법원 형사1단독부의 진현민 판사는 2008년 6월 23일 '도주하거나 증거인멸할 우려가 없다'라며 그의 보석을 허가했다. 구속된 지 5개월 만이었다. 2009년 1월 그는 교직계 사표를 냈다. 그는 그해 4·29 국회의원 재선거(전주 완산갑)에 무소속으로 출마했다. 자기 사건의 공소장에 적힌 '자유민주주의를 부정하는 자'라는 표현에 항의하기 위해서였다.

전주지방법원은 2010년 2월 17일 그에게 무죄를 선고했다. 재판부는 "추모제 전야제 행사에 참가한 사실은 인정되나, 6·15 남북공동선언에 대한 정당성을 설명하고 구호를 외친 행위는 자유민주주의 전통성을 해칠 만한 실질적 해악이 없다"고 밝혔다. 같은 해 9월 3일 전주지방법원 형사항소1부(재판장 김병수)도 무죄를 선고했다.

〈조선일보〉에 비판 기사가 실린 뒤

하지만 대법원 2부(주심 김용덕)는 2013년 3월 28일 상고심에서 무죄를 선고한 원심 일부를 깨고 사건을 파기환송했다. 재판부는 "반국가 단체 등의 활동에 대해 적극적으로 호응하고 가세한다는 의사를 외부에 표시한 경우에 충분히 해당한다"라며 유죄를 인정했다. 파기환송심을 맡은 전주지방법원 형사4부(재판장 강상덕)는 2013년 9월 27일 김씨에게 징역 2년에 집행유예 3년, 자격정지 2년을 선고했다. 그는 재판받는 중에 지속적으로 북한 체제를 찬양하고 동조하는 글을 인터넷에 게시한 혐의 등으로 2013년 9월 25일 별건으로 다시 구속됐다.

오창익 헐, 〈조선일보〉가 찍으면, 대법원도 판을 뒤엎는구나

최재홍 파기할 건 무죄가 아니라 국민을 억압하는 국가보안법이야!

홍성수 국가보안법, 언제쯤 시대의 유물이 될 수 있을까?

안녕하지 못한 사법 정의

대법원이 제구실을 못 하는 상황에서
하급심 판결에 힘을 싣다

대략 난감. 2013년 올해의 판결 선정 과정을 한마디로 압축한다면 이렇게 될 듯하다. 국가정보원의 대선 개입 논란으로 시작해 전국교직원노동조합 탄압, 철도 민영화와 파업, 정부의 강경 대응에 이르기까지 '안녕들 하지 못한' 현실이 요동쳤다. 하지만 이를 보듬으려는 사법부의 노력은 찾기 어려웠다. 12월 13일 오후 서울 공덕동 한겨레신문사에 모인 7명의 심사위원들은 오랜 고민과 망설임, 뜨거운 논쟁을 거듭한 끝에 '2013년 올해의 판결'이라는 결과물을 내놓았다. 망설임의 시간은 곧 사법부의 성적표이기도 했다. 여기, 심사위원들의 복잡한 속내를 털어놓는다.

2013년 12월 13일 오후 서울 공덕동 한겨레신문사 6층 회의실에 모인 심사위원들이 올해의 판결 선정을 위한 토론을 벌이고 있다.

부부 사이에서의 강간죄 성립을 인정한 판결은 뒤늦은 감

사회 – 먼저 '최고의 판결'부터 이야기해보자. 실질적인 부부 사이에서의 강간 죄 성립을 처음 인정한 판결(대법원)과 성기 형성을 하지 않은 성전환자에게 성별 정정을 허가한 결정(서울서부지방법원)을 두고 심사위원마다 의견이 다른 듯하다.

유성규(노무법인 참터 노무사 · 이하 유) – 법리적인 부분과 사회적 공감대를 기준 으로 고민했다. 이 기준을 충족하는 게 부부 강간 판결이었다. 좀 더 많은 사람들 이 관심을 가질 영역이 부부 관계일 테니 말이다.

조혜인(공익인권변호사모임 '희망을 만드는 법' 변호사 · 이하 조) – 부부 강간 판결 은 뒤늦은 감이 있다. 성별 정정 결정은 소수자를 법원에서 어떤 식으로 대해야 하는지를 보여주는 판결이다.

오창익(인권연대 사무국장 · 이하 오) – 대법원 결정도 중요하다. 그러나 부부 강

홍성수 · 최재홍 · 조혜인 · 유성규 (왼쪽부터)

오창익 · 김성진 · 김보라미 (왼쪽부터)

간에 대한 법리가 무르익은 뒤에야 대법원이 인용했다는 점에서 특별히 칭찬할 이유를 못 찾겠다.

김보라미(법무법인 나눔 변호사 · 이하 미) - 사실 올해의 판결들을 훑어보는데 2012년처럼 딱 마음에 드는 판결이 없었다. 심사위원 다수가 부부 강간 판결을 꼽는다면 특별히 반대하지는 않겠지만, 최고의 판결로 꼽기에는 부족하다는 느낌이 든다.

"판사들이 결정을 내리기 전에 모르는 영역이 있음을 인정하고 스스로 공부한 점을 칭찬해야 하지 않을까."-오창익 인권연대 사무국장

김성진(법무법인 한결 변호사 · 이하 진) - 소수 의견이지만, 대형 마트의 영업을

규제하는 지방자치단체 조례는 적법하다는 판결(서울행정법원)도 추천하고 싶다. 2012년 대기업 재벌의 탐욕 탓에 경제 민주화가 힘들었는데, 법원이 사회·경제적 측면에서 합리적 기준을 세워 다른 가치가 중요하다는 판단을 했다.

조 - 최고의 판결은 매년 의미가 달라질 수밖에 없을 것 같다. 요즘에는 법원의 사회적 역할에 대한 생각을 많이 한다. 다양한 이해관계가 부딪치고 있는데도 마땅히 해결할 장이 없을 때는 최후의 기관으로서 사법부의 역할이 커지기 때문이다. 너무 당연한 판결을 내리는데도 법관으로선 용기를 내야 할 테니까. 그런 의미에서 성별 정정 결정은 법원이 어떤 자세로 판결해야 하는지를 보여준다.

오 - 성별 정정 결정에 나온 결정문은 사실 못마땅하다. LGBT(레즈비언, 게이, 바이섹슈얼, 트랜스젠더 등 성소수자를 통칭)는 불편하다는 전제가 깔려 있다. 전형적으로 타자화된 시각이다. 그럼에도 판사들이 결정을 내리기 전에 모르는 영역이 있음을 인정하고 스스로 공부한 점을 칭찬해야 하지 않을까.

진 - 의견이 모아지는 듯하다. 부부 강간 판결은 뒤늦은 감이 있고 대법원을 칭찬할 명분도 적은 것 같다. 하급심 판사들에게 힘을 실어줄 필요가 있다.

미 - 부부 사이에서의 강간죄 성립을 처음 인정한 판결은 그동안 참조되던 대법원 판결을 뒤집은 판례다. 의미가 없지 않다. 실질적인 부부 관계인데 무슨 강간이냐 하는 반대 취지의 판결이 나와 있는 상황에서 강간죄로 인정했다는 점에 의미가 있다.

유 - 김성진 변호사의 말씀 중 '왜 대법원을 칭찬해야 하는가'에 설득이 됐다.(웃음)

최재홍(녹색법률센터 변호사·이하 최) - 개인적으로 최고의 판결을 따로 뽑지 않았다. 사안 자체로 의미 있는 판결도 있지만, 법원이 현재 사회의 성숙도를 반영하지 못하고 뒤늦게 따라오는 경향이 있다. 성별 정정 결정도 해외에는 사례가 많은데 우리는 늦은 감이 있다. 입법부가 제구실을 못하는 상황에서 사법부가 최소한의 역할을 해준 셈이다.

오 – '굉장히 훌륭해서'가 아니라 '부족하지만 잘하라'라는 의미에서 최고의 판결을 선정하는 게 좋겠다. 부족한 부분을 우리가 지적해야 한다.

홍성수(숙명여대 법대 교수 · 이하 홍) – 판결 2개를 놓고 고민했다. 성별 정정 결정보다 부부 사이에서의 강간죄 성립을 처음 인정한 판결이 사회적으로 다른 상황에서도 폭넓게 인정될 수 있다는 파급효과 측면에서 의미 있다고 봤다.

삼성 반도체 공장 노동자의 백혈병은 산업재해라는 판결

미 – 비록 다른 나라보다 늦었을지언정 성별 정정 결정을 내렸다는 것 자체를 칭찬하고 빨리 그 길을 가도록 격려하는 게 우리의 역할이다. 그래서 최고의 판결로 뽑는 게 의미 있을 듯하다.

사회 – 이번에는 '주목할 판결'에 대해 이야기해보자. 전교조에 법외 노조를 통보한 고용노동부의 조치에 제동을 건 서울행정법원의 판결은 심사위원 전원이 추천했다.

유 – 내용으로 봤을 때 큰 의미는 없다. 말 그대로 가치를 부여하기 힘들다. 다만 정치적으로 정부가 노동조합과의 일대 격돌을 준비하는 시기에 나온 판결이라서 추천했다. 정부가 전교조에 법외 노조 처분을 내리면서 문제 삼은 노조 규약은 금속노조의 경우에도 그대로 해당된다. 그런 점에서 법원의 결정이 가림막을 쳤다는 의미가 있다.

최 – 금성출판사 역사 교과서에 대한 교육부의 수정 명령에 제동을 건 대법원 판결도 사회적 논란이 뜨거웠다는 점에서 시의성이 있다고 본다.

미 – 쉽지 않은 판결이었다. 재판부가 논리를 만들기도 쉽지 않았을 것 같더

라. 교과서를 수정하는 지점에 저작권 개념을 적용했다.

홍 – 시기가 늦어 후보에 끼지 못했지만 공개변론(12월 18일)이 끝난 뒤에 나올 통상임금에 대한 대법원의 판결이 주목된다.

진 – 연세대는 등록금 인상의 근거가 되는 정보를 공개해야 한다는 판결(대법원)도 숨은 의미가 크다. 연세대가 사학으로서 해야 할 역할이 큰데 그동안 제기된 문제를 외면해왔다는 점을 법원이 지적했기 때문이다.

오 – 대법원이 판결을 내렸는데 연세대는 아직도 정보를 공개하지 않고 있다고 한다. 공개 시기를 제대로 특정하지 않은 대법원의 문제를 지적해야 한다.

유 – 삼성전자 반도체 공장 노동자의 백혈병이 산재임을 또다시 인정한 판결(서울행정법원)도 주목할 만하다. 기존의 업무상 질병 기준에 대해 사법부가 메시지를 던졌다. 산업재해로 인정받으려 할 때 근로복지공단은 과학적·의학적 의견을 요구한다. 사후 입증이 쉽지 않은데 그런 특수성을 반영했다.

조 – 취업 허가 없이 일한 난민 신청자에게 내려진 강제 퇴거 명령을 취소한 판결(서울행정법원)은 판결문이 잘 쓰였다. 그동안 사법부는 난민과 관련한 국제 규약을 소극적으로 받아들였는데 이번에는 적극적으로 해석하면서 의무를 상세히 설명했다.

진 – '밀어내기' 피해액 전액을 배상하라는 남양유업 관련 판결(서울중앙지방법원)을 보면, 대리점주가 손해배상을 청구했는데 남양유업이 입증 자료를 내주지 않았다. 안 낸 걸로 봐서 손해액을 인정하는 것으로 볼 수밖에 없다며 대리점주의 입증 책임을 완화한 것은 손해배상 소송에서 법리가 진전한 것으로 볼 수 있다. 갑을 논란의 계기를 제공함으로써 사회에 큰 영향을 끼쳤다.

촛불 집회를 이끈 시민단체는 손해배상 책임이 없다는 판결

사회 — 한창 떠들썩하던 탈북자 출신 서울시 공무원의 간첩 혐의에 대한 무죄 선고(서울중앙지방법원)도 있었다.

오 — (기소 과정에서) 증거 조작이 있었다. 요즘 계속 간첩 사건에 탈북자가 등장하는 것에 주목해야 한다. 국가보안법과 관련한 사건 중 아주 질 나쁜 사건이었다. 변호사들이 (무죄를 입증하기 위해) 중국에 가서 현장 조사를 하면서 애쓴 것도 칭찬해야 한다.

> "노동 부문에서 문제적 판결을 뽑지 못했다. 물론 따지고 보면 엄청나게 많다. 그러나 문제적 판례가 악용될까 봐 쉽사리 내놓지 못했다." — 유성규 노무법인 참터 노무사

홍 — 촛불 집회에 참가한 시민단체는 손해배상 책임이 없다고 인정한 판결(서울중앙지방법원)도 의미가 크다. 시민사회의 집회와 시위에 손해배상으로 대응하겠다는 게 애초 정부의 전략이었는데 재판을 통해 깨졌기 때문이다.

진 — 사건을 맡은 변호인단은 재판에서 질 것 같아서 선고 당일까지 엄청 떨었다더라. 지면 (손해배상금 액수 때문에) 완전 망하니까. 실무자들이 아주 많이 시달린 듯하다.

홍 — 만약 정부가 승소해 판례로 인용됐다면 배상금이 형사처분보다 더 무거운 부담이 됐을 것이다.

오 — 2013년의 '문제적 판결'로는 김형근 전교조 교사의 국가보안법 혐의에 대한 무죄판결을 뒤집은 파기환송심(대법원)을 꼽을 만하다. 2006년 〈조선일보〉는 지면 캠페인을 통해 김 교사를 '빨치산 교사'로 찍었다. 노무현 정부 때부터 계속

이렇게 힘들게 살고 있다.

홍-삼성 떡값 검사의 명단을 폭로한 노회찬 전 의원에 대해 유죄를 확정한 판결(대법원) 때문에 국회의원 선거를 한 번 더 했다. 노원구 주민이다.(웃음) 당시 재판부는 8년 전 일이라서 공개해도 공공의 이익이 없다고 했는데 이런 식으로 따진다면 공익적 관심이 뭔지, 공공의 이익이 있을 수 있는지 모르겠다.

유-원래 남녀를 분리 모집해 채용하면 동일한 임금을 주지 않아도 된다는 판결(대법원)을 문제적 판결로 추천하려 했다. 그런데 이 판결에 등장하는 사 측의 관리 방식이 알려지면 노동자들에게 악영향을 줄 것 같다. 노동계에선 어떤 기업이 이런 방식으로 법망을 피해갔다고 하면 실제로 그걸 답습하는 경우가 많다. 차라리 안 뽑는 게 낫겠다는 생각이 들었다.

진-키코 상품에 대한 손해배상 책임을 30~35퍼센트로 제한한 대법원 전원합의체의 판결도 있었다. 은행이 위험한 상품을 설명도 안 해주고 중소기업에 팔아놓고는 손해배상을 하지 않았다. 사회·경제적 관점에서 대법원이 중소기업의 현실을 무시하고 은행 편을 들었다.

조-동성애 성향을 이유로 왕따당해 자살한 학생에 대한 책임이 학교에게는 없다고 밝힌 판결(대법원)은 손해배상을 인정한 1심 판결을 뒤집은 것이다. 대법원이 자살이나 폭력에 대한 이해가 부족하다. 학교 현장에서 성소수자의 존재를 흔드는 폭력에 대한 이해가 부족하고, 학교가 아무런 일도 할 수 없음을 사실상 인정해준 것이다.

미-세계 7대 자연경관 선정 과정에서 KT의 문제점을 제보한 공익 신고자와 관련한 판결(서울행정법원)도 언급해야 한다. 법원이 공익을 침해할 우려가 있음을 넓은 의미에서 인정해줘야 공익 신고가 될 텐데 이 판결에선 너무 좁게 해석해버렸다.

노동 부문에서 문제적 판결은 악용될까 봐 못 뽑아

홍 – 투표 시간을 제한한 법 조항에 대해 헌법소원을 낸 소송인들의 구체적인 사유를 보면, 정말 투표하기 쉽지 않더라. 1시간 먼저 퇴근하거나 1시간 늦게 출근하는 게 어려운 상황인데, 헌법재판소의 결정문을 보면 그래도 투표장에 나와서 해야 하는 것 아니냐 하는 식이다. 그러면서 다른 나라의 사례를 드는데, 다른 나라는 8시간 근무를 잘 지키지 않는가.

진 – 헌법재판소를 비난해도 되는 판결이다.

홍 – 청년 실업 정책 비판을 담은 청년유니온의 플래시몹이 집시법 대상이라고 한 판결(대법원)도 문제적 판결로 꼽을 만하다. 플래시몹도 집시법의 범주에 넣어 집시법의 의미를 너무 확장했다.

문제적 판결을 뽑아내는 심사위원들의 대화는 끝 모르게 이어졌다. 애초 5개를 선정하기로 한 약속과 달리, 심사위원들은 격렬한 토론에도 7개의 판결을 쥔 채 더는 양보할 수 없다고 버텼다. '이왕 이렇게 된 거, 아예 10개를 뽑자'고 하는 한 심사위원의 목소리를 뒤로한 채, 2013년 사법부에 대한 평가와 못 다한 이야기를 주문했다.

홍 – 오늘 과거사 문제를 다루지 못한 듯하다. 사법부는 과거사 문제에 대해 재심이나 손해배상 소송으로 접근하는데 과연 이러한 해법이 바람직한지 고민이 든다. 국민참여재판에 대한 생산적인 논의도 필요하다. 기대와 다른 재판 결과가 나오면 문제가 있고, 기대한 대로 재판 결과가 나오면 아무런 문제도 없다고 하는 식은 곤란하다.

진 – 최고의 판결을 찾기 어려웠다는 데 모두 동감할 것이다. 그나마 좋은 것은 하급심 판결이었다. 대법원과 헌법재판소가 제구실을 못하고 있음을 새삼 깨달았다. 반면 문제적 판결에는 대법원과 헌법재판소의 판결이 많았다. 대법원과 헌법재판소가 좀 더 적극적으로 사회적 약자를 보호하는 역할을 해달라.

최 – 우리나라는 사회의 쟁점이 너무 법원으로 몰린다. 법관 몇몇이 사회적 쟁점에 대해 답을 내놓아야 하는 상황이다. 올해의 판결을 보면 대부분 자유권에 대한 판결이다. 사회권 영역에선 법원도 한계가 있기 때문이다. 그런 점에서 국회가 제구실을 해줘야 한다.

미 – 2012년 올해의 판결은 대통령 선거 직전에 최종 심사를 했다. 그때 참석해서 "유권자들이 좋은 판단을 해서 법원으로 가지 않아도 되면 좋겠다"고 했다. 그런데 2013년에 다시 느끼는 건데 우리 사회에서 민주주의나 정치적 의사 표시는 권리로 제대로 인정받지 못하는 것 같다.

유 – 노동 부문에서 문제적 판결을 뽑지 못했다. 물론 따지고 보면 엄청나게 많다. 그러나 문제적 판례가 악용될까 봐 쉽사리 내놓지 못했다. 최근에는 사용자가 노동법을 활용해 노동자를 탄압한다. 전교조에 대한 탄압이 그 예다. 자구력을 잃은 노조가 완전히 위축된 상황에서 사용자가 노동법 판례를 활용하는 시대다.

조 – 심사가 끝나니 마음이 한층 더 답답하다. 사회적 공론의 장에서 논의해야 할 문제를 소송으로밖에 풀지 못하는 상황이 가슴 아프다. 그럼에도 법원이 자신의 역할을 충실히 해야 한다. 법원은 법 안에서 판단할 수밖에 없겠지만, 지금 모습을 보면 법이 있어도 합리적 판단을 못 하는 경우가 많기 때문이다.

법원이 호민관이 아니라 반동인 듯

오 – 사법부의 역할은 행정부의 역할과 반드시 함께 생각해야 한다. 대통령과

정권이 막 나가면 법원이 제동을 걸어야 한다. 그런 역할을 했는지 눈 씻고 봐도 찾아볼 수 없다. 법원이 호민관 역할을 하는 게 아니라 반동인 것 같다. 판사의 공감 능력도 떨어지는 듯하다. 법원이 법치의 교두보가 돼야 한다.

이명박 정부
2008년~
2012년
올해의 판결

'정치적 프로세스가 사실상 마비된 상태에서 정권의 일방적 독주를 막는 역할이
사법부와 헌법재판소에게 주어졌다.'
'이명박 정부에서 시민의 기본권은 언제나 위태로웠다.'

이명박 정부 5년의 사법을 돌아본다

잘 가라, MB,
안녕, 5년간의 삽질 법들이여!

시작이 중요하다

헌법재판소 전원재판부(주심 목영준)는 2008년 1월 10일 '이명박 특검법'에 대해 일부 조항만을 제외하고 합헌 결정을 내렸다(2007헌마1468). 이명박 대통령 당선자가 BBK 주가 조작에 연루된 의혹을 특별검사가 수사할 예정이었는데 이 결정으로 그대로 진행하게 됐다. 수사한 결과 '꼬리곰탕 특검'이라는 비난을 받으며 싱겁게 끝났지만, 눈여겨볼 것은 당시 법무부와 대법원의 태도다.

'이명박 특검법'으로 시작한 2008년

헌법재판소는 이때 위헌 여부 결정을 내리기 전에 법무부와 대법원에 '의견'을 구했다. 대법원은 '기존 관례'에 따라 아무런 의견을 내지 않았다. 법률을 판

2008년 9월 26일 이명박 대통령이 대법원에서 열린 '대한민국 사법 60돌' 기념행사에서 축사를 하고 있다. '사법 포퓰리즘은 경계해야 한다'가 그의 축사였지만, 그 말을 축사로 받아들인 법관은 없었다.

단하는 기관으로서 의견을 내는 것이 적절하지 않다고 했다. 법무부는 달랐다. 처음에는 '(노무현) 대통령의 결단에 맡기는 것이 타당하다'며 특검 수사를 수용할 뜻을 밝혔다가, 정작 헌법재판소가 의견을 구하자 '특검법이 위헌 소지가 있다'라는 답변을 보냈다. 특검법의 주요 쟁점 네 가지가 모두 위헌이라고 당당히 써내려간 것이다. '당선자 눈치 보기'였다. 헌법재판소가 곧바로 합헌을 선언하는 바람에 법률가로서 톡톡히 망신을 당했지만, 취임을 앞둔 대통령 당선자의 눈도장을 제대로 받은 법무부와 검찰은 희희낙락했다. 대법원, 헌법재판소, 검찰은 그렇게 이명박 정부 5년을 시작했다. 그 뒤 5년이 어땠는지는 새로 들어설 정권에서 개혁 대상 1순위의 자리를 완전히 굳힌 검찰의 붕괴가 모든 것을 말해준다.

그럼 사법부는 괜찮은가. 2008년 9월 26일 이명박 대통령이 서울 서초동 대법원을 찾았다. '사법 60돌 기념행사'에 참석하기 위해서였다. 참여정부에서 임명된 이용훈 대법원장이 임기 6년 중 절반을 채운 시점이었다. 이 대법원장은 기념사를 통해 과거 권위주의 정권 시절 사법부가 저지른 그릇된 판결에 대해 사과하고 반성한다고 밝혔다. 2005년 9월 취임할 당시에 밝힌 사법부의 과거사 청산 의지를 분명히 한 것이다. "국민의 기본권과 법치 질서 수호라는 본연의 역할을 충실히 수행하지 못한 경우가 있었다. 그 결과 헌법의 기본적 가치나 절차적 정의에 맞지 않는 판결이 선고되기도 했다. 사법부가 국민의 신뢰를 되찾고 새 출발을 하려면 먼저 과거의 잘못을 있는 그대로 인정하고 반성하는 용기와 자기 쇄신의 노력이 필요하다."

이 대통령의 축사가 이어졌다. 대법원장을 포함해 전국에서 모인 고위 법관들은 그 자리에서 '사법의 포퓰리즘은 경계해야 한다'라는 축사 같지 않은 축사를 들어야 했다. 이 대통령은 "국민의 신뢰는 인기와 여론이 아니라, 오직 정의와 양심의 소리에서 나오는 것"이라고도 했다. 참여정부에서 시작한 과거사 청산 작업을 겨냥한 말인지, 자신에게 두 차례나 사과문을 발표하게 만든 미국산 쇠고기 수입 반대 촛불 집회와 관련한 말인지는 명확하지 않았다. 다만 촛불 집회를 검찰, 경찰, 국가정보원 등을 동원해 서슬 퍼런 공안 정국으로 찍어 누른 대통령의 입에서 나온 '사법 포퓰리즘'은 듣는 이를 당혹하게 만들기에 충분했다. 촛불 집회와 관련한 사건이 몰린 서울중앙지방법원의 신영철 법원장이 판사들의 재판에 간섭한 것도 그즈음이다. 그는 이듬해 이 대통령이 주는 대법관 임명장을 받아든다.

이명박 정부 때 퇴임한 한 최고위 법관은 지난 5년을 평가해달라는 질문에 "저쪽에서 깜짝 놀랄 결론도 많았다. 도대체 어쩌라는 거냐고 항의도 받았다"라고 대답했다. 깜짝 놀라고 항의도 했다는 '저쪽'은 주로 청와대와 한나라당(새누리당)을, 때로는 국정원을, 때로는 검찰과 경찰을 의미한다. 그만큼 정치적으로 민감한 사건이 사법부로 몰렸다는 말이기도 하다. 사법부로서는 나름 행정부와 입법부를 견제하는 역할을 했다고 자평한 셈이다.

"사법의 포퓰리즘은 경계해야 한다." 대법원장을 포함해 전국에서 모인 고위 법관들은 그 자리에서 축사 같지 않은 축사를 들어야 했다. 촛불 집회를 서슬 퍼런 공안 정국으로 찍어 누른 대통령의 입에서 나온 말은 듣는 이를 당혹하게 만들기에 충분했다.

애초 우리 사회를 바꾼 의미 있는 판결을 찾으려 했는데

솔직해지자. '저쪽'이 아니라 국민이 죽어나는 판결이 더 많았다. 한국 사회는 지난 5년 동안 지나치게 소모됐다. 생산적인 곳에 쓰여야 할 에너지가 상식이 무너진 어이없는 일탈을 바로잡는 데, 우리 사회가 더는 후퇴하지 않게 방어선을 치는 데 소비됐다. 사법의 영역도 마찬가지다. 재단법인 '진실의 힘'의 송소연 이

이명박 정부 5년은 우리 사회의 에너지를 과도하게 소모했다. 그 뒤처리를 맡은 사법부도 마찬가지였다.
2008년 미국산 쇠고기 수입 반대 촛불 집회.

사는 "이명박 정부는 국가형벌권을 과도하게 사용했다. 나라나 공동체의 시각에
서 볼 때 사회적으로, 경제적으로 그리고 감정적으로 소모가 너무나 큰 정부다"
라고 했다. "사법부가 좋은 판결이라고 내놓은 것을 돌이켜보면 대단하다기보다
는 상식을 상식으로 본 판결이었다." 여성학자인 권김현영 씨의 생각도 비슷하
다. "지난 5년 동안 사법부가 다룬 시국 사건이 너무나 많았다. 여성 문제든 소수
자 문제든 우리 사회가 합의하고 토론해야 할 사건은 많다. 논쟁적인 사안에 대
한 법적 판단을 이끌어내는 과정이 필요했는데 그런 점에서는 사법부가 거의 기
능을 하지 못했다." 훨씬 더 중요하고 의미 있는 사건들이 황당한 시국 사건으로
진을 빼느라 옆으로 밀쳐졌다.

맞는 말이다. 이명박 정부 첫해인 2008년 말 첫발을 뗀 '올해의 판결'은 애초

2009년 서울 용산 재개발 참사.

'평범한 시민들의 삶을 결정하는 판결'에 주목하고자 했다. 우리 삶과 우리 사회를 조금이라도 바꾼 의미 있는 판결을 찾아보려고 했다. 그 판결의 보폭만큼 앞으로 나아가려고 했다. 2008년 최고의 판결은 불법파견도 2년 이상 근무 땐 직접고용의 대상이라는 판결(대법원)이 선정됐다. 의미 있는 사건과 판결을 곱씹으며 우리 사회는 그만큼 전진했다. 그러나 그게 다였다.

촛불 집회와 공안 정국이 쓸고 간 2008년의 '뒷설거지'가 2009년에 쓰나미처럼 몰려왔다. 그해 최고의 판결은 야간 옥외 집회 참가자에게 무죄를 선고한 판결(서울중앙지방법원)에 돌아갔다. 인터넷에서 경제 논객으로 이름을 날리던 미네르바에게 내린 무죄판결(서울중앙지방법원), 검역에서 불합격 판정이 난 미국산 쇠고기의 작업장을 공개하라는 판결(서울행정법원)이 올해의 판결에 선정됐다.

2011년 시민들의 추모행사를 막겠다며 경찰 버스로 차벽을 세운 서울광장 모습.

검경의 무리한 수사와 기소 그리고 고인이 된 리영희 교수가 '파시즘 시대의 초기'라며 질타한 독선적 정권이 만들어낸 '쓰레기들'이었다.

2010년 역시 한 발 나아가기보다는 진지를 파고 자리를 지키는 게 중요한 한 해였다. 〈PD수첩〉의 광우병 쇠고기 보도에 대한 무죄 선고(서울중앙지방법원)가 최고의 판결로 뽑혔다. 검찰이 용산 참사 수사 기록을 공개하지 않은 것은 위법하다고 국가가 배상하라는 판결(서울중앙지방법원), 촛불 집회에 참여한 단체에게 보조금을 중단한 것은 위법하다고 본 판결(서울고등법원/대법원)이 올해의 판결에 올랐다. 우리 사회의 상식이 제대로 작동했다면 존재하지 않았을 사건들이다. 심사위원들은 "진보의 해라기보다 상식의 해였다. 기존의 법률 해석과 법리를 뛰어넘는 진일보한 판결보다는 법령과 제도를 선용한 상식적인 판결이 많았다"

고 평했다. 형사 사법이나 집회와 표현의 자유 부문에서 기본권과 관련한 판결이 주로 후보에 올랐다. 이명박 정부에서 시민의 기본권은 언제나 위태로웠다.

> "이명박 정부는 국가형벌권을 과도하게 사용했다. 나라나 공동체의 시각에서 볼 때 사회적으로, 경제적으로 그리고 감정적으로 소모가 너무나 큰 정부다." —송소연 '진실의 힘' 이사

'미국 사법부의 위기' 과연 남의 일일까

2011년에는 고 노무현 전 대통령 추모 행사를 원천 봉쇄한 경찰의 차벽은 위헌이라는 결정(헌법재판소), 4대강 사업에 맞선 팔당 지역 유기농 농민들의 손을 들어준 판결(수원지방법원)이 올해의 판결에 선정됐다. 대법원장과 대법관 구성이 바뀌며 사법부가 보수화한다는 우려도 심해졌다.

우리 사회는 지난 5년간 후퇴와 전진을 반복했다. 그리고 지금 2012년 12월, 5년 전 출발선에서 몇 발짝 물러난 지점 언저리에서 다음 5년을 고민하고 있다. 공익인권변호사모임 '희망을 만드는 법'의 한가람 변호사는 "사법부가 주어진 역할을 가장 잘했어야 할 지난 5년이었다"고 했다. 정치적 프로세스가 사실상 마비된 상태에서 정권의 일방적 독주를 막는 역할이 사법부와 헌법재판소에게 주어졌다는 설명이다. "그럼에도 한계가 있었다. 브레이크를 걸었지만 뒤집기에는 역부족이었다."

인권법을 전공한 홍성수 숙명여대 법대 교수의 진단도 비슷하다. "지난 5년 동안 법치주의가 너무 훼손됐다. 인권의 수준도 떨어졌다. 유일하게 기대할 것이 사법부의 역할이었다. 문제는 사법부가 의미 있는 판결을 내놓아도 행정부나 입법부가 무서워하지 않는다는 것이다. 이제는 이것이 사법부의 문제인지, 아니면

한국 사법의 고유한 한계인지 고민할 때다."

2012년 12월 10일 대법원에서는 검사와 변호사로 활동하다 법관을 지원한 이들의 임명식이 열렸다. 양승태 대법원장은 식사를 하는 중에 '재판 독립'을 강조하며 이렇게 말했다. "오늘날 우리나라는 정치적으로 완전한 민주주의를 달성하였지만, 관용과 양보의 덕목이 엷어지고 다양한 가치관 사이의 대립이 격화되는 등 사회적 갈등이 심화됨에 따라 재판의 독립은 교묘한 양상으로 여전히 위협받고 있다. 근거 없는 억측이나 사시斜視적인 시각으로 재판을 원색적으로 비난하기도 하고 여론을 오도하여 법원을 부당하게 공격하기도 한다. (…) 미국 연방대법원의 지지도가 최근 추락한 큰 이유가 재판의 결론이 순수한 법의 정신보다는 소속 법관 개인의 정치적·이념적 신조에 좌우되고 있다고 많은 국민이 의심하는 데에 있다. 이 때문에 미국 사법부가 위기에 처하고 있다는 분석이 힘을 얻고 있음을 우리는 타산지석으로 삼아야 할 것이다. 얕은 정의감이나 설익은 신조를 양심과 혼동하다가는 오히려 재판의 독립을 저해할 뿐임을 분명히 인식해야 할 것이다."

한국의 대법관이 미국 연방대법관을 걱정할 때는 아닌 것 같다. "정치적 색깔로 사법부의 신뢰를 갉아먹는 데 큰 역할을 한 이가 아직도 대법관으로 있는"(김보라미 변호사) 현실을 사람들은 기억한다. 그러니 시민들이 체감하는 사법의 현실을 '현장'에서 직접 대면하는 이들은 양 대법원장이 느낀다는 '위기'의 진정성을 쉽게 믿지 못한다. "우리 사회의 문제를 해결하는 데 사법부가 지난 5년 동안 중심 역할을 했다고 보지 않는다. 우리 문제는 현장에서 해결해야지 사법부에 맡겨서는 안 된다고 생각한다."(양홍석 참여연대 공익법센터 변호사) "올해의 판결에 오르지 못한 수많은 현장의 사건들이 있다. 삶을 중시하는 법이어야지 공식에 끼워 맞추는 판결은 필요 없다. 이명박 정부 5년뿐만 아니라 다음 5년도 별로 기대

하지 않는 이유다. 법은 소외된 이들을 위한 정의여야 한다."(안은정 다산인권센터 상임활동가)

법과 양심에 따르지 않은 판사의 이름도 기억해야

5년이라는 긴 시간은 "민주주의와 표현의 자유, 인권의 중요성 그리고 사법의 정의를 일깨워준 역사의 교육 현장"(최재홍 녹색법률센터 변호사)이었다. 말이 참 쓰다. 5년 전 우리의 '선택'이 초래한 결과가 그렇다. 그럼에도 작은 판결이라도 용기 있게 내린 판사, 어렵게 변론을 이어간 변호사, 권력에 맞선 시민의 이름은 기억돼야 옳다. 정치가 사라진 곳에 시민의 상식을 길어 올리는 금문자가 그들의 손으로 쓰였다. 말인즉, 헌법과 법률과 양심에 따라 행동하지 않은 판사의 이름 도 당연히 기억하자는 거다.

2012년
올해의
판결

'대법원도 헌법재판소도 줄타기를 하는 것 같다. 그러다 보니 애매한 판결이 나온다.
양날의 칼이 될 수 있는 판결을 자꾸 내놓는다.'

최고의 판결

• 헌법재판소, 인터넷실명제는 위헌이라는 전원 일치 결정

올해의 판결

• 대법원, 일제 강제징용 피해자들에 대한 일본 기업의 배상 책임을 인정한 판결

• 대법원, 베트남 이주노동자들의 파업에 적용된 업무방해 혐의는 무죄라는 판결

• 대법원, 검찰이 용산 참사 철거민에게 수사 기록을 공개하지 않은 것은 위법이라며 국가가 배상하라는 확정판결

• 대법원, 현대차의 사내 하청은 불법파견임을 다시 확인한 확정판결

• 서울고등법원, 수사기관의 요청만으로 인터넷 포털 업체가 개인의 통신 자료를 넘기는 관행에 제동을 건 판결

• 서울중앙지방법원, 기간을 정하지 않고 무제한적으로 전자우편을 압수수색한 것은 위법하다며 국가가 배상하라는 판결

• 서울중앙지방법원, 1979년 신민당사 점거 농성한 YH무역 농성자들에게 국가가 배상하라는 판결

• 서울행정법원, 재능교육 학습지 교사를 노동조합법상의 노동자로 인정한 판결

• 서울서부지방법원, 김승연 한화그룹 회장에게 실형을 선고하고 법정 구속한 판결

• 제주지방법원, 불법 포획되어 쇼에 동원된 돌고래를 몰수한 판결

2012년 올해의 판결 심사위원

권김현영__ 여성학자

김보라미__ 법무법인 나눔 변호사

송소연__ '진실의 힘' 이사

안은정__ 다산인권센터 상임활동가

양홍석__ 참여연대 공익법센터 변호사

최재홍__ 녹색법률센터 변호사

한가람__ 공익인권변호사모임 '희망을 만드는 법' 변호사

홍성수__ 숙명여대 법대 교수

최고의 판결은 '인터넷실명제 위헌 결정'

이명박 정부의 과도한 국가형벌권과 어이없는 일탈을 단적으로 보여줘

법원과 헌법재판소가 정권의 일방적 독주에 브레이크를 걸었지만 뒤집기에는 역부족

'이명박 정부 5년'이라는 시간은 결국 지나갔다. 그사이 쫓겨나고 다치고 죽은 이들은 얼마나 됐던가. 이명박 정부의 첫해인 2008년부터 〈한겨레21〉이 선정한 올해의 판결이 5회째를 맞았다. 올해의 판결을 선정하면서 이명박 정부 5년을 복기하는 것은 중요한 의미를 지닌다. 권력만을 무서워하고 따르는 일부 검찰과 경찰, 군인, 공무원이 낭떠러지로 떠민 헌법의 가치와 시민적 기본권의 위태함이 아찔하다. 이번까지 다섯 차례에 걸쳐 선정한 74개 올해의 판결이 가지는 의미가 새삼스러운 이유다. 이 판결들을 이끌어낸 시민과 변호사, 판사들의 이름은 기억되어야 옳다.

올해의 판결을 선정하기 위해 세 차례 심사를 거쳤다. 2012년 10월 말부터 추천받은 79개 판결 중 11개 판결을 최종 선정했다. 그중 '용산 참사 수사 기록을 공개하지 않은 것에 대한 배상 판결' '현대차 불법파견 재확인 판결'은 앞서 2010년 올해의 판결로 선정된 판결의 연장선이자 최종 결과이기도 하다. 또다시 올해의 판결로 선정한 데에는 분명한 이유가 있다. 검찰과 현대차가 되새겨봐야 할 대목이다.

이번 심사에는 여성학자인 권김현영 씨, 김보라미 변호사(법무법인 나눔), 송소연 재단법인 '진실의 힘' 이사, 안은정 다산인권센터 상임활동가, 양홍석 변호사(참여연대 공익법센터), 최재홍 변호사(녹색법률센터), 한가람 변호사(공익인권변호사모임 '희망을 만드는 법'), 홍성수 숙명여대 법대 교수가 참여했다. 여성, 정보통신, 과거사, 인권, 환경, 노동, 표현의 자유 등 전문 분야를 다양화하려고 노력했다.

올해의 판결 후보를 추천하는 작업에는 심사위원 8명 외에도 대법원 재판연구관실과 각급 법원이 도와주었다. 특히 노동 부문에서는 권두섭 변호사(공공운수노조 법률원장)의 도움이 컸다.

인터넷실명제는 위헌이라는 전원 일치 결정

최고의 판결

딱 5년짜리 '표현의 자유 고엽제'
인터넷실명제, 모든 국민을 잠재적 범죄자로 취급

5년 만에 모든 걸 쑥대밭으로 만들어버렸다. 이명박 대통령을 말하는 게 아니다.

2007년 1월 '정보통신망 이용 촉진 및 정보 보호 등에 관한 법률'(정보통신망법)이 개정됐다. '인터넷에 글을 쓰려면 1년 365일 내내 자신의 신분을 까야 하는' 인터넷실명제가 법 개정의 핵심이었다. 당시 법 개정을 위해 내세운 이유가 웃긴다. 우리나라가 세계 최고 수준의 인터넷 이용률을 자랑하는, 그러니까 정보통신 강국이라는 게 이유다. 잘 닦아놓은 통신망을 따라 인터넷 이용자가 늘어나면서 온라인 게시판이나 댓글을 통해 언어폭력과 명예훼손이 심해졌다고 했다. 정확한 통계를 제시하는 대신 몇몇 상징적 사건이 심판대에 올려졌다. 2005년 이른바 '개똥녀 사건'이 인터넷을 달궜다. 지하철에서 내리며 애완견의 배설물을

142

인터넷에 글을 쓰려면 주민등록번호 등 자기 개인 정보를 포털 업체에 넘겨야 하던 인터넷실명제가 5년 만에 폐지됐다. 권력이 그 좋은 걸 뺏겼으니 가만히 있을까. 무언가 또 다른 궁리를 하고 있을지 모른다.

치우지 않은 여성의 얼굴이 인터넷에 공개됐다. 외신들까지 '인터넷이 시험대에 올랐다'라며 '개똥녀'dog poop girl를 소개했다. 연예계를 발칵 뒤집어놓은 '연예인 X파일'이 인터넷을 통해 퍼 날라진 것도 이때였다.

> "인터넷을 악용하는 사람들이 소수 존재한다는 이유로 대다수 시민의 정당한 의사 표현을 제한하는 것으로 익명 표현의 자유에 대한 과도한 제한이다." ―헌법재판소

소매치기 막겠다고 보행자 실명제를 실시하는 식

행정 당국과 입법을 책임진 국회는 손쉽게도 인터넷 이용자들의 익명성에서

그 원인을 찾았다. 자신이 누구인지 밝히지 않고 쓰는 글이 사람을 잡는다는 주장이다. 이른바 '떳떳하면 왜 이름을 밝히지 못하느냐' 하는 조전혁식 저급 논리가 작동한 것이다(조전혁 전 한나라당 의원은 2010년 전국교직원노동조합 소속 교사의 명단을 인터넷에 공개했다. 법원은 교사들의 개인 정보 자기결정권을 침해했다는 이유로 그에게 손해배상 판결을 내렸다.)

익명성과 떳떳함은 전혀 다른 범주의 이야기다. 박경신 고려대 교수(참여연대 공익법센터 소장)는 "익명성은 사람이 인터넷을 만나서 얻게 된 '무기'가 아니라 원래 태어나면서부터 가지고 있던 것"이라고 말했다. 개똥녀 사건이나 연예인 X파일 사건 등은 개똥녀보다 자신이 도덕적으로 우월한 위치에 있다는 인터넷 이용자들의 생각, 연예인이라는 직업군에 대한 호기심, 전파 속도가 빠른 인터넷 매체의 특성 등이 복잡하게 얽혀 나타난 현상이다. '익명성' 하나만 때려잡는다고 해서 해결될 사안이 아니라는 것이다. 박 교수는 "그런 식이라면 마찬가지로 익명의 공간인 길거리에서 벌어지는 범죄는 어찌할 것이냐"라고 묻는다. "소매치기가 가능한 것은 피해자가 소매치기의 신원을 알 수 없기 때문인데, 그렇다고 길거리의 익명성을 소매치기의 원인이라고 볼 수는 없다. 소매치기를 막겠다고 보행자 실명제법을 만들어야 하는가."

게다가 인터넷실명제는 이미 시행되고 있었다. 2001년부터 인터넷실명제를 추진하던 정부는 표현의 자유를 제약하고 전자 감시의 수단이라는 논란을 이겨내고, 2004년 3월 공직선거법에 '인터넷 선거 게시판 실명제'를 도입하는 데 성공한다. 이뿐만 아니라 대형 포털 사이트 대부분은 이미 가입 단계부터 실명제를 실시하고 있었다. 실명제 아래에서도 발생하는 사이버 폭력이 익명성의 탓으로 돌려진 것이다.

태어나면서부터 죽을 때까지 개인의 삶을 주민등록번호 13자리를 통해 전일적으로 관리하는 대한민국 정부에게 사람의 이름과 관리 번호는 국가 운영의 핵심 자산이다. 효율성과 편의성은 중독성을 갖는다. 법에 의한 강제력으로 얼마 남지 않은 사적 영역까지 파고들어 기어코 익명성을 거세하고 말겠다는 국가의 의지가 창궐하는 이유다. 인터넷실명제 역시 '국가가 편하자는 것' 말고는 딱히 큰 이유를 찾기 어렵다.

인터넷실명제를 전면 도입하자고 논의하던 2006년 12월 국회 과학기술정보통신위원회는 법안 심사 보고

2009년 참여연대, 진보네트워크센터 등 시민단체 회원들이 서울 재동에 있는 헌법재판소 앞에 인터넷실명제 폐지를 요구하는 기자회견을 하고 있다.

서에서 이렇게 밝혔다. "실명제는 정보통신 서비스 이용을 개시하는 순간에 자신의 실제 신원을 밝히고 이에 따라 정보통신 서비스를 이용하도록 강제하는 방안을 의미한다. 다만 일단 실명으로 가입하고 있는 한 추후의 통신 활동 과정에서는 반드시 실명을 노출시켜야 하는 것은 아니고, 어떠한 ID를 사용해도 문제가 되지 않는다. 이런 점에서 실명제는 '게시자 신원의 추적 가능성'에 초점을 둔 것으로 이해될 수 있다." 나중에 문제가 생길 경우 수사기관이 사람을 잡기 편하자

고 만든 것이 인터넷실명제라는 말이다.

효율성과 편의성은 중독성을 갖는다. 인터넷실명제 역시 '국가가 편하자는 것' 말고는 딱히 큰 이유를 찾기 어렵다.

촛불 시위 이듬해, 인터넷 실명제 기준이 강화돼

인터넷실명제는 이명박 정부가 들어서면서 말 그대로 사람 잡는 칼이 되었다. 이를 통해 인터넷 포털 업체 등이 확보한 이용자들의 개인 정보가 수사기관에 마구 넘어갔다. 이명박 정부는 2008년 미국산 쇠고기 수입을 반대하는 촛불 시위로 홍역을 치렀다. 인터넷실명제의 기준이 강화된 것은 당연했다. 이듬해 4월 인터넷실명제가 적용되는 인터넷 사이트의 기준이 일일 방문자 수가 30만 명 이상인 곳에서 10만 명인 곳으로 크게 낮춰졌다. 사실상 한국인이 드나드는 모든 인터넷 사이트가 적용 대상이 된 셈이다.

헌법재판소는 2012년 8월 23일 인터넷실명제가 헌법 위반이라고 결정했다. 헌법재판관 8명이 전원 일치(한 자리 공석)로 내린 위헌 결정이다. 헌법재판소는 "인터넷 공간에서 이뤄지는 익명 표현은 인터넷이 가지는 정보 전달의 신속성 및 상호성과 결합해 현실 공간의 경제력이나 권력에 의한 위계 구조를 극복하여 계층·지위·나이·성 등으로부터 자유로운 여론을 형성함으로써 다양한 계층의 국민들의 의사를 평등하게 반영하여 민주주의가 더욱 발전되게 한다. 비록 인터넷 공간에서 익명 표현이 부작용을 초래할 우려가 있다 하더라도 그것이 갖는 헌법적 가치에 비추어 강하게 보호되어야 한다"고 설명했다. 헌법재판소는 인터넷실명제로 인한 자기 검열, 즉 '위축 효과'를 우려했다.

"본인확인제(인터넷실명제)는 이름이나 주민등록번호 등의 노출에 따른 처벌

등 불이익을 염려해 표현 자체를 포기하게 만들 가능성이 높다. 인터넷을 악용하는 사람들이 소수 존재한다고 해서 대다수 시민의 정당한 의사 표현을 제한하는 것은 익명 표현의 자유에 대한 과도한 제한이다."

여기에 더해 개인 정보의 자기결정권도 중요하게 거론했다.

"모든 게시판 이용자의 본인 확인 정보를 수집하고 장기간 보관함으로써 개인 정보가 유출될 위험에 놓이게 한다. 수사의 편의 등에 치우쳐 모든 국민을 잠재적 범죄자처럼 취급한다."

이 위헌 결정에 참여한 한 전직 헌법재판관은 당시 고민이 많았다고 전했다.

"처음에는 인터넷실명제의 존치 여부를 두고 왔다 갔다 했다. 2010년 말 경쟁 업체 빵집의 식빵에 쥐를 넣은 '쥐 식빵' 자작극이 인터넷을 통해 퍼졌다. 분명히 문제가 있다고 봤다. 그런데 심리를 하면서 현실을 살펴보니 인터넷실명제를 통해 범죄를 억제하는 효과가 사실상 전혀 없다는 것을 알게 됐다."

2007년 1월 법으로 만들어져 그해 7월 27일부터 시행에 들어간 인터넷실명제는 5년 만에 유통기한을 마치고 폐기 처분됐다. 전 세계에서 우리나라에만 존재해 세계의 웃음거리가 된 인터넷실명제는, 불과 5년짜리 법이었지만 정보통신 강국이라던 한국의 인터넷 환경을 초토화했다. 익명성을 뿌리부터 제거하려던 초강력 고엽제는 페이스북, 트위터 같은 소셜네트워크서비스SNS의 탄생을 남의 나라 일로만 지켜보게 만들었다.

인구수보다 많은 유출된 주민등록번호

지난 5년 동안 인터넷 포털 업체, 통신사, 게임업체 등이 수집했다가 유출한 주민등록번호는 산술적으로 7500만 명분에 이른다. 헌법재판소의 결정은 뒤늦은 감이 있다. 그래도 환영한다. 잘 가시오, MB. 잘 가라, 인터넷실명제.

국회가 늑장 부리느라 법적 불합치

인터넷실명제는 헌법재판소의 위헌 결정으로 생을 마감했지만, 공직선거법의 인터넷실명제 조항은 아직 살아 있다.

중앙선거관리위원회는 18대 대선을 2주가량 앞둔 2012년 12월 3일, 공직선거법의 인터넷실명제 조항이 이번 대선에서도 여전히 유효하다는 견해를 밝혔다. 공직선거법 제82조의6은 선거운동 기간에 관련 글을 인터넷 게시판에 게시할 때는 실명 확인을 하도록 규정하고 있다. 2004년 3월 도입된 '인터넷 선거 게시판 실명제'다. 이에 앞서 중앙선거관리위원회는 인터넷실명제 위헌 취지에 따라 2012년 8월 29일 국회에 공직선거법의 인터넷실명제 조항도 폐지해달라는 의견을 냈다. 국회가 이를 처리하지 않자 중앙선거관리위원회는 '18대 대선에서도 현행법에 따라 인터넷실명제를 집행할 수밖에 없다'고 밝혔다. 이 견해를 따르지 않은 미디어 다음과 〈딴지일보〉에 과태료를 부과하기도 했다. 헌법학계의 한 관계자는 "헌법재판소의 위헌 결정 취지에 맞춰 아주 제한적으로 적용하면 될 텐데 현행법이 형식적이나마 살아 있다는 이유로 과태료를 부과하는 것은 옳지 않다"고 말했다.

헌법재판소 전원재판부는 2011년 12월 29일 인터넷을 통한 유권자의 정치적 의사 표현을 획기적으로 풀어놓는 결정을 내놓았다(2007헌마1001 병합). 공직선거법 제93조 1항에 대한 한정위헌 결정이다. 이 법 조항은 '무려' 선거일 이전 6개월부터 선거운동을 하지 못하도록 유권자를 붙들어 매놓았다. 중앙선거관리위원회와 검찰, 경찰은 이를 근거로 트위터 등 인터넷 콘텐츠를 통한 선거운동을 단속해왔다. 헌법재판소는 재판관 6(한정위헌) 대 2(합헌)의 의견으로 이 조항을 사실상 무력화했다. 이 결정이 나오자 중앙선거관리위원회는 곧바로 인터넷을 이용한 선거운동을 상시적으로 허용하는 길을 텄다. 올해의 판결 심사위원들은 이 결정을 "2011년에 나온 결정만 아니라면 '최고의 판결'로 뽑아도 손색이 없다"고 평가했다.

이지은 참여연대 선임간사 인터뷰

소셜네트워크서비스를 통한 선거운동 금지에 대한 헌법소원에도 참여

참여연대 공익법센터의 이지은 선임간사는 2010년 1월 인터넷실명제가 표현의 자유를 침해한다며 헌법재판소에 헌법소원을 청구했다. 2년 6개월 뒤 헌법재판관 전원 일치로 위헌 결정이 나왔으니 늦었지만 이른바 '대박'을 친 셈이다.

시민단체에서 활동하며 소송 청구인으로 참여한 경험이 있나.

– 2011년 말 헌법재판소가 소셜네트워크서비스를 통한 선거운동 금지에 대해 한정위헌 결정을 할 때도 청구인으로 참여했다.

위헌 결정을 예상했는가.

– 인터넷실명제는 어떤 정권이라도 포기하기 어려운 감시 수단이다. 국가정보원 등 정보기관이나 수사기관이 손쉽게 개인의 신원을 파악하는 통로가 됐다. 헌법재판소는 인터넷실명제로 확보한 개인 정보를 수사기관에 넘길 수 있다는 전기통신사업법 제54조 3항에 대한 위헌 여부도 같은 날 결정했다(이 법 조항은

천안함 사건에 대한 댓글 때문에 문제가 됐다. 헌법재판소는 본격적인 판단을 하지 않고 각하 결정을 내리면서도 '해당 조항이 법적 강제력은 없다'고 판단했다). 법률가가 아닌 사람의 감으로는 인터넷실명제 조항은 그대로 두고 전기통신사업법 조항은 일부 손대지 않을까 생각했는데 반대 결과가 나왔다.

의미 있는 결정을 이끌어냈다.

— 솔직히 기여한 건 별로 없다.(웃음) 2009년부터 인터넷실명제 헌법소원에 참여할 청구인들을 모집했는데 반응이 없었다. 수사를 받는 피해자들이 생기고, 인터넷실명제 등이 결국은 신원 파악을 위한 도구로 이용된다는 사실을 피부로 느끼기 전까지는 사람들이 문제의 심각성을 잘 알지 못했다.

소셜네트워크서비스를 통한 선거운동 금지에 대한 한정위헌 결정 그리고 인터넷실명제 위헌 결정까지. 올해는 대박 아닌가.

— 공익 관련 소송 100건을 하면 그중 1건 이기는데, 바로 그 1건인가 보다.(웃음) 어느 날 갑자기 위헌 결정이 나오지는 않는다. 그전부터 다양한 방식으로 문제를 제기했는데 그 결실이 지금 나온 것으로 본다.

심사위원 20자평

권김현영 악플은 실명제로 없앨 수 없다는 걸 국정원이 인증
김보라미 익명 표현의 자유 보장, 현대사회의 필수 기본권
송소연 달리는 인터넷, 발목 잡는 본인 확인, 늦었지만 전원 일치!
안은정 인터넷을 통제하겠다는 욕심은 이제 그만~

양홍석 거침없이 쓰고 말하고 싶다. 고맙다, 헌법재판소!

최재홍 누가 썼는지 궁금해? 궁금하면 500원

한가람 짝짝짝! 표현의 자유와 정보 인권에는 여전히 목마르지만

홍성수 평균연령 61세 재판관들 '인터넷 자유' 만장일치로 선언하다!

>> 2012년 올해의 판결, '서울고등법원, 수사기관의 요청만으로 인터넷 포털 업체
가 개인의 통신 자료를 넘기는 관행에 제동을 건 판결' 참조

일제 강제징용 피해자들에 대한
일본 기업의 배상 책임을 인정한 판결

강제징용에 대한 판단이 일본과 같아서야

'국가가 개인의 청구권을 소멸시킬 수 없다'는 해석도 나와

1944년 7월 8일 사이판이 미군 해병대에 떨어졌다. 일본군과 민간인을 합해 6만 명이 죽었다. 일부는 섬 북단에 있는 80미터 높이의 절벽에서 '덴노 헤이카 반자이'(천황 폐하 만세)를 외치며 몸을 던졌다. 사이판을 손에 넣은 미군은 즉각 B29 발진기지를 짓기 시작했다. 일본 본토가 폭격 사정거리에 들어왔다. 전황이 악화되자 일본 총리 도조 히데키東條英機가 책임을 지고 사임했다. 7월 18일이었다.

징용 생활을 한 지 1년이 될 무렵

20일 뒤인 8월 8일 일본 각의는 '반도인 노무자의 이입에 관한 건'을 결의했다. 마지막 결전을 치를 전력을 마련하기 위해 본토와 식민지를 막론하고 모든 물자와 노동력을 쏟아 부을 심산이었다. 비행기 부품·제철 용광로 제조, 선박

일제 강제징용 피해자의 한을 이어받은 유족은 할 말이 너무도 많았다. 대법원 판결이 나온 2012년 5월 24일 서울 서초동 대법원 앞.

수리 등 특수 기능을 보유한 이로 제한돼 있던 징용 대상이 한국인 전체로 확대 됐다. 서울(당시 경성부)과 경기도에 살던 박창환, 이근목, 이병목, 정창희, 정상 화 씨가 징용 영장을 받은 것은 그해 8월과 10월 사이였다. 모두가 스무 살 안팎 의 한창나이였다.

이들은 다른 징용자와 함께 열차편으로 부산에 갔다. 그곳에서 관부연락선을 타고 시모노세키항에 도착한 뒤, 다시 열차로 갈아타고 최종 목적지로 향했다. 이들이 배치된 곳은 히로시마에 있는 미쓰비시 기계 제작소와 조선소. 그때만 해 도 열심히 일하면 한밑천 잡아 고향에 돌아갈 수 있다는 희망을 버리지 않은 상 태였다.

희망이 절망으로 바뀌기까지는 채 일주일이 걸리지 않았다. 아침 8시부터 저녀 6시까지 철판을 자르거나 동관을 구부리는 고된 노동이 이들에게 할당됐다. 일과가 끝나면 회사가 마련한 숙소로 돌아가 끼니를 때우고 잠을 잤다. 음식은 절대량이 부족했고, 숙소는 다다미 12장(1장은 가로세로 180센티미터×90센티미터) 크기인 방에 10~12명의 징용자가 기거할 정도로 환경이 열악했다. 외출도 불가능했다. 숙소 주변엔 철조망이 설치되고 근무시간은 물론 휴일에도 헌병과 경찰의 감시가 삼엄했기 때문이다. 가족과 주고받는 편지도 검열을 받았다. 주어진 월급은 20~35엔 정도였다.

징용 생활을 한 지 1년이 될 무렵 히로시마에 원자폭탄이 떨어졌다. 이들은 당시 공장에서 작업 중이었다. 섬광과 함께 철 파편이 날아들어 박창환 씨의 턱을 강타했다. 살점이 떨어져나갔다. 이병목 씨의 팔다리엔 유리 조각이 박혔다. 공장은 피해가 심각했고, 모든 작업이 중단됐다. 1945년 8월 15일 일왕 히로히토의 항복 선언으로 전쟁이 끝났다. 박씨는 9월 13일 시모노세키에서 밀항선을 타고 부산으로 들어왔다. 이병목 씨는 비슷한 시기에 하카타에서 미군이 마련한 배편으로 귀국길에 올랐다. 이근목, 정창희, 정상화 씨도 이 무렵 10월까지 하카타와 시모노세키에서 밀항선과 관부연락선 등을 이용해 귀국했다.

고향에 돌아오니 징용되기 전에 다니던 직장은 문을 닫거나, 용케 망하지 않았어도 다른 사람이 들어와 일하고 있었다. 생계가 막막했다. 그들을 괴롭힌 건 경제적 어려움만이 아니었다. 피폭으로 생긴 후유증이 시간이 갈수록 심각해졌다. 전신 권태감과 호흡곤란, 피부 질환, 시력 감퇴 등에 시달렸다. 정상적인 사회생활이 불가능했다.

"피해자들이 일본에서 낸 소송을 일본 법원이 기각한 것은 한국에 대한 식민 지배가 합법적이라는 전제 아래 내린 판결로, 이는 일제강점기 강제동원 자체를 불법으로 본 대한민국헌법의 핵심 가치와 정면으로 충돌한다. 일본의 판결을 그대로 인정하는 것은 한국의 선량한 풍속이나 사회질서에 위반한다." - 대법원 1부

일본이 기각한 사유는 '합법 징용, 시효 소멸, 한일 협정'

그 뒤 한국은 해방 정국과 한국전쟁을 거치며 일본과 국교 정상화와 전후 보상 문제를 논의하기 시작했다. 1961년 5·16쿠데타로 집권한 박정희 정권은 1965년 6월 22일 '국교 정상화를 위한 대한민국과 일본국 간의 기본 관계에 관한 조약'(한일 협정)과 부속 협정의 하나로 '대한민국과 일본국 간의 재산 및 청구권에 관한 문제의 해결과 경제협력에 관한 협정'(청구권 협정)을 체결했다.

협정을 통해 한국 정부는 일본 정부로부터 10년에 걸쳐 3억 달러를 무상으로 제공받고, 2억 달러를 차관으로 지원받았다. 이 돈은 1960년대와 1970년대에 이뤄진 산업화의 밑천이 됐다. 하지만 강제징용으로 손해를 입은 사람들은 아무도 일본 정부나 해당 기업한테서 배상을 받지 못했다.

박씨 등 5명이 미쓰비시중공업을 상대로 강제징용과 불법 행위 등으로 인한 손해를 배상해달라며 일본 히로시마지방재판소에 소송을 낸 때는 1995년이었다. 하지만 현지 법원은 1999년 3월 25일 청구를 기각했고, 히로시마고등재판소(2005년 1월 19일)와 일본 최고재판소(2007년 11월 1일)가 이 판결을 확정했다. 일본 법원이 판결하면서 근거로 내세운 것은 세 가지다. 박씨 등이 징용된 것은 합법적인 국민징용령에 기초해 이뤄졌기 때문에 위법이 아니며, 미쓰비시중공업이 이들을 고용해 일을 시키는 과정에서 일부 불법 행위가 이뤄졌고 지급하지 않은 임금이 있지만 상당한 시간이 흘러 배상을 청구할 수 있는 시효가 소멸했다는 것이다. 결정적으로 1965년 한일 청구권 협정을 체결함으로써 정부와 개인 사이의

모든 채권 채무 관계가 사라졌다는 것이다.

일본 법원의 1심에서 패소한 직후인 2000년 5월 징용 피해자들은 부산지방법원에 소송을 냈다. 하지만 한국 법원도 이들의 손을 들어주지 않았다. 1심 재판부(2007년 2월 2일 선고)와 부산고등법원의 2심 재판부(2009년 2월 3일 선고)도 모두 일본 법원의 판결이 적법하다고 본 것이다. 원고 패소 판결이라는 결과를 납득할 수 없던 이들은 대법원에 상고했다.

2012년 5월 24일 원고와 징용 피해자 단체들의 시선은 상고심이 열린 대법원 1부(주심 김능환)에 집중됐다. 재판부는 예상과 달리 원심 판결을 파기하고 사건을 부산고등법원으로 돌려보냈다. 국내에서 소송이 시작한 지 12년 만이었다. 재판부의 판결 요지는 이랬다.

"피해자들이 일본에서 낸 소송을 일본 법원이 기각한 것은 한국에 대한 식민 지배가 합법적이라는 전제 아래 내린 판결로, 이는 일제강점기의 강제 동원 자체를 불법으로 본 대한민국 헌법의 핵심 가치와 정면으로 충돌한다. 일본의 판결을 그대로 인정하는 것은 한국의 선량한 풍속이나 사회질서에 위반한다."

미쓰비시중공업이 배상에 불응하면

재판부는 한일 청구권 협정에 대해서도 "일본의 식민 지배에 대한 배상을 청구하기 위한 협상이 아니라, 샌프란시스코조약(1951년)에 근거해 두 나라 사이의 재정, 민사적 채권 채무 관계를 정치적 합의로 해결하기 위한 것"이라고 하면서 "협정을 체결하는 과정에서 개인 청구권의 소멸에 관해 양국 정부 간에 의사의 합치가 있었다고 볼 충분한 근거가 없다"고 밝혔다. 나아가 재판부는 "국가와는 별개로 법인격法人格을 가진 국민 개인의 동의 없이 국민의 개인 청구권을 소멸시킬 수 있다고 보는 것은 근대법의 원리와 상충한다"고 못을 박아 말했다.

부산고등법원의 파기환송심에서 배상 금액이 확정되면 박씨 등은 대법원 확정판결을 거쳐 배상의 길이 열린다. 미쓰비시중공업이 배상에 응하지 않으면 한국 지사의 재산이나 국내 은행에 예치된 돈을 가압류하는 방법 등으로 판결을 집행할 수 있다. 원고 쪽 소송을 대리한 최봉태 변호사는 "사법 주권이 살아 있음을 보여준 역사적 판결이다. 법치와 정의가 동아시아 차원으로 확장하는 계기를 마련한 것"이라고 평가했다.

심사위원 20자평

송소연 오등은 자에 주권국가의 법원임을 확인하노라

양홍석 힘없는 국가, 다카키 마사오, 뒤틀린 협정은 역사 속으로!

최재홍 늦어도 너무 늦은, 그러나!

홍성수 사법부의 역사적 결단, 모든 공은 정치권으로 넘어갔다

판결 이후

대법원이 파기환송한 사건에 대해 부산고등법원 민사5부(재판장 박종훈)는 2013년 7월 30일 미쓰비시중공업은 피징용자에게 일인당 8000만 원을 지급하라고 원고 일부 승소 판결을 내렸다. 재판 결과가 나오자 일본 정부는 반발했다. "1965년 한일 협정으로 최종적으로 해결된 사안인데 이에 반하는 판결을 일본 국가의 처지에서는 용인할 수 없다."(스가 요시히데 일본 관방장관)

또 2012년 5월 24일 같은 날 대법원 1부(주심 김능환)는 다른 일본 강제징용 피해자들이 신일본제철을 상대로 낸 손해배상 청구 소송 상고심 재판에서 사건을 서울고등법원으로 파기환송했다(2009다68620). 이들도 마찬가지로 일본 법원

을 거쳤고 한국 법원의 1심과 2심에서 원소 패소 판결을 받아 상고한 것이다. 서울고등법원 민사19부(재판장 유성근)는 2013년 7월 19일 파기환송심에서 여운택 씨 등 4명에게 각각 1억 원씩을 배상하라고 원고 승소 판결을 내렸다.

미쓰비시중공업과 신일본제철이 모두 불복해 상고를 제기함으로써 현재 강제징용 피해자들은 대법원의 마지막 판단을 기다리고 있다. 2013년 12월 30일 일본의 〈산케이 신문〉은 일본 정부 관계자의 말을 인용해 이렇게 보도했다. "일본 정부는 대법원 확정판결이 나오기 전에 화해하여 문제를 해결하지 않겠다는 뜻을 한국 정부에 전달했다. 일본 기업의 패소가 확정돼 이들의 한국 내 재산을 압류하려는 움직임이 있으면, 일본 정부는 청구권 협정을 내세워 한국 정부에 협의를 요청할 것이며, 협의를 통해 이견이 조율되지 않으면 국제사법재판소ICJ에 제소할 방침이다."

그리고 2013년 11월 1일 광주지방법원 민사12부(재판장 이종광)는 위안부 피해 할머니들과 유족 5명이 미쓰비시중공업을 상대로 낸 손해배상 소송에서 원고 일부 승소 판결을 내렸다(2012가합10852). 미쓰비시중공업은 피해 당사자 4명에게 1억 5000만 원씩, 유족 1명에게는 8000만 원을 배상하라고 판결했다. 이들은 1999년 3월 1일 나고야지방재판소에 일본 정부와 미쓰비시중공업을 상대로 낸 손해배상 청구 소송에서 패소한 이후 14년여 만에 국내 법원에서 승소했다.

베트남 이주노동자들의 파업에 적용된
업무방해 혐의는 무죄라는 판결

만국의 노동자여, 파업은 정당하다
베트남 이주노동자들의 파업에 대해 뒤늦게 업무방해 혐의

"내가 무슨 잘못을 했는지 모르겠습니다."

2011년 4월 경찰에 체포돼 인천구치소에 갇힌 베트남 국적의 피(당시 25세)씨는 겁에 질려 있었다. 그는 고용 허가를 받아 한국에서 합법적으로 일하는 이주노동자다. 경찰한테 별다른 소환 통보도 받지 못한 채 곧바로 연행됐다. 영문을 알 수 없는 일은 그에게만 닥친 게 아니었다. 그해 3월 초부터 인천지방경찰청은 인천 신항 공사 현장에서 태흥건설산업 소속으로 함께 일한 베트남 노동자 10명을 줄줄이 체포해 구속했다. 2010년 7월과 2011년 1월에 있은 두 차례의 파업 때문이었다. 한국에서 일하는 이주노동자들의 파업은 이례적인 일이다. 10명에게 공통적으로 적용된 범죄 혐의는 업무방해였다.

노동절을 이틀 앞둔 2012년 4월 29일 오후 서울 보신각 앞에서 열린 이주노동자 노동절 집회 모습. '노동권을 쟁취하자'라는 말이 부끄럽게 다가온다.

업무방해 혐의로 징역 3년 구형

2010년 7월, 인천 신항 컨테이너 하부 축조 공사장에선 베트남 이주노동자 180여 명이 시급 4110원을 받으며 주야 맞교대로 하루 12시간씩 일하고 있었다. 휴일 대부분은 반납하는 상황이었다. 첫 파업은 '끼니' 때문이었다. 그해 6월 회사는 세끼 식사를 무료로 제공하던 방침을 바꿔, 아침과 저녁 밥값으로 월급에서 24만 원을 공제하기 시작했다. 7월 22일부터 25일까지 베트남 노동자들은 '세끼 무료 제공, 강압적 야간 근무 금지' 등을 요구하며 작업을 거부했다. 파업 기간 나흘 가운데 이틀은 토·일요일이었다.

두 번째 파업은 '노동시간 인정' 문제 때문이었다. 회사가 하루 12시간을 노동시간으로 인정하던 방침을 바꿔, 11시간만 인정하려 했다. 파업한 이틀 중에 하루는 일요일이었다.

두 차례의 파업은 회사가 노동자들의 요구 중 일부를 수용해 별다른 충돌 없이 해결됐다. 첫 파업이 일어난 지 반년이나 지난 시점에 경찰은 노동자 10명을 '불법 파업' 주동자로 지목해 잡아들였다. 그때 6명은 회사를 옮겨 다른 업체에서 일하고 있었다. 회사의 고소나 고발은 따로 없었다. 이주 인권 단체들은 경찰이 실적을 쌓으려 무리한 짜맞추기 수사를 진행했다고 의심했다. 사건을 넘겨받은 인천지방검찰청은 구속된 노동자들이 출근을 원하는 대부분의 베트남 노동자들을 협박하고 폭행해 출근을 저지하는 등 불법 파업을 벌여 회사 업무를 방해하고 손해를 끼쳤다며 최고 징역 3년의 중형을 내렸다.

베트남 노동자들은 1심 결심공판이 다가오도록 제대로 된 변론 한 번 하지 못했다. 국선변호인이 선임됐고, 베트남어 통역이 있었다. 노동자들은 이들이 자신들의 말을 들으려 하지 않았다고 했다. 심지어 통역은 그냥 죄를 인정하고 고향으로 돌아가는 편이 좋다고 했다. 김기돈 한국이주인권센터 사무국장은 "인권 단체에서 움직이기 시작한 게 결심공판을 바로 며칠 앞둔 시점이었다. 공익변호사그룹 공감의 장서연 변호사가 베트남 출신의 결혼 이주민이자 통역 활동가인 원옥금 씨와 함께 이들을 긴급 접견했다"라고 회상했다. 베트남 노동자 가운데 가장 연장자인 41세의 ㅇ씨는 변호사를 처음 만난 날을 잊을 수 없다고 했다.

"거의 3개월 동안 절망에 빠져 살았고 지푸라기라도 붙잡고 싶은 심정이었다. 당신들이 나타나 도와주겠다고 하니 그동안 마음속에 쌓인 억울함을 마음껏 말해야 하는데, 그저 눈물만 계속 나왔다."

절망에 빠져 있던 베트남 노동자들에게 희망의 빛이 보이기 시작했다. 인천지방법원 형사4단독부의 오상진 판사는 2011년 6월 23일 베트남 노동자들이 기습적으로 파업을 진행해 공사 업무를 방해했다는 혐의에 대해 모두 무죄를 선고했다. 오 판사는 판결문에서 "근로자는 헌법상 보장된 기본권으로서 자주적인 단결권, 단체교섭권, 단체행동권을 가지고, 국적을 불문하고 외국인도 노동기본권을 향유할 주체가 된다"고 밝혔다. 또 "파업이 업무방해죄에 해당되는지 심사할 때는 헌법상 기본권이 침해되지 않도록 엄격하게 해석할 필요가 있다"라고 판단했다. 기존의 대법원 판례에 따라 파업을 업무방해죄로 처벌하는 관행에 제동을 건 동시에, 외국인에게도 파업권을 인정한 것이다. ㅍ씨 등 업무방해 혐의만 있던 3명은 무죄, 나머지 7명은 함께 기소된 다른 혐의에 대해 벌금형과 집행유예 선고를 받았다.

검찰은 항소했다. 인천지방법원 형사2부(재판장 김양규, 배석판사 김신영·공두현)는 2012년 4월 20일 1심과 마찬가지로 업무방해 혐의에 대해 무죄를 선고했다. 다른 혐의에 대해서도 1심 판결보다 낮은 형량을 선고했다. 항소심 재판부는 판결문에서 "피고인들이 각 파업을 시행하면서 노동 관계 법령에 의한 절차를 따르지 않은 것은 사실이나, 현재 국내에서 일하는 외국인 근로자의 현실적 지위를 고려할 때 한국 법령을 인지하고 그에 따라 사용자와 협의하는 등 적법한 절차에 따라 근로 조건을 개선해달라고 요구하기는 어려웠다"고 설명했다. 검찰은 판결에 불복해 상고했으나, 대법원 3부(주심 이인복)는 2012년 10월 11일 이를 기각했다.

"피고인들이 각 파업을 시행하면서 노동 관계 법령에 의한 절차를 따르지 않은 것은 사실이나, 현재 국내에서 일하는 외국인 근로자의 현실적 지위를 고려할 때 한국 법령을 인지하고 그에 따라 사용자와 협의하는 등 적법한 절차에 따라 근로 조건을 개선해달라고 요구하기는 어려웠다." - 인천지방법원 항소심 재판부

이주노동자에게 파업권을 인정

재판이 진행된 1년 6개월의 시간은 낯선 땅에서 힘겹게 돈을 벌어나가던 베트남 노동자들의 삶을 흔들었다. 기소된 10명 가운데 3명은 한국을 떠났다. ㅍ씨는 1심 판결이 난 뒤 자유의 몸이 됐지만, 벌금형이나 집행유예 선고를 받은 7명은 다시 갇혔다. 인천출입국관리사무소가 이들을 인계해 보호소로 데려간 것이다. 현행법을 위반했다면 강제 퇴거 심사 대상자라는 이유에서다. 집행유예를 받은 2명은 강제퇴거를 당했다. 200만 원의 벌금형 선고를 받은 또 다른 노동자는 구치소에 있는 동안 고용허가제의 재고용 기간을 넘겨버렸다. 고향에 남은 아내가 출산이 임박하자, 검찰에 출국 금지를 해제해달라고 요청해 베트남으로 돌아갔다. 그는 이제 다시는 한국 땅을 밟을 수 없다.

명예와 시간, 누가 보상하나

원래 계획대로라면, ㅍ씨는 2011년 중순 여자친구와 베트남에 돌아가 결혼식을 올렸을 것이다. 재판이 마무리되지 않아 출국 금지가 늦게 해제됐다. 결국 한국에서 친지들이 없는 채로 결혼식을 치렀다. "한국 사람한테만 명예가 있는 건 아니잖은가. 내가 감옥에 갔다 왔다는 걸 주위 사람들은 다 알고 있다. 너무 화가 난다. 한국 정부가 책임져야 한다." 그는 요즘 일마저 쉬고 있다. 고용노동부는 2012년 8월부터 사업장을 바꿔 구직하는 이주노동자들에게는 사업장 명단을 제공하지 않고 고용주에게만 구직자들의 명단을 제공하고 있다. 이 때문에 ㅍ씨 등 이주노동자들은 사업장에서 연락이 오기만을 하염없이 기다리고 있다. 가난한 고향에 남겨둔 부모를 위해 한국에서 합법적으로 일할 수 있는 시간은 그렇게 흘러가고 있다.

심사위원 20자평

한가람 '업무방해' 조항으로 '노동권 방해'는 안 돼

김보라미 업무방해죄, 폐지되지 못한다면 해석이라도 축소해야

안은정 밥 좀 제대로 먹게 해달라는 파업은 정당한 요구였다

최재홍 그들도 노동자다!

대법원 | 2011다48452

검찰이 용산 참사 철거민에게 수사 기록을 공개하지 않은 것은 위법이라며 국가가 배상하라는 확정판결

손해배상 판결을 받은 검찰의 오만
1심·2심·3심 모두 철거민에게 손해배상을 하라고 판결

"망루에서 시너를 투척하고 화염병을 던지는 것을 보고받았더라면 중지시켰을 것이다."(신두호 전 서울지방경찰청 기동본부장)

"현장 상황을 잘 전달받았다면 진압을 중단시켰을 것이다. 특공대원들이 공명심에 일을 크게 벌였다."(이송범 전 서울지방경찰청 경비부장)

법원은 공개하라고 명령, 이를 무시한 검찰

숨기는 데에는 다 이유가 있었다. 서울 용산 참사도 그랬다. 2010년 1월 15일, 이충연 용산철거대책위원회 위원장 등 철거민 4명의 변호를 맡은 김형태 변호사가 기자회견을 열었다. 검찰은 사건이 일어난 지 1년이 다 되어서야 진통 끝에 용산 참사 당시 경찰 지휘부의 진술 등이 포함된 2000여 쪽의 수사 기록을 공개

김형태 변호사가 2010년 1월 15일 서울 역삼동 법무법인 덕수 사무실에서 서울 용산 참사 당시 경찰 지휘부 등의 진술이 담긴 미공개 수사 기록 내용을 공개하는 기자회견을 열고 있다.

했다. 이 기록을 대중에게 알리는 기자회견이었다.

예상대로 그동안 공개되지 않던 수사 기록에는 당시 현장에 출동한 경찰이 상황 판단에 미숙했고 과잉 진압했음을 의심할 만한 경찰 관계자의 진술이 담겨 있었다. 그러나 기소된 철거민들은 이 내용을 보지 못한 채 1심 재판에서 실형 선고를 받았다. 변호인이 검찰의 수사 기록을 열람하고 등사할 것을 요구하고 법원이 이를 받아들였지만, 검찰은 법원의 명령까지 무시했다.

검찰이 이처럼 '배째라' 식으로 버틴 배경에는 수사 기록을 독점해 관리하려는 의도가 숨어 있었다. 2008년부터 새로 시행한 형사소송법에는 피고인이나 변호인의 주장과 관련된 자료라면 해당 수사 기록에 상관없이 등사·열람권을 주도록 돼 있다. 그런데 검찰이 반발해 이를 따르지 않을 경우 강제할 수단에 대해서는 명시하지 않았다. 검찰이 재판과 아무런 관련이 없다며 버틴 이유다.

그러나 이씨 등 철거민 4명은 "공정한 재판을 받을 권리를 침해당하는 등 정신적 손해를 입었다"라며 국가를 상대로 1인당 500만 원씩 요구하는 손해배상 소송을 냈다. 검찰의 오만함을 바라보는 법원의 판단도 다르지 않았다. 서울중앙지방법원 민사33단독부의 고연금 판사는 2010년 9월 28일 '검찰이 용산 참사 수사 기록을 공개하지 않은 것은 위법'이라며 국가가 이씨 등 4명에게 각각 300만 원씩 지급하라고 판결했다. 이 판결은 형사 부문에서 2010년 올해의 판결로 뽑히기도 했다. 항소심을 맡은 서울중앙지방법원 민사항소2부(재판장 장재윤, 배석판사 안석·오승이)도 2011년 5월 24일 1심을 따라 판결했다.

형사소송법 제266조의4(법원의 열람·등사에 관한 결정):

① 피고인 또는 변호인은 검사가 서류등의 열람·등사 또는 서면의 교부를 거부하거나 그 범위를 제한한 때에는 법원에 그 서류등의 열람·등사 또는 서면의 교부를 허용하도록 할 것을 신청할 수 있다.

철거민의 망가진 삶, 어떻게 배상할까

대법원도 같은 판단을 내렸다. 대법원 1부(주심 김창석)는 2012년 11월 15일 '국가가 철거민들에게 각각 300만 원씩 지급하라'며 원고 일부 승소 판결을 확정했다. 재판부는 "법원이 수사 서류의 열람과 등사를 허용하도록 명령했는데도 검사가 9개월 동안 이를 거부함으로써 철거민들은 신속하고 공정한 재판을 받을 권리를 침해당했다"고 밝혔다. 앞으로 타당한 사유 없이 수사 기록을 제출하지 않는 검찰에 큰 부담으로 작용할 것이다.

억울한 재판의 시시비비를 가리기까지 4년 가까운 시간이 흘렀다. 용산 남일당의 망루에 오른 철거민 4명 가운데 김대원 씨와 김재호 씨가 2012년 11월 가

석방으로 출소했지만, 이씨 등 2명은 여전히 감옥에 있다. 법원의 뒤늦은 '꾸짖음'은 과연 이들에게 얼마나 위로가 될 수 있을까.

"법원이 수사 서류의 열람과 등사를 허용하도록 명령했는데도 검사가 9개월 동안 이를 거부함으로써 철거민들은 신속하고 공정한 재판을 받을 권리가 침해당했다." - 대법원 재판부

심사위원 20자평

안은정 용산 참사, 국가 폭력에 대한 책임을 묻게 될 날도 오길
양홍석 ○○○ 검사! 이제 수사 기록을 내놓으시오~
최재홍 국민에겐 발본색원, 검사들은 고식지계姑息之計
홍성수 법원의 명령을 검사가 거부하면 '불법'임을 재판으로 확인하는 현실

판결 이후

수사 기록이 공개되지 않아 기소된 철거민들 9명에 대한 1심 재판은 이들에게 유리한 증거는 배제된 채 진행되었다. 서울중앙지방법원 형사합의27부(재판장 한양석)는 2009년 10월 28일 이충연, 김주환 씨 등에게 현주건조물 침입, 업무방해 등 혐의로 6년에서 2년 사이의 징역형을 선고했다(2009고합153). 재판부가 화재는 철거민들이 던진 화염병 때문에 일어났고 경찰의 진압은 정당하다는 검찰의 주장을 그대로 받아들인 것이다. 화재의 원인에 대한 구체적 증거를 밝히지도, 경찰의 과잉 진압의 실체를 파헤치지도 않았다.

168

2010년 1월 15일경 수사 기록이 공개된 뒤 항소심이 진행되는 과정에서 철거민 변호인 측은 진압 경찰의 진술을 통해 검찰의 주장을 반박했다. 화재의 원인을 화염병으로 볼 수 없다는 것. 서울고등법원 7형사부(재판장 김인욱)는 2010년 5월 31일 이충연, 김주환 씨 등에게 1심보다 1년을 면한 징역형을 선고한다. 이어 대법원 2부(주심 양승태)는 2010년 11월 11일 상고를 기각한다.

수감 중이던 이충연 씨 등 철거민 5명은 2013년 1월 31일 이명박 대통령의 임기 말 특별사면으로 석방됐다. 하지만 남경남 전 전국철거민연합 의장은 '죄질이 나쁘다'라는 이유로 사면 대상에서 제외됐으며, 대법원에서 징역 5년에 벌금 100만 원이 확정돼 2014년 1월 현재 복역 중이다. 용산 참사와 관련한 형사재판은 2013년 9월 12일을 마지막으로 모두 끝났지만, 국가 폭력의 책임을 제대로 따져 묻는 일은 여전히 끝나지 않았다.

〉〉 2010년 올해의 판결 '서울중앙지방법원, 검찰이 용산 참사 철거민에게 수사 기록을 공개하지 않은 것은 위법이라며 국가가 배상하라는 판결' 참조

현대차의 사내 하청은 불법파견임을 다시 확인한 확정판결

정규직 되고 싶으면 7년간 소송하라고?

회사는 소송 당사자만 구제하겠다며 버텨

"아버지께서 설이라도 같이 쇠었으면 좋겠다고 어제 전화하셨어요."

2012년 12월 13일 50미터 높이의 송전탑에서 현대차 사내 하청 해고 노동자 최병승 씨는 말했다. 10월 17일 밤 15만 4000볼트의 고압전기가 흐르는 이곳에 올라왔으니 이날로 58일째다. 그의 요구는 간단하다. 현대차는 불법파견을 인정하고 신규 채용을 중단하라는 것이다.

'현대차는 대법원의 확정판결을 이행하라.'

대법원 1부(주심 이인복)는 2012년 2월 23일 최씨가 중앙노동위원회를 상대로 낸 '부당해고 및 부당노동행위 구제 재심판정 취소' 소송에서 현대차가 최씨를 부당해고 했다고 확정판결을 내렸다. '사내 하청 직원으로 현대차의 업무 감독을 받으며 2년 이상 근무한 최씨는 불법파견 노동자인 만큼, 현대차는 정규직 노동자로

2012년 10월 17일 최병승 씨는 천의봉 씨와 함께 현대차 울산3공장의 송전 철탑에 올라가 고공 농성을 시작했다. 296일 만인 2013년 8월 8일 함께 철탑에서 내려왔다.

전환해야 한다'라며 파기환송한 대법원의 2010년 7월 22일 판결(>> 2010년 올해의 판결)을 재확인한 것이다.

자정 능력을 상실한 재벌의 모습

"현대차 사내 하청 노동자들은 컨베이어 벨트 좌우에 정규직과 혼재돼 배치됐다. 노동자들은 현대차의 시설과 부품을 사용하고 현대차가 작성한 각종 작업지시서로 업무를 수행했다. 작업량과 작업 방법 등을 현대차가 결정하고, 노동자들의 근태 상황과 인원 현황 등도 현대차가 관리했다."

누가 작업을 지휘하고 감독하는지에 따라 파견인지 도급인지를 결정한다. 현대차는 사내 하청 노동자들을 직접 지휘하고 감독했기에 2년 이상 근무한 비정규직 노동자를 정규직으로 전환할 의무가 있다고 대법원은 판결했다. 그 기준에 따라 현대차는 2002년 비정규직으로 입사해 2005년에 해고한 최씨를 정규직 노동자로 전환해야 했다. 대법원 확정판결이 난 뒤 중앙노동위원회도 최씨를 원직에 복귀하게 하라는 명령을 현대차에 내렸다. 하지만 현대차는 또다시 최씨의 해고는 정당했다며 행정소송을 제기했다. 박태주 한국기술교육대 교수는 "대법원 판결조차 외면하는 현대차에게 볼 수 있는 건 자정 능력을 상실한 재벌의 모습"이라고 비판했다.

최씨는 결국 마지막 선택을 했다. 민주노총 현대차 비정규직지회의 사무국장 천의봉 씨와 함께 지상 23미터 위의 송전탑에 농성장을 차렸다. 3평 규모의 위태로운 농성장에는 녹색 천막만 나부낀다. 사방이 뻥 뚫려 있어 영포만에서 불어오는 바닷바람이 뼛속까지 훑는다. 고공 농성이 언론의 주목을 끌자 현대차는 2012년 11월 22일 뒤늦게 최씨를 정규직으로 채용하겠다고 발표했다. 다만 대법원 판결은 최씨에 한정된 판단이니 최씨만 구제하겠다고 했다. "나머지 사내 하청 노동자들은 새로 소송을 제기해 분쟁을 해결해야 한다"고 밝힌 울산지방법원 형사2단독부(권순열 판사)의 10월 25일 판결을 근거로 들었다. 현대차의 비정규직 노동자들은 정규직이 되고 싶으면 최씨처럼 모두 7년간 소송하라는 얘기나 다름없다. 최씨는 '어이없다'고 말했다.

"소송비용이 비싸서 내가 대표로 소송했다. 동료들과 소송 자료를 모으고 함께 싸웠는데 이제 와서 회사가 여론의 눈치를 보며 꼼수를 부린다."

법학자는 현대차 회장 고발, 변호사는 감사 청구

법학자와 법률가들도 현대차가 법치주의를 훼손하고 있다고 비판한다. 한상희 건국대 법학전문대학원 교수 등 법학 교수 35명은 12월 13일 정몽구 현대차 회장을 파견법(파견 근로자 보호 등에 관한 법률) 위반 혐의로 검찰에 고발했다. 12월 14일에는 민주사회를 위한 변호사모임이 직무유기를 한 고용노동부를 감사하라고 감사원에 청구했다. 불법파견을 일삼는 현대차의 사업장을 고용노동부가 폐쇄해야 한다는 까닭에서다. 현대차의 버티기가 점점 궁색해진다. 설이라도 아들과 함께 쉬고 싶은 아버지의 소망이 이루어질까.

심사위원 20자평

권김현영 불법파견 규제해야 비정규직 줄어든다는 걸 모르시는 그분께

송소연 왼쪽 바퀴와 오른쪽 바퀴를 차별해온 현대자동차, 불법이야!

안은정 법 위에 현대 있다? 없다! 고공 농성 노동자들에게 힘을!

홍성수 대법원의 두 번째 확인 판결. 이제, 사 쪽이 화답할 차례

판결 이후

현대차 쪽은 대법원의 확정판결에도 꿈적하지 않았다. 2012년 8월 현대차는 사내 하청 노동자 8000명 가운데 3000명을 2015년까지 정규직으로 신규 채용하겠다는 뜻을 밝혔다. 이는 사실상 불법파견을 인정하지 않고 정규직 전환 입장을 내지 않으려는 '꼼수'라는 비판을 받았다. 최씨는 현대차 울산공장 옆에 있는 송전탑에 올라가 고공 농성을 시작한 지 296일 만인 2013년 8월 8일 천의봉 씨와

함께 철탑을 내려왔다. 오랜 농성으로 스트레스가 심하고 건강이 악화된 탓이었다. 확정판결까지 났지만 아무런 돌파구도 생기지 않는 상황이 그의 건강을 해쳤다.

철탑 농성 마지막 날, 최씨는 이런 말을 트위터에 남겼다. "철탑에서 마지막 아침, 이빨을 닦고 천막을 개려는데 왜 이렇게 눈물이 날까. 정들어서 그런 건가? 또 포기해버린 내가 안쓰러워 그런 걸까? 하루가 길 것 같다. 오늘 하루가 일찍 끝나기를 마음으로 기도한다."

고공 농성이 끝난 뒤 현대차 울산공장 앞에서는 희망버스 행사가 두 차례 이뤄졌다. 경찰과 현대차 사 측, 노동자들 사이에 물리적 충돌이 벌어졌다. 검찰은 2013년 안에 현대차 불법파견 문제에 대해 결론을 내겠다고 했다. 하지만 2013년이 다 지나간 뒤에도 현대차의 '버티기'는 계속되고 있다.

최씨는 2011년 2월 현대차를 상대로 해고를 무효로 하고 그동안 밀린 임금을 달라며 '근로자 지위 확인과 임금 지급' 소송을 서울중앙지방법원에 냈다. 해고되지 않았더라면 받을 수 있었던 '정규직 임금'을 청구한 것이다. 서울중앙지방법원 민사합의41부(재판장 정창근)는 2013년 10월 31일 해고는 무효라며 원고 일부 승소 판결했다(2011가합130349). 또 '현대차는 최씨에게 2005년 이후의 임금 8억 4058만여 원을 지급하라'고 결정했다. 재판부는 최씨가 사내 하청 업체의 취업규칙에 따라 해고됐지만 정규직 근로자의 지위를 인정받은 만큼 현대차의 취업규칙을 따라야 한다고 판단했다. 즉 최씨가 해고된 뒤 받지 못한 임금 2억 8000만여 원과 현대차 노사 단체협약에 따라 부당해고 가산금 200퍼센트(평균임금의)를 지급하라고 밝혔다.

현대차는 대법원 확정판결의 이행을 계속 미뤄오다가 2013년 1월 결국 최씨

에 대해 정규직 고용 인사 명령을 내렸다. 하지만 최씨는 현재 모든 비정규직을
정규직으로 전환하라고 주장하며 출근을 거부하고 있다.

>> 2010년 올해의 판결, '대법원, 현대차의 사내 하청 노동자도 2년 이상 근무하면
직접 고용된 것으로 간주해야 한다는 파기환송 판결' 참조

수사기관의 요청만으로 인터넷 포털 업체가
개인의 통신 자료를 넘기는 관행에 제동을 건 판결

누리꾼을 물로 본 포털에 일침

검경이 요청하면 예외 없이 인적 사항을
제공한 인터넷 포털 업체

2010년 3월 취업 준비생이던 차경윤(32) 씨는 서울 종로경찰서에서 온 전화를 받았다. 명예훼손 혐의로 고소됐으니 피의자 조사를 받으라는 말이었다. 재미있다고 생각한 게시물을 네이버의 한 카페에 올린 게 문제였다. 게시물은 캐나다 밴쿠버 동계올림픽의 금메달리스트인 김연아 선수가 귀국할 때 유인촌 문화관광부 장관을 피하는 듯한 장면을 편집한 동영상과 사진이다. 이른바 '회피 연아'다. 유 장관은 명예훼손이라며 이 누리꾼을 경찰에 고소했다.

전기통신사업법 제83조 3항의 '통신 자료 제공'

고소당한 차씨는 취업을 걱정하는 평범한 20대 청년이다. 3년 4개월간 학사 장교로 군 복무를 마치고 나온 터라 뒤늦게 영어 공부를 하며 스펙을 쌓는 중이

고객의 신원 정보를 국가정보원, 검찰, 경찰 등 수사기관에 넘긴 포털 업체와 이동통신사를 상대로 손해배상 책임을 묻는 소송단을 꾸린다. 소송에 참여할 사람을 모집하는 참여연대 홈페이지.

었다. 회피 연아 게시물도 차씨가 다니던 영어학원의 인터넷 카페 유모게시판에 올렸다. 느닷없이 수사를 받으라는 경찰서의 전화를 받고 차씨는 당황했다. 난생 처음 겪는 일이었다. 마침 누리꾼을 고소한 유인촌 장관을 비판하는 성명을 참여연대가 발표했기에 도움을 요청했다. 이지은 참여연대 간사는 "신상 정보를 어떻게 확인했는지 경찰에 문의하라"고 조언했다. 차씨도 비실명 게시판에 올렸는데 경찰이 어떻게 이름과 연락처를 알았는지 궁금했다. 경찰은 네이버로부터 받았다고 밝혔다. 네이버도 인정했다. 차씨는 "포털 업체가 개인 정보를 소중히 다루기는커녕 마음대로 내 정보를 수사기관에 넘겼다"고 말했다. 유인촌 장관이 고소를 취하해 명예훼손 수사는 중단됐지만 진짜 싸움은 그때부터 시작됐다.

차씨는 참여연대, 민주사회를 위한 변호사모임과 함께 네이버를 상대로 2000만 100원의 손해배상 소송을 냈다. 개인 정보를 보호하려고 노력해야 할 인터넷 업체가 경찰, 검찰, 국가정보원 등 수사기관에 신상 정보를 무더기로 제공하는 관행을 문제 삼았다. 자신도 모르게 수사기관 등에 신상정보가 넘어가는 경우는 실제로 비일비재하다. 2009년 56만 1467건, 2010년 59만 1049건, 2011년 65만 1185건에 이른다. 2011년 전국의 모든 법원이 영장을 발부한 건수(28만 1944건)의 2배가 넘는 수치다. 문서 1건당 포함된 전화번호의 수는 8~12개로, 2011년에만 개인 전화번호 584만 8991개가 수사기관에 넘어갔다. 하루 평균 신상 정보 1만 6000여 건이 제공되고 해마다 10명 중 1명이 수사를 받는 꼴이다. 이지은 간사는 "정부의 외환 정책을 비판했다가 구속된 미네르바 박대성 씨나 '쥐코' 동영상을 올렸다가 고통을 당한 민간인 불법 사찰의 피해자 김종익 씨도 이런 식으로 신분이 확인됐다"고 설명했다.

인터넷 업체는 수사기관에 신상 정보를 넘기는 근거로 전기통신사업법 제83조 3항의 '통신 자료 제공'을 내세운다. '전기통신 사업자는 법원, 검사, 수사기관이 수사 등을 위해 이용자 성명, 주민등록번호, 주소, 전화번호, 아이디, 가입·해지 일자 등 6개 정보를 요청하면 이에 응할 수 있다.' '전기통신 사업자'에는 인터넷 업체는 물론 SK텔레콤 등 이동통신사도 포함된다. 이들은 기계적으로 수사기관에 고객의 개인 정보를 제공해왔다. 사전이든 사후든 고객에게는 아예 통지하지도 않았다.

> "네이버는 수사기관이 요청하기만 하면 예외 없이 이용자의 인적 사항 전부를 제공해 개인 정보에 대한 자기결정권과 익명 표현의 자유를 침해했다. 개인 정보 제공 여부와 어느 범위까지 개인 정보를 제공할지에 관한 세부적 기준을 마련해 개인 정보를 보호하려는 충분한 조처를 취할 의무가 있다." —서울고등법원 재판부

개인 정보에 대한 자기결정권과 익명 표현의 자유

차씨는 이렇게 반박했다. "해당 법률은 '응할 수 있다'고 규정할 뿐 '응해야 한다'라는 의무 사항이 아니다. 전기통신사업자는 수사기관이 정보 제공을 요청하더라도 심사를 통해 제공하지 않거나 제한적인 범위에서 제공해야 한다." 또 헌법이 명시한 '영장주의' 원칙에도 어긋나 위헌성이 있다고 주장했다. 그러나 서울중앙지방법원 민사합의48부(재판장 이은애)는 2011년 1월 13일 네이버의 손을 들어줬다. "범죄 성립 여부에 대한 판단은 전문적인 지식과 경험이 필요한 분야라 전기통신 사업자에게 책임을 묻는 데 신중할 필요가 있다." 비전문가인 사업자는 수사기관이 요청하면 개인 정보를 제공할 수밖에 없다는 논리다.

항소심은 서울고등법원 민사24부(재판장 김상준)가 맡았다. 변론을 끝냈다가 다시 시작하기를 계속하며 고심을 거듭했다. 마침 2012년 8월 23일 헌법재판소가 구 전기통신사업법 제54조 3항(통신 자료 제공에 관한 조항)에 대해 1심 재판부와 다르게 해석하는 통에 기울기가 확 바뀌었다. 헌법재판소는 이 법 조항에 대한 헌법소원 청구를 재판관 5(각하) 대 3(반대)의 의견으로 각하 선고했다(2010헌

마439. 청구인은 천안함과 관련한 댓글을 인터넷 게시판에 올렸다가 경찰에 소환되어 조사를 받았다). 통신 자료 제공은 '임의 수사'의 영역으로 사업자가 이를 반드시 제공할 의무는 없으므로 해당 조항이 기본권을 직접 침해하지 않는다고 본 것이다. "법률은 '응할 수 있다'고 규정하고 있어 사업자에게 통신 자료를 제공할 수 있는 권한을 주었을 뿐 어떠한 의무도 부과하지 않고 있다." 즉 형식상 각하 결정이지만 내용상 차씨의 주장과 일맥상통하는 격이었다. 게다가 헌법재판소는 인터넷 실명제가 위헌이라고 결정하며 "표현의 자유는 신원을 아무에게도 밝히지 않을 자유도 포함한다"고 판단했다.

항소심 재판부는 2012년 10월 18일 '네이버는 차씨에게 50만 원을 지급하라'며 원고 일부 승소 판결했다. 재판부는 판결문에서 "네이버는 수사기관이 요청하기만 하면 예외 없이 이용자의 인적 사항 전부를 제공해 개인 정보에 대한 자기결정권과 익명 표현의 자유를 침해했다. 개인 정보 제공 여부와 어느 범위까지 개인 정보를 제공할지에 관한 세부적 기준을 마련해 개인 정보를 보호하려는 충분한 조처를 취할 의무가 있다"고 밝혔다. 박경신 고려대 교수는 "인터넷을 통해 국민을 사찰하는 일을 종식할 수 있게 됐다"고 평가했다.

항소심 판결이 난 직후 네이버, 다음, 네이트 인터넷 포털 업체 3곳과 카카오톡을 운영하는 카카오는 수사기관에 고객 정보를 주지 않겠다고 선언했다. 네이버 홍보실의 조정숙 차장은 "강제 요구라 보고 개인 정보를 제공했는데 항소심 판결에 따라 응하지 않기로 했다"고 말했다. 하지만 네이버 쪽은 상고해 대법원의 최종 판단을 받기로 했다. 조 차장은 "사업자가 개인 정보를 제공할지 않을지를 자체 심사하기보다는 정부가 법률로 명확한 기준을 마련하길 바란다"고 덧붙였다.

이동통신사는 여전히 고객 정보를 제공하는 중

이처럼 발 빠르게 대처한 속내는 '집단 소송'의 우려 때문이다. 차씨처럼 가입자들이 하나둘 손해배상 소송에 나서면 사업자가 엄청난 부담을 떠안기 때문이다. 참여연대는 계속 소송단을 꾸리고 있다. 먼저 본인의 정보를 정보·수사 기관에 넘겼는지 각 업체에 전자우편으로 질의한다. 개인 정보가 넘겨진 것을 확인하면 소송단에 참여할 수 있다. 하지만 인터넷 업체들은 최근 1년간의 자료만 확인해준다. 이전 자료는 폐기해서 확인할 수 없다는 것이다. SK텔레콤 등 이동통신사는 아예 확인해주지도 않는다. 이동통신사 관계자는 "수사 기밀을 보호하기 위해 고객에게 알려줄 수 없다"고 말했다. 그러면서 인터넷 업체와 달리, 항소심 판결이 난 이후에도 고객 정보를 수사기관에 계속 제공하고 있다고 덧붙였다. 1심과 2심의 판결이 엇갈렸으니 대법원 판결을 기다려보겠다는 것이다. 한 고개를 넘으면 또 한 고개가 기다린다.

심사위원 20자평

김보라미 무분별한 압수수색, 법원의 제한은 계속되어야 한다
양홍석 무력화된 영장주의 복원, 정보 인권을 보호하려는 결단!
한가람 '고객님의 소중한 정보, 경찰에 넘겼습니다'는 이제 그만

판결 이후

네이버 측과 차씨 모두 상고해 대법원 민사3부에서 현재까지 재판이 이어지고 있다. 본격적으로 집단 소송을 위해 소송인단 모집에 나선 참여연대는 2013년 4월

16일 기자회견을 열었다. 이동통신 서비스 가입자들이 이동통신사에 자신들의 통신 자료(이름, 주민등록번호 등)를 수사기관에 제공했는지 질의한 것과 관련해 이동통신 업체 3사(SK텔레콤, KT, LG유플러스)를 상대로 공개 청구 및 손해배상 청구 소송을 제기하겠다고 밝혔다.

>> 2012년 올해의 판결, '헌법재판소, 인터넷실명제는 위헌이라는 전원 일치 결정' 참조

기간을 정하지 않고 무제한적으로 전자우편을 압수수색 한 것은 위법하다며 국가가 배상하라는 판결

막 뒤지면 아니 아니 아~니 되오

개인의 전자우편 7년치를 뒤진 공권력

이명박 정부는 공평했다. 2008년 촛불이 타오를 때 '오프라인' 공안 정국을 만든 이명박 정부는 탄압의 균형을 맞추려는 듯 곧장 '온라인'에도 손을 뻗쳤다. 사이버 논객인 미네르바를 잡아들인 검찰은 MBC 소속 방송작가의 전자우편 내용까지 언론에 공개하며 '공안 몰이'에 나섰다. 그 탓에 '사이버 망명'이 유행을 탔다. 사람들은 검찰이 마음대로 뒤져볼 수 있는 네이버와 다음 등 국내 포털 사이트 대신 외국에 서버를 둔 구글의 지메일로 전자우편 계정을 옮겼다. 이명박 정부가 만든 '구글 특수'였다.

혐의와 무관한 전자우편을 압수하지 않을 의무

과도한 '온라인 공안 몰이'는 주경복 건국대 교수의 전자우편을 압수수색 할 때

서울중앙지방검찰청 공안1부 수사관들이 2008년 12월 11일 서울 사당동 전국교직원노동조합 서울지부를 압수수색 해 압수물을 옮기는 모습.

도 여전했다. 2008년 서울시 교육감 선거에 나선 주 교수는 당시 전국교직원노동조합한테 불법 선거자금을 받았다는 혐의로 검찰 수사를 받고 있었다. 사건을 맡은 서울중앙지방검찰청 공안1부는 수사 대상에 오른 주 교수 등 100여 명의 전자우편 기록을 압수수색 했다. 주 교수와 김민석 전교조 서울지부 사무처장 등은 2001년 10월부터 2008년 12월까지 7년 동안 사용한 전자우편을 압수수색 당했다.

검찰이 개인의 전자우편 7년치를 뒤진 사실이 언론 등에 알려지자 비판이 쏟아졌다. 검찰이 신청해 법원에게 발부받은 압수수색 영장에는 '전교조가 주 후보에게 선거자금을 전달한 사실을 확인할 수 있거나 도와준 사실을 확인할 수 있는 이메일'이라고 적혀 있었을 뿐이다. 검찰은 건국대 홈페이지와 13개 인터넷 포털 업체에서 보낸 편지함, 받은 편지함, 임시 보관함, 삭제 편지함 등의 내용을 여덟 차례에 걸쳐 받아 갔다. 모두 4만 1300여 쪽 분량이었다. 대법원에서 벌금형 선고를 받은 주 교수는 '검찰의 광범위한 압수수색으로 정신적 고통을 입었다'라며 국가를 상대로 손해배상 청구 소송을 냈다.

법원은 검찰의 압수수색이 위법했다고 판단했다. 서울중앙지방법원 민사27단독부의 정현식 판사는 2012년 9월 11일 '국가가 주 교수에게 700만 원을 배상하라'며 원고 일부 승소 판결했다. 정 판사는 판결문에서 "법원이 발부한 영장에서 전자우편의 송수신 기간을 특정하지는 않았지만, 검사는 이를 집행하며 적정한 기간을 정해 범죄 혐의와 명백히 무관한 전자우편을 압수하지 않을 의무가 있다"고 밝혔다.

그러나 법원은 주 교수와 함께 소송을 낸 박래군 인권재단 '사람' 상임이사의 손은 들어주지 않았다. 그는 2009년 서울 용산 참사 당시 불법 집회를 주동한 혐의로 수사를 받다가 전자우편 3개월치를 압수당했다. 재판부는 "내용을 보기 전까지 범죄 관련성을 알 수 없는 점에 비춰, 범죄 혐의와 무관한 전자우편이 압수

됐다고 하더라도 그 때문에 박 이사의 기본권이 제한되는 건 불가피한 수준"이라고 밝혔다.

수사한 뒤 30일 안에 압수한 사실을 알려야

그동안 전자우편 압수수색은 당사자에게 사전 통지하지 않고 이뤄졌지만, 2009년 '수사한 뒤 30일 안에 압수한 사실을 알려야 한다'라는 조항이 뒤늦게 통신비밀보호법에 추가됐다. 온라인 공안 정국이 남긴 상흔이었다.

심사위원 20자평

김보라미 헌법의 가치가 언급되는 판결은 아름답다

양홍석 무식한 압수수색은 이제 그만!

최재홍 쌍끌이 어선 환경 파괴, 쌍끌이 수사 인권 파괴

한가람 영장 발부 단계부터 법원이 통제해주세요

서울중앙지방법원 | 2011가합104043

1979년 신민당사 점거 농성한 YH무역 농성자들에게 국가가 배상하라는 판결

33년 만에 인정한 국가 폭력
공권력을 동원해 노동기본권을 침해한 국가

　　1979년 8월 11일 새벽 2시, 정사복 경찰 등 1200여 명이 서울 마포구에 자리한 신민당사에 들이닥쳤다. 4층 강당에서 이틀째 농성하던 YH무역의 여공 187명을 강제로 끌어내기 위함이었다. 진압 부대는 곤봉과 벽돌, 쇠파이프 등을 무차별적으로 휘둘렀다. 여공과 신민당 의원, 취재기자 등 100여 명이 부상했다. 23분간 이어진 지옥은 끝내 스물한 살 여공을 건물에서 밀어뜨렸다. 국민학교(현 초등학교)를 간신히 졸업하고, 열여섯 나이에 광주 집을 떠나 서울로 온 김경숙이다.

박정희가 재가한 진압 작전

　　가발과 봉제품을 수출하던 YH무역은 무리한 사업 확장과 횡령 등으로 재무

1979년 8월 폐업 철회를 요구하며 신민당사에서 농성하는 YH무역 노조원들. 한국여성노동자회협의회 제공

구조가 악화되자 일방적으로 폐업을 해버린다. 가난한 집안의 생계를 위해, 하루 16시간 허리 한 번 못 펴고 일해온 노동자들에겐 청천벽력 같은 소식이었다. YH 무역 노조는 노동청과 재무부, 청와대 등에 회사의 정상화를 호소했지만 소용없었다. 마지막으로 발걸음을 옮긴 곳이 야당인 신민당의 당사다.

경찰은 김경숙이 작전이 시작되기 전에 스스로 동맥을 끊고 투신자살했다고 발표했다. 거짓이었다. 진실이 밝혀진 건 그로부터 29년이 지난 뒤였다. 2008년 진실·화해를 위한 과거사정리위원회(과거사위)는 김경숙의 죽음이 국가권력이 저지른 타살임을 분명히 밝혔다. 안전 조처도 제대로 하지 않은 상황에서 폭행을 피하려다 추락사했다는 것이다. 무리하게 강제 해산을 시도한 일의 배후는 청와대였다. 박정희의 재가를 받아 작전을 시행했다. 박정희 정부는 1979년 8월 17

일 최순영 YH노조 지부장 등 간부 4명을 국가 보위에 관한 특별조치법 위반과 집회 및 시위에 관한 법률 위반 혐의로 구속 기소했다. 또 '불순 세력이 개입해 사회 불안을 조성한다'라며 도시산업선교회를 농성의 배후로 지목했다. 과거사위는 이에 대해서도 근거가 없다고 밝혔다. 사회를 통제하려고 고삐를 죄던 정권에 맞서 부마항쟁 등 역풍이 몰아쳤다. 유신정권의 몰락은 그렇게 다가왔다.

사건이 발생한 지 33년이 지난 2012년, 국가가 YH 사건 피해자들에게 배상하게 됐다. 서울중앙지방법원 민사42부(재판장 이건배, 배석판사 백소영·이성욱)는 2012년 7월 13일 김경숙 열사의 유가족과 YH무역 노조원 등 24명이 국가를 상대로 제기한 소송에서 피해 정도에 따라 각각 1000∼4000만여 원을 배상하라며 원고 일부 승소 판결했다. 농성의 합법성 여부를 다투기 전에 과거사위가 규명한, 공권력이 부당하게 개입한 사실에 대해 책임을 물은 것이다.

재판부는 "국민을 보호할 의무가 있는 국가가 공권력을 불법으로 개입시켜 노동기본권, 생명과 신체의 자유, 직업 선택의 자유 등을 침해했다"고 밝혔다. 정부는 최종 불법 행위일로부터 5년이 지나 손해배상 청구권에 대한 시효가 소멸했다고 항변했으나, 재판부는 과거사위의 조사 결정이 있던 2008년 3월 13일까지는 피해자들이 제대로 권리를 행사할 수 없었다고 판단했다.

금전적 보상으로 한이 풀릴까

과거사위는 YH무역뿐 아니라 1970∼1980년대에 청계피복노조, 원풍모방, 반도상사 등 10개 노조를 탄압한 사건에 대해 '국가가 사직 강요, 불법 연행, 블랙리스트 작성 등 인권을 침해했다'고 결론 내렸다. 사건 피해자들은 국가가 반성조차 하지 않고 있다며 2010년부터 손해배상 청구 소송을 냈고, 최근 승소 판결이 잇따르고 있다.

서울행정법원 | 2011구합20239, 26770
재능교육 학습지 교사를
노동조합법상의 노동자로 인정한 판결

절반의 승리, 여전한 농성
특수고용 노동자의 노동 조건과 노동자 인정 문제

원구단으로 통하는 서울광장 동쪽 보도에 작은 천막이 있다. 덕수궁 앞에 있는 '함께 살자 농성촌'과 광장을 사이에 두고 마주하는 이곳에선 전국학습지노조 재능교육지부 해고자들이 세 번째 겨울을 나고 있다. 2011년 4월 〈한겨레21〉이 이곳을 찾았을 때 그들은 1203일째 노숙하며 농성하던 중이었다. 성인 서너 명이 모로 눕기에도 비좁아 보이는 0.5평짜리 텐트 안에서 혹한의 긴 겨울을 보낸 유명자 지부장은 추위보다 견디기 어려운 건 "잊혀질지 모른다는 두려움"이었다고 힘겹게 고백했다.

'근로기준법상의 노동자는 아니다'라는 한계

2007년 12월 농성을 시작한 이래 이들이 내건 요구안은 한결같았다. 노조 활

2011년 10월 서울 소공동 원구단의 처마 밑에서 전국학습지노조 재능교육지부 오수영 사무국장이 농성을 하고 있다. 재능교육 을지사옥과 100미터 남짓 떨어져 있다.

동을 하다 해고된 조합원을 원직 복직하게 하고 노동조합을 인정하며, 2007년 체결한 단체협약을 원상회복할 것. 하지만 현행법에서 '노동자'가 아닌 '소사업자'로 분류되는 '특수고용 노동자' 신분의 학습지 교사들에게 법과 공권력을 등에 업은 회사와의 싸움은 처음부터 중과부적이었다.

이들의 농성이 1800일째를 향해 가던 2012년 11월 1일 서울행정법원 행정12부(재판장 박태준, 배석판사 안승훈·곽상호)는 의미 있는 판결을 내놓았다. 전국학습지노조와 재능교육 해고자 9명이 중앙노동위원회를 상대로 낸 '부당해고 및 부당노동행위 구제 재심판정 취소' 소송에서 "회사가 위탁 사업 계약의 해지를 통보한 것은 학습지 교사들의 노조 활동에 불이익을 줘 노조를 와해하려는 부당노동행위에 해당한다"라며 원고 일부 승소 판결을 내렸다. 학습지 교사를 노동조합법의 대상인 노동자로 인정한 첫 판결이다.

재판부가 판결한 근거는 이랬다. "현대사회가 복잡해지면서 특수 형태의 노동자가 나타나게 됐는데, 경제적 약자인 이들도 사용자와 대등한 위치에서 노동 조건을 협상하게 하는 것이 헌법의 취지에 부합한다. 이들이 '사업 또는 사업장'에서 '임금을 목적'으로 '종속적인 관계'에서 일하는 근로기준법상 노동자에는 해당하지 않지만, 노동조합법상 노동자로 인정할 필요가 있다."

이 판결은 학습지 교사는 근로기준법은 물론 노동조합법에서도 대상 노동자로 인정하기 어렵다는 대법원의 2005년 11월 판례(2005다39136)와 충돌한다. 이를 판단할 상급심이 여전히 남아 있다. 그럼에도 단체교섭권을 인정받음으로써 학습지 교사를 비롯해 보험 모집인, 퀵서비스 종사자, 골프장 경기보조원 등 200만여 명에 이르는 특수고용 노동자들의 권리가 향상하는 데 긍정적 영향을 끼칠 것으로 보인다. 다만 '근로기준법상의 노동자는 아니다'라며 재판부가 붙여놓은 꼬리표는 분명한 한계다.

회사 쪽, 단체협약은 계속 거부

재판부가 전향적 판결을 내린 뒤에도 재능교육노조의 장외 농성은 계속되고 있다. 회사 쪽이 해고 조합원을 원직 복직하게 하고 민형사상 고소와 고발을 취하하며, 복직자들에게 생활안정지원금과 노사협력기금을 지급하겠다고 약속했지만, 애초 노조가 요구한 핵심 사항인, 2007년 체결한 단체협약을 인정하기를 거부하고 있기 때문이다. 재능교육 쪽이 전국학습지노조 재능교육지부를 부르는 명칭도 달라지지 않았다. 11월 8일 낸 보도 자료를 보면 회사 쪽은 노조를 '임의단체'로 불렀다.

권김현영 특수고용 노동자의 노동권 확보, 이제 딱 한 걸음 나갔다

송소연 굳게 잠긴 대법원 판례의 문을 연 용기, 반쪽 의미라도 장하다!

안은정 1800일 넘게 싸워온 재능교육노조, 모든 특수고용 노동자에게 희망을!

양홍석 특수고용 노동자들이 쟁취한 절반의 성공

판결 이후

재능교육노조의 장외 농성은 급기야 고공 농성으로 이어졌다. 2013년 2월 6일 재능교육 해고 노동자인 여민희(39) 씨와 오수영(38) 씨는 서울 혜화동 혜화성당의 종탑에 올라가 원직 복직 등을 요구하며 농성을 시작했다. 장외 농성 2075일 (5년 8개월)에 이어 시작한 종탑 고공 농성은 202일 동안 계속되며 '최장기 농성' 이라는 타이틀까지 얻었다. 농성의 간절함이 통했을까. 재능교육 쪽은 2013년 8월 26일 민형사 소송을 철회하고 노조의 요구를 받아들이는 합의문에 도장을 찍었다.

골프장 경기보조원(캐디)도 근로기준법상 근로자가 아니라고 본 대법원의 1996년 판결 때문에 개인 사업자나 자영업자로 간주되어 불이익을 감수해왔다.

최근 경기도 용인 H컨트리클럽의 경기보조원들이 골프장을 상대로 낸 '해고 무효 확인' 소송에서 항소심 재판부인 서울고등법원 민사1부(재판장 정종관)는 2013년 10월 11일 경기보조원을 근로기준법상 노동자로 판단했다(2012나83515). 재판부는 판결문에서 "(경기보조원의) 경기 보조 업무는 골프장 이용객에 대한 서비스로 볼 수 있으나 (경기보조원이) 노무를 제공하는 주요한 대상은 골프장 이용

객이라기보다는 골프장이고, (경기보조원들이) 종속 관계에서 골프장에 근로를 제공했으므로 근로기준법상 근로자에 해당한다"고 밝혔다. 골프장 경기보조원을 근로기준법상 근로자로 인정한 첫 항소심 판결이다. 골프장이 경기보조원의 소속을 노동조합에서 자치회로 넘겨 노동조합을 무력화하려는 시도에 제동을 건 판결로 평가된다. 현재 대법원의 판단을 기다리고 있다.

하지만 다른 사건을 다룬 대법원 상고심에서 '(골프장) 경기보조원은 근로기준법상 근로자로 볼 수 없다'라는 판결이 나왔다. 대법원 민사2부(주심 신영철)는 2014년 2월 13일 용인 P컨트리클럽의 경기보조원들이 골프장을 상대로 낸 '부당 징계 무효 확인' 소송에서 이렇게 밝혔다(2011다78804). 이번에 재판부는 "(경기보조원이) 노무를 제공하는 상대방은 골프장이 아닌 이용객이고, (경기보조원이) 골프장으로부터 임금을 받을 목적으로 종속적인 관계에서 노무를 제공하고 있다고 보기 어렵다"고 판단했다.

김승연 한화그룹 회장에게
실형을 선고하고 법정 구속한 판결

팔자 센 회장님, 법정 구속 첫 경험

경영권을 승계하려고 주식을
헐값에 거래한 것은 무죄로 판단

"내 팔자가 센 거 아니겠습니까?"

2010년 12월 1일 김승연(60) 한화그룹 회장이 수백억 원대 비자금을 조성한 혐의로 검찰 조사를 받으러 들어가기 전 "재벌 총수가 수사를 받는 일이 왜 이렇게 잦다고 생각하느냐"라는 기자의 질문에 답이라고 한 말이다. 재벌 총수가 외화 밀반출, 보복 폭행, 조세 포탈 따위의 혐의로 다섯 번째 검찰 조사를 자초한 상황을 그는 농담처럼 운명 탓으로 돌렸다. 그의 얼굴엔 검찰에 소환되는 불쾌함과 무죄임을 입증할 자신감이 그대로 드러났다.

한화증권 퇴직 직원의 증언이 결정적

팔자가 정말 세긴 했던지, 김 회장은 결국 2012년 8월 16일 1심 선고 공판에

회사에 수천억 원의 손실을 끼친 혐의 등으로 기소된 김승연 한화그룹 회장이 2012년 8월 16일 1심 판결 선고를 받으려 서울서부지방법원에 들어서고 있다.

서 유죄판결을 받고 구치소로 직행했다. 앞서 두 차례 수감된 적이 있는 그에게도 법정 구속은 처음이었다. 물론 재벌 총수 사이에서도 이례적이다. 그는 고개를 떨구었다. 함께 구속된 임원에게는 "나 때문에 고생 많았다. 미안하다"라는 말을 전했다. 그렇게 세 번째 구속된 그는 가장 오랜 옥살이를 하고 있다.

그룹 안에서 '신'이라 불리던 김 회장이 또다시 구속된 데는 한화증권을 퇴직한 한 직원의 증언이 결정적이었다. '한화그룹이 차명 계좌로 비자금을 관리 중'이라는 그의 제보는 2010년 7월 금융감독원을 통해 검찰에 전해졌다. 한화는 '김 회장이 금융실명제가 실시되기 이전에 갖고 있었는데 실수로 정리를 안 했다'고 해명했다. 그러다 검찰이 차명 계좌를 확인하는 도중에 김 회장과 연루된 여러 불법 행위가 고구마 줄기처럼 딸려 나왔다. 판결문을 보면 김 회장의 혐의는 피치 못해 저지른 '운명'과는 거리가 멀었다.

김 회장은 2005년 자신의 부실 차명 회사인 한유통과 웰롭 등의 부실을 떨어내려고 다른 계열사들을 동원했고 이로써 2883억 원의 손실을 줬다. 또 자신의 어머니가 차명으로 소유한 동일석유를 누나에게 넘기는 과정에서 계열사들이 보유한 동일석유의 주식을 저가에 팔도록 지시해 계열사에 141억 원의 손실을 끼쳤다. 탈세도 빠질 수 없다. 회사 임직원의 이름을 빌린 차명 주식을 거래해 양도소득세 15억 원을 포탈한 점도 유죄로 인정됐다.

재판부는 김 회장이 아무리 재벌 총수라 하더라도 이런 혐의엔 '징역 4년에 벌금 51억 원'의 실형에 법정 구속을 할 만하다고 판단했다. 이는 과거 재벌 총수의 비리를 다룬 재판부들이 1심에서 '사회적 기여도'와 '경제에 미칠 파장' 등을 운운하며 집행유예를 선고하거나, 1심에서 실형을 선고한 뒤 법정 구속을 하지 않다가 항소심에서 집행유예를 선고하던 관행에 비추어보면 엄한 판결이다. 서울서부지방법원 형사12부(재판장 서경환, 배석판사 노서영·김세용)는 "경영 공백이나 경제 발전에 기여한 점 등은 집행유예를 위해 참작할 사유가 될 수 없다"고 설명했다.

하지만 1심 판결에서 한화가 얻은 이득도 있다. 언론의 주목은 받지 못했지만 향후 그룹의 경영권을 승계하는 데 부담을 덜어줄 내용이 판결에 포함되었다. 검찰은 2005년 김 회장이 (주)한화가 보유한 한화S&C의 주식 40만 주(지분 66.67퍼센트)를 장남인 김동관 한화솔라원 기획실장에게 매도하도록 지시한 것은 편법적으로 경영권을 승계한 것이라고 판단했다. 장남이 한화S&C의 1대 주주가 된 뒤 한화S&C가 다른 계열사를 인수하고 지주회사인 (주)한화의 주식을 매수하는 과정에서 장남이 그룹의 2대 주주로 올라섰기 때문이다. 검찰은 애초에 주당 22만 9903원의 가치가 있던 한화S&C의 주식을 주당 5100원이라는 저가에 장남에게 매각하도록 지시한 김 회장을 업무상 배임 혐의로 추가 기소했다.

그런데 재판부는 이런 행위에 경영권을 승계하려는 의도가 있음을 인정하면서도 주당 금액이 합리적 범위 내에 있다는 이유로 무죄판결을 내렸다. 이 판결이 최종 확정되면 한화는 앞으로 후계 구도를 완성해가는 과정에 속도를 내게 된다. 김선웅 좋은기업지배구조연구소 소장(변호사)은 "편법적으로 경영권을 승계할 목적으로 헐값에 주식을 거래했는데 이를 사법부가 인정하지 않았다"고 설명했다.

> "경영 공백이나 경제 발전에 기여한 점 등은 집행유예를 위해 참작할 사유가 될 수 없다." ─서울서부지방법원 판결

목발을 짚고 법정에 나타났지만, 엄격한 재판

김 회장의 변호인단과 검찰은 모두 즉각 항소했다. 한화는 항소심에서 '얼마든지 뒤집기가 가능하다'고 주장하지만 검찰의 조사를 수차례 받고 수감 생활에

단련된 김 회장도 이번엔 심경이 복잡한 듯하다. 그동안 재벌 총수가 법정 구속까지 된 전례가 드문 데다, 대통령선거를 계기로 재벌 개혁을 포함한 경제 민주화에 대한 여론이 거세져 앞으로 집행유예나 특별사면 같은 '출구 전략'을 찾기 어려운 상황이기 때문이다.

불길한 조짐은 벌써부터 나타나고 있다. 변호인단이 2012년 11월 13일 방어권 보장과 건강상의 이유로 보석을 신청했지만 항소심 재판부는 받아들이지 않았다. 보석을 신청하기 직전 열린 공판에서 김 회장은 구치소에서 넘어져 발목이 다쳤다며 목발을 짚고 법정에 나타났다. 그래봤자 재판부의 판단에 영향을 끼치지 못했다. 김 회장은 2007년 아들을 위한 보복 폭행과 관련한 항소심에서 공판에 휠체어를 타고 나온 적이 있다. 이때는 구속 집행정지를 받고 1개월간 구치소를 벗어나는 데 성공했다.

재판 과정이 과거와 사뭇 다르고 엄격해져 충격을 받았는지 김 회장은 이번엔 '옥중 결재'도 하지 않고 있다. 직전 수감 생활 때는 면회를 온 임직원들한테 주요한 경영 상황을 보고받고 지시도 했다. 한화 관계자의 말이다. "궁금해하실 내용을 알려 드리고 있다. 그러나 (회장님이) 특별히 지시하거나 결정하시는 건 없다. 그래서 신규 사업이나 글로벌 사업이 잘 진행되지 않고 있다."

상황이 심상치 않게 돌아가자 한화는 '오너 구출하기'에 총력을 기울이고 있다. 1심에선 '김 회장이 경제 민주화의 희생양이 된 것 아니냐' 하는 불만을 속으로 삼켰지만, 항소심에선 이런 의견도 적극적으로 제시한다. 김 회장의 변호인단은 2012년 10월 22일 항소심 첫 공판에서 "재벌 총수에게 무조건 실형을 내리는 것은 대중 선동일 뿐"이라고 주장했다. 재벌 총수가 비리를 저질러 재판을 받을 때마다 제기된 '경영 차질론'도 그룹 안팎에서 흘러나오고 있다.

한화는 김 회장이 법정 구속된 지 나흘 만에 '비상 경영 체제'에 돌입한다고 발표했다. 이 자리에서 김 회장이 의욕적으로 추진한 3조 원 규모의 ING생명 동남아 법인 인수를 포기한다고 밝혔다. '한화그룹이 불리한 상황'이라는 이유를 들었지만, 결과적으로 일부 언론에선 김 회장이 구속되면서 생긴 경영 공백을 우려하는 기사가 쏟아져 나왔다. 며칠 뒤 경제 단체장들도 김 회장의 법정 구속을 두고 "안타깝게 생각한다. 기업들이 대규모 해외 수주 활동을 하고 투자 계획을 진행하는 와중에 차질이 생길지 우려된다"라며 한화에 힘을 실어줬다. 일부 임직원들은 가족과 지인들한테 김 회장을 석방하라는 내용의 탄원서를 받아 구명 운동을 펼치기도 했다.

대선 결과에 희망을 건 팔자 센 재벌 총수들

한화는 2012년 말 대선 결과에도 주목했다. 당시 대통령 후보들은 모두 비리를 저지른 재벌 총수가 집행유예 선고를 받고 풀려나는 상황에 반대하고 사면하지 않겠다고 약속했지만, 제대로 실현될지는 대통령의 의지에 달려 있기 때문이다. 최태원 SK그룹 회장, 이호진 전 태광그룹 회장, 박찬구 금호석유화학 회장, 구자원 LIG그룹 회장, 선종구 전 하이마트 회장 등 하나같이 팔자 센 전·현직 재벌 총수들도 대선 결과에 희망을 걸고 있다.

심사위원 20자평

양홍석 아~ 회장님들, 이제 어떡하지?

한가람 법정 구속은 이럴 때 하는 것

홍성수 '경제 발전에 기여했다'는 이유로 감형 관행은 이제 끝!

판결 이후

기다리던 대선 결과가 나오고 김 회장의 신변에도 변화가 있었다. 법원이 김 회장 쪽이 낸 구속 집행정지 신청을 받아들였기 때문이다. 2013년 1월 8일 서울고등법원은 김 회장의 구속 집행을 2개월 동안 정지하기로 결정했다. 재판부는 "김 회장의 병세가 위중한 점 등 상당한 이유가 있어 1월 8일부터 3월 7일까지 서울대병원, 순천향대병원, 자택(서울 가회동)으로 주거지를 제한하는 조건으로 집행정지를 결정했다"고 설명했다. 그렇게 시작된 구속 집행정지는 2014년 2월까지 네 차례나 연장되었다.

서울고등법원 형사7부(재판장 윤성원)는 2013년 4월 15일 횡령·배임 혐의로 구속된 김 회장에게 배임액이 줄어들고 피해액을 변제한 점을 참작해 징역 3년과 벌금 51억 원을 선고했다. 감형했지만 실형을 유지했다. 대법원 1부(주심 고영한)는 2013년 9월 26일 원심을 깨고 사건을 서울고등법원으로 돌려보냈다. 김 회장의 배임 혐의는 대부분 유죄로 인정하지만 배임액 산정이 잘못된 점 등 일부 혐의만 다시 심리하라고 파기환송 결정을 내린 것이다.

그런데 서울고등법원 형사5부(재판장 김기정)는 2014년 2월 11일 파기환송심에서 징역 3년에 집행유예 5년, 벌금 51억 원을 선고했다. 재판부는 이 사건은 "회사 자산을 자신의 개인적 치부를 위한 목적으로 활용한 전형적인 사안과 다소 거리가 있다"고 양형 이유를 밝혔다. 아니나 다를까 "피고인이 나름 경제 건설에 이바지한 공로를 참작했다"라는 회장님 재판의 단골 메뉴가 다시 나왔다.

김 회장이 집행유예로 풀려난 뒤 검찰은 재상고를 포기했다.

제주지방법원 | 2011고단1339

불법 포획되어 쇼에 동원된
돌고래를 몰수한 판결

친구를 기다리는 제돌이
불법 포획된 남방큰돌고래의 귀향

'제돌이'는 한국에서 가장 유명한 돌고래일 듯하다. 경기도 과천 서울대공원에 가면 제돌이의 이름을 내건 건물도 있다. 그동안 돌고래쇼장으로 쓰이던 곳이다. 페이스북 계정(facebook.com/jedol13)이 있는 유일한 돌고래이기도 하다. 서울대공원은 2012년 10대 동물뉴스 가운데 '돌고래 제돌이의 귀향'을 1위로 꼽았다.

JBD 09, D-31, 제돌이

제돌이가 유명하게 된 데에는 이유가 있다. 제돌이의 기구한 삶이 알려지고 난 뒤 국내의 동물 복지에 대한 논쟁이 일었기 때문이다. 제돌이는 원래 이름이 없었다. 그저 야생에서 자유롭게 지내던 수컷 남방큰돌고래였다. 사람들이 처음 붙여준 이름은 'JBD 09'였다. 2007년 제주 고래연구소 연구원이 바다에서 발견

2012년 2월 경기도 과천 서울대공원에서 돌고래쇼를 하는 모습. 제돌이 사건이 사회적으로 조명을 받자 서울대공원은 2012년 5월 "돌고래쇼를 중단하고, 자연적·교육적 요소를 강조한 무료 생태설명회를 열 겠다"고 밝혔다.

할 때 붙인 식별 번호다. 9번째 발견된 제주Jeju 남방큰돌고래Indo-Pacific bottlenose dolphin라는 뜻이다. 현재 국내에 114마리밖에 없는 남방큰돌고래는 '멸종 위기종 국제거래협약'CITES에 따라 보호되고 있다.

2009년 JBD 09는 제주 앞바다에서 정치망에 걸리면서 운명이 뒤바뀌게 된다. JBD 09는 함께 잡힌 암컷 돌고래와 함께 1500만 원에 제주 서귀포시 중문관광단지의 동물 공연 업체인 '퍼시픽랜드'에 팔려 갔다. 그곳에서 수감 번호 같은 'D-31'로 불리며 돌고래쇼 무대에 섰다. 몇 달 뒤 D-31은 바다사자 두 마리와 맞바꿔어 서울대공원으로 갔다. 서울대공원에서는 제돌이라는 이름으로 돌고래 쇼를 했다.

제돌이의 사연이 알려진 건 제주해양경찰청이 돌고래를 불법 거래한 어민들을 수사하는 과정에서다. 검찰은 불법 포획한 돌고래를 사들여 돌고래쇼를 한 퍼시픽랜드 대표 허 모(53) 씨와 이사 고 모(50) 씨를 수산업법 위반 등의 혐의로 기소했다. 이 사건을 맡은 제주지방법원 형사2단독부의 김경선 판사는 2012년 4월 4일 "허씨 등이 수산업법 등을 위반하여 갖고 있는 돌고래 다섯 마리를 몰수하지 않으면 계속해서 공연 등 관광 사업에 이용해 수익을 창출할 것으로 보이며, 이는 불법적인 상태를 그대로 유지하게 되는 것"이라며 서울대공원에 있는 제돌이와 퍼시픽랜드에 남은 돌고래 다섯 마리의 몰수형을 선고했다. 허씨와 고씨는 징역 2개월에 집행유예 2년 선고를 받았다.

서울대공원은 재판 결과와 상관없이 제돌이를 야생 방사하겠다고 밝혔다. 퍼시픽랜드는 항소를 해서 몰수형의 집행을 미뤘고 공연을 계속했다. 퍼시픽랜드가 사들인, 불법 포획된 남방큰돌고래는 모두 열한 마리다. 이 가운데 다섯 마리는 재판 전에 폐사했고, 재판을 진행하던 중 몰수형의 대상인 돌고래 '해순이'가 폐사했다. 동물자유연대 등은 2012년 12월 12일 남은 돌고래인 복순, 춘삼, 태산, D-31의 공연을 금지해달라는 가처분 신청을 제주지방법원에 냈다.

서울대공원은 판결이 나기 전에 '야생 방사' 결정

2012년 12월 13일에 열린 항소심에서도 원심과 같은 판결이 나왔다. 제주지방법원 형사1부(재판장 김병룡)는 1심과 같이 죽은 돌고래를 포함한 돌고래 다섯 마리를 몰수하라고 판결했다.

심사위원 20자평

권김현영 다음에는 돌고래가 살 수 있게 제주 강정 바다에 평화를

최재홍 만인의 자유를 위한 역사의 수레바퀴, 이젠 모든 생명에게

한가람 돌고래쇼 보러 가기 전에 다시 한 번 생각해주시길

판결 이후

재판이 끝나고 돌고래를 야생 방류하는 데 1년이 넘는 시간이 걸렸다. 대법원 3부(주심 박보영)는 2013년 3월 28일 돌고래 몰수와 벌금형 등 원심을 확정했다. 제돌이와 춘삼이는 5월 11일 서울대공원에서 제주 성산포항의 가두리로 이송됐다. 6월 26일부터는 제주시 구좌읍 김녕 앞바다로 옮겨져 야생 적응 훈련을 받았다. 그 뒤 7월 18일 오후 가두리의 수중 그물이 열리고 제돌이와 춘삼이는 넓은 바다로 떠났다. 2009년 제주 앞바다의 정치망에 걸려 기구한 삶을 산 지 4년 만에 만난 '자유'였다.

206

심사위원들이 지나칠 수 없었던,
의미 크지만 아쉽게 떨어진 판결

이 판결에 슈퍼세이브 카드를~
'법원이 무엇을 해야 하는지 보여준 판결'

"전문가들의 생각과 대중의 생각이 이렇게 다른가요?"

한 케이블 채널의 오디션 프로그램인 '슈퍼스타K 4'의 심사위원인 가수 이승철이 고개를 갸우뚱했다. 그러고 나서 카드를 집어 들었다. 탈락자를 구제하는 '슈퍼세이브' 카드다. 객석에서 탄성이 터져 나왔다. 이승철은 그렇게 탈락의 낭떠러지에 매달린 '딕펑스'를 살려냈다.

미처 발견하지 못한 보석 같은 판결

이러한 감동적인 장면이 올해의 판결에는 없을쏘냐. 그래서 2012년에는 우리도 준비했다. 두툼한 판결문 사이에서 미처 발견하지 못한 보석 같은 판결, '당신 생각과 내 생각이 이렇게 다른가요?' 하며 부딪칠 때 심사위원 사이에서 외면당

2011년 7월 30일 한진중공업 정리해고 철회를 촉구하며 부산 영도구 청학동 앞 도로에 나온 희망버스 3차 참가자들. 문화 행사를 하는 모습.

해 묻힐 뻔한 판결. 심사위원들에게 올해의 판결에 선정되지 못했지만, 우리 사회를 한 발짝 나아가게 만든 판결을 하나씩 뽑아달라고 했다. 이름하여 '올해의 슈퍼세이브 판결'이다.

심사위원들은 과거사, 인권, 환경, 여성, 정보통신 등 자신의 전문 분야에서 아쉬운 카드를 뽑아들었다. 한가람 변호사는 군 복무 중에 자살했더라도 직무 수행과 상관관계가 인정되면 국가유공자로 예우해야 한다고 판단한 대법원 전원합의체의 판결을 추천했다. 재판부(주심 전수안)는 2012년 6월 18일 죽은 병사의 모친이 대구지방보훈청을 상대로 낸 '국가유공자 요건 비해당 결정처분 취소' 소송에서 원고 패소 판결한 원심을 깨고 사건을 대구고등법원으로 환송했다(2010두27363). 판결문에서 "군인이 군 복무 중 자살로 사망한 경우에도 교육과 훈련,

208

직무 수행과 사망 사이에 상당한 인과관계 여하에 따라 국가유공자로 등록할지 결정해야" 하며 "자유로운 의지가 완전히 배제된 상태에서 한 자살이 아니라는 이유로 국가유공자 대상에서 제외해서는 안 된다"고 밝혔다. 한 변호사는 "우리는 자살 사건을 두고 '사회적 타살'이라는 말을 쓰기도 한다. 그렇기 때문에 자살했다고 해서 일률적으로 국가유공자 대상에서 제외하는 판단은 잘못이라는 점을 알려준 판결"이라며 소개했다.

한 변호사는 헌법재판소 결정 하나를 더 추천했다. 수형자가 외부로 서신을 보낼 때 봉하지 않은 상태로 교도소에 제출하도록 한 법 조항('형의 집행 및 수용자의 처우에 관한 법률' 시행령 제65조)에 대한 헌법소원에서 헌법재판소는 2012년 2월 23일 위헌 결정을 내렸다(2009헌마333). 이는 사실상 검열이며 기본권을 제한한 것이라는 판단이다. 한 변호사는 수형자의 인권 측면에서 큰 시사점을 줬다고 평했다.

홍성수 숙명여대 법대 교수는 1974년 전국민주청년학생총연맹(민청학련) 사건에 연루돼 감옥살이를 한 박형규 목사의 재심 판결(서울중앙지방법원)을 추천했다. 재심 공판에서 검사가 이례적으로 무죄를 구형해 화제가 된 사건이다. 당시 검사는 유신정권 당시의 기소와 판결이 잘못됐다는 참회의 소회를 이렇게 밝혔다. "이 땅을 뜨겁게 사랑하여 권력의 채찍에 맞아가며 시대의 어둠을 헤치고 걸어간 사람들이 있었습니다. 몸을 불살라 그 칠흑 같은 어둠을 밝히고 묵묵히 가시밭길을 걸어 새벽을 연 사람들이 있었습니다. 그분들의 숭고한 희생과 헌신으로 민주주의의 아침이 밝아, 그 시절 법의 이름으로 그분들의 가슴에 날인한 주홍 글씨를 뒤늦게나마 다시 법의 이름으로 지울 수 있게 됐습니다." 홍 교수는 "검사의 무죄 구형이 (사법부) 변화의 시작이 될 듯하다"고 평가했다.

또 한진중공업 정리해고 철회를 요구하며 부산행 희망버스를 탄 참가자들이 일반교통방해 혐의 등으로 기소됐을 때 이를 무죄라고 판단한 서울동부지방법원의 판결(2012고정863)을 추천했다. 홍 교수는 "법원이 무엇을 해야 하는지 보여준 판결"이라고 설명했다.

올해의 판결 후보에 오르지 못한 판결

여성학자 권김현영 씨는 올해의 판결 후보에 오르지 못한 여성 관련 판결을 꺼내 들었다. 의정부지방법원 형사합의11부(재판장 안기환)는 2012년 9월 21일 친딸을 수년간 성폭행한 인면수심의 아버지에게 징역 18년을 선고했다. 이때 재판부는 딸이 성폭행당하는 것을 방관한 어머니에게도 공모죄로 징역 5년이라는 중형을 선고했다. 권김현영 씨는 "가정에서 친족 성폭력이 일어났을 때 부모의 책임을 높은 수준에서 강제할 수 있는 판결이다. 어머니가 공범인지 아니면 양육 책임을 방기했는지 등 논란의 여지가 있는 사건이지만, 언론 보도에는 선정적인 부분만 부각되어 중요한 의미가 전달되지 않았다"고 했다.

또 고려대 의대 성추행 사건의 한 가해자와 그의 어머니가 피해자는 '인격 장애가 있다'라는 내용을 담은 문서를 학생들에게 뿌린 사건에 대한 판결을 높게 평가했다. 서울중앙지방법원 형사12단독부(이성호 판사)는 2012년 8월 22일 두 사람에게 '2차 가해'를 엄격히 적용해 명예훼손 혐의에 대해 각각 징역 1년을 선고했다. 그러나 권김현영 씨는 "어머니가 법정 구속까지 됐는데도 항소심에서 벌금형으로 감형됐다"라며 이후 과정을 아쉬워했다.

양홍석 변호사는 대출 광고에 속아 자신의 통장을 넘긴 소시민들을 구제한 대법원의 판결(2011도16167)을 높게 평가했다. 전자금융거래법상 양도할 수 없는 통장을 넘긴 피해자들이 벌금형 대상이 된 사건에서, 대법원 재판부(주심 안대회)는 2012년 7월 5일 "단순히 접근 매체를 빌려주거나 일시적으로 사용하게 한 행

이명박 정부의 4대강 낙동강 사업 구간 가운데 경북 칠곡군 석적읍에 있는 칠곡보 건설 현장.

위는 포함하지 않는다"고 판단했다. 양 변호사는 "언론이 대포 통장 자체를 넘기면 무조건 처벌받는다는 식으로 보도하고 수사기관도 그렇게 수사하는데, 대법원이 정리를 잘해주었다"고 평했다.

김보라미 변호사는 "남성 성기 사진 등을 자신의 블로그에 올린 박경신 고려대 교수의 행위가 음란물을 게시한 것이 아니라고 판단한 서울고등법원의 판결이 의미가 크다고 생각한다"고 말했다. 방송통신심의위원회의 인터넷 심의에 항의하려고 삭제된 음란물을 게시한 박 교수에게 1심 재판부는 벌금 300만 원을 선고한 바 있다. 서울고등법원 형사5부(재판장 김기정)는 2012년 10월 18일 음란물을 판정할 때는 전체적인 맥락을 고려해야 한다는 취지로 박 교수에게 무죄판결을 내렸다(2012노2340). 이 사건은 현재 대법원의 판단을 기다리고 있다.

최재홍 변호사는 예비 타당성 조사를 받지 않은 4대강 낙동강 사업은 위법이라 판단한 부산고등법원의 판결을 소개했다. 부산고등법원 1행정부(재판장 김신)는 2012년 2월 10일 국민소송단 1790여 명이 국토해양부를 상대로 낸 '하천공사 시행 계획 취소' 소송에서 1심과 같이 원고 패소 판결했다(2011누228). 재판부는 "위법성이 있더라도 사업을 취소해야 하는지는 다시 생각해야 할 문제다. 원상회복을 한다는 것은 국가 재정, 환경, 기술적 문제 등을 고려할 때 심각한 문제를 야기할 수 있다"라며 '사정 판결'을 했다. 그럼에도 최 변호사는 4대강 사업과 관련한 소송 중 유일하게 사업의 위법성을 인정한 판결이라는 점을 높게 샀다. 이 사건도 현재 대법원에서 재판이 진행 중이다.

심사위원들의 슈퍼세이브 카드

안은정 다산인권센터 상임활동가는 2007년 수원역 노숙 소녀 살인 사건의 재심을 결정한 대법원의 판결과 재심에서 무죄를 선고한 서울고등법원의 판결을 꼽았다. 서울고등법원 형사10부(재판장 권기훈)는 2012년 10월 25일 범인으로 몰린 노숙인에게 구속된 지 5년 만에 무죄판결을 내렸다(2010재노75). 사회적 약자에 대한 강압 수사와 불공정한 법 집행을 바로잡은 판결이다. 안 활동가는 "억울하게 감옥살이를 한 5년의 세월이 너무 안타깝다. 좋은 변호사를 만나지 못했다면 해결하지 못했을 사건이다"고 말했다.

심사위원들의 슈퍼세이브 카드를 받은 재판부여, 2013년에도 좋은 활약을 부탁한다.

심사위원 8명이 좋은 판결의 이면을 들추고
나쁜 판결은 '까댄' 이야기

경악을 금치 못할 것들

인터넷실명제 '전원 일치' 위헌 결정부터
'박정근 트위터 농담'에 대한 극악한 유죄 선고까지

2012년 온라인 공간에서는 '대나무' 바람이 불었다. 출판 노동자, 정보기술 노동자, 영상 노동자 등이 열악한 노동 현실에 대해 악악거리는, '대나무'라는 이름을 단 트위터 계정이 많았다. 대나무 숲 사이로 부는 바람이라고 해도 그리 시원하지 않은 셈이다. 〈한겨레21〉은 '사법부 옆 대나무'를 오프라인에 개설했다. 올해의 판결 심사위원 8명이 2012년 12월 6일 서울 공덕동 한겨레신문사에 모여 사법부를 대나무 쪼개듯 파고들었다. 다른 대나무 숲의 바람과 달리 아주 시원하다. 파죽지세란 이런 거다.

사회(김남일 기자) ─ 2012년 최고의 판결 얘기를 해보자. 후보로 인터넷 본인확인제 위헌 결정(헌법재판소)과 일제 강제징용 피해자들에 대한 일본 기업의 배상

올해의 판결 심사위원들이 2012년 12월 6일 오후 서울 공덕동 한겨레신문사 8층 회의실에 모였다. 10월 말부터 시작된 추천과 심사 작업의 꼭지를 따는 날이었다. 이날 심사위원들은 종이가 너덜너덜해지도록 판결문을 넘겼다.

책임을 인정한 판결(대법원)이 올랐다.

홍성수(숙명여대 법대 교수·이하 홍) – 사법부가 해야 할 일 중 하나가 대중적 지지를 못 받더라도 선도적으로 치고 나가면서 입법부나 행정부가 하지 않는 일을 하는 것이다. 인터넷 본인확인제 위헌 결정이 그런 예라고 본다.

한가람(공익인권변호사모임 '희망을 만드는 법' 변호사·이하 한) – 인터넷 본인확인제는 모든 국민이 인터넷실명제라는 이름으로 당연하게 받아들이던 관행이다.

송소연('진실의 힘' 이사·이하 송) – 우리 사회는 인터넷뿐만 아니라 주민등록번호를 통한 본인 확인이 너무 많다. 시민들도 주민등록번호를 무조건 요구하는 것을 당연하게 생각한다. 이번 결정이 너무 늦기는 했지만 의미가 크다.

양홍석(참여연대 공익법센터 변호사·이하 양) – 위헌 결정이 나오고 막걸리 파티

를 했다. 헌법재판관 8명 전원이 위헌 결정을 했다는 사실에 경악을 금치 못했다.(웃음)

최재홍(녹색법률센터 변호사 · 이하 최) – 이명박 정부 들어 표현의 자유, 정치적 의사 표현의 자유를 많이 압박했다. MB 5년이 끝나는 시점에 이 위헌 결정이 나와서 아쉽다.

사회 – 최 변호사는 인터넷 본인확인제가 아니라 일제 강제징용 피해자에 대한 배상 책임을 인정한 판결을 최고의 판결로 추천하지 않았나. 의미 있는 판결이지만 실효성이 있을까 하는 얘기도 나온다.

최 – 과거사를 정리했다는 의미가 있다. 2011년 올해의 판결을 선정할 때도 위안부 피해 할머니들의 기본권을 인정한 헌법재판소의 결정을 최고의 판결로 뽑았다. 그래서 인터넷 본인확인제를 선택한 다른 심사위원들의 주류적 견해에 바로 편승하기로 했다.(웃음)

김보라미(법무법인 나눔 변호사 · 이하 김) – 일제 강제징용 피해자 사건은 나 같으면 불가능하다고 안 맡았을 것이다. 굉장히 어려운 사건이었다는 점을 강조하고 싶다. 대법원이 정책적 판단을 해줬다는 점에서 의미가 있다.

업무방해죄는 노동계의 국가보안법

사회 – 검찰이 용산 참사의 수사 기록을 공개하지 않은 것에 대한 손해배상 소송(대법원)이 2010년에 이어 또다시 후보로 올랐다.

최 – 용산 참사든 천안함 사건이든 국민에게 제대로 된 정보가 전달되지 않았다. 사건의 진실을 규명하는 작업이 법원을 통해 이뤄지는 게 현실이다. 검찰 내부의 안이한 인식에 철퇴를 가했다는 점에서 의미가 있다. 법원을 통해 사실관계를 재구성한다는 의미에서도 필요한 판결이다.

송 – 법원이 수사 기록을 공개하라는 결정을 내렸는데도 검찰이 불복하고 깽판을 놓은 사건이다. 검찰이 꼴통 짓을 한 것이라 판결 자체가 의미 있다고 보지는 않는다. 원래 공개가 원칙이고 비공개가 예외여야 하지 않는가.

양 – 개인적으로 이 판결을 1순위로 추천했다. 형사사건을 맡다 보면 수사 기록을 공개하지 않는 문제 때문에 많이 싸우게 된다. 그런데 이 판결이 나온 뒤 검사들이 느끼는 압박이 상당한 것 같다. 검사한테 '이런 판결이 나온 줄 모르시나요' 하고 말하면 움찔한다.

홍 – 형사사건 피의자의 권리와 방어권을 보장하는 의미에서 수사 기록만 쉽게 열람할 수 있어도 큰 도움이 된다.

사회 – 현대차 사내 하청 노동자를 직접고용으로 봐야 한다는 대법원의 판결역시 2010년에 이어 다시 올라왔다. 사법부의 말을 안 듣는 건지, 사법부의 영이 안 서는 건지 모르겠다.

홍 – 상당히 오래되었지만 불법임이 자명한 사건이다. 7년이나 끌었다. 현대차 하청 노동자 8000명만의 문제가 아니라 파견 노동자 전체의 문제다.

안은정(다산인권센터 상임활동가 · 이하 안) – 노동자들에게 중요한 판결이다. 이미 한 차례 올해의 판결로 선정됐더라도 노동자에게 힘을 실어준다는 의미에서 한 번 더 선정해보자.

사회 – 베트남 이주노동자들의 파업과 관련해 대법원이 업무방해 혐의를 무죄라고 선고했다.

안 – 1심과 2심 때는 언론이 관련 기사를 많이 쓰더니 대법원 판결이 나오자 전혀 기사가 안 나오더라.

김 – 파업 관련 사건에서 법원이 업무방해죄를 쉽게 인정하는 경향이 있다. 업무방해죄는 노동운동을 억압한 역사적 연원이 있다.

송 – 업무방해죄는 노동계의 국가보안법이다.

한 – 이 사건은 대법원보다 오히려 인천지방법원 하급심 재판부를 더 칭찬해야 한다고 본다.

〈한겨레21〉은 '사법부 옆 대나무'를 오프라인에 개설했다. 올해의 판결 심사위원 8명이 2012년 12월 6일 서울 공덕동 한겨레신문사에 모여 사법부를 대나무 쪼개듯 파고들었다. 다른 대나무 숲의 바람과 달리 아주 시원하다. 파죽지세란 이런 거다.

전자우편, 7년과 1년의 차이

사회 – 네이버 등 인터넷 포털 업체가 수사기관에 개인의 통신 자료를 마구 제공하는 관행에 제동을 걸었다(서울고등법원).

김 – 무엇이 잘못되고 있는지를 논리적으로 보여준 판결이다.

송 – 재판장을 잘 만났나?

양 – 의미 있는 판결이지만 법리가 너무 제한적이다. 법원이 줄타기를 한 느낌이 든다. 이른바 '회피 연아 동영상'과 관련해 유인촌 전 장관이 고소하며 시작된 사건인데, 해석하기에 따라선 인터넷 포털 업체가 통신 자료를 제공하는 근거에 정당성을 부여한 판결이 될 수도 있다.

사회 – 기간을 정하지 않고 무제한적으로 전자우편을 압수수색 한 것은 위법하다는 판결(서울중앙지방법원)도 중요하다고 보는데.

홍 – 전자우편 압수수색 영장 집행이 너무 광범위해서 한번 정리할 필요가 있었다. 그런 관행에 경종을 울렸다. 종을 울린 것으로 본다면 가치가 있다. 처음일 것이다.

한 – 전자우편 압수수색은 당사자를 통하지 않고 인터넷 포털 업체에서 이뤄진다. 당사자 본인은 압수수색을 참관할 수도 없다. 이런 점에서 중요한 판결이라고 본다.

양 – 좋은 판결인데 위자료가 1년에 100만 원밖에 안 된다. 액수는 올리고 압수수색을 인정하는 기간은 줄였어야 했다.

김 – 법원이 괜찮다고 생각하면 이런 관행은 절대 개선되지 않는다. 법원이 1년 치 전자우편은 압수수색 해도 괜찮다고 했는데 이는 '나이브하기' 그지없는 판단이다. 영장을 발부하는 단계에서 좀 더 축소해야 한다. 수년 동안 사용한 자신의 전자우편이 공개된다고 생각해보라. 살고 싶지 않을 것이다.

송 – 이번 사건에서는 전자우편 7년치가 압수됐다. 7년과 1년은 엄청난 차이가 난다.

사회 – 기자들도 전자우편이 털리면 큰일인데.(웃음)

홍 – 지메일을 써라. 서버가 외국에 있어서 괜찮다.(웃음)

권김현영 · 김보라미 · 송소연 · 안은정 · 양홍석(왼쪽부터)

최재홍 · 한가람 · 홍성수(왼쪽부터)

실형을 선고한 것보다 법정 구속이 더 의미 있다

사회 – 여성 노동자들이 주축이 된 YH무역 노조원들에게 33년 만에 국가가 배상하라는 판결(서울중앙지방법원)이 나왔다.

권김현영(여성학자·이하 권김) – 1970년대 여성 노동자들과 관련한 손해배상 소송이 줄을 이을 것 같다. 이미 반도상사 노조를 탄압한 것에 대한 배상도 인정됐다.

홍 – 파급 효과가 클 것이다. 수사 과정 등에서 저지른 불법 행위에 대한 배상이 일반적인데, 이번 사건으로 국가가 조직적으로 노조를 탄압한 일을 대해 배상할 길이 열렸다.

김 – 시간이 길어질수록 소송은 어려워진다. 시간이 아무리 지나도 정의는 이긴다는 것을 보여준다는 의미에서 과거사 청산 관련 판결은 다 훌륭하다고 본다.

송 – 2011년 대법원이 과거사 사건에 대한 배상액을 왕창 깎아 깽판을 친 판결을 내린 적이 있다.

사회 – 재능교육 학습지 교사를 노동자로 인정한 판결(서울행정법원)이 나왔다.

안 – 현장 노동자들이 정말 기뻐한 판결이다. 골프장 캐디나 퀵서비스 종사자 등도 노동자로 인정받아야 한다.

송 – 노동조합법상의 노동자는 맞지만 근로기준법상의 노동자는 아니라고 했다. 눈치 보기 판결, 불완전한 판결이다. 그래도 이 정도라도 치고 나간 의미는 있다. 학습지 교사뿐 아니라 특수고용 노동자 전체의 문제로 확대돼야 한다.

양 – 근로기준법상의 노동자 지위를 부정한 것은 항소심 재판부에서 정리해줘야 한다.

사회 – 불법 포획된 돌고래를 몰수한 판결(제주지방법원)이 있었다. 돌고래쇼가 마음 편한 쇼는 아니다.

최 – 불법 포획된 야생동물이 자연성을 회복해나가는 길을 다뤘다. 서울대공원의 돌고래 '제돌이'와 맞물려 있다. 인간의 재미만을 추구할 게 아니다. 야생동물의 권리를 고려해야 한다.

사회 – 재벌 회장님이 구속된 사건은 어떻게 봐야 하나. 김승연 한화그룹 회장이 배임 등의 혐의로 서울서부지방법원에서 법정 구속됐다.

양 – 실형을 선고한 것보다 법정 구속이 더 의미 있다고 본다. 사실 징역 4년이라는 형량은 무척 낮은 것 같다.

홍 – 다른 재벌 회장의 사건에서는 대부분 집행유예가 나왔다. 관행이다. 경제발전에 기여했다는 점 등 유리한 양형 인자를 판결문에 써왔는데 이번에는 그러지 않았다.

양 – 그런 점에서 언제나 항소심이 중요하다.

헌법재판소가 최저임금보다 낮은 수준의 사병 월급에 대해 합헌 결정한 것도 문제다. 의식주를 제공하니 그 정도를 받아도 괜찮다는 게 말이 되나. 사실 군 복무 중일 때 헌법소원을 내려고 했는데 군 생활이 엉망이 될까 봐 그러지 않았다. –홍성수 숙명여대 법대 교수

올해의 판결 1차 심사를 하던 중이던 11월 초, 한 심사위원이 "그런데 나쁜 판결은 안 뽑느냐"고 물었다. 뜨끔했다. 나쁜 판결은 그냥 넘어가려 했다. 찾자면 한이 없기 때문이다. 다른 심사위원들에게 의견을 구했다. 어느 심사위원은 "나쁜 판결이 너무 많아서 고를 수가 없다. 난 못 한다"고 했다. 그래도 심사위원들은 '흉악한 판결'을 손에 들고 심사장에 나타났다. 대나무 숲에는 세상을 바꾸는 죽창보다 세상을 찍어 누르는 죽창이 더 많았다.

사회 - 좋은 판결도 있었지만 역시 나쁜 판결, 애매한 판결도 넘쳐난 한 해였다.

한 - 나쁜 판결의 최고봉은 단연 박정근 씨의 트위터 관련 판결*이다.

권김 - 헌법재판소가 여성의 출산 결정권을 사익으로 본 반면 태아의 생명권은 공익으로 규정한 결정*도 나쁜 판결에 반드시 포함돼야 한다. 사회·경제적 약자인 여성의 생존을 직접적으로 위협한 결정이다.

한 - 사실 올해의 판결 후보에 헌법재판소의 결정이 단 1건만 올랐다는 것이 문제다. 2012년 헌법재판소는 정말 나쁜 결정을 많이 내놓았다.

양 - 대법원도 그렇지만 헌법재판소도 줄타기를 하는 것 같다. 그러다 보니 애매한 판결이 나온다. 양날의 칼이 될 수 있는 판결을 자꾸 내놓는다. 박수를 쳐줄 수도, 돌을 던질 수도 없는 판결.

김 - 민주적 정당성을 널리 확보한 입법부가 일을 하지 않아서 발생하는 문제다. 그런데도 입법부는 사법부의 결정을 아전인수 격으로 해석한다. 위헌 결정이 난 법률에 대한 대체입법을 논의할 때를 보면 특히 그렇다.

양 - 대법원이 전국교직원노동조합의 시국 선언을 유죄로 판단한 것도 나쁜 판결에 들어가야 한다.

홍 - 헌법재판소가 사병 월급이 최저임금보다 낮은 것에 대해 합헌 결정*을 내린 것도 문제다. 의식주를 제공하니 그 정도 받아도 괜찮다는 게 말이 되는가. 사실 군 복무를 하던 중 헌법소원을 내려고 했는데 군 생활이 엉망이 될까 봐 그러지 않았다.(웃음)

송 - 국방의 의무와 반공 이데올로기가 겹쳐 있어서 그렇게 된 것 같다.

한 - 입법으로 해결이 안 될 때 헌법재판소가 선도적으로 결정을 내려야 할 지점이 있다. 헌법재판소가 이주노동자 노조의 간부를 표적 단속하고 강제 출국 조처를 한 것을 합헌으로 판단*했다. 제일 나쁘다. 표적 단속을 하는 관행을 사실상

승인했다. 헌법재판소의 위상에 전혀 걸맞지 않은 일이다.

안 – 이주노동자 노조의 간부뿐만 아니라 일반 이주노동자도 입을 틀어막은 채 단속한다. 상황이 점점 나빠지고 있다.

한 – 육군 7군단 보통군사법원에서 트위터에 '가카새끼'라고 쓴 현역장교에게 상관모욕죄를 인정했다. 군사법원의 판결이니 그렇다 치고 대법원에서는 뒤집힐 거라 기대한다.

사회 – 대법원이 강기훈 유서 대필 사건의 재심을 개시하라고 결정한 것은 어떻게 봤나. 치사하지 않나.

송 – 재심을 개시하는 것은 개시할 요건 하나만 충족하면 그만이다. 그러니 재심을 개시해서 유죄인지 무죄인지 재판하는 단계도 아니다. 이렇게 재심 개시 결정문을 하나 쓰려고 몇 년씩이나 시간을 끌었나. 검찰이 서울고등법원의 재심 개시 결정에 항고를 한 것도 이례적이었다.

양 – 경찰의 불심검문에 응하지 않은 사람에게 원심과 달리 공무집행방해죄를 인정한 판결(대법원)*은 정말 말도 안 된다. 뭐하자는 건지 모르겠다.

---

*박정근 씨 관련 사건: 수원지방법원 형사3단독부의 신진우 판사는 2012년 11월 21일 트위터를 통해 농담으로 북한을 찬양한 박정근 씨에게 국가보안법상 찬양·고무 혐의에 대해 징역 10개월에 집행유예 2년을 선고했다(2012고단324). 하지만 항소심을 맡은 수원지방법원 3형사부(재판장 장순욱)는 2013년 8월 22일 1심 판결을 뒤집고 무죄를 선고했다. 재판부는 김씨의 행위가 "이적 목적성이 있다고 볼 수 없다"고 하면서 오히려 "풍자를 하거나 조롱을 하려는 목적"이 있다고 판단했다.

*경찰의 불심검문 관련 사건: 대법원 형사3부(주심 박보영)는 2012년 9월 13일 불심검문에 응할 것을 요구하며 길을 막아선 경찰을 폭행한 혐의(공무집행방해 등 위반)로 기소된 한 시민에게 무죄를 선고한 원심을 깨고 사건을 인천지방법원으로 돌려보냈다(2010도6203). 1심은 벌금 300만원을 선고했으나, 2심은 "(시민이) 불심검문에 응하지 않으려는 의사를 분명히 했음에도 경찰관이 앞을 가로막는 등 못 가게"한 것은 불심검문의 한계를 넘은 것이라며 정당방위로 인정해 무죄를 선고했다.

*이주노동자 노조 간부의 헌법소원: A씨 등은 2008년부터 서울경기인천 이주노동자노동조합의 간부로 활동하다가 서울출입국사무소 직원들에게 의해 긴급 보호된 뒤 강제 퇴거 당했다. 그러자 기본권이 침해당했다며 보호 제도를 규정한 출입국관리법 제51조에 대해 헌법소원을 냈다. 헌법재판소는 2012년 8월 23일 기각 결정을 내렸다(2008헌마430). 여러 정황에 비춰볼 때 출입국관리사무소가 노조 간부라는 이유로 이들을 표적 단속해 강제 퇴거시킨 것이다.

*낙태죄에 대한 합헌 결정: 낙태죄로 기소돼 재판을 받고 있던 한 조산사가 낙태 시술을 한 의료인을 처벌하도록 규정하고 있는 형법상 낙태죄 처벌 조항, 형법 제270조 1항에 대해 헌법소원을 냈다. 헌법재판소는 2012년 8월 23일 재판관 4(합헌) 대 4(위헌)의 의견으로 합헌 결정을 내렸다(2010헌바402).

*최저임금보다 낮은 현역병 월급: 현역병으로 복무 중인 한 군인이 공무원보수규정 제5조 중 군인 봉급에 관한 부분에 대해 헌법소원을 냈다. 헌법재판소는 2012년 10월 25일 재판관 8명의 전원 일치 의견으로 합헌 결정을 내렸다(2011헌마307).

2011년
올해의
판결

'이명박 정부의 초기 2년 동안 벌어진 각종 논란에 대한 사법적 정리가 시작된 한 해였다.'
'대법원의 판결문을 봐도 알록달록한 분위기가 사라졌다.
소수 의견이 많이 나오지 않아 섭섭하다.'

최고의 판결

• 헌법재판소, 위안부 피해 할머니들의 청구권 문제를 외면해온 정부의 행위는 기본권을 침해한 것으로 위헌이라는 결정

노동 부문

• 대법원, 근로계약에 갱신 규정이 없더라도 갱신 기대권을 인정받을 수 있다는 판결

• 대법원, 노동운동 탄압의 감초인 업무방해죄를 남용하는 관행에 제동을 건 판결

집회의 자유 부문

• 헌법재판소, 서울광장 차벽은 일반적 행동 자유권을 침해한 것으로 위헌이라는 결정

• 서울행정법원, 유령 집회로 집회의 자유를 제한해서는 안 된다는 판결

표현의 자유 부문

• 서울고등법원, 삼성 X파일 떡값 검사의 명단을 공개한 노회찬 전 의원의 행위는 공익성이 인정되므로 손해배상 책임이 없다는 판결

국가 상대 소송 부문

• 대법원, 울산 국민보도연맹 사건에서 국가권력의 소멸 시효는 없다며 국가의 배상 책임을 인정한 판결

형사 · 사법 부문

- 대법원, 박정희 정권을 보위하고 기본권을 탄압한 '긴급조치 제1호'는 위헌이라는 판결

환경 부문

- 수원지방법원, 4대강 사업 앞에서 삶터를 지키려는 팔당 유기농 농민들의 손을 들어준 판결

여성 부문

- 대법원, 여성 회원이 총회원이 되는 것을 제한한 것은 성차별이므로 서울 YMCA가 배상하라는 판결

행정 부문

- 서울고등법원, 독립운동가에게 유죄 선고한 판사를 친일 반민족 행위자로 인정한 판결

소수자 인권 부문

- 청주지방법원, 반복 처벌받는 '양심적 예비군 훈련 거부자'에게 실형 대신 벌금형을 선고한 판결
- 서울고등법원, 동성애를 다룬 영화 〈친구 사이?〉에 '청소년관람불가' 등급을 매긴 영등위의 결정을 취소한 판결

경제 정의 부문

- 대법원, 임대주택 분양 전환가를 높게 매기면서 건설 원가 자료를 공개하지 않은 LH공사에게 제동을 건 판결

생활 속의 권리 부문

- 대구고등법원, 부양 의무자가 있어도 실제 부양받지 못하는 이들의 기초생활 수급권을 인정한 판결

2011년 올해의 판결 심사위원

심사위원 10명이 분야별로 15개 판결 뽑아

전후반이 달랐던 2011년 올해의 판결
후반기에 대법관 구성이 바뀌면서
앞으로 판결의 경향 주목돼

〈한겨레21〉이 2008년부터 선정해온 올해의 판결이 4회째를 맞았다. 심사위원들의 평가는 냉정했다. 법리와 법리가 맞서고, 가치와 가치가 판결문을 잘게 저몄다. 사법부의 보수화를 우려하는 목소리도 나왔다. 그럼에도 2011년 한국 사회의 어두운 곳을 밝히고, 추운 곳을 덮어주고, 권력에 재갈을 물린 빛나는 문장들을 판결문에서 길어 올렸다. 2개월여 동안 12개 부문에 걸쳐 77개 판결을 추천했고, 두 차례의 심사를 거쳐 15개를 최종 선정했다.

올해의 판결에 선정되거나 후보에 오른 상당수 판결들의 선고 일자는 주로 2011년 전반기에 몰려 있었다. 이명박 정부의 중반기에 벌어진 사건들의 '설거지'가 이때 한꺼번에 이뤄진 것으로 볼 수도 있다. 반면 할 일이 많은데도 '한가하던' 2011년 후반기는 대법원장과 대법관 구성이 바뀌면서 사법부의 보수화가 경향적으로 진행되는 걸 보여주는 것 아니냐 하는 우려를 낳았다. 그래서 이번에 선정된 올해의 판결은 시대의 진실을 고민하는 법관들에게 내미는 새해 선물이자 덕담이다.

이번 심사에는 형법학계의 권위자인 김일수 한국형사정책연구원장이 심사위원장으로 참여했다. 첫해인 2008년부터 심사위원으로 참여해온 금태섭 변호사(법무법인 지평지성), 김진 변호사(법률사무소 이안), 오창익 인권연대 사무국장도 심사를 맡았다. 헌법 전문가인 이국운 한동대 법학부·국제법률대학원 교수, 대법원 양형위원회 위원인 이상원 서울대 법학전문대학원 교수, 참여연대 시민경제위원회 부위원장인 이상훈 변호사, 이재근 참여연대 시민감시팀장, 공익변호사그룹 공감의 장서연 변호사, 녹색연합 녹색법률센터의 최재홍 변호사(법무법인 신지평)가 새로 참여해 심사에 활력을 넣었다.

올해의 판결 사전 추천 작업에는 심사위원 외에도 대법원 재판연구관실, 민주노총 법률원, 진보네트워크, 참여연대 공익법센터, 청년유니온, 환경운동연합, 한국여성단체연합이 도움을 주었다.

위안부 피해 할머니들의 청구권 문제를 외면해온 정부의
행위는 기본권을 침해한 것으로 위헌이라는 결정

최고의 판결

할머니들의 기본권이
외교적 불편보다 중요하다

위안부 피해자 문제에 대한 법률적 결정

정오가 가까워졌는데도 날이 쌀쌀하다. 교복을 입은 팔랑머리 여학생 둘이 손
팻말을 들고 일본인 관광객이 넘쳐나는 서울 인사동 앞을 종종걸음으로 지나간
다. 서울 문창중학교의 학생들이다. 손팻말에는 '육체적 고통, 정신적 고통, 진심
으로 사죄하라'라고 굵은 매직으로 적어 넣었다. 여학생들이 향한 곳은 붉은색
벽돌로 단단히 쌓아올린 중학동의 일본대사관. 2011년 12월 14일, 일본대사관
앞에서 위안부 피해 할머니들의 1000번째 수요시위가 열렸다. '세계에서 가장
오래된 시위, 가장 명예롭고 아름다운 시위'라 불리는 수요시위.

'20세기 최대 인신매매 범죄'

"성명서. 우리 정신대협의회는 오는 1992년 1월 8일을 기해 수요일 정기 집회

2011년 12월 14일 서울 중학동 일본대사관 앞에서 열린 1000번째 수요시위. 일본대사관을 응시하는 평화비(소녀상)를 위안부 피해 할머니들이 끌어안고 있다. 12월 21일에는 1001번째 수요시위가 열렸다.

를 실시하며 다음과 같은 입장을 밝힌다. 우리는 1990년 11월 16일 36개 여성 단체가 모여 공식 발족한 이래 일본 정부에게 정신대 문제의 해결을 위한 6개 요구 사항을 끊임없이 요구해왔다. 그러나 일본 정부는 지금까지 책임 있는 대답조차 하지 않은 채 대처하기 곤란하다는 무책임한 망언까지 서슴지 않고 있다. 정신대 협의회는 이에 분노하여 앞으로 우리의 6개 요구 사항이 관철될 때까지 끝까지 싸울 것을 선언한다. 한국정신대문제 대책협의회 공동대표 박순금, 이효재, 윤정옥"

19년 11개월 6일. 그러니까 7281일 전에 타이프로 찍어 내려간 1차 수요시위 성명서에는 '일본 정부는 조선인 여성들을 종군 위안부로 강제 연행한 사실을 인정하라. 그것에 대해 공식 사죄하라. 만행의 전모를 스스로 밝혀라. 희생자들을 위하여 추모비를 세워라. 생존자와 유족들에게 배상하라. 이러한 잘못을 되풀이하지 않기 위해 역사 교육을 통해 이 사실을 가르쳐라'라는 요구가 담겼다. 1000 번째 수요시위의 요구도 크게 다르지 않다. 일본 정부의 위안부 범죄 인정, 진상 규명, 일본 의회의 사죄 결의, 법적 배상, 역사 교과서 기록, 위령탑과 사료관 건립, 책임자 처벌. 일본 정부가 사죄와 배상을 요구하는 국내외의 비판에도 불구하고 20년간 한 발짝도 나아가지 않았다는 방증이다.

일본 정부의 태도는 고령의 위안부 피해 할머니들이 모두 죽기만을 기다리는 듯하다. '일제하 일본군 위안부 피해자에 대한 생활 안정 지원 및 기념사업 등에 관한 법률'에 의해 위안부 피해 신고가 이뤄진 할머니들은 1993년 153명을 시작으로 2006년 11명이 더해져 등 모두 234명이다. 2007년부터 2011년 사이에 새로 등록된 위안부 피해자는 없다. 반면에 세상을 떠난 할머니는 2007년 14명, 2008년 15명, 2009년 6명, 2010년 5명에 이어 2011년에만 16명이나 된다. 남은 위안부 피해 생존자는 63명에 불과하다. 나이가 가장 적은 할머니가 77세, 최고 령자는 95세로 평균 나이가 86세에 달한다. 일본 정부가 '스모식 버티기'를 하는 동안 속절없이 할머니들은 세상을 등지고 있다.

일본 정부는 그렇다 치고 한국 정부는 무슨 노력을 보여줬을까. 최근만 해도 '일본군 위안부'를 '잔학성과 규모 면에서 20세기 최대 인신매매 범죄'로 규정한 2007년 7월 미국 하원의 결의, 2007년 11월 네덜란드 의회와 캐나다 의회의 결의, 2007년 12월 유럽의회의 결의, 2008년 6월 유엔 인권이사회 실무그룹 보고서, 2008년 10월 유엔 B규약 인권위원회의 권고 등은 모두 일본의 즉각적인 사죄와 적정한 배상, 일본인에 대한 역사 교육과 이를 부정하는 행위에 대한 단호한 반박을 담고 있다. 2008년 10월 우리 국회도 전체 의원 261명 가운데 260명의 찬성으로 위안부 피해자의 명예 회복을 위한 공식 사과 및 배상 촉구 결의안을 통과시켰다. 하지만 지난 20년간 위안부 피해자 지원 사업을 제외하고는 일본 정부를 압박하는 한국 정부의 외교적 노력은 찾아보기 쉽지 않다. 대일 청구권을 모조리 정리해버렸다는 1965년 한일 청구권 협정을 의식해 일본에 들이댈 법적 스탠스를 자신 있게 정리하지 못했기 때문이다.

1차 수요시위 성명서에는 '일본 정부는 조선인 여성들을 종군 위안부로 강제 연행한 사실을 인정하라. 그것에 대해 공식 사죄하라. 만행의 전모를 스스로 밝혀라'라는 요구가 담겼다. 1000번째 수요시위의 요구도 크게 다르지 않다.

일본군 위안부 문제는 한일 청구권 협정과 관련 없다

그런 와중에 전기가 마련됐다. 참여정부 시절인 2005년 8월 한국 정부는 1951년 10월부터 1965년 6월까지 진행된 한일회담의 문서철 156권, 3만 5354쪽을 법원의 결정에 따라 공개했다. 당시 정부는 "일본군 위안부 문제는 청구권 협정에 의해 해결된 것으로 볼 수 없고, 일본 정부의 법적 책임이 남아 있다"고 밝혔다. 그러면서 "당시 청구권 협정은 일본의 식민 지배 배상을 청구하기 위한 것이 아니라, 두 나라 사이의 재정적·민사적 채권 채무 관계를 해결하기 위한 것"이라는 점을 법적 근거로 들었다. 위안부 피해자 문제는 한일 청구권 협정과는 관련 없으며, 일본 정부는 이에 대한 법적 책임이 있다고 분명히 밝혔다. 하지만 그 뒤에도 한국 정부는 이렇다 할 외교적 노력을 기울이지 않았다. 오히려 2006년 4월 "일본 측과 소모적인 법적 논쟁으로 발전될 가능성이 크므로 일본 정부를 상대로 문제 해결을 위한 조처를 취하지 않겠다"라는 뜻을 나타냈다.

결국 1년여 뒤 위안부 피해자들이 직접 나섰다. 2006년 7월, 위안부 피해자 109명은 한일회담과 관련해 공개된 내용을 근거로 외교통상부를 상대로 헌법재판소에 헌법소원을 청구했다. "정부가 1965년의 한일 청구권 협정과 관련한 분쟁을 해결하려는 조처를 취하지 않아 기본권을 침해당했다"는 게 청구 이유였다.

한일 청구권 협정 제3조는 이런 내용을 담고 있다. "협정의 해석 및 실시에 관한 한일 양국 간의 분쟁은 우선 외교상의 경로를 통해 해결한다. 그래도 해결할 수 없는 분쟁은 어느 한쪽이 분쟁의 중재를 요청한 날로부터 30일 안에 중재위원회를 꾸려 회부한다." 협정 내용을 두고 분쟁이 생기면 1차적으로 외교 경로, 그래도 안 되면 중재위원회를 통해 해결한다는 얘기다. 한국 정부는 이미 일본군 위안부 문제가 청구권 협정에 포함되지 않는다는 결론을 내린 상태다. 반면 일본 정부는 청구권 협정으로 위안부 피해자들에게 손해배상을 할 책임 등은 모두 정리됐다는 태도다. 한마디로 분쟁 상황이다. 헌법소원을 청구한 이들은 "우리 정부는 헌법에 따라 국민의 기본권을 보장할 외교적 조처나 분쟁 해결에 나서야 할 의무가 있는데, 이를 하지 않는 것은 위헌"이라고 주장했다.

위안부 피해자들이 헌법소원을 청구한 지 5년이 지났다. 2009년 4월 공개변론이 한 차례 있었지만, 헌법재판소의 심리는 지리하게 이어졌다. 헌법재판소 안에서는 위헌성 여부를 따지는 연구 보고서와 추가 보고서가 숱하게 작성돼 재판관과 연구관들 사이에 회람됐다. 심리 도중에도 외교통상부는 '협정의 해석과 관련한 분쟁에 대해 아무런 조처를 취하지 않겠다'라는 뜻을 거듭 밝혔다.

'할머니들의 마음까지 들여다봤다'

5년여가 지나자 109명이던 청구인은 64명으로 줄었다. 그사이 45명의 할머니가 세상을 등진 것이다. 2011년 8월 30일 헌법재판소의 결정이 나왔다. 헌법재판소는 재판관 6(위헌) 대 3(각하)의 의견으로 "위안부 피해자들의 청구권 문제를 해결하기 위해 정부가 구체적 노력을 하지 않은 것은 피해자들의 기본권을 침해

위안부 피해 할머니들의 평균 나이는 86세. 2011년에만 16명이 세상을 떠났다. 일본의 버티기를 무너뜨릴 한국 정부의 노력이 필요하다.

한 것으로 위헌"이라고 결정했다. "무자비하게 침해된 인간의 존엄과 가치를 사후적으로 회복한다는 의미를 가지는 배상청구권을 가로막는 것은" 헌법이 보장하는 기본권을 심대하게 침해한다고 했다. 헌법재판소는 한일 청구권 협정 제3조에 따라 외교통상부가 분쟁을 해결하는 절차로 나아가야 한다고 결정했다.

특히 위안부 피해 할머니들의 절박한 처지를 위헌 결정을 내린 중요한 근거로 삼았다. "1991년부터 최근까지 일본군 위안부 피해자들이 일본 법정에서 진행한 소송은 한일 청구권 협정을 이유로 모두 패소가 확정됐다. 이제 일본 법정을 통한 사법적 구제와 일본 정부의 사죄를 기대하는 것은 사실상 불가능하게 됐다. 현재 생존한 위안부 피해자들은 모두 고령이어서 더 이상 시간을 지체할 경우 역사적 정의를 바로 세우고 침해된 인간의 존엄과 가치를 회복하는 것은 영원히 불가능해질 수 있다."

또한 헌법재판소는 일본과의 외교적 마찰을 우려해 소극적 태도를 보인 우리 정부를 강하게 질타했다. '소모적인 법적 논쟁으로 발전될 가능성' '외교 관계 불편' 주장에 대해 "이런 불분명하고 추상적인 사유가 기본권 침해의 중대한 위험에 직면한 청구인들에 대한 구제를 외면하는 타당한 사유가 되지 못한다"고 밝혔다. 헌법학계의 한 관계자는 "헌법재판소의 결정은 너무 늦은 감이 있다. 당연한 결론이라 특별한 내용도 없다. 다만 위안부 할머니들의 한풀이라는 성격을 띤다"고 하면서도 "우리 정부가 일본 정부를 압박하는 좋은 카드가 될 것"이라고 전망했다. 한국 정부가 과거처럼 '정치적 이유'로 위안부 문제를 거론하는 것과 법률적 결정에 따라 위안부 문제를 거론하는 데에는 무시하지 못할 차이가 있다.

올해의 판결 심사위원장인 김일수 한국형사정책연구원장은 "위안부 피해자들의 고통을 덜어주는 데는 큰 도움이 못 될 수도 있다. 그러나 이 문제를 사법적으로 수용해 하나의 방향을 제시한 점은 의미가 크다"고 평가했다. 심사위원인 김진 변호사는 "위안부 헌법소원 사건은 변호인단도 기대를 많이 안 한 것으로 안다"라며 "'시간은 우리 편이 아니다'라는 위안부 할머니들의 마음까지 재판관들이 들여다봤다"고 평가했다.

헌법재판소의 결정이 나오자 20년간 요지부동이던 정부도 나섰다. 한일 청구권 협정 제3조에 근거해 2011년 9월과 11월 두 차례에 걸쳐 일본에 양자 협의를 요구하는 구상서를 전달했다. 그러나 일본 정부는 여전히 한일 청구권 협정으로 위안부 피해자들의 배상청구권 등이 소멸됐다는 태도를 고수하고 있다. 일본 정부 못지않게 이명박 대통령의 '저자세'도 문제다. 헌법재판소의 결정이 나온 뒤인 2011년 9월, 이 대통령은 미국 뉴욕에서 노다 요시히코 일본 총리를 만났지만 위안부 피해자 문제를 거론하지 않았다. 10월에는 노다 총리를 서울에서 다시 만나 정상회담을 했지만 여기에서도 이 문제를 공식 거론하지 않았다. 헌법재판소의 결정을 대통령마저 무시한 셈이니 외교통상부의 노력에 성의가 실리기를 기대하기란 난망하다.

헌법재판소 결정이 나오자 20년간 요지부동이던 정부도 나섰다. 한일 청구권 협정 제3조에 근거해 2011년 9월과 11월 두 차례에 걸쳐 일본에 양자 협의를 요청하는 구상서를 전달했다. 그러나 일본 정부는 여전히 한일 청구권 협정으로 위안부 피해자들의 배상청구권 등이 소멸됐다는 태도를 고수하고 있다.

동상의 철거를 요구한 일본

"이명박 대통령이 백발의 늙은이들이 비가 오나 눈이 오나 아우성치는 소리를 모른다고는 못 하시겠지요. 일본 정부를 향해 사죄할 것은 사죄하고, 배상할 것은 배상하라고 엄중하게 말해줬으면 감사하겠습니다." 1000번째 수요시위에 참여한 위안부 피해자 김복동(85) 할머니의 말이다. 이 대통령은 12월 17과 18일 이틀 동안 일본을 방문해 노다 총리를 또다시 만난다.

1000번째 수요시위를 기념해 일본대사관 앞에는 팔랑머리 여학생을 닮은 소녀 동상이 세워졌다. 위안부 피해 할머니들의 꽃다운 시절을 형상화했다고 한다. 무표정하지만 단호한 얼굴로 일본대사관을 응시하고 있다. 일본 정부는 동상 철거를 공식 요구했다.

위안부 피해 할머니들의 헌법소원을 심리할 때 재판관별 판단 상황

김종대, 목영준, 송두환, 박한철, 이정미(위헌)

− 인간의 존엄과 가치를 심각하게 훼손당한 국민들의 청구권 실현을 도와야

− 이를 위해 한일 청구권 협정 제3조에 따른 분쟁 해결 절차를 이행해야

− 고령인 위안부 피해자들은 더 이상 지체할 시간이 없을 정도로 절박

− 소모적 법적 논쟁, 외교적 마찰 등 추상적 이유는 받아들일 수 없어

조대현(위헌) − 위헌 의견에 모두 동의

− 한일 청구권 협정으로 행사할 수 없게 된 손해까지 완전히 보상해야

이강국, 민형기, 이동흡(각하)

− 위안부 피해자들의 절박한 심정에는 공감

− 헌법적 법리로 볼 때 분쟁 해결 절차를 이행해야 할 작위의무는 성립 안 해

− 문제 해결은 헌법재판소가 아닌 정치권력에 맡겨져 있다고 봐야

위헌 결정을 이끌어낸 최봉태 변호사 인터뷰

'대통령이 나서지 않으면 헌법 위반'

헌법재판소의 위헌 결정이 나오기까지는 당사자인 일본군 위안부 피해 할머니들과 한국정신대문제 대책협의회(정대협) 등 시민단체의 노력이 컸다. 여기에 한일회담 관련 문서가 공개된 것을 계기로 헌법소원 청구를 추진한 변

호인단의 노력도 빼놓을 수 없다. 최봉태(49) 변호사, 이석태(58) 변호사, 민주사회를 위한 변호사모임 등이 소송을 이끌었다. 대한변호사협회 일제 피해자 인권 특별위원회 위원장을 맡고 있는 최봉태 변호사는 "헌법재판소의 결정에도 불구하고 대통령이 적극적으로 나서지 않는다면 탄핵 등 정치적 책임을 묻겠다"고 했다.

헌법소원 청구를 이끈 계기는.

— 2005년 우리 정부는 한일회담 문서를 공개하며 법적 책임은 일본에 있다는 점을 분명히 했다. 우리 정부를 움직이려면 아무도 부인하지 못할 법적 근거가 있어야 하는데, 한일 청구권 협정 제3조를 활용하자는 판단을 했다.

위헌 결정을 예상했는지.

— 한일 청구권 협정을 어설프게 맺는 바람에 오히려 권리 구제의 장애물을 만들었으니, 이 정도 의무 조처는 있어야 한다고 봤다. 하지만 워낙 정부에 부담이 될 수 있는 문제라 결과는 장담하지 못했다.

결정이 나오기까지 5년이나 걸렸다.

— 나 역시 이렇게 오래 걸리리라고는 생각하지 못했다. 헌법재판소가 외교통상부의 행위에 대해 작위의무(적극적 행위를 할 의무)를 인정하는 것이라 선례가 될 수 있으니 법리적으로 신중하게 심리했을 것이다.

헌법재판소 결정이 난 뒤 정부가 기울이는 노력에 만족하나.

— 외교통상부가 상당히 노력하고 있어 다행이라고 생각한다. 문제는 헌법을 준수해야 할 대통령이 이 문제를 언급하지 않는다는 것이다. 일본 정부의 처지에

서는 우리 외교통상부의 노력이 형식적으로 보일 수밖에 없다. 헌법재판소의 결정은 대한민국의 모든 국가기관을 기속하니(얽매어놓으니) 대통령도 의무를 다해야 한다. 이 문제를 언급하지 않는다면 대통령은 헌법을 위반한 상황에 처하게 된다. 대통령이 헌법을 지키지 않으면 탄핵 사유가 된다. 정치적 책임을 묻는 탄핵까지 논의할 수 있다.

앞으로의 전망은 어떠한가.

― 2년여에 걸쳐 법리를 검토한 끝에 2010년 12월 대한변호사협회와 일본변호사협회가 위안부 피해자에 대한 사죄와 보상을 촉구하는 공동성명을 발표했다. 일본이 법치주의 국가라면 법률가들의 판단을 존중해 관련 법을 만드는 것이 옳다.

심사위원 20자평

금태섭 늦어도 정의다 vs 이렇게 늦었는데 무슨 정의냐

김진 역사는 우리 편이지만 시간은 우리 편이 아닐지도 모른다. 그래서 '올해'의 판결!

오창익 '위안부' 할머니들 다 돌아가시기 전이라 그나마 다행

이국운 백성의 한을 풀기 위해 애쓰지 않는 정부는 헌법 위반이다!

장서연 수요집회 1000회. 외면하고 있는 대한민국에 헌법적 책임을 묻다

판결 이후

헌법재판소의 결정이 나온 지 2년이 넘었지만, 배상청구권 문제는 여전히 해결의 기미가 보이지 않는다. 한일 양국은 지난 2년 동안 '청구권 협정 TF' 회의를 두 차례 여는 데 그쳤다. 2013년 8월 30일 우리 정부는 '제2차 세계대전 당시 일본군에 끌려가 피해를 입은 위안부 할머니들의 청구권을 논의하기 위한 양자 협상'을 일본 정부를 향해 거듭 촉구했다. 그러나 정치적 여건은 더 나빠졌다. 아베 신조 자민당 총리 후보는 "일본군이 마치 여성들을 유괴해 강제로 위안부로 삼았다는 불명예를 일본이 짊어지고 있다"라며 고노 담화를 수정할 뜻을 밝혔다. 이 후 그가 총리로 선출되면서 일본은 우경화로 기울고 이러한 분위기에서 청구권 문제는 논의조차 되지 않고 있다. 게다가 아베 총리가 A급 전범들이 합사된 야스쿠니 신사를 참배하면서 사태는 극으로 치닫고 있다. 위안부 피해 할머니들의 분노의 목소리가 어느 때보다 크다.

2014년 현재 여성부에 일본군 위안부 피해자로 등록된 할머니는 237명이며, 이 중 55명이 생존해 있다. 1992년 1월 8일에 시작되어 세계 최장기 집회라는 기록을 세운 수요시위는 2014년 1월 8일 22돌을 맞았다. 1108번째 수요시위였다.

근로계약에 갱신 규정이 없더라도
갱신 기대권을 인정받을 수 있다는 판결

노동 부문

함부로 계약 해지하면 안 돼~
비정규직이라도 함부로 계약을 종료할 수 없다

정광서(55) 씨는 8년 만에 장애인 콜택시의 운전대를 다시 잡았다. 길고 긴 부당해고 소송에서 이긴 정씨는 당당하게 일터로 돌아왔다. 세월이 흘러 정씨의 눈가에는 주름이 늘고 머리도 더 하얗게 변했지만, 설레는 마음만은 그대로다. 정씨는 몸이 불편한 장애인을 안전하게 원하는 목적지까지 데려다주는 이 일이 참좋다고 했다.

장애인 콜택시 '노동자'

2003년, 서울시가 장애인의 복지를 확대하겠다며 장애인 콜택시 사업을 시작했다. 당시 100대의 차량으로 시작한 이 사업은 부족하나마 장애인들의 이동에 도움이 됐다. 100명의 콜택시 운전사들은 서울시 시설관리공단과 1년짜리 계약을 맺었다.

어느 날 같이 일하던 동료가 장애인을 업다가 다쳐 병원에서 12주 진단을 받았는데, 산업재해 처리가 되지 않았다. 노동자가 아니라는 것이 이유다. 시설관리공단은 콜택시 운전사들의 일을 '봉사'라 불렀고, 위탁계약을 했으니 독립된 사업자라고 주장했다. 동료들 사이에서 '이건 아니지 않느냐'라는 분위기가 형성됐다. 하루 10시간 이상 일했지만 보람이 커서 꿋꿋하게 버텼는데, 다쳤을 때 보호도 받지 못하는 자신들의 처지가 억울했다. 결국 2003년 8월 노조를 만들었고 고용노동부도 이들을 노동자로 인정해 노조 설립 필증을 줬다. 이들의 요구는 간단했다. 노동자로 인정하고 4대 보험을 보장해달라는 것이었다.

하지만 돌아온 건 해고 통보였다. 시설관리공단은 2003년 11월 장애인 콜택시 노동자 100여 명 가운데 11명에게 계약 해지를 통보했다. 공단은 재계약 여부를 심사했는데 11명의 점수가 가장 낮았다고 설명했다. 11명 중 6명이 노조 간부였고, 1명은 조합원이었다. 누가 봐도 '표적 해고'였다. 해고 통보를 받은 노동자들은 계약 기간이 끝나는 12월까지 1개월 동안 시위를 하며 재계약을 요구했다. 공단은 꿈쩍도 하지 않았고, 법적 싸움이 시작됐다.

서울지방노동위원회와 중앙노동위원회는 장애인 콜택시 운전사들이 낸 '부당해고 구제' 재심 신청을 기각했다. 서울지방노동위원회는 이들이 노동자는 맞지만, 1년 고용 계약을 한 것이니 시설관리공단이 반드시 재계약할 의무는 없다며 부당해고가 아니라고 판단했다. 중앙노동위원회도 계약을 연장하는 과정에서 공정성과 객관성이 결여된 사실은 인정되지만, 기간이 다해 계약 관계가 끝났고 재계약을 거부한 것이 해고에 해당된다고 볼 수 없다고 결정했다. 노동자들은 절망했지만 끝까지 가보기로 했다.

2005년 7월 7일, 부당해고 소송에 나선 7명의 콜택시 노동자들은 조용히 울었다. 기쁨의 눈물이었다. 서울행정법원 12행정부(재판장 조해현)는 이날 콜택시 노동자들이 중앙노동위원회를 상대로 낸 '부당해고 및 부당노동행위 구제 재심 판정 취소' 소송에서 원고 일부 승소 판결했다. 1년 7개월 동안 한 고생이 눈 녹 듯 사라졌다.

그러나 기쁨도 잠시였다. 서울고등법원 9특별부(재판장 박삼봉)는 2006년 12 월 9일 원고의 항소를 기각했다. "원고는 계약을 연장하거나 갱신한 적이 없는 만 큼 재임용될 것이라는 기대가 없었고, 사 측이 계약을 거절한 '기준 점수 미달'이 라는 사유도 있었다"라며 부당해고임을 인정한 1심 판결을 뒤집었다. 정씨는 "해 고자들 모두 충격에 빠졌"으며 "상급심에서 뒤집히니 거의 포기한 상태가 됐다" 고 말했다. 그래도 마지막까지 기대를 가져보자는 생각에 대법원에 상고했다. 4 년 5개월 만인 2011년 4월 14일 대법원 특별2부(주심 김지형)는 다시 2심 판결을 뒤집고 부당해고라고 판결하면서 사건 일부를 서울고등법원으로 환송했다.

갱신 기대권이 있으면 계약 기간이 만료된 후에도 계약이 갱신된 것

대법원의 판결은 장애인 콜택시 해고자뿐만 아니라 늘 고용 불안에 시달리는 계약직 노동자에게도 새로운 희망을 던져줬다. 대법원은 '한 번도 계약을 갱신한 적이 없거나 계약에 갱신 규정이 없더라도 사용자가 정당한 사유 없이 계약 갱신 을 거절할 경우 부당해고에 해당한다'고 판단했다. 1년 동안 일한 비정규직이라 도 함부로 계약을 종료할 수 없다는 얘기다. 재판부는 "일정한 요건이 충족되면 근로계약이 갱신된다는 규정이 있거나 반복적으로 갱신된 경우는 물론, 그러한 규정이 없더라도, 근로관계를 둘러싼 사정을 종합해 일정 요건이 충족되면 근로 계약 갱신 기대권이 인정된다"고 밝혔다. 또 "기대권이 있으면 계약 기간이 만료 된 후에도 종전 근로계약이 갱신된 것과 마찬가지인 만큼, 부당하게 근로계약 갱

대법원 판결로 8년 만에 장애인 콜택시 운전대를 다시 잡은 정광서 씨. 1년짜리 계약 인생이었지만, 이제는 정년까지 고용을 보장받게 됐다.

신을 거절한 것은 부당해고"라고 밝혔다. 획기적인 내용이다.

사건을 맡은 당시 민주노총 법률원의 권두섭 변호사(현재 공공운수노조 법률원장)는 "앞으로는 갱신 절차 규정이 따로 없더라도 계약직 업무가 상시적이고 계속적 업무라면, 갱신이 된 다른 노동자들의 사례와 방식 등을 실질적으로 고려해 갱신 기대권을 인정받을 수 있다"고 말했다. 권 변호사는 또 "반복적으로 계약을 갱신했다면 갱신 기대권을 인정받는 데 유리하지만, 장애인 콜택시 운전사의 경우처럼 이전에 갱신한 사실(1년 계약)이 없더라도 갱신 기대권을 인정할 수 있다는 점을 법원이 명확히 했다"고 설명했다.

소송에서 이긴 7명 모두 2011년 12월 1일 서울시 시설관리공단에 출근을 했다. 정씨는 "복직자 가운데 1명은 12월 26일이 정년(60세)이고 1명은 중풍에 걸렸지만, 상징적 의미에서 첫날 모두 출근했다"라며 감격스러워했다. 2명은 병가 등으로 쉬고 지금은 5명이 장애인 콜택시 '노동자'로 일하고 있다.

8년 동안 정씨는 택시 운전을 했다. 언젠가 꼭 복직될 것이라는 믿음으로 비슷한 직종을 선택한 것이다. 정씨는 "8년 동안 택시 운전을 했더니 길이 훤해 일하기 수월하다"고 말했다. 다른 해고자들도 택시나 트럭을 몰거나 아파트 경비원, 건설 일용 노동자로 일하며 해고 시절을 버텼다. 각각 흩어져 다른 삶을 살았지만 복직을 하리라는 믿음은 한결같았다.

그동안 직장은 어떻게 변했을까? 노동자로 인정받지 못해 4대 보험도 보장되지 않던 장애인 콜택시 노동자들은 지금 시설관리공단에서 무기 계약직으로 전환돼 정년까지 고용을 보장받게 됐다. 월급도 많이 오르고, 콜택시의 수도 300대로 늘었다. 정씨는 "무엇보다 예전에는 서먹하던 시설관리공단의 사무직 직원들이 요즘 주말에 자원봉사로 장애인 콜택시를 운전하며 우리의 어려움을 이해하기 시작한 것이 무척 기쁘다"고 말했다. "나 자신이 공단의 직원이라는 것을 조금씩 실감하고 있다."

8년간의 역사가 든 가방

직원들은 당시 노조를 만들어 노동자로 인정받은 해고자들의 '투쟁' 덕분에 노동 조건이 이만큼 좋아졌다고 고마워한다. 정씨는 가방에 항상 두툼한 자료를 갖고 다닌다. 거기에는 노동위원회 결정문부터 법원 판결문, 계약 종료 통지서, 복직 안내문까지 8년간의 역사가 생생히 담겨 있다. 정씨는 "물어보는 사람에게 자료를 보여주며 설명한다"고 밝히면서 "그냥 이 자료들을 보면 뿌듯한 마음에 힘이 생긴다"고 말했다.

심사위원 20자평

김진 '비정규직이니까 괜찮아'를 '비정규직이라도 안 괜찮아'로

최재홍 노동자에게 안정된 일자리를, 계약 갱신 콜!

이상훈 갱신 기대권, 가족 전체의 삶에 대한 기대권

장서연 노조 탄압과 비정규 노동의 시대에 꼭 필요한 판결

노동운동 탄압의 감초인 업무방해죄를
남용하는 관행에 제동을 건 판결

노동 부문

업무방해죄의 남용을 방해하다
'파업이 언제나 업무방해는 아니다'

"암태 소작 사건 업무방해죄는 모다 벌금형에."(《동아일보》 1924년 8월 31일)

1923년 8월 전남 신안군 암태도의 농민들은 소작료를 터무니없이 올린 지주들에게 소작료 불납 동맹으로 맞섰다. 일제강점기의 대표적 농민 항쟁인 암태도 소작쟁의다. 관련자들은 '업무방해죄'로 처벌됐다. 당시 《동아일보》의 사설은 업무방해죄를 이렇게 전한다.

"노동회 또는 소작회의 간부들이 경찰서 혹은 검사국에 불려다니고 잡혀다니며 구금이 된다, 처벌이 된다 하는 종의 보도가 끊일 날이 적다. 오인은 이러한 현상을 보고 지주의 불인忍, 사법자의 편파, 민중의 비애 여러 가지 통감이 있다. (…) 이와 가치 비참한 경우에 빠진 소작인들이 미력의 단결로써 무리無理에 반항코저 함은 구사에서 일생을 구하는 것이니 이것을 죄라 하면 무고히 죽고 마

2009년 12월 철도노조 파업으로 멈춰선 화물 차량들이 줄지어 서 있다. 일하지 않으면 옥살이를 시키는 '강제노동법'이 우리 형법 제314조의 업무방해죄다.

는 것이 가하랴. 이제 소작회 혹은 노동회 간부들의 검거되는 죄명을 드르면 대개는 업무방해라 한다. 그러나 그 원인을 살펴보면 무리박탈을 당한 소작지의 공동경작이 아니면 불법 징수를 당한 공과금 반환의 요구에 불과하다. 그러면 이 업무방해의 죄명이 무리불법을 행한 자에게 도라가지 안코 무리불법을 당한 자에게 도라가는 것이 가하랴. 또는 법률이란 것은 사법자 운용에 따라서 관맹寬猛이 다른 것이니 만일 법률의 조문이 잇다 하야 가혹한 데까지 밋칠 것 가트면 인민은 반드시 수족을 놀릴 수 업슬 것이다. 그런데 오늘날까지 소작인단체에서 강포한 행동이 잇단 말을 듣지 못하엿것마는 사법자의 태도를 보면 이것이 엇지 편파가혹한 처치가 아니랴."(1924년 9월 9일 '소작운동에 대한 관찰')

한국 노동운동사는 업무방해죄의 역사

일제강점기의 '조선형사령'은 일본의 형법과 형사소송법을 의용했다. 암태도 소작쟁의 사건에는 아마도 일본의 구형법이 적용됐을 것이다. 일본의 구형법은 노동운동을 탄압하기 위해 위계와 위력으로 타인의 업무를 방해한 이를 처벌하는 조항을 담았다. 우리 헌법은 1948년 제헌헌법에서부터 단체행동권을 보장했지만, 무비판적으로 일제가 마련한 형벌의 잔재까지 형법의 틀 안으로 가져왔다. 위계와 위력이라는 말은 그래서 낯설지 않다. 우리 형법 제314조(업무방해)는 '위계나 위력으로써 사람의 업무를 방해한 자는 5년 이하의 징역 또는 1500만 원 이하의 벌금에 처한다'고 규정하고 있다.

노동자의 단체행동권을 법으로 보장하는 제대로 된 나라는 파업을 업무방해죄로 처벌하지 않는다. 아니, 처벌할 조항 자체가 없다. 파업의 목적은 회사에 타격을 주고 경영진을 압박해 교섭력을 높이는 데 있기 때문이다. 쟁의 행위는 당연히 고용주의 업무 지장을 전제로 하는데, 이를 처벌한다면 단체행동권은 의미가 없어진다.

1980년대 말 이래 한국 노동운동사는 업무방해죄 적용의 역사다. 웬만한 파업이면 업무방해죄가 빠지지 않았다. 검찰의 업무방해죄 적용은 유행처럼 번졌고 '사법자의 편파'가 유행을 도왔다. 대법원은 1991년 "쟁의 행위는 본질적으로 위력에 의한 업무방해의 요소를 포함하고, 집단적인 작업의 거부, 즉 노무 제공의 거부라도 정당한 쟁의 행위가 아니라면 형법상 업무방해죄에 해당한다"고 판시했고(90도2852 등), 이는 20년간 처벌의 기준이 됐다. 2010년 국가인권위원회의 정책토론회에 나온 자료를 보면, 2002년부터 2006년까지 있은 노동 형사 사건(1심) 가운데 30.2퍼센트에 업무방해죄가 적용됐다. 업무방해죄가 적용된 쟁의 행위의 유형도 가지가지다. 파업(1313건, 44.1퍼센트), 점거(592건, 19.9퍼센트), 피케팅(474건, 15.9퍼센트), 준법투쟁(115건, 3.9퍼센트), 태업(37건, 1.2퍼센트) 등의 순이다. 폭력을 쓰지 않고 오로지 법대로 일만 하자는 준법투쟁도 업무방해가 됐다. 휴가를 쓰거나 정시에 출퇴근을 해도, 시간외근로를 거부해도 업무방해죄로 빨간 줄이 그어졌다. 사실상의 '강제 노동'을 사법부가 용인한 결과다.

> 형법 제314조(업무방해):
> ① 제313조의 방법(허위의 사실을 유포하거나 기타 위계로써) 또는 위력으로써 사람의 업무를 방해한 자는 5년 이하의 징역 또는 1500만 원 이하의 벌금에 처한다.

'사법자의 편파'가 일부 바로잡히는 데 20년이 걸렸다. 2006년 전국철도노조 파업 당시 업무방해 혐의로 기소된 김영훈(43) 민주노총 위원장 사건(변호사 권두섭, 서상범, 송영섭, 최성호)이 계기가 됐다. 대법원 전원합의체(주심 이홍훈)는 2011년 3월 17일 "파업이 언제나 업무방해죄에 해당하는 것은 아니며, 전후 사정과 경위 등에 비추어 사용자가 예측할 수 없는 시기에 전격적으로 이루어져 사용자의 사업 운영에 심대한 혼란이나 막대한 손해를 초래한 경우에만 업무방해죄가 성립한다"라며 업무방해죄를 적용하는 폭을 다소 좁혔다. '집단적 근로 제공 거부(출근 거부 등)는 당연히 업무방해죄에 해당한다'라는 기존 판례를 바꾼 것이다.

김영훈 위원장 사건의 1심을 맡은 서울중앙지방법원 형사10단독부(판사 이지현)는 2006년 5월 24일 총파업으로 "재산적 피해를 발생시켜 위력으로써 한국철도공사의 여객, 화물 수송 업무 등을 방해했다"고 김 위원장에게 징역 10개월에 집행유예 2년을 선고한 바 있다. 김 위원장의 항소로 열린 2심에선 서울중앙지방법원 5형사부(재판장 김선혜)가 2006년 12월 20일 1심을 깨고 벌금 1000만 원으로 양형을 낮춘다. 2심 재판부는 이 사건의 파업은 "단순한 근로계약의 불이행에 해당할 뿐 업무방해죄의 '위력'에 해당한다고 볼 수 없다"고 밝혔다. 대법원은 김 위원장의 상고를 기각하고 이 원심을 확정했다.

이 판례가 나온 뒤 마구잡이로 업무방해죄를 적용하는 일에 어느 정도 제동이 걸렸다. 대법원 2부(주심 이상훈)는 2011년 10월 27일 미국산 쇠고기 수입 반대 총파업 등으로 업무를 방해했다며 기소된 이석행(53) 전 민주노총 위원장에게 징역 2년에 집행유예 3년을 선고한 원심을 깨고 일부 무죄 취지로 파기환송했다. 해당 사업장의 노동자 100명 중 2명이 지역 집회에 참가하기 위해 2시간 파업에 참여했다는 것만으로 사업 운영에 심대한 혼란이나 막대한 손해를 초래했다고 보기 어렵다는 이유에서다.

다수 의견을 변경하게 만든 소수 의견
'업무방해죄, 헌법에서 규정한 단체행동권에 반해'

이홍훈, 김지형, 박시환, 전수안, 이인복 대법관(왼쪽부터)

"가장 먼저, 다시 죄형법정주의를 생각한다."(이홍훈, 김지형, 박시환, 전수안, 이인복 대법관의 소수 의견)

업무방해죄 판례를 바꾼 대법원 전원합의체 판결은 대법관 13명 가운데 8명이 찬성한 다수 의견을 따랐다. 다수 의견은 "이런 의견이 나왔다는 것을 믿기 어렵다"(권두섭 변호사)라는 평가가 나오는 소수 의견이 있었기에 가능했다. 노동계와 노동법계에서는 다수 의견도 진일보한 측면이 있지만, 빛나는 문구들은 오히려 소수 의견에서 찾아야 한다고 지적한다. 소수 의견을 낸 대법관들은 "근로 거부는 채무불이행(근로계약 불이행)에 따른 손해배상 등 민사 차원의 문제일 수는 있어도, 일을 안 했다고 곧바로 형사적 책임을 지우는 것은 헌법에서 규정한 단체행동권에 반한다"는 점을 명확히 했다. 형벌로 노무 제공을 강제해서는 안 된다는 것이다.

  이 사건의 주심을 맡은 이홍훈 전 대법관은 "다수 의견이 나오기 쉽지 않은 상황이었다. 여러 차례 합의 과정을 거쳐 다수 의견이 형성됐고, 다행히도 다수 의견 쪽의 대법관들도 업무방해죄 판례를 전향적으로 바꿔야 한다는 데 공감했다"고 설명했다. 노동법 전문가로 소수 의견의 주집필자인 김지형 전 대법관은 "소수 의견은 특별히 새로운 얘기라기보다는 종래 업무방해죄를 부정하는 견해 등을 정리한 정도"라고 했다. 그는 "다수 의견에서 말하는 파업의 전격성이나 손해의 중대성 역시 모호한 측면이 있지만, 이전보다는 업무방해죄를 적용하는 범위를 상당히 제한하게 됐다"고 밝히면서 "진전된 결론이 나올 때까지 많은 토론을 거쳤다"고 술회했다. 박시환 전 대법관은 "사실상 강제 노동으로 이어지는 업무방해죄는 노동법계에서는 워낙 비판이 많던 사안"이며 "앞으로 하급심에서 대법원의 다수 의견의 애매한 부분을 어떻게 판단하느냐에 따라 넓은 진폭의 판단들이 나올 것"이라고 했다.

금태섭 우리 법의 치부, 업무방해죄. 작지만 균열이 생겼다

김진 아쉽지만 한줄기 빛 '파업이 언제나 업무방해죄에 해당하는 것은 아니며'

이상훈 밥값 안 낸다고 음식점 업무방해죄? 아니겠죠

이재근 파업이 곧 업무방해라는 공식은 이제 땡!

판결 이후

노조의 업무방해죄를 둘러싼 쟁점은 여전히 현재진행형이다.

특히 이석행 전 민주노총 위원장에 대한 재판은 주목할 만하다. 민주노총은 미국산 쇠고기 수입 반대를 위한 촛불 집회가 거세던 2008년 7월 2일 현대차와 기아차 등 147개 사업장의 8만 2000여 명이 참여한 가운데 사업장별로 2~4시간 파업을 벌였다. 이때 총파업과 촛불 집회를 이끈 이석행 전 위원장과 이용식 전 민주노총 사무총장이 업무방해 등 혐의로 기소되었다.

서울중앙지방법원 형사1단독부의 김정원 판사는 2009년 3월 19일 업무방해와 집시법 위반 혐의로 구속 기소된 이 전 위원장에게 징역 2년에 집행유예 3년을 선고했다. 김 판사는 '노동쟁의 대상이 될 수 없는 광우병 쇠고기 전면 무효화 등을 요구 사항으로 내걸고 파업을 지시한 사실이 인정된다'고 밝혔다. 항소심인 서울중앙지방법원 9형사부(재판장 여상원)도 2009년 6월 이 전 위원장의 항소와 '형량이 너무 가볍다'라는 검찰의 항소를 모두 기각하고 1심 판결을 유지했다. 단순히 총파업으로 인한 업무방해죄는 형사처분 대상이라고 본 것이다. 이에 이 전 위원장은 "설령 정치파업이라 하더라도 소극적으로 노무 제공을 거부한 것으로서 '위력'에 해당하지 않아 업무방해죄가 성립하지 않는다"라며 상고했다.

대법원은 2011년 10월 27일 "파업에 참여한 각 사업장의 손해 정도를 제대로 심리하지 않은 원심은 위법하다"라며 원심을 깨고 사건을 서울중앙지방법원으로 돌려보냈다. "막대한 손해를 초래했다고 보기 어려운 사업장까지 업무방해죄의 피해 사업장으로 적시" 함으로써 공소 사실 전부를 유죄로 인정한 것은 위법하다는 지적이다. 즉 유죄를 인정하면서도 "사업자들의 자유의사가 실제 제압되었는지 심리하지 않고 파업은 당연히 업무방해죄에 해당한다고 판단한 것은 위법하다"라며 일부 혐의에 대해 파기환송한 것이다. 2012년 10월 서울중앙지방법원 형사항소부는 파기환송심에서 "증거를 검토한 결과 조합원들이 파업에 참여한 사실이 없는 사업장도 있고, 실제 파업을 벌여도 2시간가량 한 것이어서 사업장에 막대한 손해를 끼쳤다고 단정할 수 없다"라며 유죄 일부를 무죄로 판단해 징역 1년 6개월에 집행유예 2년으로 형량을 낮추었다.

그런데 대법원이 이를 또 뒤집었다. 대법원 3부(주심 박보영)는 2013년 11월 28일 이석행 전 위원장에 대한 재상고심에서 '유죄 부분을 확대하라'는 취지로 재파기환송했다. 재판부는 원심이 무죄로 판결한 현대차와 기아차, 한국델파이 등 7개 노조의 파업에 대해 "예측할 수 없는 시기에 전격적으로 파업이 이뤄졌고, 사용자에게 막대한 손해를 초래했다"라며 업무방해죄를 구성할 위력이 있다고 판단했다. 나머지 140곳의 파업에 대해선 무죄를 선고한 원심을 확정했다.

이 사건은 다시 서울중앙지방법원 합의부로 돌아가 재파기환송심(6심)을 받게 되었다. 미국산 쇠고기 총파업 사건이 6년째 결말을 내리지 못하고 6심 재판부로 넘겨진 것. 이석행 전 위원장은 재파기환송심 이후 검찰의 상고 여부에 따라 형이 확정된다.

2014년 1월 14일 김명환 전국철도노조 위원장 등이 2013년 말 진행한 사상 최장 기간의 파업을 끝낸 뒤 경찰에 자진 출석했다. 이 문제가 또다시 불거질 조짐이 보인다. 정부와 코레일 쪽은 김 위원장 등 전국철도노조 관계자 198명에 대해 업무방해 혐의로 형사처분을 하겠다는 의견을 냈다.

2013년 한국의 인권 실태를 조사한 유엔 인권최고대표사무소의 마거릿 세카기야 유엔 인권옹호자 특별보고관 UN Special Rapporteur on the Situation of Human Rights Defenders 은 '한국 법원이 노동쟁의를 불법파업으로 규정하고, 특히 노조원들에게 업무방해죄를 적용한다. 인권 활동을 통제하고 방해할 목적으로 법률을 이용해선 안 된다'라는 내용을 담은 보고서를 2014년 3월 유엔 인권이사회에서 발표할 예정이다.

서울광장 차벽은 일반적 행동 자유권을 침해한 것으로 위헌이라는 결정

집회의 자유 부문

차벽을 세운 벽창호들, 보고 있나

'통행 제지는 급박한 마지막 수단'

"누구도 원망하지 마라. 운명이다."

그는 이런 유서를 남기고 떠났다. 2009년 5월 23일 새벽 노무현 전 대통령이 세상을 버렸다. 그는 '포괄적 뇌물' 혐의로 검찰 수사를 받았고, 가족과 측근들까지 모욕을 당했다. 민심은 검찰 수사를 '정권 차원의 보복'이라고 비판했다. 그의 죽음은 '자살'이 아니라 '정치적 타살'이라는 평가가 지배적이었다. 2008년 여름 촛불의 '배후'를 친노 세력이라고 판단한 이명박 정부는 '노무현'이라는 존재와 관련된 모든 이들을 괴롭혔다. 노 전 대통령이 재직 시절에 생성한 기록물을 사저인 경남 김해 봉하마을로 가져간 것을 검찰이 수사하고, 청와대가 정치 쟁점화 한 것이 그 시작이다. 1년여를 버티던 노 전 대통령은 결국 "나로 말미암아 여러 사람이 받은 고통이 너무 크다. 여생도 남에게 짐이 될 일밖에 없다"라며 자신의

2009년 5월 31일 경찰 버스 '차벽'에 둘러싸인 서울광장. 헌법재판소는 경찰이 차벽을 설치해 시민의 서울광장 통행을 원천 봉쇄한 것이 일반적 행동 자유권을 침해한 위헌이라고 결정했다.

손으로 끝을 냈다.

서울광장에서 열흘 넘게 추방당했다

뉴스를 보면서도 믿을 수 없을 정도로 충격적인 사건에 시민들은 비통함을 감추지 못했다. 서울 덕수궁 대한문 앞엔 시민들이 만든 분향소가 차려졌다. 조문객이 줄을 이었다. 경찰은 분향소 주변과 건너편의 서울광장을 경찰 버스로 에워쌌다. 만약 '주차의 달인'을 뽑는다면, 경찰 말고 뽑을 사람이 또 있을까? '차벽'이라는 말은 괜히 나온 게 아니었다. 세워진 경찰 버스들 사이에선 틈을 찾을 수 없었다. 경찰은 서울광장을 지나다니는 것도 원천적으로 봉쇄했다. 2008년 촛불 때도 경찰은 광화문 네거리를 컨테이너로 막아 '명박산성'을 설치하는 등 시민의 통행을 제한한

적이 있었지만, 특정한 공간의 통행을 장기간 원천적으로 막은 것은 드문 일이다.

시민들은 이렇게 차벽에 둘러싸인 서울광장에서 열흘 넘게 '추방'당했다. 차벽이 사라지고 통행이 '허락'된 것은 노 전 대통령의 노제가 열린 2009년 5월 29일 단 하루였다. 강희락 당시 경찰청장은 "노 전 대통령에 대한 추모 행사가 자칫 정치적 집회나 폭력 시위로 변질되는 것을 막기 위해 통제는 불가피하다. (추모 모임이) 정치 집회로 변질되고 폭력화할 우려가 있어 시민들의 서울광장 출입을 막고 있다"고 말했다. 주상용 당시 서울경찰청장은 "차벽이 병풍 같아서 더 아늑하게 느껴진다는 분들도 있다"라는 망언을 늘어놓았다.

시민들은 '촛불에 겁먹은 정부가 추모 민심을 통제하려 한다'고 분노했다. 참여연대는 2009년 6월 3일 "서울광장 봉쇄는 정부와 시민 간의 소통 단절을 상징한다. 민주주의의 장이자 소통 공간인 광장을 막는 것은 민주주의를 막는 것"이라며 차벽 앞 곳곳에서 1인 시위를 벌였다. 이어 2009년 7월 21일 "경찰은 아무런 법적 근거 없이 서울광장을 차벽으로 봉쇄함으로써 서울 시민들이 서울광장을 통행할 권리, 서울광장에서 자유롭게 여가와 문화 활동을 즐길 권리를 침해했다"라며 헌법소원을 냈다. 헌법재판소는 2년 가까이 지난 2011년 6월 30일에야 이렇게 결론을 내렸다. "서울광장을 경찰 버스들로 둘러싸 (헌법소원) 청구인들의 통행을 제지한 행위는 청구인들의 일반적 행동 자유권을 침해한 것으로서 위헌임을 확인한다."

'통행 제지 행위는, 거의 마지막 수단'

일반적 행동 자유권이란 헌법 제10조 행복추구권에 포함되는 것으로, 모든 행동을 하거나 하지 않을 자유를 말한다. 즉 개방된 장소인 서울광장을 개별적으로 통행하거나 서울광장에서 여가 활동 등을 하는 것은 일반적 행동 자유권에 속하는데, 경찰이 차벽을 설치하고 서울광장의 통행을 원천 봉쇄해 이러한 권리를 침해했다는 것이 판결의 핵심 내용이다. 헌법재판소는 또 "(차벽 설치 등의) 통행 제지 행위는 집회의 조건부 허용이나 개별적 집회의 금지와 해산으로는 방지할 수 없는, 급박하고 명백하며 중대한 위험이 있는 경우에 한하여 취할 수 있는 거의 마지막 수단"이며 "통행 제지 행위는 당시 상황에 비추어 필요한 최소한의 조치였다고 보기 어렵다"고 지적했다.

너무 오랜 시간이 걸렸지만, 헌법재판소의 위헌 결정은 다행스러운 방향이었다. 참여연대는 "이 판결은 기본적인 표현의 자유, 집회와 시위의 자유를 인정한 것일 뿐만 아니라, 경찰이 단순히 예측만으로 일상적으로 서울광장을 지나다녀야 하는 사람들의 통행까지 막으며 공권력을 남용한 것에 경종을 울린 것"이라고 평가했다. 또한 "공권력을 행사할 때도 국민의 기본권 침해는 최소한의 범위여야 한다는 점을 헌법재판소가 확인해준 것"이라고 덧붙였다.

헌법재판소가 이런 결정을 내리기까지 시민들이 손을 놓고 기다리기만 한 건 아니다. 헌법소원 심리와 비슷한 시기에 참여연대와 야당이 함께 시작한 서울광장 조례 개정을 위한 주민 발의안에 6개월 동안 10만여 명이 서명했다. 그전까지 서울광장은 서울시장이 허가할 때에만 이용할 수 있었는데, 노 전 대통령의 추모제 때 오세훈 당시 시장이 이용을 불허해 경찰이 차벽을 설치하는 빌미를 제공했다. 또한 집회를 근본적으로 금지해 서울광장이 시민들의 소통 공간으로서 제 기능을 하기 어려웠다. 여기에 맞서 시민들이 서울광장의 운영을 신고제로 바꾸고, '공익적 행사 및 집회와 시위의 진행 등'으로 광장 사용의 목적을 확대하는 조례 개정안을 추진한 것이다. 한나라당이 시의회의 다수당이었을 땐 이 안을 논의조차 할 수 없었지만, 2010년 6·2 지방선거로 시의회의 권력이 교체되자 서울광장 조례도 그해 8월 개정됐다.

'알박기'로 경찰의 요령도 늘어

그동안 경찰도 요령이 늘었다. 차벽 설치와 전면 통행 제지에 대한 위헌 여부를 다투는 사이, 경찰은 '알박기'를 고안해냈다. 알박기란 집회가 열릴 장소에 미리 경찰들을 촘촘히 배치해, 집회를 열 수 없도록 방해하는 행위를 말한다. 참여연대 쪽은 "법원에 가처분 신청을 내는 방법처럼 위헌적 행위에 관한 긴급 구제 조치, 헌법적 기본권을 침해당했을 때 즉각 대응할 수 있는 방안도 고민해야 한다"고 말했다.

심사위원 20자평

오창익 아무 때나 아무 곳에나 경찰 차벽을 세우면 안 된다니까

이상원 시민의 광장은 시민의 품으로

이재근 경찰 버스는 경찰 수송에만 쓰세요. 차벽은 이제 그만~

판결 이후

그러나 헌법재판소의 결정이 무색하게 광장의 차벽은 여전히 살아 있다. 2013년 8월 초 서울광장에서는 주말마다 국가정보원의 선거 개입 의혹을 규탄하는 촛불집회가 이어졌다. 경찰은 8월 3일, 10일 열린 대규모 집회 당시 서울광장 대부분을 경찰 버스로 촘촘히 막았다. 그러나 위헌 판정을 의식해, 차벽을 완전히 막지 않고 작은 우회로를 마련해뒀다. 당시 경찰은 "한정된 집회 공간에 인원이 몰리는 바람에 안전사고를 막기 위해 버스로 통행로를 막을 수밖에 없었다"고 설명했다. 경찰은 '꼼수'로 헌법재판소의 위헌 결정까지 넘어서려는 걸까.

서울행정법원 | 2011구합34122

유령 집회로 집회의 자유를
제한해서는 안 된다는 판결

집회의 자유 부문

아직 사라지지 않은 '유령'
다른 집회 신고가 되어 있다는 이유로 집회를 불허하는 것

사람들은 거리로 나선다. 자신의 사정을 호소할 다른 방법이 남아 있지 않기 때문이다. 하지만 이미 다른 누군가가 집회 신고를 한 상태다. 신고된 집회는 열리지 않는다. 열리지도 않는 '유령 집회'가 사람들의 입에 재갈을 물린 셈이다. 익숙한 풍경이다. 노동조합과 시민단체가 개최하는 집회를 막으려고 사옥 주변에 '교통 문화 질서 확립 캠페인' '근무 환경 보호 집회' '사원 복지 결의대회' 등의 행사를 미리 신고하는 대기업의 행태는 어제오늘의 일이 아니다. 회사 쪽과 노조 관계자가 신고 가능 시간을 기다리며 경찰서 앞에서 밤새 줄을 서기도 한다. 삼성과 현대, SK, KT 등 대기업의 사옥 주변은 그렇게 '집회 프리free' 지대로 남아 있다.

2009년 1월 6일 자신을 '삼성 소속'이라고 밝힌 한 남성(오른쪽)이 집회 신고 대기표를 받으려고 서초경찰서 앞에서 기다리고 있다. '유령 집회' 신고로 노동조합이나 시민단체의 집회를 원천 봉쇄하는 대기업의 행태는 여전하다.

'유령 집회로 집회의 자유를 제한해선 안 된다'

국회 행정안전위원회에서 꾸준히 유령 집회 문제를 제기해온 문학진 민주당 의원에 따르면, 2007년부터 2010년 6월까지 전국 경찰서에 접수된 집회 신고 330만 2545회 중 실제 집회가 이뤄진 것은 9만 3341회(2.8퍼센트)에 불과했다. 문 의원은 "이는 대부분 대기업의 유령 집회 때문"이며 "대기업이 신고한 집회가 실제 개최되는 비율은 0퍼센트에 가깝다"고 지적했다.

중복 신고된 집회의 '목적이 상반되거나 방해된다고 인정되는 경우'에만 이후 신고된 집회를 금지할 수 있도록 한 현행 집회 및 시위에 관한 법률의 조항은 무용지물이다. 집회 자체를 범죄와 동일시하는 '불통의 대한민국'에서 집회와 결사의 자유라는 헌법적 가치는 질식돼왔다. 2011년 11월 24일 서울행정법원 행정 13부(박정화 부장판사)이 선고한 판결은 이런 현실에 균열을 냈다. 유령 집회로 집회를 열지 못하게 된 서울의 한 상가 임차인들이 수서경찰서를 상대로 낸 '옥외 집회 금지통고처분 취소' 소송에서 재판부는 "집회 및 시위의 자유에 대한 제한은 법익의 보호를 위해 반드시 필요한 경우에 한해 정당화될 수 있다"라며 임차인들의 손을 들어줬다. 이들은 상가의 실소유주인 서울의 한 사찰 주변에서 돌려받지 못한 보증금을 요구하는 집회를 열 계획이었지만, 사찰의 신도회가 먼저 집회 신고를 해 금지통고처분을 받았다. 신도회가 신고한 집회는 실제 열리지 않은 '유령 집회'였다. 재판부는 "집회 신고가 이미 돼 있다는 이유만으로 집회를 불허하는 것은 국민의 기본권을 제한하는 것으로 위법하다"고 판결했다. 서울행정법원 쪽은 "유령 집회로 집회의 자유를 제한해선 안 된다는 취지의 판결이 난 것은 처음인 걸로 안다"고 밝혔다.

아직 갈 길이 멀다. 이번 소송의 피고인 수서경찰서와 사찰 쪽은 최근 항소를 제기했다. 심사위원인 최재홍 변호사는 "유령 집회를 둘러싼 논란에 준거가 될 수 있는 판결"이지만 "이번 판결이 곧바로 모든 경우에 적용되기는 어려울 것"이라고 했다. 경찰 내부에서 관계 법령 및 집회 중복 신고 문제에 대한 업무 지침을 정비하는 작업이 뒤따라야 한다는 것이다. 최 변호사는 "앞으로 벌어질 비슷한 유형의 소송에서 집회의 자유를 폭넓게 보장하는 취지의 판결이 축적되어야 할 것"이라고 했다.

집회 및 시위에 관한 법률 제8조(집회 및 시위의 금지 또는 제한 통고):
② 관할경찰관서장은 집회 또는 시위의 시간과 장소가 중복되는 2개 이상의 신고가 있는 경우 그 목적으로 보아 서로 상반되거나 방해가 된다고 인

정되면 뒤에 접수된 집회 또는 시위에 대하여 제1항에 준하여 그 집회 또는
시위의 금지를 통고할 수 있다.

유령 집회 싸움

회사 쪽과의 '유령 집회 싸움'에 이골이 난 삼성일반노동조합의 김성환 위원
장은 "집회 신고를 선점해 노조의 집회를 무력화하려는 삼성의 시도는 여전하
다"고 말했다. 집회를 개최하려는 개인이나 단체가 매번 대기업을 상대로 소송
을 제기하는 것도 현실적으로 어려운 일이다. 유령은, 아직 사라지지 않았다.

심사위원 20자평

오창익 집회와 시위의 자유는 헌법에만 쓰여 있는 '벽장 속의 보화'일 뿐인가

이재근 알박기 유령 집회로 집회를 막는 꼼수는 이제 안 통해요

최재홍 권리는 인간에게, 유령, 저리 가!

판결 이후

수서경찰서와 사찰 쪽이 항소했지만 서울고등법원 9행정부는 2012년 8월 30일
항소 각하 판결했다.

2012년 7월 23일 오후 5시, 서울 서초동 삼성 본관 앞에서 삼성일반노조가 주
최한 첫 '합법 집회'가 열렸다. 백혈병으로 투병하다 숨진 삼성전자 반도체 공장
직원 황민웅 씨의 7주기를 추모하는 집회로, 삼성일반노조가 출범한 뒤 삼성전
자 본관 앞에서 집회 신고를 하고 열린 첫 집회다. 그동안 삼성이 본관 일대에 미

리 집회 신고를 내는 식으로 선점해왔기 때문이다. 삼성일반노조는 이에 항의해 7월 13일 서초경찰서장을 상대로 집회 금지처분 집행정지 신청을 냈고, 서울행정법원은 이를 받아들였다. 재판부는 "집회가 금지될 경우 노조에 발생할 수 있는 회복하기 어려운 손해를 막기 위한 긴급한 필요가 인정"되며 "집회가 허용된다고 해서 공공복리에 중대한 영향을 미칠 우려도 없다"고 밝혔다. 그 말은, 더 이상 대기업 본사 앞이 '집회 안전지대'가 아니라는 뜻이기도 하다.

>> 2008년 올해의 판결 '헌법재판소, 접수 순위를 정하기 어렵다는 이유로 집회신고서를 반려한 경찰의 관행은 위헌이라는 결정' 참조

삼성 X파일 떡값 검사의 명단을 공개한 노회찬 전 의원의 행위는 공익성이 인정되므로 손해배상 책임이 없다는 판결

표현의 자유 부문

삼성을 상식이 이길까

범죄를 고발한 자의 고통

"회장님께서 지시하신 거니까." "작년에 3000 했는데 올해는 2000만 하죠." "지검장은 들어 있을 테니까 연말에 또 하고."

1997년 9월께 이학수 당시 삼성그룹 비서실장과 홍석현 중앙일보 사장이 나눈 대화다. 2005년 옛 안전기획부의 도청 테이프(X파일) 녹취록이 공개돼 세상에 알려졌다. X파일 사건의 본질은 재벌과 정치권, 검찰, 언론 사이의 검은 유착이다. 그러나 검찰은 X파일의 '내용'은 외면하고 '불법 도청'에만 열을 올렸다. 도청 등 불법으로 수집한 증거는 증거로 사용할 수 없다는 '독수독과毒樹毒果' 이론을 내세웠다. 독이 있는 나무는 열매에도 독이 있다는 논리다. 증거는 되지 못해도 수사의 단서는 될 수 있다는 반론에는 귀를 막았다. 범죄에 가담한 사람은 모조리 면죄부를 받았다.

2005년 옛 안기부의 도청 테이프(X파일)에는 삼성이 정·관계 등에 금품을 뿌린 내용이 담겨 있었다. 2005년 8월 18일, 노회찬 전 의원이 국회 법사위 회의에서 삼성에서 떡값을 받은 검사 7명의 실명을 폭로하며 수사를 촉구했다. 벌을 받은 이는 삼성도, 검사도 아니었다.

통신비밀보호법 제4조(불법검열에 의한 우편물의 내용과 불법감청에 의한 전기

통신 내용의 증거 사용 금지):

제3조의 규정에 위반하여, 불법검열에 의하여 취득한 우편물이나 그 내용

및 불법감청에 의하여 지득 또는 채록된 전기통신의 내용은 재판 또는 징

계 절차에서 증거로 사용할 수 없다.

노 전 의원의 민사재판과 형사재판

형벌은 엉뚱한 곳에 떨어졌다. 당시 민주노동당 의원이던 노회찬 전 의원이다. 노 전 의원은 2005년 8월 18일 X파일을 입수해 분석한 내용을 보도 자료로 만들어 자신의 홈페이지에 올렸다. 삼성에서 떡값을 받은 검사 7명의 실명을 폭로했다. "이번에 부산에서 올라온 내 1년 선배인 (서울중앙지방검찰청) 2차장은 연말에나 하고, 지검장은 들어 있을 테니까 연말에 또 하고······"라는 홍석현 사장의 발언을 토대로 추적한 것이다.

범죄를 고발한 자의 고통이 시작됐다. '2차장'과 '지검장'으로 지목된 김진환 전 서울중앙지방검찰청 2차장과 안강민 전 지검장은 각각 1억 원의 손해배상 청구 소송을 냈다. 서울중앙지방법원 1심 재판부(재판장 한창호)는 2006년 11월 15일 손해배상 소송에서 노 전 의원의 행위가 명예를 훼손한 것이며 국회의원의 면책특권 범위에 포함되지 않는다며 원고 일부 승소 판결했다.

또 2007년 5월 검찰은 그를 통신비밀보호법 위반과 명예훼손 혐의로 기소했다. 서울중앙지방법원 형사13단독부(조한창 판사)는 2009년 2월 9일 노 전 의원에게 통신비밀보호법 위반 혐의로 징역 6개월에 집행유예 2년, 자격정지 1년을 선고했다. 그해 말 항소심에선 다른 결과가 나왔다. 서울중앙지방법원 형사항소8부(재판장 이민영)는 2009년 12월 4일 1심 판결을 깨고 무죄판결을 내렸다. 정의가 승리하는 듯했다. 그러나 대법원 2부(주심 양창수)는 2011년 5월 13일 원심을 깨고 일부 유죄 취지로 사건을 서울중앙지방법원으로 돌려보냈다. 명예훼손은 무죄지만, 불법 도청한 내용을 공개하는 걸 금지한 통신비밀보호법을 위반한 혐의는 유죄라는 것이다. 결국 서울중앙지방법원 형사5부(재판장 양현주)는 2011년 10월 28일 파기환송심에서 징역 4개월에 집행유예 1년, 자격정지 1년을 선고했다. 재상고심을 맡은 대법원 재판부가 이를 확정하면 노 전 의원은 2012년 4월

총선에 출마할 수 없는 처지가 된다.

"무릎 꿇지 않고, 사법 정의를 실현하기 위해 재상고하겠다"고 밝힌 노 전 의원에게 2011년 12월 9일 반가운 소식 하나가 날아들었다. 손해배상 소송의 항소심을 맡은 서울고등법원 13민사부(재판장 문용선)가 원고 패소 판결을 한 것이다.

형사재판의 결과는 아직 남아 있어

손해배상 소송에서 항소심 재판부는 'X파일의 녹음 내용을 살펴봤을 때 노 전 의원이 만든 보도 자료의 내용을 허위라고 볼 수 없으며, 검찰의 직무 수행의 청렴성과 공정성을 의문시하여 제기한 내용이므로 공익성이 인정된다'고 밝혔다. 결국 "X파일에 나타난 홍석현과 이학수의 대화는 1997년 추석 무렵 검사들에게 금품을 전달할 계획을 그 내용으로 하고 있다. '작년에 3000 했는데 올해는 2000만 하죠'와 같은 부분은 삼성이 위 대화 전에도 검사들에게 금품을 전달한 적이 있고, 이후에도 이뤄질 것이라는 점에 대해 합리적이고 근거 있는 추정을 가능하게 한다. 또 X파일에는 당시 검찰 간부들의 실명이나 실명을 알 수 있는 표현이 기재되어 있다"라며 피고인 노회찬의 손을 들어줬다.

민사재판은 형사재판의 결과와 별개이지만, 노 전 의원은 한 가닥 희망을 버리지 않고 있다. 그는 "이번 판결은 국민의 상식과 법 감정에 부합하는 것"이라며 "대법원도 새로운 판단을 해야 하지 않는가 기대한다"고 말했다.

심사위원 20자평

이상훈 형사판결이 두고두고 아쉽습니다
최재홍 검사들의 수난 시대? 검사들의 자승자박!

272

판결 이후

민사재판의 상고심을 맡은 대법원 민사1부는 2012년 4월 6일 상고이유서를 제출하지 않았다는 이유로 상고를 기각했다.

하지만 형사재판에서 법원은 마지막까지 노 전 의원의 손을 들어주지 않았다. 2013년 2월 14일 대법원 3부(주심 박보영)는 노 전 의원의 상고를 기각하고, 징역 4개월에 집행유예 1년, 자격정지 1년을 선고한 원심을 확정했다. 대법원의 확정판결로 노 전 의원은 국회의원직을 잃었다. 그 사이 2012년 4월 11일 총선에서 서울 노원병 선거구에 출마해 재선 의원이 되었지만, 이로써 9개월 만에 국회의원직을 상실한 것이다. 국회의원은 선거법 외의 일반 형사사건에서 금고 이상의 형을 받으면 의원직을 내놓아야 한다. 노 의원의 대법원 확정판결이 나기 전날인 2월 13일, X파일 사건 특별수사팀의 지휘를 맡아 범죄에 가담한 사람들에게 면죄부를 준 황교안 당시 서울중앙지방검찰청 2차장이 박근혜 정부의 첫 법무부 장관 후보로 지명됐다.

>> 2013년 올해의 판결, '대법원, 삼성 떡값 검사의 명단을 폭로한 노회찬 전 의원에게 유죄 확정한 판결' 참조

대법원 | 2009다72599

울산 국민보도연맹 사건에서 국가권력의 소멸 시효는 없다며 국가의 배상 책임을 인정한 판결

국가 상대 소송 부문

'나라가 책임져야 한다는 거지요?'

울산 국민보도연맹 사건

대절한 관광버스에 앉은 김정호(64) 씨는 창밖을 바라봤다. 흑백 결혼사진 속의 아버지(1950년 사망, 당시 25세) 모습이 어김없이 떠올랐다. 울산을 출발한 버스는 5시간 뒤면 서울 서초동 대법원 앞에 도착할 것이다. '상고 기각 아니면 파기환송.' 정반대인 두 가지 결과에 대비해 쓴 성명서 2개가 그의 품에 있었다. 버스에 앉은 머리 희끗한 노인들은 제각기 창밖을 내다봤다. 법원에 가기 위해 11번째 상경하는 길이었다.

민간인 학살에 대한 국가의 배상 책임

그의 아버지는 1950년 8월 5일부터 26일 사이에, 경남 울산군 온양면 운화리 대운산 골짜기의 17개 구덩이와 청량면 삼정리 반정고개의 6개 구덩이 앞 어딘가에서 총에 맞아 숨졌다. 모두 열 차례 집단 총살이 확인됐다. 그것은 '국민보도연맹 학살 사건'이라 불렀다. 국민보도연맹은 1949년 정부가 좌익 관련자를 통제하려고 만든 조직이다. 1950년 한국전쟁이 터지자 정부가 여기에 가입한 사람들을 집단 학살한 것이다.

김정호 씨는 당시 세 살이었다. 열세 살이 되던 1960년, 4·19 혁명이 발생하자 동네 어른들은 유족회를 결성했다. 같은 해 8월, 구덩이에서 두골 825구가 발견됐다. 김씨의 할머니는 "교육이 있다고 해서, 내가 새벽에 도시락까지 싸서 보냈는데……" 하며 가슴을 쳤다. 학살자를 처벌하라고 주장하고 합동 위령제를 지냈다. 그런데 이듬해 5·16 군사 쿠데타가 일어났다. 군부는 합동 묘를 해체하고 유족을 처벌했다.

할머니도 어머니도 숨진 지 오래인 2007년 11월, '진실·화해를 위한 과거사정리위원회'(진실화해위)는 국가의 책임을 인정한 진실 규명 결정을 내렸다. 유족 508명은 국가를 상대로 손해배상 청구 소송을 냈다. 서울중앙지방법원 19민사합의부(재판장 지영철, 배석판사 김호석·정현미)는 2009년 2월 10일 원고 승소 판결을 내렸다. 민간인 학살에 대한 국가의 배상 책임을 인정한 첫 판결이다.

그런데 서울고등법원 8민사부(재판장 김창보, 배석판사 이관용·이지현)는 2009년 8월 18일 1심을 뒤집고 원고 패소 판결했다. '국가의 책임이 인정돼 이제라도 다행'이라는 내용의 성명서 하나만 준비해온 노인들로선 말문이 막혔다. 유족들은 소송을 대리한 김형태 변호사의 얼굴만 쳐다봤다. 김 변호사 역시 황당하기는 마찬가지였다.

국가의 잘못을 인정하지 않은 것은 아니었다. 다만 '소멸 시효'가 문제라고 했다. 국가가 저지른 불법 행위에 대한 소멸 시효는 사건이 발생한 때부터 5년, 알게 된 날로부터 3년이다. 고등법원은 유족들이 진작 알았고 그때 소송을 내야 했었다고 봤다. "1960년 유족회가 결성돼 진실을 규명하려고 지속적으로 요청했다"는 이유다.

1심과는 판단 근거가 달랐던 것이다. 1심은 "전시 중 경찰이나 군인이 저지른 위법 행위를 객관적으로 외부에서 거의 알기 어렵다"라며 진실화해위가 결정을 내린 날을 '안 날'로 봤다. 그 판단이 합리적으로 보였다. 근거는 쉽게 찾을 수 있었다. 당시 서울중앙지방법원에서는 '피학살자 유족회' 재심 사건이 진행 중이었다. 한국전쟁에서 민간인이 학살된 사건의 진상을 규명하기 위해 피학살자 유족회가 결성됐는데, 이들은 1961년 혁명재판소에 의해 북한을 찬양한 혐의로 기소됐다. 처벌받은 이들의 유족이 억울함을 호소하며 50여 년 만에 낸 재심이다 (2011년 3월 24일 이들에 대한 첫 무죄판결이 대법원에서 확정된 뒤, 민사소송에서 국가

2007년 11월 29일 진실·화해를 위한 과거사정리위원회 관계자들이 서울 중구 사무실에서 '울산 국민보도연맹 사건' 관련 기자회견을 열고 국가의 공식 사과 등을 권고하고 있다.

가 배상하라는 판결이 잇따르고 있다). '유족회를 만들었다고 처벌받던 시대에 국가를 상대로 어떻게 소송을 내겠는가'라는 항변은 당연해 보였다.

이제 관심은 대법원에 집중됐다. 청주와 청원 지역의 국민보도연맹 사건 등 비슷한 사건을 맡은 하급심도 관심을 가졌다. 재판부들은 심리를 중단하면서 '대법원의 판결을 먼저 보겠다'고 했다. 대법원 판결의 결과를 보고 소송 여부를 결정하겠다는 다른 지역의 유족들도 있었다.

2011년 6월 30일 대법원의 선고 기일이 잡혔다. 고등법원의 선고가 있은 뒤 2년 만이다. 그 사이 20여 명은 소를 취하했다. '고등법원에서 안 된다는데 되겠는가'라는 실망감에 인지대에 대한 부담이 겹쳤기 때문이다. 원고 5명은 고령으로 숨졌다.

유족회를 만들었다고 처벌받던 시대

그날 오후 2시 대법원 1부(주심 김능환)는 원심을 깨고 사건을 서울고등법원으로 돌려보냈다. "이제 와서 뒤늦게 '유족들이 집단 학살의 전모를 어림잡아서 미리 소송을 제기하지 못했다'는 취지로 소멸 시효의 완성을 주장해 채무 이행을 거절하는 것은 부당하다"고 했다. 1심과 같은 판단이었다.

"나라가 책임져야 한다는 거지요? 이제 맞지요?" '파기환송'이라는 주문을 들은 노인들은 거듭 물었다. 법정의 복도를 빠져나오기도 전에 노인들은 격격 울기 시작했다. 눈물을 참으며 김씨는 품속에 지닌 성명서 2개 중 하나를 꺼냈다.

사건 심층: 지연 손해금 삭감

울산 국민보도연맹 사건에 대한 대법원의 판결이 나온 뒤 김해, 창녕, 창원 등 다른 지역의 유족 모임 40~50곳도 같은 취지의 소송을 준비하고 있다. 하지만 손해배상 금액을 어느 정도로 청구해야 할지 몰라 우선 이 사건에 대한 서울고등법원의 파기환송심 선고를 기다리고 있다.

사정은 이렇다. 이 사건의 1심은 희생자 1명당 2000만 원을 배상하라고 했다. 그리고 1950년부터 선고일인 2009년까지 연 5퍼센트의 이자를 지급하라고 했다. 국가가 위자료를 늦게 지급함으로써 생긴 지연 손해금을 불법 행위가 발생한 때부터 산정해야 한다는 원칙에 따른 것이었다.

그런데 대법원 3부(주심 박시환)는 2011년 1월 13일 지연 손해금을 산정하는 기준일을 대폭 당기는 것으로 판례를 변경했다(2009다103950). "불법 행위가 발생한 뒤 장시간이 경과해 통화가치에 상당한 변동이 생겼는데도, 덮어놓고 그때부터 지연 손해금이 발생한다고 보는 경우에는 합리적 이유 없이 현저하게 과잉 배상하는 문제가 제기된다"는 이유다. 그래서 "예외적으로 손해배상 청구 소송의 변론이 종결된 당일"부터 산정해야 한다고 했다.

유족들은 '소멸 시효 항변'을 인정하지 않은 대법원의 판결로 인해 보상받을 길이 뒤늦게나마 열렸지만, '지연 손해금 예외' 판결로 기존의 과거사 관련 국가 배상 판결에 비해 대폭 줄어든 배상금을 받게 됐다. "피해를 회복해야 할 피해자보다 국가의 관점에서 본 나머지 예외를 둔 정치적 판결"이라는 비판이 나왔다.

이를 고려해 이후 1심 법원들은 위자료 자체를 증액해 판결하고 있다. 서울중앙지방법원 민사합의32부(재판장 서창원, 배석판사 박소영·박종환)는 2011년 9월 30일 청주와 청원 지역 국민보도연맹 사건에서 희생자 1명당 8000만 원을 배상하라고 판결했다(2009가합73948). 하지만 대폭 줄어든 지연 손해금에 비하면 그 증액은 아주 적다. 울산 국민보도연맹 사건의 파기환송심은 고등법원의 첫 판단이라 주목된다.

그나마 소송을 낼 수 있는 유족들은 운이 좋은 편이다. 소송의 근거가 되는 진실화해위의 규명을 받은 희생자는 4934명에 불과하다. 학계에선 국민보도연맹 사건의 희생자가 5~10만 명에 이를 거라고 추정한다. 2010년에 진실화해위의 활동이 종료됐기 때문에 남은 유족들은 특별법 제정에 기댈 수밖에 없는 상황이다.

심사위원 20자평

금태섭 지연 손해금 삭감. 손이 다 떨린다

오창익 억울한 간첩 만들어 피눈물을 쏟게 한 자들은 어떻게 하나?

이상원 책임 있는 나라, 성숙한 국가

장서연 과거사 청산을 위한 최소한의 양심

판결 이후

2012년 4월 13일 서울고등법원 13민사부는 울산 국민보도연맹 희생자 유가족 483명이 국가를 상대로 낸 손해배상 소송의 파기환송심에서, 국가는 희생자에 대한 몫으로 8000만 원, 배우자에게는 4000만 원, 부모와 자녀에게는 800만 원, 형제자매에게는 400만 원씩을 배상하고, 희생자가 사망했을 경우 배상금은 상속인에게 지급하라고 판결했다. 대법원 2부(주심 이상훈)는 2012년 8월 30일 국가의 상고를 기각하고 이 판결을 확정했다.

박정희 정권을 보위하고 기본권을 탄압한 '긴급조치 제1호'는 위헌이라는 판결

형사 · 사법 부문

36년 만에 위헌 선고받은 긴급조치
긴급조치 제1호의 덫이 풀리다

"긴급조치는 국민의 기본권을 탄압하는 부당한 조치다. 이럴 수 있느냐. 국민이 대통령에게 개헌 청원도 못 한단 말인가?" "이렇게 탄압하는 법이 어데 있느냐, 개헌의 '개'자만 말해도 잡혀가게 되어 있으니 이런 놈의 나라가 어디 있느냐." "이런 조치는 대통령이 더 오래 해먹겠다는 이야기이니 나는 15년 징역을 살고 나면 백옹이 되겠구나."

권력에 굴종한 유신 시절의 사법부

'긴급조치 제1호'의 첫 번째 희생자는 개헌 청원 서명 운동을 주도한 장준하와 백기완 선생이다. 육군 중장이 재판장을 맡았는데, 공소 제기에서 선고까지 일주일밖에 걸리지 않았다. 1974년 1월 31일 검찰관이 법정 최고형인 징역 15년을 구

긴급조치 제1호를 위반한 오종상 씨는 1975년 2월 대법원에서 유죄가 확정돼 옥살이를 했다. 2010년 12월 16일 대법원은 오씨의 재심 사건에서 26년 만에 무죄를 선고했다. 무죄판결을 받고 대법원 대법정을 나서는 오씨.

형하자 재판부는 하루 뒤 징역 15년을 그대로 선고했다. '대한민국의 정찰제는 백화점의 상관행이 아니라 군법회의 판결에서 최초로 확립됐다'라는 한승헌 변호사의 유명한 말은 여기서 나왔다. 그해 8월 대법원은 하급심의 판결을 확정했다.

1974년 1월 8일 대통령 긴급조치 제1호가 공포됐다. 내용은 이렇다. 1) 대한민국 헌법을 부정, 반대, 왜곡 또는 비방하는 일체의 행위를 금한다. 2) 대한민국 헌법의 개정 또는 폐지를 주장, 발의, 제안, 또는 청원하는 일체의 행위를 금한다. 3) 유언비어를 날조, 유포하는 일체의 행위를 금한다. 4) 앞서 금한 행위를 타인에게 알리는 일체의 언동을 금한다. 5) 긴급조치 제1호를 위반한 자와 비방한 자는 법관의 영장 없이 체포, 구속, 압수, 수색하며 15년 이하의 징역에 처한다.

여기서 말하는 '대한민국 헌법'은 박정희의 장기 집권을 획책하려고 1972년

11월에 만들어진 유신헌법을 이른다. 말이 헌법이지 국민의 기본권은 어디에다 내버린 '초헌법적' 내용을 담고 있다. 심지어 긴급조치는 사법적 심사의 대상이 되지 않는다(제53조)고 했다. 초월적 지위가 부여된 긴급조치 제1호는 유신헌법과 박정희 정권을 보위하는 전위였다.

긴급조치 제1호를 위반한 이들은 정치인과 재야인사, 대학생에 그치지 않았다. 일반인도 유언비어 유포와 긴급조치 비방 혐의로 걸려들었다. 오종상(70) 씨가 그렇다. 경기도 평택에 살던 오씨는 서른세 살이던 1974년 5월, 평택읍으로 향하는 버스 안에서 한 여고생에게 유신 정권을 비난하는 말을 했다가 긴급조치 제1호가 엄금하는 '대한민국 헌법'을 비방한 혐의 등으로 기소됐다. "수출 증대란 선량한 노동자의 피를 빨아먹는 일이다" "정부에서는 분식을 장려하는데 정부 고관과 부유층은 분식이라 하여 국수 약간에다가 순 계란과 육류가 태반인 분식을 한다" "유신헌법 체제에서는 민주주의가 발전할 수 없다." 대법원은 1975년 2월 징역 3년에 자격정지 3년을 확정했다. 오씨는 꼬박 형기를 채우고 출소했다.

유신헌법과 긴급조치 시대의 사법부는 권력 앞에 굴종하기를 부끄러워하지 않았다. 치욕의 시기다. 당시 민복기 대법원장은 1973년 신년사에서 "우리나라가 통일과 번영을 이룩하기 위하여는 국가 정치권력의 구조가 구헌법과 같아서는 안 되고 가장 집중적이고 가장 효율적이어야 한다는 것이 유신헌법의 본질인 이상, 사법권의 존재 양식도 이에 맞추어야 함은 당연한 귀결"이라고 말했다. 이런 사법부를 불신하던 긴급조치 위반자들은 상당수가 상고를 하지 않았다. 판결에 승복해서가 아니라 어차피 뻔한 선고가 예상됐기 때문이다.

대법관 12명 만장일치로 위헌 판결

참여정부에 들어 '재심을 통한 과거사 청산' 작업을 꾸준히 해온 사법부가 긴급조치 제1호의 위헌성을 36년 만에 뒤늦게 인정했다. 대법원 전원합의체(주심 차한성)는 2010년 12월 16일 오씨의 재심에서, 긴급조치 위반 혐의에 대해 '면소' 판결한 원심을 깨고 심리에 참여한 대법관 12명 전원 일치로 무죄를 선고했다. 처벌할 근거 조항인 긴급조치 제1호가 이미 해제됐다고 해서 그동안 무죄라고 판단하지 않고 면소 판결을 해온 '관행'에서 한발 더 나아간 것이다. 대법원은 "긴급조치 제1호는 유신헌법에 대한 논의 자체를 전면 금지함으로써 이른바 유신 체제에 대한 국민적 저항을 탄압하기 위한 것이 분명하다. 현행 헌법은 물론, 당시 유신헌법상의 긴급조치 발동 요건조차 갖추지 못한 채 국민의 기본권을 침해했기 때문에 위헌"이라고 밝혔다.

2007년 초 박정희의 딸인 박근혜 당시 한나라당 대표는 긴급조치 위반 사건에서 선고에 관여한 판사의 실명이 공개되자 "나에 대한 정치 공세라고 생각한다" "이것이 한국 정치의 현실이다. 하필 왜 (판사의 실명을) 지금 발표하는 것이냐"라고 했다. 이게, 우리의 현실이다.

사건 심층: 긴급조치의 위헌 심판 기관
대법원과 헌법재판소가 심판권 때문에 갈등

대법원 전원합의체가 긴급조치 제1호는 위헌이라고 판단하자, 헌법재판소가 발칵 뒤집혔다. 우리 헌법은 법률의 위헌성에 대한 판단은 헌법재판소가, 법률보다 아래인 명령과 규칙 등의 위헌성에 대한 판단은 대법원이 하도록 했다. 대법원은 오종상 씨 사건의 재심에서 '긴급조치의 위헌 심판 기관'이 왜 대법원인지를 자세히 밝혔다. "긴급조치는 국회의 승인을 받지 않았고 국회의 입법권 행사라는 실질을 전혀 가지지 못해 헌법재판소의 위헌 심판 대상이 되는 '법률'에 해당하지 않는다"는 것이다.

오씨는 대법원 판결이 있기 전 서울고등법원에 유신헌법 제53조와 긴급조치 제1호, 2호의 위헌 여부를 헌법재판소에서 가려달라는 신청을 냈지만 법원은 받아들이지 않았다. 이에 오씨는 2010년 2월 직접 헌법재판소에 헌법소원을 청구했다.

헌법재판소 쪽은 "자체적으로 위헌성 여부를 적극 검토하고 있었는데 대법원이 선수를 쳤다. 대통령 긴급명령 등은 법률과 동일한 효력을 가지는데도 대법원이 아전인수 격으로 해석했다"고 불만을 나타냈다. 반면 헌법학계 일부에서는 "헌법재판소가 너무 늦게 나선 측면도 있다"고 지적한다. 하지만 해당 재심 사건에 대해서만 구제가 가능한 대법원의 선고와 별도로, 소송을 내지 않은 피해자들까지 구제하기 위해선 헌법재판소가 유신헌법과 긴급조치에 대한 위헌성을 적극 판단할 필요가 있다는 데는 이견이 없다.

긴급조치 제1호는 위헌이라는 대법원의 선고가 나온 뒤 국가 폭력에 대해 반성할 줄 모르는 검찰의 '퇴행'이 어김없이 이어졌다. 검찰은 긴급조치 위반 혐의로 징역형을 선고받은 서 모 씨 등 3명의 재심에서 무죄 선고가 나오자 '긴급조치의 위헌에 대한 판단은 헌법재판소에서 해야 한다'라며 항소이유서를 제출했다. 법률 전문가로서의 '판단'일 수도 있지만, "당시 북한의 위협이 계속되는 시대적 상황을 감안할 때 긴급조치를 발령할 상황이 아니었다고 단정할 수 없다"라는 검찰의 주장은 '판단'이 아닌 '반동'에 가깝다.

헌법재판소는 2011년 10월 13일 오씨 등 6명이 유신헌법 제53조와 긴급조치 제1호, 2호, 9호의 위헌성을 따져달라며 청구한 헌법소원 사건의 공개변론을 열었다.

판결 이후

헌법재판소는 2013년 3월 21일 재판관 전원 일치 의견으로 유신헌법 제53조에 근거한 대통령 긴급조치 제1호, 2호, 9호가 위헌이라는 결정을 내렸다(2010헌바 132). 헌법재판소의 위헌 결정으로 긴급조치 위반 혐의로 유죄판결을 받은 피해 자들은 형사소송법에 따라 재심 소송을 하면 일괄적으로 권리를 구제받을 수 있 게 됐다.

헌법재판소는 결정문에서 "대통령 긴급조치 제1호, 2호, 9호는 기본권 제한에 있어야 할 입법 목적의 정당성과 방법의 적절성을 갖추지 못하였을 뿐 아니라, 죄형법정주의에 위배되고, 참정권, 표현의 자유, 영장주의, 신체의 자유, 법관에 의한 재판을 받을 권리, 학문의 자유 등 국민의 기본권을 지나치게 제한하거나 침해하므로 모두 헌법에 위반된다"고 밝혔다.

또한 2013년 5월 16일 대법원 전원합의체(주심 이인복)는 긴급조치 제4호도 폐지되기 이전부터 헌법에 위배되어 무효하다고 판결했다(2011도2631).

4대강 사업 앞에서 삶터를 지키려는
팔당 유기농 농민들의 손을 들어준 판결

환경 부문

두물머리 안개 속의 한줄기 희망
팔당 유기농 농민들이 양평군을 상대로 소송

그곳에선 자주 안개가 낀다. 하얗고 축축한 공기 사이로 불쑥 사람이 시야로 들어왔다 다시 사라지는 아침이 잦다. 물안개다. 금강산에서 흘러내린 북한강과 남한강의 두 물이 이곳에서 합쳐진다. 그래서 두물머리다. 경기도 양평군 양서면 양수리 두물머리의 사람들은 안개에 익숙하다. 아침마다 물안개 사이로 장화를 신고 밭으로 향한다. 농민 서규섭 씨도 다르지 않다. 집에서 양수리 733-4번지 밭으로 걸어가는 안개 속의 길이 이제 어색하지 않다. 벌써 10년째다.

4대강 정비를 위해 유기농 밭을 갈아엎어

서규섭 씨는 2000년 직장을 다니다가 농민이 됐다. 서울에서 버티는 삶의 미래는 안개보다 불투명했다. 서른세 살인 청년은 태어난 고향이 아니라 마음의 고

286

2011년 3월 4대강 사업 중단과 팔당 유기농 단지 보존을 위한 두물머리 1주년 기념 생명평화미사가 경기도 양평 두물머리에서 열렸다.

향을 경기도 양평군에서 찾았다. 2001년 또 다른 귀농 처녀를 반려자로 맞았다. 유기농 딸기를 재배했다. 펜 대신 낫을 잡은 전직 직장인의 손은 점점 거칠어졌지만 마음과 정서는 점점 덜 거칠어졌다. 딸 가을이와 하늘이가 차례로 태어났다. 도시의 소비자조합과 생산자조합이 직거래를 텄다. 유기농을 중간상인의 착취 없이 공급할 수 있었다. 유기 농사를 짓는 동료 농민도 많았다. 두물머리엔 오랫동안 나루터가 있었다. 1971년 팔당 상수원 보호구역으로 지정돼 개발제한구역이 됐다. 농민들은 유기 농사를 지었다. 양평군과 경기도 등 지방자치단체도 농민들을 지원했다. 유기농의 메카가 됐다. 그는 행복한 농민이었다.

　서규섭 씨의 직함이 2009년 이후 하나 늘었다. '농지 보존 친환경 농업 사수를 위한 팔당 공동대책위(팔당공대위) 집행위원장'이라는 살벌한 이름이다. 2007년 겨울, 전직 건설회사 사장이 대통령이 되었다. 이명박 행정부의 지시로 서울지방

국토관리청장은 2009년 12월 농사를 그만 지으라는 의미를 담은 '하천 점용 허가 취소 요청'을 양평군수에게 내려 보냈다. 한나라당 출신인 김선교 양평군수는 대통령의 지시를 그대로 따랐다. 농민 서규섭은 활동가 서규섭이 됐다. 그의 손은 호미 대신 마이크를 잡았다. 때론 전투경찰의 방패를 부여잡아야 했다.

마지막으로 법에 호소했다. 두물머리 주변 22.2헥타르에 이르는 지역에 밭을 가진 11개 농가는 양평군을 상대로 2011년 '하천 점용 허가 취소처분 취소' 소송이라는 긴 이름을 가진 소송을 제기했다. 이 길고 생경한 한자어는 '4대강 사업이 유기농 농가의 삶터를 망가뜨리게 하지 말아달라'라는 의미를 담고 있다. 법관은 '헌법과 법률에 의하여 그 양심에 따라 독립하여 심판'(헌법 제103조)한다.

소송의 법리적 쟁점은 세 가지였다. 첫째, 두물머리 주변에 정부의 주장대로 수량 부족 등 하천 공사의 필요성이 생겼는가. 둘째, 유기농 농사로 팔당 식수원이 정말 오염됐는가. 셋째, 농민들이 강변에 농사지을 법적 권한(하천 점용 허가)이 2012년에 끝나는데 4대강 사업의 예산과 설계도가 확정되지 않은 상태에서 긴급하게 농민들을 내쫓은 행위가 정당한가.

법관들의 양심과 법률 해석은 저마다 다르다. 이준상 부장판사의 양심은 두물머리 농민들을 향했다. 수원지방법원 행정3부는 2011년 2월 15일 농민들의 손을 들어줬다. 재판부는 "하천의 수량이 부족하거나 하천의 상황이 변경되어 하천 점용 허가를 유지하는 것이 공익을 침해할 우려가 있다고 볼 아무 증거가 없다"고 판단했다. 국토해양부는 집요하게 반박했다. 특히 유기농업에 쓰이는 비료가 수질오염을 부른다고 주장했다. 농민들은 자존심을 잃었다고 느꼈다. 국토해양부의 주장이 사실이라면, 30년간 유기농업을 지지하고 지원해온 양평군수, 남양주시장, 경기도지사는 모두 팔당 지역 수질오염의 책임자가 되는 셈이다. 농림수산식품부도 반박하는 견해를 밝혔다. 수원지방법원은 유기 농사 때문에 "수질이 현저하게 변경되어 점용 허가를 유지하는 것이 공익을 해할 우려가 있다고 볼 아무 증거가 없다"고 판단했다.

농지를 지키려는 투쟁과 소송

농민들을 변론한 법무법인 길상의 오범석 변호사는 특히 마지막 쟁점에 무게를 실었다. 두물머리 주변에 해당하는 4대강 사업 1공구의 예산 편성도, 구체적 공정도 정해지지 않은 상황에서 2012년에 농사지을 권한(점용 허가권)이 만료되는 농지를 2009년부터 갈아엎을 긴급한 필요가 과연 있었는지 따져 물었다. 수원지방법원은 농민들의 주장이 더 설득력이 있다고 판단했다. 유기농업의 특성상 다른 곳에서 새로 농업을 시작해도 3년 이상 투자해야 비로소 수익이 발생한다는 점, 두물머리에서 2011년 9월 세계유기농대회가 열릴 계획이 잡혀 있다는 점도 판단 근거로 들었다. 2월 15일 농민들은 잠시 숨을 골랐다.

법관은 양심에 따라 독립하여 심판한다. 서울고등법원 행정6부의 임종헌 부장판사의 양심은 다른 곳을 향했다. 세 가지 쟁점에서 모두 1심의 판단을 뒤집었다. 서울고등법원은 하천 관리용 도로와 자전거도로 등을 만드는 사업이 하천 공사에 해당한다고 봤다. 유기농업이 수질오염을 부른다는 국토해양부의 주장을 받아들였다. 오범석 변호사는 2심 판결을 받아들이지 못했다. "2심 판결은 이익 형량에 대한 판단이 두루뭉술합니다. 국토해양부는 4대강 사업에 대해 제대로 된 예산안도 없었어요. 항소심에서 예산 자료라고 제출했는데 공사비 도급 계약서 자료를 낸 겁니다. 그게 무슨 예산안입니까." 유기농 밭을 갈아엎을 긴급한 필요성에 대한 2심의 판단도 받아들이지 못했다. "수질오염에 대해 농민들도 많은 자료를 냈고 프레젠테이션도 했습니다. 그런데 2심 판결문에서는 비교해서 판단하지 않고 그저 '오염이 있다'라고만 두루뭉술하게 판단했죠." 4대강살리기추진본부 정책총

괄과에 판결에 대한 견해를 물었으나 '양평군에 물으라'며 답변을 거부했다.

법률은 늘 현실의 뒤를 좇는다. 농지를 지키려는 투쟁과 소송에 함께한 11개 농가 가운데 소송을 하는 사이 6개 농가가 떠났다. 경기도가 제안한 장기 저리 대출을 받았다. 어떤 이는 강원도와 경기도 여주 접경 지역의 농지를 샀고, 또 다른 이는 경기도 용문 근처로 떠났다. 새로운 농지에서 유기농을 시작하면 3년간 수확할 수 없다. 7~8억 원씩 돈을 빌린 그들은 3년 뒤부터 원금을 갚아야 한다. "단순히 농민들에게 돈을 빌려줘서 땅을 사게 했다고 충분히 보상됐다고 하면 동의할 수 없습니다." 서규섭 씨는 조용한 어투로 항의했다. "(생산자와) 소비자와의 직거래 관계, 신뢰 등은 (새로 이주한 농지에서) 다시 맺어야 하는 부분입니다. 이건 농가 혼자서 할 수 없는 것입니다. 지역에서 생산자조합이 만들어지고 소비자조합과 서로 관계를 맺어야 합니다."

대법관의 양심은 어디로 향할까

딸 가을이는 열한 살이 됐고 하늘이는 여덟 살이 됐다. 그리고 서규섭 씨 등 5개 농가는 비닐하우스를 뒤엎으려는 포클레인을 저지하며 3심 재판의 결과를 기다리고 있다. 법관은 양심에 따라 독립하여 심판한다. 서울고등법원 법관들의 양심은 가을이와 하늘이를 데리고 유기농업을 지속하려는 서씨보다 하천 관리용 도로와 자전거도로를 건설할 필요성으로 향했다. 서씨는 법관의 양심을 이해하지 못했다.

심사위원 20자평

이상훈 이렇게 좋은 판결이 항소심에서 뒤집히다니

290

이재근 두물머리에 농민이 있었음을 강물은 기억할 것

장서연 4대강 소송에서 유일하게 승소한 판결

최재홍 농민에게 농토를! 두물머리에 평화를!

판결 이후

3년 4개월 동안 이어진 두물머리 농민들의 저항은 정부의 4대강 사업 계획도 바꿔놓았다. 2012년 8월 14일, 국토해양부와 농민들은 천주교 수원교구장인 이용훈 주교의 중재안을 받아들여 두물머리에 '생태학습장'을 만드는 데 합의했다. 소송도 취하했다. 대법원의 판결을 기다릴 필요가 없어졌다. 농지를 훼손하지 않기 위한 최선의 선택이었다. 농민들은 합의를 마치고 다른 농지를 찾아 두물머리를 떠났다. 이들의 노력으로 두물머리는 4대강의 재앙을 피하게 됐다.

대법원 | 2009다19864

여성 회원이 총회원이 되는 것을 제한한 것은 성차별이므로 서울YMCA가 배상하라는 판결

여성 부문

8년 만에 '사람'이 된 '여성'들
평등권의 원리에 어긋난 차별

다음 중 사람이 아닌 것은? 1번 남자, 2번 여자, 3번 할아버지, 4번 아저씨. 대부분 답이 없다고 하겠지만, 서울YMCA는 아마 2번 여자라고 답했을 것 같다. 서울YMCA에서 여자는 '사람'이 아니었으니 말이다. 창립할 때부터 여성 회원에게 이사와 감사 등 임원 선출권, 총회 의결권, 임원 피선거권을 지닌 총회 구성원(총회원)이 될 자격을 부여하지 않았다. 1967년에 이르러서야 헌장에 규정된 총회원의 자격을 '남성'에서 '사람'으로 수정했다. 그때 형식적으로나마 여성 회원도 총회원이 될 자격을 얻었다. 그전까지 여성은 단지 일반 회원(단순 시설 이용자, 프로그램 참여자)에 만족해야 했다.

2006년 2월 서울 종로구 종로2가 서울YMCA 총회장 앞에서 회원들이 여성에게도 총회원 자격을 주라며 시위를 벌였다.

차별받은 여성 회원들

총회원이 될 자격이 '남성'에서 '사람'으로 바뀌었지만, 변화는 일어나지 않았다. 이후에도 여성이 총회원이 된 경우는 없었다. 여성 회원들의 반발이 거세지자 2003년 '남녀의 권리를 동등하게 보장하겠다'라는 내용의 결의문을 채택하기도 했다. 하지만 결의문은 남성 회원만 참석할 수 있는 총회에서 번번이 부결됐다. 총회원이 될 자격인 '사람'에 '여성'은 해당되지 않는 것이다. 줄곧 총회원이 될 자격을 요구한 서울YMCA 회원들은 결국 소송을 제기했다.

대법원 3부(주심 차한성)는 2011년 1월 27일 김 모 씨 등 서울YMCA 회원 38명이 '성차별로 정신적 고통을 당했다'라며 이 단체를 상대로 낸 손해배상 청구 소송에서 원고에게 1인당 1000만 원씩 지급하도록 선고한 원심을 확정했다. 재판부는 판결문에서 "원고들이 단체 구성원으로서 회비를 부담하면서도 여성이라는 이유만으로 일반 회원의 기본 권리인 총회 의결권 등을 행사할 기회를 원천적으로 빼앗겨온 점 등을 고려하면, 피고가 우리 사회의 법 감정을 벗어나 원고들의 인격적 법익을 침해한 것으로 볼 수 있다"고 밝혔다. 또 "일부 회원을 오로지 성별만을 이유로 의사 결정이나 기관 선출에 참여할 수 있는 지위에서 범주적으로 배제한 것은 헌법이 정한 '평등권의 원리'에 위배된다"라며 "차별의 대상이 된 여성 회원들의 인격권 침해를 인정해 위자료를 지급하라"고 결정했다.

사실 총회 의결권을 달라는 서울YMCA 여성 회원들의 소송은 순탄하지 않았다. 1심 재판부인 서울중앙지방법원 13민사부(재판장 이균용, 배석판사 박지연·유상현)는 2007년 6월 28일 "피고가 구성원의 가입과 탈퇴가 자유로운 임의단체인 데다가 여성 회원에게 총회 의결권을 부여하는 사항은 내부에서 자율적으로 해결해야 하는 문제"라며 원고 패소 판결했다. 회원들은 이에 불복해 항소를 제기했다. 2009년 2월 10일 서울고등법원 14민사부(재판장 이광범, 배석판사 김성수·임성철)는 "여성이라는 이유로 의사 결정 과정 등에서 배제하는 것은 헌법이 규정한 평등의 원칙에 어긋난다"라며 회원들의 손을 들어줬다.

일인당 1000만 원씩 위자료 지급

대법원 재판부는 "사적 단체는 그 성격이나 목적에 비춰 구성원의 성별에 따라 달리 취급하는 것이 금지된다고는 할 수 없다"고 해도 "성별의 차별 대우가 사회 공동체의 건전한 상식과 법 감정에 비춰 용인할 수 있는 한계를 벗어날 때는 위법한 것으로 평가할 수 있다"고 판단했다. 또 "서울YMCA는 부분적으로 공공영역에서 활동하는 사회봉사 단체이며, 이미 여성 회원이 절반 이상인 단체"라는 점을 판결의 근거로 들었다. 그렇게 여성도 사람이 되는 데 8년이 걸렸다.

심사위원 20자평

김진 'YMCA, 영맨'의 '맨(人)'이 그 '맨(男)'이 아니라고!

오창익 서울YMCA 회원들의 투쟁이 드디어 결실을

이재근 '여성 회원은 회원이 아니다'라는 황당한 주장을 기각!

장서연 남녀칠세부동석은 이제 옛말이라고요

독립운동가에게 유죄 선고한 판사를
친일 반민족 행위자로 인정한 판결

행정 부문

독립운동가에게 실형을 선고한 자, 친일
판결을 내린 판사를 역사는 어떻게 판단할까

일제강점기 당시 조선의 인구는 2000만 명. 모두 어떤 식으로든 일제의 규율과 제도 밑에서 살아갔다. 독립운동의 길을 택한 이는 소수였다. 패가망신을 각오한 일이었다. 독립운동가를 빼면, 어디서 어떻게 일했는지에 따라 친일인지 아닌지를 규정해왔다. 대동아 공영권을 찬양하는 글을 남긴 언론인을 친일파로 삼는 식이다. 그 경계는 모호하다. 예를 들어 독립운동가를 잡는 고등계 형사로 일한 조선인의 경우는 친일파라고 쉽게 말한다. 하지만 당시 경찰서의 경무나 금전 관리를 맡은, 말하자면 고등계 형사의 잡무를 대신한 동료는 어떻게 판단해야 할까. 이 '친일 반민족 행위 해당자 결정처분 취소' 소송에는 친일 여부를 가르는 실체적 진실을 넘어서는 실존적 고민이 담겼다.

제2의 반민특위로 불린 친일반민족행위자 재산조사위원회가 2007년 회의하는 모습.

독립운동가 54명에게 유죄 선고

서울고등법원 행정7부(재판장 곽종훈)는 "일제강점기에 판사가 독립운동가들에게 실형을 선고한 행위도 친일에 해당한다"고 밝혔다. 이는 애초 '친일이 아니다'라는 1심 판결을 뒤집은 것이다. 당시의 실정법을 따랐더라도 반대 의견 등을 내지 않았다면 적극적인 친일 행위로 봐야 한다는 판단이다. 일제강점기에 행한 판사의 재판이 친일에 해당하는지를 두고 상급심에서 하급심과 달리 '친일'이라고 정리한 것이다.

내용을 들여다보자. 친일 반민족 행위 진상규명위원회가 일제강점기인 1920

년부터 판사로 재직하며 독립운동가 수십 명에게 유죄를 선고한 유영(1950년 사망, 당시 68세)을 친일 반민족 행위자로 결정하자, 그의 손자가 이 결정을 취소해 달라며 국가를 상대로 소송을 냈다. 그런데 항소심은 원심을 깨고 원고 패소 판결했다. 재판부는 "대한민국 헌법은 대한민국임시정부의 법통을 계승한다고 규정함으로써 일제강점기에 시행된 법령의 정당성을 부정하고 있기 때문에, 당시 독립운동가에게 실형을 선고한 것은 무고한 우리 민족 구성원에 대한 탄압 행위에 해당된다"고 밝혔다.

일제강점기 당시 유 판사는 어떤 판결을 내렸는지 보자. 그가 실형을 선고한 독립운동가는 54명이다. 일제강점기에 판검사로 재직한 208명이 독립운동 사건을 처리한 건수를 보면, 이 정도는 상위 10퍼센트 안에 들어간다. 특히 유 판사가 실형을 선고한 독립운동가들이 복역 중에 심한 고문을 받아 후유증으로 사망한 사실도 판결문은 적시하고 있다. 재판부는 "직접적 대가가 아니더라도 25년 동안 판사로 재직하며 조선총독부의 재판소 운영 정책에 적극 호응하였음을 간접적으로 보여주는 것"이라고 판단했다. 유족들은 일본 정부로부터 '훈4등 서보장' 등 훈장을 받은 것이 친일의 증거가 아니라고 주장했지만 이 또한 받아들여지지 않았다.

《친일인명사전》을 보면, 유 판사는 일제강점기 중반의 대표적 독립 무장투쟁 단체인 의열단의 사건을 다루면서 관련자인 이수택 선생에게 실형을 선고하는 등 독립운동가 60여 명에게 유죄판결을 했다. 이수택 선생의 독립운동에 대해 유영 판사는 "다수가 공동으로 안녕과 질서를 방해한 행위"라며 징역 2년 6개월의 실형을 선고했고, 결국 이수택 선생은 복역 중에 고문 후유증으로 숨졌다.

1심 판결을 바로잡은 고등법원

물론 논란이 끝난 것은 아니다. 친일이 아니라고 판단한 1심 재판부의 판결문을 보자. 1심 재판부는 "판사는 검사가 기소한 적용 법령과 공소 사실을 기초로 유무죄와 형량을 결정하는 역할만을 한다"고 하며 "판사가 항일운동과 관련된 사안을 재판했다는 것만으로는 무고한 우리 민족 구성원을 탄압하는 데 적극 앞장섰다고 볼 수 없다"고 판결했다.

논란은 한 세기를 넘어 계속된다. 판결도 계속된다. 양심에 따른 병역 거부, 촛불 시위 그리고 희망버스. 100년 뒤 우리 자손은 그 판결을 내린 판사를 어떻게 판단할까.

심사위원 20자평

이상원 순간은 역사를 만들고 역사는 순간을 만든다

장서연 판사라는 자리에 그 시대적, 역사적 책임을 묻다

최재홍 판사의 판결도 역사 앞에 자유로울 수 없다

판결 이후

유 판사의 손자가 판결의 내용을 받아들이지 못해 재판은 대법원까지 이어졌다. 하지만 대법원은 2012년 4월 13일 상고 이유가 적절치 않다는 이유로 심리를 속행하지 않고 기각함으로써 유 판사의 적극적 친일 행위를 인정한 원심을 확정했다.

>> 2010년 올해의 판결, '서울행정법원, 일제강점기에 독립운동가에게 실형 선고한 판사를 친일 반민족 행위자로 볼 수 없다는 판결' 참조

반복 처벌받는 '양심적 예비군 훈련 거부자'에게 실형 대신 벌금형을 선고한 판결

소수자 인권 부문

가혹한 반복 처벌을 끝낼 길을 마련해야

양심적 병역 거부자보다 힘든 양심적 예비군 훈련 거부자

충북 청주에 사는 이 모 씨는 2010년 8월 향토예비군설치법 위반 혐의로 기소돼 재판을 받았다. 훈련에 참가하라는 통지서를 십여 차례 받고도 정당한 사유 없이 응하지 않았다는 이유다. 여호와의 증인 신자인 이씨는 이른바 '양심적 예비군 훈련 거부자'다.

반복적 거부에 따른 반복적 기소와 처벌

보통 병역을 거부해 실형을 살고 나온 여호와의 증인 신자에게는 예비군 훈련이 부과되지 않는다. 하지만 이씨는 군에 입대해 만기를 채우고 전역했다. 자동적으로 향토예비군에 편입됐다. 그 역시 입대를 앞두고 병역 거부를 심각하게 고민했지만, 1년 6개월에 이르는 수형 기간과 출감한 뒤 사회적 불이익을 받을 것

예비군 훈련 거부자는 한 번 처벌을 받더라도 훈련 의무가 소멸되지 않고, 예비군 복무 기간(8년) 내내 반복적 거부에 따른 반복적 기소와 처벌이 이뤄져 고통을 받는다.

을 생각하면 군대 대신 감옥행을 택하기란 쉬운 일이 아니었다. 군 생활을 하는 내내 신앙을 지키지 못했다는 자책감에 시달렸다.

2005년 제대한 뒤 청주의 한 인테리어 업체에 자리를 잡았다. 2006년 예비군 훈련에 참석하라는 통지서가 날아왔다. 형을 살고 나온 또래 친구들의 얼굴이 어른거렸다. 훈련을 받지 않기로 했다. 계속 훈련에 참석하지 않자 수사기관에 고발이 들어갔고, 검찰은 그를 기소했다. 이씨는 "헌법상 보장된 종교와 양심의 자유에 따라 훈련을 거부한 것이니 예비군법이 규정한 '정당한 사유'에 해당한다"고 주장했으나 받아들여지지 않았다. 재판부는 그에게 징역 4개월에 집행유예 1년을 선고했다.

하지만 그것으로 끝나지 않았다. 1개월 뒤 다시 예비군 부대로부터 통지서가 날아들기 시작했다. 역시 응하지 않았다. 2011년 10월 예비군 훈련을 거부했다는 이유로 기소된 6건의 사건을 병합해 재판이 열렸다. 검찰은 징역형을 구형했다. 이씨는 "이미 예비군 훈련을 거부했다고 처벌받은 적이 있기 때문에, 다시 같은 이유로 처벌받는 것은 일사부재리 원칙에 어긋난다"고 항변했다. 하지만 청주지방법원 형사1단독부는 2011년 10월 11일 "새로 부과된 훈련을 또다시 거부한 경우이기 때문에 일사부재리 원칙에 위반되지 않는다"라며 유죄판결을 내렸다.

관례대로라면 이씨에겐 집행유예 기간에 또다시 범죄를 저지른 셈이어서 실형 선고가 불가피하다. 하지만 재판을 담당한 윤영훈 판사는 이씨에게 벌금 300만 원을 선고하는 데 그쳤다. 판결문에 양형 이유를 이례적으로 상세하게 적었다. "양심적 예비군 훈련 거부자의 경우 한 번 처벌을 받더라도 훈련 의무가 소멸되지 않고 예비군 복무 기간(8년) 내내 반복적 거부에 따른 반복적 기소와 처벌이 이뤄져 고통을 받게 된다. 반복적이고 단계적으로 상승되는 처벌은 피고인을 매우 불안정한 지위에 둘 뿐만 아니라, 군 면제자와 비교할 때 형평에 어긋나는 측면도 있다."

남은 예비군 복무 기간 동안 계속될 고통

윤 판사는 〈한겨레21〉과의 통화에서 "헌법재판소의 결정을 보면 예비군 훈련 불응자를 처벌하는 것은 합헌이지만, 소수 의견을 자세히 들여다보면 이씨처럼 반복적, 누적적으로 처벌을 받는 것은 비례성과 형평성에 문제가 있다고 본다"고 하면서 "예비군법 위반도 기소된 건마다 처벌할 게 아니라, 병역법 위반자처럼 한 번에 처벌을 끝낼 수 있게 입법적 정비가 필요한 듯하다"고 말했다.

이씨가 이번 선고에 따라 벌금 300만 원을 납부하더라도 문제가 완전히 해결되는 건 아니다. 그는 남은 2년의 예비군 복무 기간에 계속 훈련에 참가하라는 통지서를 받게 된다. 거부할 경우 또다시 기소돼 재판을 받아야 한다.

심사위원 20자평

금태섭 법리보다 인간적인 동정심에 한 표

김진 너무 찜찜하다. 그래도……

오창익 예비군 복무 기간이 끝날 때까지 처벌하겠다는 건, 너무 심해요

동성애를 다룬 영화 〈친구 사이?〉에 '청소년관람불가' 등급을 매긴 영등위의 결정을 취소한 판결

소수자 인권 부문

19禁의 기준, 이중 잣대를 꺾다

동성애를 다뤘든 이성애를 다뤘든
'19금'의 기준은 같아야 한다

'보면 안다. I know when I see it'

이른바 '음란물'에 대한 법적 판단 기준을 웅변하는 표현이다. 미국 대법원이 1964년 '제이코벨리스 대 오하이오주' 사건에 대한 판단을 내리는 과정에서 등장한 말인데, 사연은 대충 이렇다.

미국 오하이오주 클리블랜드 하이츠 지역의 한 극장은 오랜만에 프랑스 영화를 걸었다. 루이 말 감독이 1958년 발표해 베니스영화제 심사위원 특별상을 거머쥔 〈연인들Les Amants〉이다. 남편과 애인까지 있는 주인공이 우연히 만난 제삼의 남성과 사랑에 빠져 새로운 인생을 시작한다. 요즘 '막장 드라마'에 견주면 지극히 평범한 내용이다.

김조광수 감독의 영화 〈친구 사이?〉는 20대 초반 젊은이들의 '풋풋하고 예쁜 사랑 이야기'를 담고 있다. 영화에서 조심스레 사랑을 가꿔가는 두 주인공이 서로를 바라보며 환하게 웃고 있다.

20대 남남 커플, 보면 안다

하지만 오하이오주 당국의 판단은 달랐다. 간통이 유행할지 걱정된 걸까? 이 영화를 '음란물'로 규정하고, 극장주인 니코 제이코벨리스를 '공연음란죄'로 기소했다. 주 법원의 판단도 마찬가지여서 제이코벨리스에게 벌금 2500달러를 선고했다. 그는 표현의 자유를 침해한 것이라며 사건을 연방 대법원으로 가져갔다. 당시 포터 스튜어트 대법관은 다수 의견에서 "이른바 '하드코어 포르노'라는 짤막한 수식에 부합하는 표현물이 어떤 것인지 정의하려는 시도까지는 하지 않겠다"고 하며 "다만 그것이 어떤 것인지는 보면 알 수 있는데, 이 사건에 해당하는 영화는 그렇지 않다"고 썼다.

"이 사건의 영화는 성적 정체성이 미숙한 청소년의 일반적인 지식과 경험으로 수용하거나 소화하기 어려워, 건전한 인격체로 성장하는 것을 저해한다. 또 건전한 사회윤리와 선량한 풍속, 사회 통념 등에 비춰보아도 청소년이 이 사건의 영화를 관람하는 것은 부적절하다."

김조광수 감독이 2009년 발표한 영화 〈친구 사이?〉를 '청소년관람불가' 등급으로 분류한 영상물등급위원회의 주장이다. '보면 안다'라는 기준으로 보면 이 영화는 특별한 게 없다. 주인공이 군 복무 중인 애인을 면회하러 가면서 벌어진 에피소드를 바탕으로 20대 초반 연인들의 현실을 그린 게 줄거리다. 면회신청서의 관계란에 '애인'이라고 적었다가 지우고 '친구'라고 적거나, 같은 날 면회하러 온 애인의 어머니에게 애인이라고 밝히지 못하고 친구라고 소개하는 장면에선 슬며시 웃음이 새나온다.

일부 '애정신'이 없는 것은 아니다. 하지만 때맞춰 어김없이 등장하는 어머니 때문에 '뜻'을 이루지 못한다. 비슷한 시기에 '15세이상관람가' 등급을 받은 김용균 감독의 영화 〈불꽃처럼 나비처럼〉에 나오는 알몸 성행위 장면에 견줄 바가 아니란 얘기다. 인터넷 포털 사이트에 올라온 이 영화에 대한 반응이 대체로 '풋풋하고 예쁜 사랑 이야기'라는 식인 것도 이 때문이다.

그럼에도 이 영화가 청소년관람불가 판정을 받은 사연이 있다. 주인공이 '남남' 커플인 것이다. 법원의 판단은 어땠을까? 1심을 맡은 서울행정법원 7행정부(재판장 이광범)는 2010년 9월 9일 영화사 쪽이 영상물등급위원회를 상대로 낸 '청소년관람불가 등급 분류 결정처분 취소' 소송에서 원고 승소 판결했다. 또 서울고등법원 5행정부(재판장 김문석)는 2011년 4월 20일 위원회의 항소를 기각함으로써 1심 판결을 유지했다.

항소심 재판부는 "15세이상관람가 및 청소년관람불가의 기준에 관한 규정 등을 종합해보면, 선정성에 관한 청소년관람불가의 기준은 성적 행위에 대한 묘사가 구체적이라는 것만 가지고는 충족되지 않고, 신체 노출과 성적 행위에 대한 묘사가 성적 욕구를 자극할 정도로 구체적이고 직접적이며 노골적이어야만 충족된다"고 판시했다.

동성애를 다뤘다는 이유로 19금 판정

그럼에도 영상물등급위원회는 동성애의 '유해성'에 대한 소신을 굽히지 않았다. 위원회가 상고함으로써 사건은 대법원에 계류 중이다.

심사위원인 장서연 변호사는 "영상물등급위원회가 이 영화에 청소년관람불가 등급을 내린 것은 성적 표현의 수위가 높아서가 아니라 '동성애가 청소년에게 유해하다'라는 편견 때문"이며 "동성애를 다룬 영화든 이성애를 다른 영화든 '19금'의 기준은 같아야 한다는 법원의 판단은 사실 너무나 당연한 것"이라고 말했다.

심사위원 20자평

김진 〈친구 사이?〉〈인생은 아름다워〉〈빌리티스의 딸들〉. to be continued
오창익 영등위의 살뜰한 배려도 정도껏 해야
장서연 영등위의 호모포비아 꼰대질에 제동을 걸다

판결 이후

대법원 특별2부(주심 김소영)는 2013년 11월 14일 영상물등급위원회의 상고를 기각하고 원심을 확정했다. 재판부는 "이 사건의 영화가 동성애를 다루고 있지만, 동성애를 직접 미화하고 조장하거나 성행위를 구체적으로 표현한 장면은 없다"고 하며 "동성애를 내용으로 한 영화라는 이유만으로 청소년의 일반적인 지식과 경험으로는 이를 수용하기 어렵다고 단정할 수 없다"고 법리를 피력했다. 결국 영화 〈친구 사이?〉는 청소년관람불가 등급의 분류 기준에 해당하지 않는다고 결정했다.

대법원 | 2009다97079

임대주택 분양 전환가를 높게 매기면서 건설 원가 자료를 공개하지 않은 LH공사에게 제동을 건 판결

경제 정의 부문

임대주택 장사를 멈추다
임대주택 분양 전환을 둘러싼 4년간 법적 공방

한국토지주택공사(LH공사, 옛 대한주택공사)는 '공'기업이다. 공기업은 시장에서 사기업이라면 다루지 않을 상품을 팔거나, 사기업에만 맡기면 안 되는 상품을 거래한다. 이를테면 물과 땅, 지상파 등 공공 자원이 주된 거래의 대상이다. 따라서 공기업은 이윤과 함께 공공성이라는 토끼를 한 마리 더 잡아야 한다. 문제는 공기업이 이 본분을 망각할 때 생긴다. 이럴 때 공기업은 종종 사익에 눈멀어 공공성을 내팽개친다. 그러면 공기업은 고삐 풀린 야수가 된다.

턱없이 높은 분양 전환가

LH공사가 2007년 가을부터 광주시 광산구 운남주공 6단지 아파트에서 한 짓이 그랬다. 공공 임대아파트인 그곳의 저소득 세입자를 대상으로 폭리를 취하려

했다. LH공사의 입에 재갈을 물린 건 대법원 전원합의체의 판결이었다. 많이 늦기는 했다. 대법원 판결이 나오기까지 임대아파트 주민들은 LH공사라는 거인과 4년 넘게 법적 공방을 펼쳐야 했다. 다윗과 골리앗의 싸움 정도가 아니었다. 개미와 공룡의 싸움이었다.

운남주공 6단지 아파트는 2001년부터 입주가 시작됐다. 무주택 서민 1148가구가 저렴한 조건에 새로운 보금자리를 마련할 수 있었다. 문제는 2007년 10월 시작됐다. 임대 사업자인 LH공사는 입주민을 대상으로 분양 전환 신청을 받으며 아파트값을 통보했다. 당시 임대주택법에 따르면 LH공사는 임차인에게 먼저 우선분양전환권을 줘야 했다. 공사의 통지서를 받아든 주민들은 입이 떡 벌어졌다. 분양 전환가가 턱없이 높았다. 107제곱미터 아파트의 분양가가 9000만 원을 넘어섰다. 이웃 지역에서 비슷한 시기에 지어진 아파트의 시세보다 오히려 높은 수준이었다. 주민들이 나섰다. 795가구가 모여 분양 전환가의 기초가 되는 건설 원가를 산정한 자료를 달라고 공사에 요구했다. LH공사는 이를 거부했다. 주민들은 분양 절차 가처분 신청을 냈다.

광주지방법원 3민사부는 2008년 10월 16일 LH공사의 손을 들어줬다. 과거 판례를 따른 것이다. 2004년 12월 대법원은 "산정 기준에 위배된 분양 전환가로 분양 계약을 체결했다는 이유만으로 법적 효력까지 부인할 수 없다"고 판결한 바 있다. 조금 거칠게 말하자면, LH공사가 돈을 더 부과해도 주민들은 이에 따라야 한다는 뜻이다.

LH공사는 1심 판결을 등에 업고 '집행'을 시작했다. 주민들을 상대로 불법 거주 배상금을 부과하기 시작했다. 하루에 1만 원씩이었다. 분양 계약을 거부한 가구의 현관문이 하나씩 강제로 열렸다. 광주지방법원에서 점유 이전 가처분 신청을 받은 결과였다. 주민들을 대표하는 박해림 분양가대책위원장은 "아이들만 남

분양 전환을 둘러싼 갈등은 어제오늘의 얘기가 아니다. 2009년 10월 경기도 동두천시 생연동 부영아파트 앞에 분양가를 높게 책정한 건설사를 비판하는 내용의 펼침막이 걸려 있다.

아 있는 낮에 아파트의 문을 강제로 열고 들어오는 경우도 있었다"고 말했다.

임대주택 제도를 만든 취지

소송은 2심으로 넘어갔다. 여기서 전세가 뒤집혔다. 광주고등법원 1민사부(재판장 선재성, 배석판사 정문수·문준섭)는 2009년 11월 11일 LH공사가 택지비와 건축비를 부풀려서 아파트 값을 부과했다며 주민 1가구마다 800만 원가량씩을 반환하라고 판결을 내렸다. 이번에는 LH공사가 가만있지 않았다. 소송은 결국 대법원까지 갔다. 대법원 전원합의체(주심 이홍훈)는 2011년 4월 21일 상고를 기각하고, 상고 비용도 LH공사가 부담하라고 판결했다. 지루한 소송 끝에 맛본 승리다. '웃돈'을 주고 분양을 받은 가구들은 그만큼의 돈을 돌려받았다. 불법 거주 배상금도 돌려받을 수 있었다.

재판부는 "임대주택 제도가 임대 사업자의 경제적 이익을 위한 수단으로 변질될 우려가 있다"고 판결의 배경을 설명했다. 소송을 진행한 김성훈 변호사는 "임대주택법을 만든 취지는 서민에게 자신의 집을 마련할 기회를 제공하려는 것이다. 이와 같은 공적 책임을 저버린 LH공사에게 법원이 제동을 걸었다는 데 판결의 의미가 있다"고 평가했다.

심사위원 20자평

이상훈 생애 첫 집 얼마나 벅찰까요. 폭리 안 됩니다

최재홍 서민을 상대로 집 장사? 주공이여, 쫄아라, 국민에게

대구고등법원 | 2010누2549

부양 의무자가 있어도 실제 부양받지 못하는 이들의 기초생활수급권을 인정한 판결

생활 속 권리 부문

국가 먼저, 자식 나중

국민기초생활보장법을 새롭게 해석

대구 달서구에 사는 권 모(68) 씨 부부의 월 소득은 15만 원이 조금 넘는다. 도시 2인 가구 최저생계비(85만 원)의 17퍼센트에 불과한 수준이다. 유복하던 가계 사정은 부부가 사업에 실패하면서 급격하게 기울었다. 2008년 법원에서 파산 선고와 빚에 대한 면책 결정까지 받았다. 생계가 막막해지자 2010년 4월 대구 달서구청에 기초생활수급자로 선정해달라고 신청서를 냈다. 월 15만 원의 수입으로는 식료품비를 대기도 빠듯했기 때문이다. 하지만 달서구청은 2주 뒤 권씨 부부는 기초생활수급자의 자격이 안 된다며 부적합 결정을 내렸다. 권씨의 두 아들 가운데 장남은 월수입이 700만 원 이상이고 재산도 6000만 원에 육박해 노부부를 부양할 능력이 충분하다고 판단한 것이다.

부양 능력이 있는 부양의무자가 여러 가지 이유로 부양을 거부할 경우, 국가는 부양료 소송 등을 통해 당사자끼리 해결하도록 상황을 방관해도 좋은가.

사회복지 급여는 사후에 징수할 수 있어

그러자 권씨는 달서구청이 내린 사회복지 서비스 및 급여 부적합 결정처분을 취소해달라며 대구지방법원에 소송을 냈다. 장남과 큰며느리의 사유서도 첨부했다. 권씨 부부의 사업이 망해 생긴 빚을 갚느라 자신들이 이미 상당한 돈을 지출했고, 이 때문에 경제적으로 어려워졌을 뿐 아니라 부모와 감정의 골이 깊어질 대로 깊어져 더 이상 정상적인 관계를 유지할 수 없다는 내용이다. 하지만 대구지방법원 재판부(재판장 정용달, 배석판사 민병국·유지현)는 2010년 11월 3일 권씨의 청구를 기각했다. 사유서만으로는 장남 부부가 부양을 거부한다고 인정하기 어렵고, 이를 뒷받침할 뚜렷한 증거도 없다는 이유다.

권씨는 항소했다. 대구고등법원 1행정부(재판장 김창종, 배석판사 김경대·이무상)는 2011년 4월 29일 1심 판결을 뒤집어 달서구청에 사회복지 서비스 및 급여 부적합 결정처분을 취소하라고 선고했다. 판결문은 '국민기초생활보장법의 목적과 법에 규정된 급여의 기본 원칙, 수급권자의 범위 등에 따라, 부양 능력이 있는 부양 의무자가 어떤 이유로든 실제로 명백히 부양을 기피하거나 거부한 사실이 인정되면 수급권자의 자격이 있다'고 밝혔다.

2심 재판부가 판결을 내리며 눈여겨본 것은 국민기초생활보장법 제46조(비용의 징수)다. 국가에서 사회복지 급여를 제공받은 사람에게 부양 능력을 가진 부양 의무자가 있는 것으로 확인된 경우, 일정한 심의를 거쳐 지급한 비용의 전부나 일부를 국가가 부양 의무자에게 조세 등의 형태로 사후 징수할 수 있다는 규정이다. 재판부는 이 조항을 포괄적으로 해석했다. 나중에 부당 지급된 급여를 환수할 기회가 법적으로 보장된 만큼, 아직 급여가 지급되기 전이라도 당장 생계 보호가 필요한 빈곤층에게 국가가 급여를 지급해 곤란에서 벗어나게 하는 게 옳다고 판결한 것이다. 대법원 1부(주심 이인복)도 2011년 9월 8일 수급권자 자격을 인정한 원심을 확정했다.

법의 형식성, 행정의 경직성 풀어

김창종 판사는 2011년 12월 13일 〈한겨레21〉과의 통화에서 "법률에 별도의 징수 규정이 있으니, 우선 급여를 지급한 뒤 사후에 국가가 부양 능력이 있는 아들 부부에게 그 비용만큼 환수하면 국가도 손해 보지 않는다"고 하고 "빈곤층 노인의 부양과 관련해 국가의 책임과 피부양자의 책임을 다 같이 인정하고 각자의 역할을 합리적으로 조정한 것"이라고 설명했다.

김일수 심사위원장은 "법의 형식성에 얽매여 있는 행정의 경직성을 판결로 풀어줬다"고 하면서 "약자와 빈곤층에게 실질적인 사회보장이 이뤄질 토대를 마련한 의미 있는 판결"이라고 평가했다.

심사위원 20자평

오창익 필요한 곳에 복지를, 그래야 보편적 복지

이상훈 잘난 자식, 더 이상 미워하지 않도록

이재근 기초 생활 보장은 자식이 아니라 국가의 책임이니

장서연 가난은 가족이 아닌 국가의 책임. 이참에 부양 의무 제도도 논의하자

'생활 민주주의를 진전시킨 판결이 많았다'

김일수 심사위원장

짝짝짝, 시민의 일상을 바꾼 판결들
서울광장 통행 저지에 대한 위헌 결정,
긴급조치 제1호에 대한 위헌 판결 등 경합

김일수 한국형사정책
연구원장

〈한겨레21〉이 올해의 판결을 선정해 발표해온 지 4년이 되었다. 연륜에 따라 사회적 영향력도 커졌고, 그만큼 독자들의 관심도 깊어졌다고 본다. 2011년 12월 7일 오후 서울 마포구 공덕동 한겨레신문사 8층 회의실에서 최종 심사를 진행했다.

먼저 2011년 최고의 판결을 선정하는 과정에서 심사위원들의 목소리가 예사롭지 않았다. 대체로 2011년에는 예년보다 작황이 신통치 않다는 의견이 많았고, 심지어 일부 심사위원은 최고의 판결을 뽑지 않는 것도 하나의 방안이라고 지적했다. 하지만 파장이 큰 판결일수록 사안을 법정으로 끌고 간 당사자들의 '법적 요란legal noise'이 선행될 수밖에 없다는 점과 올해의 판결은 한 해 동안 우리네 시민 생활의 반사경이라는 점을 감안해 최고의 판결을 뽑자는 데 무게가 실렸다.

최고의 판결 선정

후보는 3개 판결이었다. 서울광장 통행 저지는 위헌이라는 결정, 위안부 피해 할머니들의 대일 배상청구권에 대한 외교통상부의 부작위는 위헌이라는 결정 그리고 긴급조치 제1호는 위헌이라는 대법원의 판결. 그중에서 마지막 판결은 2010년 12월 중순에 선고된 것이어서 먼저 올해의 판결 후보가 될 자격이 있는지 논의했다. 〈한겨레21〉이 올해의 판결을 해마다 12월 초순께 선정하다 보니, 이후 연말에 주목할 만한 판결이 나와도 간과될 수 있다. 바로 그 점 때문에 선정한 날로부터 1년 동안에 나온 판결 중에서 뽑자는 의견이 있었다. 하지만 선정 해당 연도에 선고된 판결이 나름대로 비중을 가질 때는 그것을 우선해야 한다는 데 의견이 모아졌다.

자연히 헌법재판소의 위헌 결정 2개에 초점이 모아졌다. 서울광장 통행 저지는 위헌이라는 결정은 통행의 자유권에 관해 헌법재판소가 새로운 이정표를 세웠다는 점에서 몇몇 심사위원들이 의미를 부여했다. 하지만 위안부 피해 할머니들의 배상청구권에 대한 외교통상부의 부작위는 위헌이라는 결정에 무게를 싣는 심사위원들이 더 많았다. 법리적으로 국제 협약 이행 여부에 대한 정부의 책임을 묻는, 스케일이 큰 결정이고, 위안부 피해자 중 생존자 수가 점점 줄어든다는 긴박감 속에서 그들의 고통에 국가가 이런 결정으로나마 귀를 기울였다는 점 등이 이 결정에 방점을 찍게 했다.

노동 부문에서는 전국철도노조 파업 사건과 장애인 콜택시 사건을 뽑았다. 전자는 형법상 업무방해죄 조항에 규정된 '위력'에 쟁의 행위인 파업이 포함되는가

318

2011년 12월 7일 서울 마포구 공덕동 한겨레신문사 8층 대회의실에서 열린 2011년 올해의 판결 심사.

에 대해 대법원이 종전 입장과 달리 노조 활동에 더 유리하도록 판결했다는 점에서 높은 평가를 받았다. 또 서울시가 장애인 콜택시 운전자들과의 근로계약 갱신을 거부한 후자 사건에서는 재판부가 갱신 기대권을 침해했다는 이유로 부당해고라고 본 점이 주목을 끌었다. 이 판결은 1심과 2심을 다 뒤집은 것으로 비정규직과 관련된 판결 중 가장 선명하게 돋보였다는 평가를 받았다.

경제 정의 부문에서는 임대주택 분양 전환 사건을 뽑았다. 임대주택 사업자들이 분양 전환을 할 때 적정가격을 초과한 분양가의 부분을 무효로 취급해 국민의 주거권을 안정시켰고, 주택 임대차 영역에서 사회 정의를 추구했다는 데 공감대가 이뤄졌다.

생활 속 권리 부문에서는 기초생활수급자 사건을 뽑았다. 기초생활수급자의 자격 여부를 판단할 때 종전에는 형식적으로 부양 의무자가 있는지를 따졌으나, 이 판결에서는 부양 의무자가 있더라도 실질적인 부양을 할 수 있는지를 따졌다.

법의 형식성에 얽매인 행정의 경직성을 판결로 풀어줌으로써 실질적인 사회보장의 지평을 모색한 점을 높이 평가했다.

부문별 올해의 판결 선정

형사·사법 부문에서는 2011년 최고의 판결 후보로 오른 긴급조치 위반에 대한 무죄판결이 뽑혔다. 긴급조치의 위헌 판단 기관이 어디인지를 두고 대법원과 헌법재판소가 대립각을 세우는 상황이어서 법리의 구성에 대해서는 논란의 여지가 있었지만, 과거 체제의 불법을 청산했다는 데 큰 의미를 두었다.

여성 부문에서는 서울YMCA 사건을 뽑았다. 사회적 차별 철폐와 여성 인권 신장이라는 점이 주목을 끌었다. 환경 부문에서는 두물머리 농민 사건을 선정했다. 이 판결은 수원지방법원 행정3부의 판결이긴 하지만, 두물머리에서 유기농업을 해온 원고들이 경기도 양평군을 상대로 하천 점용 허가 취소처분을 취소해 달라고 낸 소송에서 신뢰 이익 및 법적 안정성 유지 이익을 들어 원고 쪽 손을 들어준 판결이다.

행정 부문에서는 친일 판사 유영 사건을 뽑았다. 재판 업무라 하더라도 법을 왜곡하고 정의 관념에 심대한 타격을 입히는 행위는 법과 정의의 이름으로 단죄된다는 사실을 보여주었다는 점에서 주목을 받았다.

집회의 자유 부문에서는 서울광장 통행 저지는 위헌이라는 결정과 유령 집회 사건을 뽑았다. 전자는 최고의 판결로 꼽아도 손색없다는 의견이 많던 터라 집회의 자유 부문에서 올해의 판결로 뽑는 데 문제가 없었다. 후자는 앞서 신고한 집회가 형식적으로 신고한 유령 집회라면, 경찰이 집회 시간과 장소가 겹친다는 이유만으로 집회를 불허할 수 없다는 내용으로 새로운 선례라는 점에서 선정했다. 표현의 자유 부문에서는 삼성 X파일 사건과 관련해 검사들의 실명을 공개한 노회찬 전 의원에게 손해배상 책임을 묻지 않은 서울고등법원의 판결이 최종 심사가 끝난 뒤 추가 선정됐다.

특히 2011년에는 시민들의 일상적 삶에 다가가는 민주적이고 인권 친화적인 판결이 눈에 많이 띄었다. 우리 사회가 더 공정하고 평등한 사회로 나아가는 경향도 확인할 수 있었다. 자유와 인권의 최후 보루인 사법기관이 치열한 정신으로 더욱 노력해주길 기대한다.

시민들의 일상적 삶에 다가가는 판결

국가 상대 소송 부문에서는 울산 국민보도연맹 사건에서 국가의 배상 책임을 인정한 판결을 뽑았다. 소멸 시효가 끝났다고 항변하는 국가 쪽의 주장을 법리적으로 극복하고 과거 권위주의 정권 시절에 빈발하던 인권 침해 사례에 대해 사후적 권리 구제의 문호를 넓혔다는 이유에서다.

소수자 인권 부문에서는 종교적 신념에 따라 예비군 훈련을 거부한 이의 반복 처벌을 줄여준 청주지방법원의 판결과 동성애를 다룬 영화 〈친구 사이?〉에 대한 청소년관람불가 등급 판정을 취소한 판결을 뽑았다.

올해의 판결을 뽑으면서 헌법재판소와 법원이 민주화와 법치주의를 확립하는 데 얼마나 중요한 역할을 하는지 새삼 실감할 수 있었다. 특히 2011년에는 시민들의 일상적 삶에 다가가는 민주적이고 인권 친화적인 판결이 눈에 많이 띄었다. 우리 사회가 더 공정하고 평등한 사회로 나아가는 경향도 확인할 수 있었다. 자유와 인권의 최후 보루인 사법기관이 치열한 정신으로 더욱 노력해주길 기대한다.

'최고의 판결보다 최악의 판결이 많은 해였다'

금태섭 · 김진 · 오창익 · 이국운 · 이상원(왼쪽부터)

이상훈 · 이재근 · 장서연 · 최재홍(왼쪽부터)

금태섭(변호사) – 2011년에는 손에 꼽을 만한 판결이 적은 것 같다. 법치가 후퇴한다는 염려가 많다. 사법부가 역할을 해줬으면 하는데 완전히 만족할 수 없어 아쉽다. 그래도 나름대로 좋은 판결이 있었고 짚어보면 의미 있는 내용이었다.

김진(변호사) – 2011년은 노무현 대통령 때 시도한 대법관 구성의 다양화를 한 번쯤 정리하는 시기다. 그러다 보니 대법원의 판결문을 봐도 알록달록한 분위기가 사라졌다. 소수 의견이 많이 나오지 않아 섭섭하다. 앞으로 6년은 더 우려스러운 상황이 될 듯하다. 이 시점에서 올해의 판결 선정뿐만 아니라, 대법관 구성의 다양화가 가져온 순기능을 평가하고 구성의 다양화를 다시 준비해야 할 때라

322

고 생각한다.

오창익(인권연대 사무국장) – 2008년과 2009년에 비해 긴장감, 역동성, 진정성이 떨어진다. 단순히 대법원 구성원의 변화 때문인지, 아니면 중요한 사건이 없어서 그런 것인지 모르겠다. 사법부의 역할 측면에서 봤을 때 전반적으로 사법에 의한 통제가 잘 안 되고 있어 유감스럽다. 법원이 좀 더 분발했으면 하는 바람이다.

이국운(한동대 법학부·국제법률대학원 교수) – 판결 번호에서 알 수 있듯, 2011년은 이명박 정부의 초기 2년 동안 벌어진 각종 논란에 대한 사법적 정리가 시작된 한 해였다. 사필귀정이라기보다는 민주 정치의 당연한 원칙이 사법부에서 재확인된 것이 그나마 다행이다. 최고의 판결로 꼽힌 위안부 피해자들의 헌법소원 사건 역시 수십 년 묵은 아픔이다. 사법적 정리가 필요한 사건들이 몰려올 2012년을 생각하면 왠지 착잡하다.

이상원(서울대 법학전문대학원 교수) – 인권을 지향하는 형사 사법 시스템을 계속 추구했다고 평가한다. 사법부는 정치적 세력이 아니다. 정치적 지형 변화를 따라가기보다는 정치 지형이 변했을 때 거기서 소수로 남게 된 사람들을 보호해 주는, 정치적 다수자에 반대해 목소리를 낼 수 있는 의지와 강인함이 있었으면 한다.

이상훈(변호사) – 전체적으로 집회와 표현의 자유나 정치적 자유 등 자유권과 관련해서는 의미 있는 판결이 여럿 선고되었다. 그러나 사회권이나 경제 정의와 관련한 판결은 그다지 눈에 띄지 않는다. 재판부의 성향이 자유권에 상대적으로 너그럽다고 볼 수 있지만, 아무래도 현 정부가 이와 관련한 사건을 많이 발생시킨 점도 있다. 2012년에는 환경 부문에서 좋은 판결이 나오기를 기대한다.

이재근(참여연대 시민감시팀장) – 2008년과 2009년에는 이명박 정부의 불법이나 인권 탄압, 공권력 남용을 법원이 일정하게 견제했는데, 점점 이런 역할을 못하고 있다. 대법관 구성이 바뀌면서 사법부의 보수화가 경향적으로 나타나는 것은 아닌지 우려스럽다. 이번에 한미 자유무역협정FTA 문제를 제기한 판사들처럼 행정부의 권력 남용을 최종적으로 견제하는 사법부의 모습을 찾았으면 한다.

장서연(변호사) – 소수자 인권 부문에서는 칭찬하고 싶은 판결보다 최악이라고 꼽을 만한 판결이 더 많았다. 소수자의 기본권을 보호하는 데 앞장서야 할 헌법재판소가 병역 거부와 관련한 군형법 사건에서 합헌 결정을 내렸다. 논리가 과거보다 더 후퇴해 실망스러웠다. 위안부 피해자들의 헌법소원 사건에서 그나마 헌법재판소가 최소한의 책임을 졌다고 생각한다.

최재홍(변호사) – 언론 보도도 마찬가지지만 사법적 판단도 시의성이 중요하다. 사법부가 시기적으로 너무 늦게 판결해 국민이 사법적 판단을 통해 명예를 회복하는 데 시간이 걸렸다. 이명박 정부 들어 자유권 문제가 사법부로 몰리는 상황인데, 자유권에 대한 적극적인 판단을 사법부에서 해줬으면 하는 아쉬움이 남는 한 해였다.

2010년
올해의
판결

'이명박 정부에서 국민의 기본권이 심각하게 위협받는 상황이 그대로 반영되었다.'
'기존의 법률 해석과 법리를 뛰어넘은 진일보한 판결보다는 법령과 제도를
선용한 상식적인 판결이 많았다.'

디딤돌 판결

권세를 믿고 설치는 자들을 상식의 이름으로 혼내준 다윗 같은 판결들

최고의 판결

- 서울중앙지방법원/서울고등법원, 〈PD수첩〉의 광우병 쇠고기 보도에 무죄를 선고한 판결

노동 부문

- 대법원, 현대차의 사내 하청 노동자도 2년 이상 근무하면 직접 고용된 것으로 간주해야 한다는 파기환송 판결
- 서울남부지방법원, 교원 노조 가입 현황 자료는 민감한 정보이므로 보호돼야 한다는 판결

경제 정의 부문

- 대법원, 납품 업체를 속여 부품 단가를 깎은 대기업에게 하급심보다 더 엄격한 잣대를 댄 판결

생활 속의 권리 부문

- 서울고등법원, 발암 우려 물질이 들어간 생수를 판매한 업체의 이름을 공개하라는 판결

형사·사법 부문

- 서울중앙지방법원, 검찰이 용산 참사 철거민에게 수사 기록을 공개하지 않은

것은 위법이라며 국가가 배상하라는 판결

여성·가족 부문

• 대법원, 성姓과 본本의 변경을 당사자의 복리 차원에서 허가한 판결

교육 부문

• 창원지방법원, 특수목적고 출신 지원자를 우대한 고려대에게 배상 책임을 물은 판결

환경 부문

• 서울고등법원, 환경영향평가 절차의 중요성을 강조한 판결

행정 부문

• 서울고등법원/대법원, 촛불 집회에 참여했다는 이유로 정부가 보조금 지급을 중단한 것은 위법하다는 판결

걸림돌 판결

우리를 '술 푸게 한 개념 없는' 판결들

최악의 판결

- 서울행정법원, 군대 내 불온서적 지정은 위헌이라며 헌법소원 냈다는 이유로 군법무관들을 징계한 것은 적법하다는 판결

- 헌법재판소, 국방부가 불온서적 지정한 것은 합헌이라는 결정

노동 부문

- 서울행정법원, 전국공무원노동조합의 노조 설립 신고를 반려한 고용노동부의 처분은 정당하다는 판결

- 서울행정법원, 청년유니온의 노조 설립 신고를 반려한 고용노동부의 처분은 정당하다는 판결

형사·사법 부문

- 의정부지방법원, 기무사의 민간인 사찰 현장을 잡아 카메라를 뺏은 행위에 강도상해죄를 적용한 판결

- 서울행정법원, 공안 사범 자료 등을 공개하지 않은 경찰의 처분이 적합하다는 판결

- 대법원, 조사 과정에서 변호인의 참여권을 제한한 것은 위법이라는 원심을 파기한 판결

집회와 표현의 자유 부문

• 대법원, 집회 주최 측이 집회로 인한 손해액 전체를 배상하라고 파기환송한 판결

• 헌법재판소, 국회 앞에서의 집회를 금지하는 집시법 조항은 합헌이라는 결정

과거 청산 부문

• 서울행정법원, 일제강점기에 독립운동가에게 실형 선고한 판사를 친일 반민족 행위자로 볼 수 없다는 판결

환경 부문

• 서울행정법원, 4대강 사업에 대한 집행정지 신청을 기각한 판결

2010년 올해의 판결 심사위원

한택근__ 법무법인 동서파트너스 변호사(심사위원장)

김태규__ 〈한겨레〉 법조 담당 기자

서보학__ 경희대 교수

안진걸__ 참여연대 민생희망팀장

양현아__ 서울대 교수

임지봉__ 서강대 교수, 한국헌법학회 상임이사

장은교__ 〈경향신문〉 법조 담당 기자

정연순__ 민주사회를 위한 변호사모임 사무총장

정인섭__ 숭실대 교수

최은순__ 변호사

황희석__ 변호사

〈한겨레21〉과 민주사회를 위한 변호사모임 공동 기획

몰상식한 시대, 이것이 법이다

디딤돌 판결 10개와 걸림돌 판결 11개,
정의와 인권의 눈으로 한 해를 돌아보다

2010년에도 한국 사회를 빛낸 '올해의 판결'을 뽑아 세상에 내놓는다. 이번에는 민주사회를 위한 변호사모임과 공동으로 진행했다. 정의 실현과 인권 보장에 기여한 '좋은 판결'뿐만 아니라 걸림돌이 된 '나쁜 판결'을 꼽아본 것도 이번에 달라진 점이다.

2009년 올해의 판결을 선정한 직후부터 2010년 11월까지 나온 판결을 심사 대상으로 삼았다. 심사한 결과 '최고의 판결'을 포함해 9개 부문에서 10개 판결을 좋은 판결(디딤돌 판결)로, 6개 부문에서 11개 판결을 나쁜 판결(걸림돌 판결)로 선정했다.

심사위원회는 학계와 법조계, 언론계, 시민사회를 아우르는 11명으로 꾸렸다. 심사위원장은 민변 사무총장을 지낸 한택근 변호사(법무법인 동서파트너스)가 맡았다. 학계에선 한국헌법학회 상임이사인 임지봉 서강대 교수, 정인섭 숭실대 교수(노동법), 양현아 서울대 교수(법사회학), 서보학 경희대 교수(형사법)가 참여했다. 법조계에선 정연순 민변 사무총장, 황희석 변호사, 최은순 변호사가 함께했다. 안진걸 참여연대 민생희망팀장과 김태규 〈한겨레〉 법조 담당 기자, 장은교 〈경향신문〉 법조 담당 기자도 심사를 맡았다.

디딤돌 판결들만 보면 2010년은 진보의 해라기보다 상식의 해였다. 기존의 법률 해석과 법리를 뛰어넘은 진일보한 판결보다는 법령과 제도를 선용한 상식적인 판결이 주를 이뤘다는 것이 심사위원회의 공통된 의견이었다. 특히 형사·사법 부문이나 집회와 표현의 자유 부문 등에서 기본권과 관련된 판결이 주로 후보에 올랐다. 그만큼 기본권이 위태롭다는 방증일 것이다.

올해의 판결이 저물어가는 한 해를 정의와 인권의 눈으로 돌아보며 더 나은 새해를 만들어가는 작은 계기가 되기를 기대한다.

서울중앙지방법원 | 2009고단3458
서울고등법원 | 2010노380

〈PD수첩〉의 광우병 쇠고기 보도에 무죄를 선고한 판결

최고의 판결

판사들, 고개 숙인 언론의 자유를
일으켜 세우다

'위축되기'를 바란 정권과의 지난한 싸움,
언론 자유의 손을 들어준 무죄판결

조능희 PD는 "5분 뒤 직접 전화를 걸겠다"라며 갑자기 전화를 끊었다. 잠시 뒤 전화가 걸려왔다. 문화방송 〈PD수첩〉이 2008년 4월 29일 '미국산 쇠고기, 과연 광우병에서 안전한가' 편을 보도한 지 32개월, 그에게 습관이 하나 생겼다. 중요한 얘기는 굳이 직접 만나서 한다. 급할 때는 공중전화를 쓰거나 다른 사람의 휴대전화를 이용한다. 누군가 엿들을 수 있다는 의심 때문이다.

2008년 그에 대한 검찰의 체포 방침이 떨어지고 압수수색이 임박했을 때, 정부의 한 고위 관계자한테서 '〈PD수첩〉 제작진이 공유하는 정보는 우리도 다 듣고 있다고 보면 된다'라는 말을 들었다. 섬뜩했고, 믿기지 않았다. 〈PD수첩〉 제작진에 대한 수사는 유무죄를 가르려는 것이 아니라 〈PD수첩〉, 더 나아가 언론의 자유를 위축시키려는 의도라는 생각이 들었다. 거침없이 행동하자고 다짐했

방송 당시 책임PD이던 조능희 PD(오른쪽에서 네 번째)가 2010년 12월 2일 항소심 판결이 나온 뒤 기자들의 질문에 답하고 있다. 이날 재판부는 방송의 일부 내용에 대해 허위라고 판결했다. 착잡한 표정의 이춘근 PD(맨 왼쪽)와 송일준 PD(맨 오른쪽).

다. 하지만 쉽지 않았다.

1심 판사는 보수 언론의 뭇매를 맞아

"청와대가 대포폰(차명폰)을 쓰는 세상 아닙니까."

그런 일상적 감시를 의식하는 상태가 스트레스가 됐다. "모두가 지칠 수밖에 없는 상황이었어요. 일을 해야 하는데 그러지 못하는 것도 컸고."

기소된 다른 제작진도 어렵기는 마찬가지였다. "선례로 남는다는 생각에 더 신중할 수밖에 없었어요."

수사가 시작된 지 6개월여, 2008년 12월 수사를 지휘하던 임수빈 당시 서울중앙지방검찰청 형사2부장이 〈PD수첩〉 제작진을 처벌하기 어렵다는 의견을 낸 뒤 사의를 밝혔다. 검찰은 오히려 담당자를 바꿔 압박 수위를 높였다. 문화방송 본사를 압수수색하려 했고, 김은희 작가의 전자우편을 공개했다. 물러설 곳이 없었다. 농성을 어떻게 진행할지, 압수수색에는 어떻게 대응할지, 체포된 뒤에는 어떻게 수사에 응할지 등 수사에 관련된 모든 사안을 합의하고 결정했다.

'죄가 없으면 일단 나와서 무죄를 입증하면 되는 것 아니냐.'

검찰이 출두를 요구하면서 내세우던 논리다. 제작진은 "무죄인 줄 알면서도 무고한 사람들을 법정에 세우고 죄인처럼 대하면서 '아니면 말고' 식으로 괴롭히는 것은 수사 자체로 언론의 자유를 훼손하는 막대한 탄압"이라며 맞섰다.

2010년 1월 20일, 1심 판결이 있었다. 재판부는 정운천 전 농림수산식품부장관 등의 명예를 훼손하고 쇠고기 수입업자들의 업무를 방해한 혐의로 불구속 기소된 〈PD수첩〉의 조능희 당시 책임PD, 송일준, 이춘근, 김보슬 PD, 김은희 작가에게 무죄를 선고했다. 판결의 핵심은 '보도가 허위인가 아닌가' 그리고 '명예훼손에 고의가 있었는가 없었는가' 두 가지였다.

서울중앙지방법원 형사13단독부의 문성관 판사는 1) 주저앉는 소(다우너 소)가 광우병에 걸린 소로 의심된다고 보도한 점, 2) 인간광우병으로 의심된다는 진단을 받고 숨진 미국인 아레사 빈슨의 사인을 'vCJD'(인간광우병)로 보도한 점, 3) 한국인이 광우병 쇠고기를 먹었을 때 인간광우병이 발병할 확률이 높다고 보도한 점, 4) 특정 위험 물질을 보유하고 생후 30개월 미만인 소의 수입 가능성을 보도한 점 등은 허위로 볼 수 없다고 판단했다.

검찰은 '〈PD수첩〉이 고의로 왜곡하여 번역함으로써 30여 군데 허위사실을 보도한 것은 정부 당국자들의 명예를 훼손한 것'이라는 논리를 펴왔다. 하지만 재판부는 "검찰이 허위라고 주장한 대목은 일부 과장은 되었더라도 의도적인 왜

곡이나 허위가 아니므로 정당성이 인정된다"고 강조했다. 이어 "〈PD수첩〉의 보도는 미국산 쇠고기의 안전성에 대해 의구심을 가질 만한 충분히 합리적인 이유와 상당한 근거를 가지고 한 비판"이라며 "국민의 생명과 건강에 관련한 정부 정책이라면 항상 감시와 비판의 대상이 돼야 하고, 정책을 감시하고 비판하는 기능을 수행하는 것은 언론 보도의 사명"이라고 밝혔다.

파장은 컸다. 1심 판결을 내린 문성관 판사는 한 보수 언론을 통해 얼굴이 공개되고 '색깔론'이 제기됐다. 보수 언론은 판사 개인을 두고 '국민의 법 감정에 반한 판결'이라고 일제히 공격했다. 보수 언론이 국민의 법 감정을 앞세웠음에도 당시 한국사회여론연구소KSOI가 발표한 여론조사에서는 국민의 60.5퍼센트가 잘된 판결이라고 답했다.

"2심 분위기가 심상치 않았어요."(송일준 PD)

검찰은 곧바로 항고했다. 그런데 분위기가 심상치 않았다. 1심과 증인은 중복됐고, 질문이 반복됐다. 재판부는 검찰의 의견을 받아들여 원본을 제출하라고 요구했다. 또 직접 나서서 문화방송 본사를 방문했다. 제작진은 지쳐갔다. 결국 39분 분량의 핵심 부분이 담긴 영상 원본을 제출하기로 재판부와 합의했다. 아레사 빈슨의 사인과 관련해 어머니가 'CJD'(크로이츠펠트야코프병)로 언급한 것을 자막에서는 'vCJD'로 의도적으로 표기했다고 검찰이 주장하는 대목이었다.

검찰 쪽 증인도 '〈PD수첩〉 보도는 사실과 가깝다'

2010년 10월 7일은 〈PD수첩〉 제작진에게는 선고만큼 의미 있는 날이다. 제출한 영상 원본이 법정에서 공개된 것이다. 보도된 영상과 다를 바 없었다. 이어진 증인 신문에서 〈PD수첩〉 쪽 증인으로 참석한 정해관 성균관대 의대 교수는 "전체 문맥상 'vCJD'를 언급했을 가능성이 높다"라고 말했다. 이날 눈길을 끈 것

2008년 4월 29일 방송된 '긴급 취재 미국산 쇠고기, 과연 광우병에서 안전한가?'의 한 장면. 문화방송.

은 인간광우병 전문가인 김용선 한림대 의대 교수였다. 검찰 쪽 증인이었다. 그런데 김 교수는 검찰이 애초 의도한 것과는 달리 "한국인이 광우병에 노출됐을 때 (인간광우병에) 취약한 것은 사실"이며 "영국이나 미국 사람보다 광우병에 노출된 소를 먹었을 때 (인간광우병) 걸릴 가능성이 높은 것은 사실"이라고 말했다. 김 교수는 〈PD수첩〉이 한국인이 광우병에 걸린 쇠고기를 먹을 경우 인간광우병에 걸릴 위험성이 높다고 방송한 것은 사실과 가깝지 않은가'라는 〈PD수첩〉 변호인의 질문에도 '그렇다'고 답했다. 장내는 술렁였다. 〈PD수첩〉의 오류를 과학적으로 입증하려던 검찰이 오히려 자신의 증인 신청으로 〈PD수첩〉의 정확성을 입증하는 결과를 가져왔다.

그리고 2010년 12월 2일, 서울중앙지방법원 형사항소9부(재판장 이상훈)의 2심 선고가 있었다. 역시 무죄판결이 났다. 하지만 다음 날인 3일 보수 언론은 '법원이 광우병 보도를 허위이자 과장으로 판결했다'고 보도했다. 미국인 아레사 빈슨의 사인, 한국인의 인간광우병 발병 확률, 다우너 소 등 일부 사실에 대해 허위라는 판단이 내려진 것이다.

1심에서는 아레사 빈슨이 자기공명영상MRI 검사에서 인간광우병이 의심된다는 진단을 받고 사망했고 이 사건이 〈PD수첩〉에 방송될 당시까지는 아직 정확한 사인이 밝혀지지 않았다는 점을 들어, 방송 이후에 실제 사인이 급성 베르니케 뇌병변으로 밝혀졌더라도 보도 내용을 허위라고 볼 수는 없다고 판단했다. 하지만 2심은 아레사 빈슨이 인간광우병이 의심된다는 진단을 받고 사망한 것은 사실이나, 부검하기 전에는 아레사 빈슨의 사인을 확실히 알 수 없는 상태였고 방송이 나간 이후 부검한 결과 사인은 인간광우병이 아닌 것으로 밝혀졌으므로 보도 내용은 허위에 해당한다고 봤다.

2심, 일부 허위라고 판단해 아쉽지만 언론의 자유를 확대한 측면

또 한국인이 광우병에 걸릴 확률이 높다는 보도에 대해 2심은 허위에 해당한다고 판단했다. 국민의 94.3퍼센트는 유전자형이 MM형이고 MM형인 사람이 인간광우병에 걸릴 가능성이 높다는 내용의 유력한 논문이 있는 것은 사실이지만, 인간광우병이 발병하는 데에는 다양한 요인이 작용할 수 있고, MM형인 사람이 광우병에 걸린 쇠고기를 섭취한다고 해서 100퍼센트 인간광우병에 걸리는 것은 아니라는 것이다. 1심에서 국내 정상인이 인간광우병에 걸릴 가능성이 높다는 점이 객관적 사실과 합치돼 허위라고 볼 수 없다고 본 것과는 다른 판단이었다. 앞서 2심 재판에서 김용선 교수도 '인간광우병에 걸릴 위험성이 높다'고 말한 사실이었다.

　다우너 소와 관련한 보도에 대해서도 허위라고 판결했다. 주저앉는 증상이 광우병에 걸린 소에게 나타날 수 있는 증상인 것은 사실이지만, 소가 주저앉는 증상의 발생에는 광우병 외에도 다양한 원인이 있고, 동영상에 나오는 다우너 소들이 광우병에 걸렸을 가능성은 그리 높지 않아 허위에 해당한다는 것이다. 같은 사실을 두고 1심에서는 "가능성이 거의 없다고 단정할 수 없어서 허위사실이라고 볼 수 없다"고 판단한 것과는 다른 해석이다.

　제작진은 서운함을 감추지 못했다. 송일준 PD는 검찰이 수사 내내 자신의 말실수('광우병 소'라고 방송 중 언급한 부분)에 대해 의도적이었다고 문제 삼던 부분이 떠올랐는지 "검찰이 본질이 아닌 사소한 잘못을 꼬투리 잡으며 정치적 의도를 갖고 진행한 재판이었다"고 말했다. 조능희 PD는 "2심 재판부의 판결을 환영한다"고 하면서도 허위라고 판단한 부분에 대해서는 "재판 과정을 돌이켜 생각해보면 왜 그런 판단을 내렸는지 이해가 가지 않는다"고 말했다.

　이번 판결에 대해 광우병 전문가 그룹은 비판적인 논평을 내놓았다. 재판부가 허위라고 판단한 부분이 과학적 사실을 뒤집었다는 것이다. 우희종 서울대 교수(수의학)는 "과학적 내용을 재판으로 결정하는 것 자체가 문제"이며 "특히 허위라고 판단한 것은 그동안 현 정부가 주장하던 바를 그대로 인정한 것으로 매우 정치적인 재판"이라고 말했다. 우석균 보건의료단체연합 정책실장은 "광우병을 연구하는 학자들이 인정하는 사실에 대해 재판부가 어떤 근거로 허위라고 판결했는지 묻고 싶다"라며 "재판부가 검찰의 무리한 주장을 받아들인 월권행위"라고 비판했다.

　제작진이나 광우병 전문가들에게는 서운함을 준 2심 판결이지만, 1심 판결에 이어 무죄라고 판단하고 언론의 자유를 인정했다는 점에서 여전히 의미가 있다는 의견도 있다. 특히 미국의 도축 시스템에 대한 문제점과 안전성을 정부가 제대로 파악하지 못했다는 방송 내용에 대해 명예훼손의 대상이 되지 않는다고 본 점에서 광우병 편 방송의 정당성을 인정한 것으로 평가된다. 민주사회를 위한 변호사모임은 2010년 12월 2일 성명을 통해 "비록 방송 내용 중 일부가 사실과 다소 다르거나 과장된 부분이 있다고 인정하였으나, 급박한 일정에서 제작진들이 의도하지 않은 실수로 인하여 발생한 것이기에 허위사실에 대한 고의가 없다고 판단했다"고 하고 "전반적으로는 언론의 자유를 상당히 보장하고 정부 정책 비판에 대한 검찰의 무리한 기소에 제동을 걸어서 의미 있다고 판단된다"고 판결을 반겼다. 올해의 판결 심사위원인 임지봉 서강대 교수는 "〈PD수첩〉의 보도가 허위라고 판단하기는 어렵다는 점에서 2심은 아쉬운 판결"이라고 전제하면서도 "일부 허위가 있더라도, 허위라는 것을 알았거나 조금만 주의를 기울였다면 알 수 있었을 사정이 없는 한, 명예훼손죄는 성립하지 않는다고 판시한 점에서는 언론 보도의 자유를 보호하고 그 범위를 간접적으로 확장한 것으로 볼 수 있어 1심에 이어 가치를 지닌다"고 말했다.

지친 제작진, 하지만 끝까지 간다

2심이 끝나자 검찰은 여전히 상고의 뜻을 밝혔다. 대법원의 판단을 받겠다는 것이다. 〈PD수첩〉 수사와 재판은 이제 3년을 향해가고 있다. 많은 일들이 일어났다. 이 프로그램을 기획, 촬영, 편집한 김보슬 PD는 결혼을 해서 아이를 낳았다. 남편은 〈북극의 눈물〉이라는 다큐멘터리를 찍은 조준묵 PD다. 그리고 아버지가 세상을 떴다. "선고를 보고 돌아가셨으면 좋았겠죠." 그동안 만삭의 몸으로 6시간이 넘는 재판에 모두 참석했다. 아기는 스트레스 때문인지 예정일보다 보름 정도 빨리 세상에 나왔다. 지금까지 별 탈은 없어 안심하지만 스트레스가 아이에게 갔을지 걱정이다. 이춘근 PD는 "촬영이라 죄송하다"라며 전화를 서둘러 끊었다. 바쁘다. "저는 이제 많이 식었고, 조능희 선배가 아직 펄펄 끓는다"고 덧붙인다. 조능희 PD는 이 PD의 말대로 아직 펄펄 끓는다. "끝까지 간다, 두고 보자"라는 말에 오기가 서려 있다. 송일준 PD는 최근 편성제작국 외주 제작 관리 부서로 왔다. 〈PD수첩〉에서 하차하고 부국장을 그만둘 당시 외압설이 돌기도 했다. 그는 방송이 나간 뒤 겪은 과정에서 스트레스를 많이 받아 건강이 나빠졌다.

1심과 2심 판결 모두 2010년 '최고의 판결'로 선정됐다. 검찰의 상고로 재판은 계속된다. 이 재판을 제외하고도 〈PD수첩〉이 가야 할 길은 멀다. 그들 앞에 걸려 있는 재판은 이 소송을 포함해 모두 7건이다. 제작진은 솔직하게 '지쳤다'고 말하고, '다시는 겪고 싶지 않다'고 말한다. 하지만 동료 언론인들이 위축될까 걱정하고, '끝까지 간다'고 다짐한다.

조능희 PD 인터뷰

'상식을 지키는 데도 용기가 필요한 사회'

조능희 PD를 2010년 12월 2일 2심 판결이 나온 직후 인터뷰했다. "2심이 더 힘들었다"고 털어놓았다. 애초부터 재판받을 일이 아니라는 생각에 화가 치밀어 올랐다. 2심의 결과를 두고서는 "유무죄를 다퉈야 하는 형사사건에서 큰 흐름을 바꿀 수 없는 사소한 실수에 왜 그렇게 집착하고 끊임없이 따지는지 이제야 알 것 같다"고 말했다. 전화기 너머로 한숨과 탄식이 반복됐다. "이럴 수 있는 거냐"라는 말이 대화 중간에 불쑥불쑥 튀어나왔다. 조 PD는 2008년 4월 〈PD수첩〉을 방송할 당시 책임PD였다.

1심과 비교해본다면.

— 솔직히 나는 1심이 끝나고 나서 그 결과가 당연하다고 생각했다. 재판 결과를 두고 왈가왈부하는 것 자체가 불만이었다. 매우 상식적인 판결이라고 생각했기 때문이다. 그런데 이제야 알겠다. 그 판결은 용기가 필요한 판결이었다. 1심 판결이 난 뒤 판사 개인이 당한 마녀사냥과 매도는 있어서는 안 되는 일이었다. 이제는 상식을 지키는 데도 용기가 필요한 비극적인 사회가 됐다.

2심에서 허위라는 판단이 나온 부분에 대해 듣고 싶다.

— 허위라고 판단한 다우너 소, 아레사 빈슨, MM형 유전자 부분은 이미 〈PD수첩〉 제작진이 실수라고 인정했거나 유무죄를 판단하는 사실관계와 관련 없는 사항이어서 1심에서는 그다지 쟁점이 되지 않았다. 그래서 이번 2심이 아쉬운 것이다. 의도한 듯 검찰 쪽 의견을 담아줬으니까 말이다. 결국은 '허위'라는 말을 판결문에 담고 싶은 것 아닌가.

그래도 무죄라고 판단한 부분은 인정할 만하지 않은가.

— 법원이 정부 협상단의 실책과 관련해 무죄 판단을 내리면서, 비판과 의견이라는 것은 각자의 관점에 따라 종합적으로 판단하고 한쪽 사실에 더 중점을 둬 얼마든지 개진할 수 있다고 말한 것은 의미가 있다. 하지만 더 중요한 것은 이 재판 과정을 지켜본 언론인과 그들의 자유다.

검찰은 상고를 한다고 밝혔다.

— 〈PD수첩〉 보도가 나간 뒤 32개월이 됐지만 수사와 재판은 우리의 유무죄를 입증하는 데 그치지 않는다. 애당초 〈PD수첩〉 프로그램에 흠집을 내고 우리

를 포함한 언론 전체를 겁박하기 위한 것이었다고 본다.

끝으로 하고 싶은 말은.

― 지금부터 부르는 이름을 꼭 남겨달라. 전현준, 박길배, 김경수, 송경호, 정진우, 정병두, 노환균. 방송이 나간 뒤 32개월 동안 우리와 진실인지 아닌지를 다툰 검사들이다. 더 이상 검찰이라는 이름 뒤로 숨어서는 안 된다. 이들은 이미 검찰의 핵심 요직으로 영전했거나, 앞으로 최소한 이 정권 아래에서는 영화로운 길을 갈 것이다.

기록하고 기억해야 할 이름이 더 있다. 〈PD수첩〉 사건 수사를 거부하며 자리를 박차고 나간 임수빈 전 부장검사와 1심을 판결한 문성관 판사다. 역사는 반드시 이들을 기억하고 불러낼 것이다. 그때가 반드시 올 것이다.

심사위원 20자평

한택근 형사재판 명판결은 엉터리 기소에서 나온다

정은순 언론과 표현의 자유의 소중함을 일깨우다

안진걸 모든 것이 〈PD수첩〉 때문이라며? 어쩌니? 무죄라서

판결 이후

끝까지 가는 데에는 9개월이 더 걸렸다. 2011년 9월 2일 대법원 2부(주심 이상훈)는 상고를 기각함으로써 〈PD수첩〉 제작진에 대한 무죄판결을 확정했다. 재판부는 "보도 내용은 국민의 먹거리와 관련한 정부 정책을 알리고 여론을 형성

할 수 있는 공공성과 사회성을 지닌 사안"이라며 "일부 허위사실을 적시했다고 인정되는 보도 내용이 공직자들의 명예와 직접 연관이 없고 악의적인 공격으로 볼 수 없다는 점을 감안하면, 명예훼손의 죄책을 물을 수 없다고 판단한 원심은 정당하다"고 밝혔다. 정부의 언론 정책에 대한 비판도 있었다. "정책 결정에 관여한 공직자 개인의 명예훼손이라는 형태로 언론인을 처벌할 때는 신중을 기할 필요가 있다." 그 뒤 〈PD수첩〉 제작진은 다른 민형사 소송 7건에서 모두 이겼다.

재판은 끝났지만 〈PD수첩〉에 대한 탄압은 문화방송 '내부에서' 계속 이어졌다. 김재철 당시 문화방송 사장은 제작진이 대법원에서 무죄판결을 받았는데도 〈뉴스데스크〉와 일간지 등에 〈PD수첩〉이 잘못된 정보를 보도한 것에 대한 사과문을 내보냈다. 김 사장은 여기에 그치지 않고 조능희, 김보슬 PD에게 정직 3개월, 송일준, 이춘근 PD에게는 감봉 6개월의 중징계를 내렸다. 제작진도 교체했다. MB 정부의 광기 어린 '언론 탄압'은 재판장 밖에서도 계속됐다.

대법원 | 2008두4367

현대차의 사내 하청 노동자도 2년 이상 근무하면 직접 고용된 것으로 간주해야 한다는 파기환송 판결

노동 부문

대법원 판결이 난 뒤 5개월, 바뀐 건 아무것도 없네

후속 조처를 하지 않는 회사, 점거 농성으로 맞서는 노동자

최병승 씨가 고재환 변호사의 전화를 받은 건 대법원 선고 공판이 있기 전날 밤이었다.

"마지막이니까 그래도 다녀와야 하지 않겠어요?"

지방노동위원회, 중앙노동위원회, 행정법원, 고등법원…… 내리 패했다. 그래도 고등법원까지 올 때는 설마 하는 마음이 있었다. 지는 게 습관이 됐다. 대법원 선고 공판에는 변호사도 나오지 않을 것이라고 했다. '큰 기대는 하지 말자'고 했다. 지는 것 말고 다른 결론을 떠올리기 힘들었다. 2010년 7월 22일, 서울 서초동에 있는 대법원의 법정까지 혼자 가야 하는 길은 멀었다. 최병승 씨가 부당해고 결정을 취소해달라며 '부당해고 및 부당노동행위 구제 재심판정 취소' 소송을 시작한 게 2005년이니, 대법원 판결이 날 때까지 5년이 걸렸다.

현대자동차 울산1공장을 점거 중인 현대차 비정규직 노조 조합원들이 2010년 11월 23일 밤 집회를 열고 있다.

파견이냐 도급이냐, 공허한 논란

2002년 스물여덟의 나이로 현대자동차 공장의 정문에 들어섰을 때를 최씨는 또렷하게 기억한다. 그는 '현대자동차'라는 이름이 박힌 점퍼를 입지 못했다. 울산에서 '현대'라는 이름은 부와 지위를 상징했다. 그는 현대차의 사내 하청인 예성기업에 채용된 시급 2510원짜리 비정규직으로 출근했다. 무료 정보지를 펼쳐보다가 선택한 곳이었다. 그때 알았다. 어느 기업에 가든 시급과 노동시간은 동일했다. 몇 년 전 쫓겨난 정규직원들의 빈자리를 메우기 위해서라는 건 울산에서는 다 아는 사실이었다. 현대차의 사내 하청 직원을 모집하는 공고가 대여섯 개 정보지마다 대여섯 면을 가득 채웠다. 그래서 이름이 마음에 드는 곳을 선택했다. 전화를 건 당일, 업체는 야근을 해줄 수 있는지 물었다. 할 수 있다고 대답했더니,

"그럼, 내일 봅시다"라고 했다. 지금 생각해보면 그 질문은 성실성을 테스트하는 일종의 면접이었다. 4명이 함께 출근했고, 정규직과 함께 자동차 키박스를 조립했다. 주야간 10시간, 주말 특근 14시간을 견뎌야 했다. 첫날 2명이 그만뒀다.

2년 동안 묵묵히 일했다. 정규직과 함께 자동차 키박스를 달았다. 자신이 그들과 다른 점이라면 입고 있는 점퍼와 월급봉투 정도였다. 이상했다. 그래도 억울하지는 않았다. 스스로 선택한 일이니 감내해야 한다고 생각했다. 그러던 중 노동부가 '현대자동차의 1만여 명 사내 하청 비정규직은 불법파견'이라는 판정을 내렸다. 2004년의 일이었다. 노조에 적극적으로 참여한 게 그때부터다. 정규직원이 된다는 것, 같은 일을 하니 같은 대우를 받아야 한다는 요구가 당연하다는 것도 그때 알았다. 하지만 정규직원 자리는 쉽게 나지 않았다. 회사 쪽과는 말이 통하지 않았다. 동료들과 함께 공장을 점거했다. 결과는 해고였다. 그리고 불법점거 혐의로 1년여 동안 수배된 끝에 구속됐다. 이후 5년 동안 해고자로 살아왔다.

이번 소송에서 피고는 최씨의 구제 신청을 받아들여주지 않은 중앙노동위원회였다. 하지만 진짜 상대는 '피고 보조 참가인'인 현대자동차였다. 최씨는 "사내 하청 업체 소속이지만 현대차의 지시와 감독을 받아왔으니 현대차가 고용한 것이나 마찬가지이고 따라서 현대차가 해고에 대한 책임을 져야 한다"고 주장했다. 설령 현대차가 실질적인 사용자가 아니더라도, 노동부의 판정대로 '파견' 근로자인 만큼 파견법 규정에 따라 2년 이상 근무한 뒤에는 현대차에 고용된 것으로 봐야 한다는 주장도 폈다. 이에 현대차 쪽은 '사내 하청은 파견이 아닌 도급'이라는 논리로 맞섰다. 파견과 도급은 작업지시권을 누가 갖느냐에 따라 달라진다. 작업지시권을 하청 업체가 행사하면 도급이고, 원청인 현대차가 행사하면 하청 업체 소속의 근로자를 파견받아서 사용하는 것이니 파견이 되는 것이다. 물론 전자의 경우 파견법의 보호를 받지 못한다.

1심과 2심 재판부는 모두 최씨의 주장을 받아들이지 않았다. 먼저 '현대차의 사내 하청 업체가 최씨의 실질적인 사용자'라고 판시했다. 파견 근로자의 신분을 인정하지 않은 것이다. 1심과 2심 재판부는 더 나아가 "최씨와 현대차, 하청 업체와의 관계가 파견이라는 최씨의 주장이 맞더라도, 파견법에서 규정하는 파견은 적법한 파견인데 최씨의 경우는 불법파견이므로, 파견으로 2년을 근무한 경우에는 원청 업체에 고용된 것으로 간주한다는 조항을 적용할 수 없다"고 밝혔다.

'사내 하청과 관련한 판결의 종합판'

그러다가 상황이 조금 달라졌다. 2008년에 '법 개정 전의 불법파견도 2년을 넘기면 원청 업체에 직접 고용된 것으로 간주한다'라는 대법원 전원합의체의 판결()2008년 올해의 판결)이 나온 것이다. 사내 하청 업체의 업무가 도급이 아니라 파견이라는 점만 인정받으면, 그것이 합법이든 불법이든 원청 업체에 고용될 수 있다는 얘기였다.

그리고 2010년 7월 22일, 최씨는 대법원 3부(주심 차한성)의 판결을 기다리며 대법원 법정에 섰다. 판결을 듣는 동안 중간에 "법리를 오해한 잘못이 있다"와 말미에 "파기환송한다"라는 말이 들렸지만, 고등법원의 판결과 무슨 차이가 있는지 알아듣지 못했다. 현대차 본사의 법률팀 직원들이 술렁이자 뭔가 일이 생겼음을 직감했다. 그들이 악수를 건네 왔다. 변호사에게 전화를 걸었다. '판결문 사본을 찾아오라'면서 환호했다. 정작 최씨 본인은 판결문에서 "(파견 기간이) 2년을 초과한 날부터 현대자동차가 최씨를 직접 고용한 것으로 봐야 한다"라는 대목을 읽고 나서야 실감이 갔다. 하루 종일 참은 담배를 물었다.

대법원은 이날 판결에서 '사내 하청 노동자는 파견법이 적용되지 않는 도급'

이라는 현대차의 주장에 대해 "하청 업체가 반장과 팀장을 따로 두고 구체적인 지휘와 명령권을 행사했더라도 본사가 결정한 사항을 전달한 것에 불과하거나 (하청 업체 근로자가) 도급인(회사)에 의해 통제됐다면 파견"이라고 판시했다. 고용의 형식보다는 내용을 중시한 것이다. 컨베이어 벨트 좌우에 정규직과 비정규직이 나란히 배치된 상태에서 업무를 시작하고 종료한 시점, 작업의 양과 순서, 속도, 휴게 시간, 야근 등을 모두 현대차가 결정한 점을 근거로 이는 하청(도급)이 아닌 파견이 명백하다고 판단했다. 자동차 업계는 이 판결로 발칵 뒤집혔다.

심사위원인 정인섭 숭실대 교수는 "자동차 업계의 사내 하청을 도급이 아닌 파견이라고 판단하는 과정에서 파견의 범위를 적극적으로 해석하고, 불법파견에도 파견법이 적용된다는 이전 대법원 전원합의체의 판결을 수용했으며, 원청의 역할을 강조했다는 측면에서 지금까지 사내 하청과 관련한 판결의 종합판이라고 볼 수 있다"고 평가했다. 그는 "다만 파견 기간이 2년이 안 된 사내 하청 노동자에 대해서는 결과적으로 외면한 셈이어서 아쉬운 점은 있다"고 하고 "이 판결이 대기업의 사내 하청 문제를 본격적으로 논의하는 출발점이 될 것"이라고 덧붙였다.

> "하청 업체가 반장과 팀장을 따로 두고 구체적인 지휘와 명령권을 행사했더라도 본사가 결정한 사항을 전달한 것에 불과하거나 (하청 업체 근로자가) 도급인(회사)에 의해 통제됐다면 파견"이다. – 대법원 재판부

막무가내로 버티기에 나선 자동차 업계

이 판결로 최씨와 처지가 같은, 7000명에 이르는 현대차 비정규직 노동자들이 정규직으로 전환될 길이 열렸다. 하지만 현대차를 비롯한 자동차 업계는 이들의 요구를 받아들이지 않고 있다. 현대차는 '파기환송심의 결과를 봐야 한다'라

는 말을 되풀이한다. 파기환송심은 통상 대법원 판결의 취지를 그대로 수용하는
만큼 재판 결과가 달라지리라고 예상하기 힘들다. 그럼에도 현대차의 입장에는
변함이 없다. 결국 최씨가 근무한 현대차의 사내 하청 노동자 1940명이 11월 4일
서울중앙지방법원에 현대차를 상대로 '근로자 지위 확인' 집단소송을 냈다. 그뿐
만 아니다. 기아차와 GM대우 등 각 자동차 업체별로 비정규직의 정규직 전환을
위한 특별 교섭과 임금 차이 보전을 위한 줄 소송이 예고돼 있다.

"법은 누구 편인가요?"

최씨는 묻는다. 회사 쪽은 여전히 파기환송심에서 다른 결과가 나오리라 기대
하며 아직 재판은 끝나지 않았다고 말한다. 대법원 판결이 난 뒤에도 2년 넘게
일해온 사내 하청 업체 직원들을 정리해고하기도 했다.

그러던 중 2010년 11월 13일 현대차 울산공장에서 비정규직 노동자들이 라
인을 점거했다. 하청 업체의 폐업 등으로 문제가 된 시트1부 직원들을 중심으로
현대차 비정규직 노조 울산공장지회 소속의 500여 명이 1공장 3층의 '도어 탈착
라인'을 점거하고 농성을 시작한 것이다. 판결을 그대로 따르자면 이미 정규직원
이 됐어야 할 최씨의 동료들이다. 5년 만에 자신이 일하던 공장의 라인이 다시
멈춘 날, 최씨는 울산으로 내려갔다.

최씨는 컨테이너에 막힌 정문을 넘어 농성장으로 들어갔다. 점거 사흘째인 11
월 15일이었다. 상대적으로 출입이 자유로운 정규직 조합원을 따라 몰래 들어간
점거 농성장은 자신이 일하던 곳이다. 최씨는 어렵사리 찾아간 자리에서 동료들
의 예상치 못한 반응에 당황했다. 동료들은 그를 반가워하지 않았다. "또 붙잡혀
가려고 환장했냐" "돌아오기도 전에 또 해고될 생각이냐"는 동료들의 성화에 쫓
기듯 발걸음을 돌려야 했다. 2005년 불법점거 혐의로 수배될 때, 자신들의 월급
을 떼서 생활비를 마련해준 동료들이다. 그런 상황에서 자신을 걱정하는 동료에

게 해줄 말이 없었다. 앞으로 잘될 것이라는 말도 자신이 보낸 5년을 생각하면 자신이 없었다. 대법원 판결로 뭔가 변할 줄 알았는데 자신이 일하던 일터조차 변한 것은 아무것도 없었다.

2005년 점거 때에도 외부의 공조를 차단한다며 현대차는 컨테이너로 성을 쌓아 정문을 막았다. 당시에도 회사의 용역 직원들이 점거 현장에서 대치했다. 그리고 또 보름이 흘렀다. 여전히 한기가 뻗치는 공장 라인에서 동료 500여 명은 밤을 지새운다. 전기가 끊겼다 이어지고, 음식도 하루걸러 한 번씩만 반입이 허용된다. 팀장과 반장 등 관리직들이 각 가정을 찾아가 손해배상 소송을 걸겠다고 위협한다. 회사는 벌써 이상수 지회장 등 노조 관계자들을 상대로 60억 원의 손해배상을 청구했다.

농성장의 희망으로 남아 있는 판결

해줄 수 있는 게 별로 없는데, 2002년 함께 입사한 한 동료는 전화를 걸어와 "그래도 네가 있어서 점거를 하는 우리한테도 희망이 있다"고 말했다. 최씨가 받아낸 판결이 그들에게는 희망이 됐다. 정말 희망이 있는지 속으로 되묻는다. 동료들 500명이 자신처럼 5년의 소송을 겪지나 않을까, 혹시 해고되어 거리에 나앉게 되지 않을까 걱정이 앞선다. 동료들의 가족에게 대신 전화를 걸어 안부를 전하지만 긴말을 할 수가 없다. 줄담배를 피할 수 없다.

심사위원 20자평

정연순 사용주를 사용주라 부르지 못하고…… 여기에 일침을

김태규 불법파견의 책임을 노동자가 아닌 사용자에게

최은순 직접고용을 회피하려고 불법파견, 이를 차단하려는 의지

판결 이후

그 뒤 최씨에게는 많은 일이 있었다. 2011년 2월 10일 서울고등법원 3행정부는 현대차의 사내 하청 업체에서 일하다 해고된 최씨가 중앙노동위원회를 상대로 낸 '부당해고 및 부당노동행위 구제 재심판정 취소' 소송의 파기환송심에서 최씨의 손을 들어주었다. 그리고 2012년 2월 23일 대법원 1부(주심 이인복)는 중앙노동위원회 쪽의 상고를 기각함으로써 확정판결했다.

〉〉 2012년 올해의 판결 '대법원, 현대차의 사내 하청은 불법파견임을 다시 확인한 확정판결' 참조
〉〉 2008년 올해의 판결 '대법원, 법 개정 전의 불법파견도 2년을 넘기면 원청 업체가 직접 고용한 것으로 간주한다는 판결' 참조

서울남부지방법원 | 2010카합211

교원 노조 가입 현황 자료는
민감한 정보이므로 보호돼야 한다는 판결

노동 부문

교원들의 개인 정보 자기결정권과 단결권

모든 일은 한 국회의원의 돌출 행동에서 비롯되었다. 2010년 3월 당시 한나라당 소속의 조전혁 의원은 교육과학기술부에서 전교조 조합원의 명단을 제출받아 자신의 홈페이지에 공개한다고 밝혔다. 전교조는 발칵 뒤집혔다. 전교조와 소속 교사 16명이 서울남부지방법원에 '전교조 교사 명단 공개 금지 가처분 신청'을 냈다. 2010년 4월 15일 서울남부지방법원 민사합의51부(재판장 양재영, 배석판사 이종기·이혜민)는 '교원 단체와 교원 노조 가입 현황 자료를 인터넷에 공시하거나 언론에 공개해서는 안 된다'고 결정했다. 재판부는 "일반 개인의 정보보다 높게 (더 높은 수준에서) 보호되어야 할 노조 가입 정보를 합리적 기준 없이 공개하면 조합원의 권리가 부당하게 침해될 수 있다"고 밝혔다

한편 이에 불복한 조 의원은 법원의 결정이 국회의원의 입법권과 직무를 침해

했다며 헌법재판소에 권한쟁의 심판을 청구했다. 하지만 2010년 7월 29일 헌법
재판소는 재판관 9명의 전원 일치 의견으로 이를 각하했다(2010헌라1). 또 법원
의 결정에도 명단 공개를 강행한 조 의원에게 법원은 강제 이행금 1억 5000만
원을 지급하라고 결정했다. 조 의원이 이행금을 지급하지 않고 미루자 전교조는
2010년 9월 직접 조 의원의 세비를 압류하러 나섰다. 가만히 있었으면 당하지
않을 망신이었다. 이런 걸 사서 고생한다고 한다.

심사위원 20자평

최은순 이념 공세용으로 정보공개를 남용, 이제 차단
정연순 세상에는 알아야 할 것만큼 알려지지 말아야 할 것도 있음을

판결 이후

조 전 의원은 법원의 결정에 불복해 항고와 재항고를 거듭했다. 2011년 5월 24일
대법원 민사1부(주심 이홍훈)는 재항고를 기각하고 명단 공개가 위법하다고 판단
했다(2011마319).

또 전교조 교사들은 조 전 의원을 비롯해 2차로 명단을 공개한 전 한나라당 의
원들, 명단을 보도한 동아닷컴 등을 상대로 손해배상 소송을 냈다. 서울중앙지방
법원 민사14부(재판장 배호근)는 2013년 9월 4일 조 전 의원 등은 조합원들에게 모
두 16억 4000만여 원을 지급하라며 원고 일부 승소 판결했다(2011가합124405).
재판부는 "그 활동이나 목적 등에 대한 일부의 비판적 시각이 있다고 해서 소속
교원들의 개인 정보가 공적 정보에 해당한다고 할 수 없다. 이들의 정보를 공개

하는 것은 교원들의 개인 정보 자기결정권과 단결권을 침해한 불법행위에 해당한다"고 밝혔다. 조 전 의원이 부담해야 할 금액은 교사 4584명에게 1인당 10만 원씩 총 4억 5840만 원이다. '망신의 비용'을 정산할 시간이다.

이와 별도로 전교조 교사 3000여 명이 1차로 조 전 의원과 동아닷컴을 상대로 손해배상 소송을 내 1심과 2심에서 '1인당 10만 원씩 손해배상하라'라는 판결을 받은 사건은 현재 대법원에 가 있다.

납품 업체를 속여 부품 단가를 깎은 대기업에게
하급심보다 더 엄격한 잣대를 댄 판결

경제 정의 부문

'슈퍼 갑'들에게 보내는 경고

2003년 1분기에 기아차의 소형차인 리오와 중형차인 옵티마는 북미 시장에서 부진을 면치 못했다. 같은 회사의 인기 차종인 카니발과 쏘렌토와 비교해 수익률이 14~16퍼센트나 차이가 났다. 이를 해소하려고 기아차는 납품 업체를 옥죄었다. 기아차는 납품 업체 34곳에 리오와 옵티마의 부품 단가를 내리라고 요구했다. 그 대신 납품 단가를 내려서 발생한 손실을 카니발과 쏘렌토의 부품 단가를 올림으로써 보전해주겠다고 구두로 약속했다. 이에 따라 납품 업체들은 적게는 0.9퍼센트에서 많게는 29.9퍼센트까지 부품 단가를 내렸다.

현대차와 기아차는 2004년 기준 국내 시장 점유율 73.8퍼센트를 기록했다. 또 국내 자동차 완성 업체들이 해외에 판 자동차 가운데 77.8퍼센트를 차지했다. 국내 자동차 부품 업계의 납품액 가운데 70퍼센트(20조 4224억 원, 2003년 기준)가 현

기아차의 경기도 광명시 소하리공장에서 노동자들이 자동차를 조립하고 있다.

대차와 기아차로 몰렸다. 자동차 부품 업체에게는 그야말로 '슈퍼 갑'인 셈이다.

납품 업체는 벙어리 냉가슴

기아차는 손실을 보전해주겠다는 약속을 문서로 남기지 않은 채 부품 단가 인하부터 요구했지만, 부품 업체들은 받아들일 수밖에 없었다. 하지만 약속은 지켜지지 않았다. 리오와 옵티마의 납품 단가를 내렸는데도, 카니발과 쏘렌토의 납품 단가는 오르지 않았다. 이로 인해 34개 부품 업체들은 2003년 6월부터 2005년

12월까지 30개월여 동안 25억 원이 넘는 피해를 입었다.

피해를 보면서도 납품 업체는 공정거래위원회가 사실을 밝혀낼 때까지 벙어리 냉가슴 앓듯 불평조차 못 했다. 공정거래위원회가 2005년과 2006년 현장 직권조사를 벌여서야 기아차가 하도급법을 위반한 행위가 드러났다. 특히 공정거래위원회는 기아차가 손실 보전에 대해 구체적인 계획을 제시하거나 명시적인 합의를 하지 않은 점 등을 고려해 의도적으로 하청 업체를 속였다는 '기만에 의한 하도급 대금 결정 행위'라고 판단했다.

결국 공정거래위원회는 기아차에게 34개 납품 업체에 미정산 금액인 25억 8519만 원과 연체이자(20억 원)까지 더해 지급하고, 시정 명령을 받은 사실을 거래하는 모든 하청 업체에 알리라고 명령했다.

이후 기아차는 밀린 대금을 일거에 지급하면서도 "의도적으로 한 것은 아니어서 모든 하청 업체에 시정 명령을 알리는 것은 가혹하다"라며 서울고등법원에 행정소송을 냈다. 서울고등법원 6행정부는 2008년 7월 16일 대체로 공정거래위원회의 손을 들어주었다. 다만 기아차가 공정거래위원회의 시정 명령 이전에 25개 업체의 손실을 일부 보전해준 점을 들어 '기만에 의한 하도급 대금 결정 행위'는 아니라고 판단했다. 기아차는 여기에도 불복해 대법원에 상고했다.

'하도급 업체를 폭넓게 보호하는 게 기본 방향'

하지만 대법원 1부(주심 김영란)는 서울고등법원보다 더 강도 높은 판결을 내렸다. 대법원은 2010년 4월 29일 "거래상 상당히 우월한 지위에 있는 원고가 인하된 납품 대금을 보전해줄 경제적 능력이 있던 것으로 보임에도, 상당한 기간이 지나도록 전액을 보전해주지 않은 사실이 인정된다"고 하고 "일부 손실을 보전해준 25개 업체를 포함해 모두 기만에 의한 하도급 대금 결정 행위에 해당한다"

고 판시했다. 일부 원심을 파기하면서 다시 심리하라고 사건을 서울고등법원에 환송한 것이다. 김영란 당시 대법관은 〈한겨레21〉과의 통화에서 "중소기업인 하도급 업체를 폭넓게 보호하는 것이 기본적인 방향이었다"라며 "상식에 맞춰 판결한 것"이라고 말했다.

이후 기아차는 2010년 9월 30일 소를 취하했고 10월에는 280여 개 하청 업체에 공정거래위원회로부터 시정 명령을 받은 사실을 알렸다. '슈퍼 갑'이 자신의 잘못을 법원의 판단에 따라 자복한 것이다.

심사위원 20자평

정은순 약육강식은 우리가 택할 정답이 아니다

임지봉 부당한 하도급 관행으로부터 약자의 권리를 보호하다

안진걸 중소기업을 위한 공정하고 의로운 판결

서울고등법원 | 2010누12257
발암 우려 물질이 들어간 생수를
판매한 업체의 이름을 공개하라는 판결

생활 속의 권리 부문

기업의 이익보다 국민의 건강 먼저!

– 전진한(투명사회를 위한 정보공개센터 사무국장)

어느 날인가, 텔레비전을 보며 밥을 먹다가 토할 뻔한 적이 있다. 환경부가 발암 우려 물질인 '브롬산염'이 국제 기준보다 많이 든 생수를 판매하는 업체를 단속했다는 보도였다. 집에는 가게에서 산 생수가 3통이나 남아 있었다. 집에 있는 생수가 해당 업체의 제품이라면 당연히 교환을 받든지, 좀 더 민주주의 시민으로 거듭나려면 손해배상까지 요구해야 하는 사안이었다. 그런데 기자회견을 하던 환경부는 '이미 문제가 되는 제품은 전부 회수했고, 기업에 손해를 줄 수 있다'라는 엽기적인 이유를 들어 제품 이름을 공개하지 않겠다고 했다.

기업의 손해가 우려돼 비공개한다는 발상

타던 차가 결함이 생기면 리콜을 해주고, 입던 옷에 흠결이 있으면 새것으로

서울 시내의 한 생수 하역장에서 직원들이 생수를 나르고 있다.

교환해주는 게 상식이 아니던가. 그런데 우리가 매일 마시는 물에서 발암 우려 물질이 나왔는데 해당 기업의 이름을 밝히지 않겠다니 환경부의 기업 편향적 발상에 많은 시민이 분노했다.

참여연대 민생희망본부는 서울행정법원에 환경부를 상대로 '정보공개 거부처분 취소' 소송을 제기했다. 참여연대가 당연히 승소하리라고 예상되는 소송이었다. 공공기관의 정보공개에 관한 법률(정보공개법) 제9조 1항 7호에서 '사업 활동에 의하여 발생하는 위해로부터 사람의 생명·신체 또는 건강을 보호하기 위하여 공개할 필요가 있는 정보'는 공개하도록 명시하고 있기 때문이다. 1심을 맡은 서울행정법원 14행정부(재판장 성지용)는 2010년 4월 8일 원고 승소 판결했다. 곧바로 환경부가 항소했다.

2010년 10월 15일 서울고등법원 행정7부(재판장 곽종훈, 배석판사 이재석·이완희)는 항소를 기각함으로써 원심을 확정했다. 재판부는 "국제 기준을 초과해 브롬산염이 들어간 생수를 판매한 회사의 명단은 업체의 명성이나 신용에 영향을 미칠 수 있는 영업 비밀이긴 하지만, 사업으로 발생하는 위해로부터 사람의 생명과 신체, 또는 건강을 보호하기 위해 공개할 필요가 있는 정보에 해당한다"고 판시해 회사의 명단이 정보공개의 대상임을 명확히 했다.

이 상식적인 판결은 앞으로 여러 재판에 영향을 미칠 것으로 예상된다. 최근 이러한 정보공개 청구가 급증하고 있기 때문이다. 필자도 최근 몇 년간 이와 비슷한 정보공개 청구를 수차례 했다. 일례로 각 구청을 상대로 '어린이집 지도 감독 결과'에 대한 정보공개를 청구한 적이 있다. 당시 서울과 경기 지역 전체를 상대로 했는데 결과가 재미있었다. 유통기한이 지난 음식을 보관하다 적발되거나, 화재 안전 장치를 설치하지 않는 등 다양한 내용의 감사 결과가 나와 있었다. 하지만 결정적인 한 가지가 공개되지 않았다. 바로 어린이집의 '이름'이었다. 이름을 쏙 빼놓은 채 단속한 내용만 공개해 어느 어린이집의 감사 결과인지 알 수 없었다. 하나같이 "법인과 단체의 경영·영업상 비밀에 관한 사항으로서 공개되면 법인 등의 정당한 이익을 현저히 해할 우려가 있다고 인정되는 정보"라는 이유를 댔다.

정보공개에 대해 엇갈리는 태도를 보이는 정부

지금도 쇠고기와 채소의 원산지 표시를 위반한 업소의 이름, 과다한 수수료를 받아 단속된 부동산 업체의 이름, 집단 식중독을 일으킨 업체의 이름 등에 대한 정보공개 청구들이 이어지고 있다. 이에 대한 공공기관의 대처는 우왕좌왕이다. 공개하는 곳이 있는가 하면 환경부처럼 공개하지 않는 곳도 있다. 재미있는 사실은 해당 분야 이외의 공무원에게 의견을 물어보면 대부분 공개해야 한다고 힘을 주며 대답한다는 것이다.

참여연대의 이번 소송은 앞으로 이런 혼란을 상당히 잠재울 것이다. 기업의 명예나 이익보다는 국민의 생명과 건강을 보호하는 것이 우선임을 명확히 짚어준 판결이 나왔다. 미국은 이런 정보를 국가가 나서서 미리 공개하는 '거번먼트 2.0' 운동이 한창이다. 우리와 대비되는 현실이다. 이 판결로 우리 사회에서 '국민의 알 권리'가 더욱 확대되었으면 한다.

심사위원 20자평

안진걸 국민의 건강보다 기업을 보호하는 데 더 신경 쓰는 정부에 경종

김태규 감출수록 매를 벌지

정은순 생명과 건강에 관한 정보는 샘물처럼 투명하게

판결 이후

환경부는 판결이 나온 지 1개월 뒤인 2010년 11월 11일 7개 업체의 명단을 공개했다. 국립환경과학원의 조사 결과가 나온 지 1년 5개월여 만이다. 환경부의 '뒷북' 결정은 업계에서는 '두 번 죽이는 일'이라며 원성을 샀다. 뒤늦게 명단이 나왔지만 해당 업체들은 이미 문제가 된 제품을 모두 수거해 폐기한 뒤였기 때문이다. 기업의 이익을 신경 쓰던 환경부가 체면을 제대로 구겼다.

검찰이 용산 참사 철거민에게 수사 기록을 공개하지 않은 것은 위법이라며 국가가 배상하라는 판결

형사 · 사법 부문

검찰의 오만함에 내려진, 늦었지만 반가운 꾸짖음

2010년 12월 1일 서울 용산 참사의 현장인 남일당이 철거됐다. 유족들은 '남편이 저기에 있는 것 같다, 한 번만 들어가게 해달라'며 울부짖었다. 용산은 아직 끝나지 않았다. 2010년 9월 28일 서울중앙지방법원 민사33단독부(고연금 판사)는 검찰이 용산 참사 수사 기록을 공개하지 않은 것은 위법이라며, 국가는 철거민 이충연 씨 등 원고 4명에게 각각 300만 원씩 지급하라고 판결했다. 검찰이 수사 기록을 공개하라는 법원의 결정마저 무시하는 통에 철거민들은 끝내 수사 기록을 보지 못한 채 1심 재판을 받았다. 서울중앙지방법원은 법원의 결정을 거부한 검찰의 행위에 대해 "고의나 과실이 인정된다"고 하고 이로 인해 "철거민들이 공정하게 재판을 받을 권리를 침해당했다"고 밝혔다. 검찰의 오만함에 내려진, 늦었지만 반가운 법원의 꾸짖음이다.

2010년 12월 1일 남일당이 철거됐다. 용산은 아직 끝나지 않았다.

"이 사건 거부 행위는 원고들의 열람·등사권을 침해하고, 나아가 원고들이 신속하고 공정한 재판을 받을 권리와 변호인의 조력을 받을 권리를 침해한 위법한 행위라 할 것이다." -서울중앙지방법원 재판부

한택근 검사님, 형사소송법 좀 지키세요. 국고 낭비하지 말고

임지봉 피고인의 수사 기록 열람·등사권을 실질화한 판결

판결 이후

판결에 불복한 검찰은 항소심이 기각되자 대법원에 상고했다. 대법원 1부(주심 김창석)는 2012년 11월 15일 이충연 씨 등 4명이 '검찰이 수사 기록을 공개하지 않아 기본권을 침해당했다'라며 국가를 상대로 낸 손해배상 소송 상고심에서 원고에게 각각 300만 원씩 지급하라는 원심을 확정했다.

》 2012년 올해의 판결 '대법원, 검찰이 용산 참사 철거민에게 수사 기록을 공개하지 않은 것은 위법이라며 국가가 배상하라는 확정판결' 참조

성姓과 본本의 변경을 당사자의
복리 차원에서 허가한 판결

여성·가족 부문

성과 본을 변경하는 문제

이 모(47) 씨는 1982년 구 모 씨와 결혼해 이듬해 아들을, 1985년엔 딸을 낳고 살다가 나중에 이혼했다. 아들은 아버지와, 딸은 이씨와 지냈다. 이씨는 2001년 4월 정 모 씨와 재혼하면서 살림을 합쳤고, 딸은 새아빠 밑으로 입양했다. 이씨는 "딸이 계부인 정씨와 성이 달라 이력서나 주민등록등본을 제출할 때 불편을 겪는다"라며 딸의 성과 본을 재혼한 남편의 것으로 바꿔달라고 소송을 냈다. 인천지방법원 부천지원 단독재판부(한성진 판사)는 2008년 7월 8일 이씨가 낸 '자의 성과 본의 변경 허가' 청구를 기각했다.

2009년 12월 28일 대법원 1부(주심 이홍훈)는 "이씨 딸의 친아버지가 변경을 반대하고 성과 본을 바꾸지 않은 친오빠와의 관계에 영향을 미치더라도, 범죄를 숨기는 등의 불순한 의도가 아니라면 당사자의 복리와 재혼 가족과의 관계 등을 고려해 원칙적으로 성과 본을 변경하도록 허가해야 한다"고 밝혔다. 이씨의 청구를 기각한 원심을 뒤집은 것이다. 재판부는 "당사자가 변경을 원하고 양자로 입양돼 양아버지와 가족으로서 귀속감을 느끼고 있는데도, 성과 본이 달라 취업 등에 불편을 겪는 점이 인정된다"고 하면서 "성과 본의 변경을 남용한다는 이유로 이씨의 청구를 기각한 원심은 불법하다"고 판단했다. 성과 본을 변경하는 문제에서 당사자의 복리를 우선하라는 판결이다.

심사위원 20자평

정연순 가부장제 전통보다 더 소중한 것은 인간의 존엄

김태규 아버지의 성만 고집하는 것 자체가 이상하다

특수목적고 출신 지원자를 우대한
고려대에게 배상 책임을 물은 판결

교육 부문

수시 모집에서 '고교등급제'를 적용

2008년 11월 공 모(21) 씨는 고려대 수시 모집에 지원했다. 고등학교 학교생
활기록부의 교과 성적(내신)이 1등급인 공씨는 내신 위주로 학생을 선발한다는
고려대의 모집 요강을 보고 기대를 걸었다. 결과는 불합격. 그 뒤 이상한 점이 드
러났다. 자신보다 내신 등급이 낮은 학생들이 합격을 한 것이다. 그들은 특수목
적고 출신이었다. 이런 사실이 잇따라 드러나자 공씨를 비롯해 고려대 2009학년
도 수시 2-2 일반 전형에 지원했다가 떨어진 학생 24명의 학부모는 2009년 3월
고려대의 재단인 고려중앙학원을 상대로 각각 1000~3000만 원의 위자료를 청
구하는 손해배상 소송을 냈다.

2010년 9월 15일 창원지방법원 민사6부(재판장 이헌숙, 배석판사 김경희 · 박용
근)는 고려대가 특수목적고 출신인 지원자를 우대하기 위해 학교별 학력의 차이

를 전형에 반영하는 이른바 '고교등급제'를 적용했다며, '1인당 700만 원씩 지급하라'고 원고 일부 승소 판결을 내렸다. 현행 법령은 고교등급제를 금하고 있다. 재판부는 또 "고려대가 영업 비밀이라는 이유로 구체적인 전형 방법을 밝히지 않고, 탈락한 원고들과 관련한 전형 자료조차 제출하지 않고 있다"고 하면서 "따라서 이 전형 방법과 원고들의 탈락 사이에 인과관계가 있다고 볼 수 있다"고 명시했다. 이명박 정부 들어 급증하는 교육 차별에 제동을 건 판결이다.

심사위원 20자평

안진걸 사람에게 등급을 매긴 민족 고대, 너무했네~

김태규 특목고 학생들만 골라 뽑으려는 편법 전형에 철퇴

판결 이후

그러나 2심에서는 결과가 뒤집혔다. 부산고등법원 창원재판부 민사2부(재판장 허부열, 배석판사 손호관·한경근)는 2011년 7월 13일 원고들에게 700만 원씩 주라는 1심 판결을 깨고 원고 패소 판결을 내렸다. 재판부는 "대학 대부분이 적용하는 내신 등급을 1차 보정하는 것만으로는 시험 문제의 난이도 등 차이를 모두 반영할 수 없기 때문에 내신 등급을 2차 보정할 필요성이 인정된다"고 하고 "2차 보정은 모든 지원자에게 동일하게 적용됐기 때문에, 이른바 일류고 출신 지원자들을 우대하기 위한 점수 변형이라고 할 수 없다"고 밝혔다. 학부모들은 상고했지만, 대법원 민사3부는 2013년 2월 14일 이를 기각하고 최종적으로 고려대의 손을 들어줬다. 특수목적고 출신 지원자를 우대하는 면죄부가 내려진 셈이다.

환경영향평가 절차의 중요성을
강조한 판결

환경 부문

개발 행위에 대한 규제 절차의 중요성

더 이상의 논의도, 의견 수렴도 없이 속도전으로 진행되는 4대강 사업의 굉음 속에서 환경 부문에 작지만 의미 있는 판결이 나왔다. 경북 문경시의 주민 정 모 씨는 동네에 들어오기로 한 군사 시설이 주민의 동의나 의견을 수렴하는 절차도 없이 사업 승인이 나고 공사가 진행되자, 국방부를 상대로 '국방·군사 시설 사업 실시 계획 승인처분 일부 취소' 소송을 냈다. 주민의 의견을 무시한 공사라는 것이다.

2009년 10월 22일 서울행정법원 12행정부가 원고 승소 판결을 하자 국방부가 항소했다. 2010년 9월 2일 서울고등법원 행정7부(재판장 곽종훈, 배석판사 이재석·이완희)는 항소를 기각하면서 이렇게 밝혔다. "주민 공람 기간이나 주민 의견 제출 기간이 미처 지나기도 전에 사업 승인을 한 행위는 환경영향평가상의 절차를 준수하지 않은 중대하고도 명백한 하자"이며 "주민의 직접적이고 개별적인 권리나 이익을 근본적으로 침해한 행위"라는 것이다. 사업이 이미 많이 진행된 것을 감안해 판결해달라는 항변에 재판부는 "그럴 경우 쾌적한 환경을 유지하고 조성하기 위한 환경영향평가 제도의 입법 취지를 무색하게 한다"라며 개발 행위에 대한 규제 절차의 중요성을 거듭 강조했다. 4대강 공사가 많이 진행돼 사업을 접을 수 없다는 정부가 귀 기울여 들어야 할 대목이다.

심사위원 20자평

한택근　환경영향평가 무시한 4대강 사업도 이참에~

최은순　환경영향평가 절대로 빼먹지 마세요

판결 이후

국방부의 상고로 재판은 대법원까지 이어졌다. 그러나 정씨가 2011년 2월 15일 소 취하서를 제출하면서 재판은 더 이상 진행되지 않았다. 국방부가 추진하던 군사 시설은 2013년 10월 완공을 끝냈다.

서울고등법원 | 2010누3253
대법원 | 2010두17113

촛불 집회에 참여했다는 이유로 정부가 보조금 지급을 중단한 것은 위법하다는 판결

행정 부문

한국여성노동자회, 한국 여성의 전화에 대한 보조금 지급 중지

한국여성노동자회는 '새로 쓰는 여성 노동자 인권 이야기' 사업과 관련해 2008년 5월부터 2010년 12월까지 정부 보조금을 받기로 했지만, 촛불 집회에 참가했다는 이유로 느닷없이 지급 대상에서 제외됐다. 황당했다. 이에 행정안전부를 상대로 '보조금 지급 중지 결정 취소' 소송을 제기했으나, 1심에서 졌다. 서울행정법원 6행정부가 2010년 1월 8일 원고 패소 판결한 것이다. 2010년 7월 21일 서울고등법원 행정5부(재판장 조용구, 배석판사 이형근·신혁재)는 1심 판결을 뒤집었다. '보조금 지급 중지 결정을 취소하라'며 한국여성노동자회의 손을 들어줬다. 재판부는 판결문에서 "한국여성노동자회가 불법·폭력 집회를 개최하거나 주도했다고 볼 증거가 없다"라며 "행정안전부장관의 결정은 사전 통지나 의견 제출의 기회도 주지 않은 위법한 처분"이라고 판시했다. 이 사건은 행정안전부의 상고로 대법원까지 올라갔지만, 2010년 11월 26일 대법원 3부(주심 박시환)는 원고 승소 판결한 원심을 확정한다고 밝혔다. 대법원의 확정판결은 정부가 제멋대로 보조금 지급을 중단하는 관행을 근절되는 쐐기가 될 것으로 보인다.

사단법인 한국 여성의 전화도 같은 일을 당해 보조금 지급 중지 결정을 취소해달라며 여성부를 상대로 소송을 냈다. 서울행정법원 행정14부는 2009년 12월 10일 원고 승소 판결했다(2009구합36170). 재판부는 "정부는 '경찰청이 작성한 촛불 집회 참여 단체 명단에 포함됐고 이에 관한 확인서를 제출하지 않았다'라는 이유만으로 불법 시위 단체로 규정해 보조금 지급을 제한해서는 안 된다"고 밝혔다. 서울고등법원 행정6부는 2010년 6월 9일 여성부의 항소를 기각했다.

심사위원 20자평

임지봉 시민단체에 지원금을 지급할 때 권력이 자의적 판단을 할 수 없게 한 판결

안진걸 맘에 안 들면 비정부기구^{NGO}도 쫓아내는 행패에 제동을 걸다

걸림돌 판결

우리를 '술 푸게 한 개념 없는' 판결들

최악의 판결

- 서울행정법원, 군대 내 불온서적 지정은 위헌이라며 헌법소원 냈다는 이유로 군법무관들을 징계한 것은 적법하다는 판결

- 헌법재판소, 국방부가 불온서적 지정한 것은 합헌이라는 결정

노동 부문

- 서울행정법원, 전국공무원노동조합의 노조 설립 신고를 반려한 고용노동부의 처분은 정당하다는 판결

- 서울행정법원, 청년유니온의 노조 설립 신고를 반려한 고용노동부의 처분은 정당하다는 판결

형사 · 사법 부문

- 의정부지방법원, 기무사의 민간인 사찰 현장을 잡아 카메라를 뺏은 행위에 강도상해죄를 적용한 판결

- 서울행정법원, 공안 사범 자료 등을 공개하지 않은 경찰의 처분이 적합하다는 판결

- 대법원, 조사 과정에서 변호인의 참여권을 제한한 것은 위법이라는 원심을 파기한 판결

집회와 표현의 자유 부문

• 대법원, 집회 주최 측이 집회로 인한 손해액 전체를 배상하라고 파기환송한 판결

• 헌법재판소, 국회 앞에서의 집회를 금지하는 집시법 조항은 합헌이라는 결정

과거 청산 부문

• 서울행정법원, 일제강점기에 독립운동가에게 실형 선고한 판사를 친일 반민족 행위자로 볼 수 없다는 판결

환경 부문

• 서울행정법원, 4대강 사업에 대한 집행정지 신청을 기각한 판결

서울행정법원 | 2009구합14781

군대 내 불온서적 지정은 위헌이라며 헌법소원 냈다는 이유로 군법무관들을 징계한 것은 적법하다는 판결

헌법재판소 | 2008헌마638

국방부가 불온서적 지정한 것은 합헌이라는 결정

공동, 최악의 판결

불온서적 지정 기준에 대해 국방부는 묵묵부답

2008년 7월 22일 국방부는 《북한의 우리식 문화》 등 도서 23종을 '장병들의 정신전력에 부정적 영향을 줄 수 있다'라는 이유로 '불온서적'으로 지정하고, 이 도서들을 부대 안으로 반입 못 하게 하라는 지시를 각급 부대에 하달했다. 같은 해 10월 22일 지 모 소령을 비롯한 군법무관 6명은 이 지시가 표현의 자유와 학문의 자유 등을 침해한다며 헌법재판소에 헌법소원을 냈다. 2009년 3월 18일 육군참모총장은 이들에게 군의 명예를 실추시켰다는 이유로 파면 등 징계 처분을 내린다. 헌법소원을 냈다가 졸지에 징계까지 당한 군법무관들은 다시 법에 호소했다.

서울행정법원 행정3부(재판장 김종필, 배석판사 진현섭·최영각)는 2010년 4월 23일 군법무관들이 국방부를 상대로 낸 '파면처분 등 취소' 소송에서 국방부의

군대 내 불온서적 지정은 기본권 침해라며 헌법소원을 낸 군법무관들이 2010년 10월 28일 오후 서울 재동 헌법재판소 앞에서 헌법재판소 결정에 대한 입장을 밝히고 있다. 이들은 "군대 안이라도 불온서적 지정은 국가적 수치다"라고 말했다.

편을 들었다. 헌법소원을 낼 권리는 누구에게나 있지만, 상관의 명령에 복종할 의무가 있는 군법무관을 비롯한 군인은 예외라는 것이 이유다. 군인은 사람도 아닌가?

군법무관들의 시련은 계속된다. 2010년 10월 28일 헌법재판소는 군법무관들이 낸 헌법소원에 대해 '국방부가 불온서적을 지정하고 제한한 것은 합헌'이라고 결정했다. 헌법재판소는 결정문에서, 군대 내에서 불온도서를 소지하는 것 등을 금지하는 "군인복무규율 제16조의2는 군인들의 정신전력이 저해되는 것을 막기 위한 것으로 목적의 정당성이 인정되고, 정신전력을 심각하게 해치는 범위의 도서에 한해 소지를 금하도록 해 과잉 금지 원칙에도 어긋나지 않는다"고 밝혔다.

군법무관들이 법적인 판단을 받기 위해 헌법소원을 낸 것을 '명예 실추'라고 인정함으로써 사법부는 스스로의 명예를 실추했다. 헌법 수호를 포기한 헌법재판소는 자신의 권능을 능멸하고 말았다. 스테디셀러까지 포함된 도서 23종을 불온서적으로 지정한 기준에 대해 국방부는 여전히 묵묵부답이다.

심사위원 20자평

한택근 군인은 국민이 아닌가요? 책도 못 읽고, 헌법소원도 못 하고
안진걸 군인을 사람이 아니라 '군바리'로 본 '개념 없는' 판결

판결 이후

국방부가 불온서적 지정한 것을 두고 소송은 최근까지 계속 이어지고 있다. 헌법소원을 낸 군법무관들은 소송 끝에 파면 처분은 면했지만, 법원이 징계 처분은 정당하다고 판결해 복직이 어렵게 됐다. 항소심을 맡은 서울고등법원 1행정부도 2011년 8월 16일 징계 처분은 정당하다고 1심 판결을 따랐다. 현재 대법원 특별3부에서 상고심이 진행 중이다.

이와는 별도로 '불온서적'을 낸 출판사와 저자들이 명예훼손 소송에 동참했다. 2008년 10월 철수와영희, 후마니타스, 한겨레출판, 실천문학 등 11개 출판사와 홍세화, 김진숙, 정태인 씨 등 저자 11명이 "국방부의 불온서적 지정으로

언론과 출판의 자유 등 헌법이 보장한 기본권을 침해당하고, 저자와 출판사의 명예를 훼손당했다"라며 국가를 상대로 손해배상 청구 소송을 냈다. 서울중앙지방법원 민사33부(재판장 이우재)는 2012년 5월 31일 국방부의 조치는 "정당한 비판이나 판단의 범위를 넘지 않는다"라며 원고 패소 판결했다(2008가합104890). 또 서울고등법원 13민사부(재판장 안철상)는 2013년 5월 3일 국방부는 법률적 책임이 없다며 출판사와 저자들의 항소를 기각했다. 현재 이 소송은 대법원에 계류 중이다.

국방부 불온서적 목록에 포함된 장하준 케임브리지대 교수의 《나쁜 사마리아인》, 아동문학가 권정생 씨의 산문집 《우리들의 하느님》, 소설가 현기영 씨의 《지상에 숟가락 하나》는 정부와 학술 단체 등이 우수·추천도서로 선정한 책이다.

전국공무원노동조합의 노조 설립 신고를 반려한 고용노동부의 처분은 정당하다는 판결

노동 부문

OECD 회원국 중 공무원노조를 인정하지 않는 유일한 나라

옛 전공노와 전국민주공무원노동조합, 법원공무원노동조합이 통합해 출범한 전국공무원노동조합(전공노)은 2010년 2월 25일 고용노동부에 조합 설립을 신고했다. 3월 3일 고용노동부는 '옛 전공노에 조합원 자격이 없는 해직자 82명이 가입돼 있었는데 이들이 새로 만들어진 전공노에 그대로 포함된 것으로 판단되며, 산하 조직의 대표 8명이 다른 공무원의 업무를 지휘 총괄하는 직무에 종사해 노조 가입 금지의 대상'이라는 이유로 신고서를 반려했다. 사실 이들 대부분은 2010년 3월 20일 전공노 출범식과 간부결의대회에 참석했다는 이유로 파면당한 전직 공무원이다. 정부의 강경 탄압이 해직의 원인인 셈이다. 결국 전공노는 서울행정법원에 고용노동부를 상대로 '노동조합 설립 반려처분 취소' 소송을 냈다.

2010년 7월 23일 서울행정법원 1행정부(재판장 오석준, 배석판사 김영식·이재홍)

는 "현재 전공노에 근로자가 아닌 조합원들이 '실질적인 조합 활동'을 하고 있는 이상, 이를 금지하는 공무원노조법에 따라 노조 설립을 반려한 처분은 정당하다"라며 원고 패소 판결했다. 해직의 원인에는 눈 감고 결과에만 주목한 판결이다.

심사위원 20자평

안진걸 유럽에선 판사도 스스로 노동자라 말한다던데

김태규 사법부의 사용자 사랑을 매도하지 마?

판결 이후

전국공무원노동조합은 이명박 정부 시절 노조 설립 신고를 세 차례나 냈다가 모두 반려되었다(2009년 12월, 2010년 2월, 2012년 4월). 박근혜 정부가 들어선 뒤인 2013년 5월, 해직자를 노조원으로 인정하지 않는 공무원노조법에 따르기로 하고 네 번째로 '노조설립신고서'를 냈다. 그러나 고용노동부는 "전공노가 규약과 별도로 대의원 대회에서 '어떠한 탄압이 있어도 해직 동지들의 신분을 보장한다'라는 내용의 특별 결의문을 채택했고, 구체적인 조합원의 적격 여부를 중앙집행위원회의 해석에 맡기는 단서 조항이 있다"라며 신고서를 받아들이지 않았다. 국제노동기구는 2013년 8월 19일 '전공노의 설립 신고가 네 번째 반려된 것과 관련해 해명을 하라'고 고용노동부에 서한을 보냈다. OECD 회원국 가운데 한국은 공무원노조를 인정하지 않는 유일한 나라다.

서울행정법원의 1심 이후 2011년 2월 16일 서울고등법원 5행정부는 전공노의 항소를 기각했다. 현재 대법원 3부에서 상고심이 진행 중이다.

서울행정법원 | 2010구합28694

청년유니온의 노조 설립 신고를 반려한
고용노동부의 처분은 정당하다는 판결

노동 부문

실업률 높은 청년 세대의 노동권 보장

전국공무원노동조합과 함께 국내 첫 세대별 노동조합을 표방하는 '청년유니온'의 설립 신고도 어려움에 처했다. 2010년 3월에 창립한 청년유니온은 다른 세대에 비해 월등히 실업률이 높은 청년 세대의 노동권 보장을 위해 활동하고 있다.

2010년 11월 18일 서울행정법원 12행정부(재판장 장상균, 배석판사 민달기·김종범)는 청년유니온이 고용노동부를 상대로 낸 '노동조합 설립 반려처분 취소' 소송에서 "청년유니온에서 조직 대상으로 하는 '현재 취업 중인 정규직과 비정규직 근로자 외에 취업 준비생, 구직자, 실업자나 불안정 노동에 시달리는 청년 모두'에게도 노동삼권을 보장할 필요가 있다"고 하면서도 "청년유니온이 노동부의 '조합원 수'에 대한 보완 요구에 응하지 않았다"라는 이유를 들어 원고 패소 판결했다. 대원칙에는 눈 감고, 절차적 하자에만 주목한 판결이다.

판결 이후

국가인권위원회가 청년유니온은 '노조의 지위를 인정받아야 한다'라는 의견을 냈지만, 노조 설립 신고는 받아들여지지 않았다. 노동절을 하루 앞둔 2013년 4월 30일, 고용노동부는 청년유니온에게 '노조 설립 신고 필증'을 발부했다. 당시 청년유니온은 전국 6개 지역에 지부를 두고 조합원 670여 명을 거느린 사실상의 노조였지만, 고용노동부는 2010년부터 '조합원의 자격에 구직자가 포함돼 있다'라는 이유로 전국 단위 노조 설립 신고를 다섯 차례나 반려했다.

기무사의 민간인 사찰 현장을 잡아 카메라를 뺏은 행위에 강도상해죄를 적용한 판결

형사 · 사법 부문

민간인을 불법 사찰한 기무사

퀴즈 하나. 집 안을 염탐하던 도둑을 발견해 실랑이 끝에 그가 가진 망원경을 빼앗았다면, 당신은 무슨 죄? 정답은 강도상해죄. 민간인을 불법 사찰한 국군기무사령부(기무사) 수사관의 캠코더를 빼앗고 그를 때린 혐의로 대학생 안 모(27)씨가 기소되었다. 2009년 8월 5일 경기 평택시 평택역 광장에서는 쌍용자동차 파업과 관련해 민주노총이 적법하게 신고한 집회가 열리고 있었다. 집회 참가자들은 정체 모를 사람이 몰래 집회 현장을 촬영하는 모습이 의심스러워 그를 붙들어서 소지품을 확인한 결과 기무사 소속 수사관임이 밝혀졌다. 기무사는 국가보안법 위반 혐의가 있는 휴가 장병들이 집회에 참가하는 모습을 채증하는 중이었다고 해명했지만, 재판 과정에서 수사관이 캠코더로 촬영한 대상은 민주노총 소속 민간인들이었음이 드러났다.

2010년 7월 23일 의정부지방법원 형사11부(재판장 임동규, 배석판사 나청·권민재)는 안씨에게 강도상해죄로 징역 3년 6개월을 선고하고 법정 구속했다.

판결 이후

그러나 서울고등법원 형사3부(재판장 이성호)는 2010년 11월 18일 안씨에게 강도상해 혐의에 대해 유죄를 선고한 1심을 깨고 공동상해죄만 적용해 징역 1년에 집행유예 2년을 선고했다. 2심 재판부는 "강도죄가 성립하지 않고, 수사관이 국가보안법 위반 혐의를 수사 중이었다고 볼 수도 없다"고 밝혔다. 이어 대법원 1부는 2013년 3월 14일 "피고인이 캠코더 테이프 등을 가져간 이유는 군 수사기관인 기무사의 요원이 민간인 집회 현장을 촬영한 사실을 증명하려는 데 있었다"라며 강도 혐의에 대해 무죄를 선고했다. 그리고 안씨의 폭행 혐의에 대해서는 징역 1년에 집행유예 2년을 선고한 원심을 확정했다.

공안 사범 자료 등을 공개하지 않은 경찰의 처분은 적합하다는 판결

형사·사법 부문

공안 사범 자료에 대한 정보공개 청구

경찰이 끝내 공개하기를 거부하고, 법원이 이를 추인한 자료는? 정답은 공안 사범 자료, 시위 사범 전산 입력 카드 등 민간인 사찰 자료. 2009년 10월 11일 최규식 의원(민주당)은 2008년 촛불 집회에 참가했다가 집시법 위반 혐의로 기소된 이 모 씨의 수사 기록에 '공안 사범 조회 리스트'가 첨부된 사실을 폭로했다. 놀랍게도 국가는 한 개인의 과거 공안 사건 기록뿐만 아니라 '가족의 전력까지 들추는 연좌제식 수사'를 하고 있었다. 명백히 위헌적이고 반인권적인 행위였다.

2009년 9월 21일 민주사회를 위한 변호사모임 변호사 4명은 공안 사범 데이터베이스에 자신들의 정보가 포함됐는지를 공개하라고 경찰청에 청구했다. 그러나 경찰청은 '정보공개법 제9조 1항 2호에 의거한 국가 안전 보장, 국방, 통일, 외교 관계 등에 관한 사항'이라는 사유를 들어 공개하지 않았다.

정보공개 청구는 모든 시민들이 공공기관의 특혜와 특권을 꼼꼼히 감시하는 도구다.

2010년 1월 이들은 서울행정법원에 '정보 비공개처분 취소' 소송을 제기하면서 "공안 리스트에 관한 정보는 명확한 법적 근거 없이 개인의 개인 정보 자기결정권 등 기본적 인권을 심각하게 침해"한다고 지적했다. 2010년 11월 11일 서울행정법원 행정12부(재판장 장상균, 배석판사 민달기·김종범)는 "이 자료들은 국가의 중대한 이익을 현저히 해할 우려가 있는 정보"라며, 이에 대해 경찰청이 내린 비공개 결정은 정당하다고 판결했다. 의도하지는 않았겠지만, 이 판결은 공안 사범 자료 등을 이용해 경찰이 민간인을 여전히 사찰한다는 세간의 의혹을 더 키우고 말았다.

대법원 | 2006다58738

조사 과정에서 변호인의 참여권을 제한한 것은 위법이라는 원심을 파기한 판결

형사·사법 부문

변호인의 검찰 신문 참여권

검사가 조사 과정에서 변호인의 참여권을 제한하면 위법일까 아닐까? 성실하고 합리적인 보통의 검사가 그랬다면 죄가 아니다. 대법원 민사3부(주심 안대희)는 2010년 6월 24일 변호인의 참여권을 제한한 검사의 불법 행위에 대해 국가를 상대로 낸 손해배상 청구 소송에서 "성실하고 합리적이고 평균적인 검사를 기준으로 할 때, 그 참여를 불허하는 처분이 권리를 위법하게 침해하는 것이라는 점을 알 수 있었다고 보기 어렵다"라며 배상 책임이 없다고 판결했다. 말을 어렵게 꼬았지만, 쉽게 말해 검사가 조사 과정에 변호인이 참여하지 못하게 했더라도 자신의 처분이 피의자의 권리를 침해하는지 몰랐으니 무죄라는 얘기다.

재독 사회학자 송두율 교수는 국가보안법 위반 혐의로 체포영장이 발부된 상태에서 귀국했다가 2003년 10월 22일 구속된다. 이후 검찰은 피의자 신문 과정

마음은 한국인, 몸은 독일인인 송 교수는 결국 여러 경계에 서 있는 경계인이 되었다.

에서 수사에 현저한 지장을 초래할 우려가 있다는 이유로 변호인의 참여를 허락하지 않았다.

이에 송 교수와 변호인들은 '검찰 조사 과정에서 변호인의 입회가 허락되지 않아 피해를 봤다'라며 국가를 상대로 손해배상 청구 소송을 냈다. 1심인 서울중앙지방법원 민사88단독부의 김래니 판사는 2005년 8월 4일 '국가는 송 교수에게 500만 원, 변호인 4명에게 각각 100만 원씩 총 900만 원을 지급하라'고 원고 일부 승소 판결했다. 김 판사는 "신체 구속을 당한 사람의 변호인과의 접견, 교통권은 인권 보장과 방어 준비를 위해 필수 불가결한 권리"이며 "송씨는 변호인 참여 요구권을, 변호사들은 검찰 신문 참여권을 침해당한 점이 인정된다"고 밝혔다.

국가가 다시 항소했으나 서울고등법원 26민사부(재판장 강영호)는 2006년 8월 10일 항소를 기각하고 1심 판결을 유지했다. 하지만 대법원이 사건을 다시 심리 판단하라며 파기환송한 것이다.

심사위원 20자평

장은교 '찍히면 죽는다'의 합법화

임지봉 변호인의 조력을 받을 권리는 어떤 명분으로도 제한할 수 없는 기본권이거늘

판결 이후

서울고등법원 27민사부는 파기환송심에서 2010년 11월 17일 원고 패소 판결했다.

>> 2008년 올해의 판결, '대법원, 조사 과정에서 변호인의 참여권을 제한한 것은 위법이라는 판결' 참조

집회 주최 측이 집회로 인한 손해액 전체를 배상하라고 파기환송한 판결

집회와 표현의 자유 부문

집회 주최 측의 손해배상 책임 범위

이명박 정부에서 집회와 표현의 자유는 허울뿐인 것 같다. 어느새 한국 사회는 자신의 생각을 공표하고 발언하는 일에 많은 것을 걸어야 하는 사회가 돼버렸다. 2009년 12월 10일 대법원 민사2부(주심 양승태)는 집회를 주최한 쪽이 집회로 인한 손해액 전체를 배상하라고 판결했다. 재판부는 "원심에서 집회 주최 측이 책임질 범위를 60퍼센트로 제한한 것은 수긍하기 어렵다"고 밝혔다. 이제 집회를 하려면 무한 책임 특약을 넣은 손해보험이라도 들어야 하나.

민주노총이 2007년 6월 17일 서울 여의도동 산업은행 앞에서 '특수 고용 노동자 노동삼권 쟁취를 위한 결의대회'를 주최했을 때, 정부는 참가자 일부가 11대의 경찰 버스를 부수고 경찰이 갖고 있던 물품을 빼앗았다고 차량 수리비 등을 청구하는 소송을 냈다. 서울중앙지방법원 민사46단독부의 권순열 판사는 2009

년 1월 15일 정부가 민주노총을 상대로 낸 손해배상 청구 소송에서 피해액 전체에 대한 책임을 물어 민주노총이 2436만 원을 배상하라고 원고 승소 판결했다. 민주노총이 "집회 참가자들에게 집회 장소를 이탈하지 말 것과 손괴 행위를 하지 말 것을 적극적으로 고지하는 등 적절한 조치"를 하지 못했기 때문에 손해가 발생했다는 것이다.

하지만 항소심은 달랐다. 서울중앙지방법원 5민사부(재판장 이두형)는 2009년 7월 1일 피해액 전체를 배상하라는 1심 판결을 깨고 민주노총의 책임을 60퍼센트로 제한해 정부에 1462만 원을 배상하라고 판결했다. 2심 재판부는 판결문에서 "집회 참가자가 주최자와 질서 유지인의 질서 유지를 위한 지시에 응하지 않는 경우 물리력 행사 등으로 강제할 수 없는 등 집회 질서 유지에 한계가 존재"하므로 손해배상의 책임 범위를 제한하는 게 공평하다고 밝혔다.

대법원은 2009년 12월 10일 이 항소심을 깨고 사건을 서울중앙지방법원 합의부로 돌려보냈다.

심사위원 20자평

장은교 '하이 서울 페스티벌'에서 일부 시민이 난동을 피우면 서울시장이 책임지나요?

한택근 신문고라도 설치해야 할 판

사건 이후

서울중앙지방법원 6민사부는 2010년 4월 29일 파기환송심에서 민주노총에게 피해액 전체인 2436만 원을 배상하라는 판결을 내렸다.

>> 2013년 올해의 판결 '서울중앙지방법원, 촛불 집회에 참가한 시민단체는 손해배상 책임이 없다는 판결' 참조

국회 앞에서의 집회를 금지하는
집시법 조항은 합헌이라는 결정

집회와 표현의 자유 부문

국회 인근은 절대적 집회 금지 구역?

2009년 12월 29일 헌법재판소는 국회 앞에서의 집회를 금지하는 집시법 조항에 대해 재판관 5 대 4의 의견으로 합헌 결정을 내렸다. 헌법재판소는 "국회의원 등에게 직접적인 비난을 가하거나 위세를 보여 심리적 압박감을 줄 위험이 있다"고 밝혔다. 국회 앞에서 집회를 할 수 없다면 국민의 요구는 여의도공원에 접수하라는 말씀인지 여쭙고 싶은 마음이다.

헌법소원을 낸 L씨는 2004년 비정규직 관련법 개정을 저지하기 위해 국회 안 보존서고동 건립 공사 현장에 있던 타워크레인에 올라가 플래카드를 내걸고 농성하다 집시법 위반 혐의로 기소되었다. 1심에서 징역 8개월에 집행유예 2년을 선고받은 뒤 항소하면서 위헌법률 심판 제청을 신청했다. 하지만 기각되자 이 집시법 조항에 대한 헌법소원을 낸 것이다.

반면 위헌 의견을 낸 이공현, 조대현, 김종대, 송두환 재판관은 "이 사건 법률 조항이 국회 인근의 집회나 시위의 실질적 위험성이나 폭력 행위 발생의 개연성을 묻지 않고, 절대적 집회 금지 구역을 설정한 것은 입법 목적에 부합하지 않는 수단을 택한 것"이라고 다른 목소리를 냈다.

집회 및 시위에 관한 법률 제11조(옥외 집회와 시위의 금지 장소):
누구든지 다음 각 호의 어느 하나에 해당하는 청사 또는 저택의 경계 지점으로부터 100미터 이내의 장소에서는 옥외 집회 또는 시위를 하여서는 아니 된다.
1. 국회의사당, 각급 법원, 헌법재판소

판결 이후

'국회 앞 싸움'은 계속되고 있다.

서울중앙지방법원 형사24단독부(이은정 판사)는 2013년 8월 27일 국회 근처에서 열린 집회 등에 참가한 이태호 참여연대 사무처장에게 집시법 위반과 일반교통방해 혐의로 벌금 250만 원을 선고했다. 2011년 11월 국회에서 100미터 이내의 장소에서 열린 집회에 참가했고 12월 종로구 청계천광장에서 명동성당까지 차로를 점거한 채 행진했다는 것이다. 이에 이 사무처장은 법원에 해당 법률에 대한 위헌법률 심판 제청을 신청했으나 받아들여지지 않았다. 시청, 시의회, 정부종합청사 앞에서는 자유롭게 허용되는 집회와 시위가 민의의 전당인 국회 앞에서 불허되는 건 말이 되지 않았다.

참여연대는 2013년 9월 26일 집시법 제11조의 1호 중 '국회의사당' 부분에 대해 헌법소원을 제기하겠다고 밝혔다. 이날 국회 앞에서 기자회견을 열고 "국회 인근의 집회를 절대적으로 금지하는 현행 집시법 제11조는 국회의 본질적인 기능인 '민의의 수렴'을 방해한다"고 헌법소원을 낸 취지를 설명했다.

>> 2008년 올해의 판결, '서울중앙지방법원, 야간 옥외 집회 참가자에게 무죄 선고한 판결' 참조

일제강점기에 독립운동가에게 실형 선고한 판사를 친일 반민족 행위자로 볼 수 없다는 판결

과거 청산 부문

일제강점기 판사의 반민족 행위

2010년 10월 15일 서울행정법원 행정3부(재판장 김종필, 배석판사 최영각)는 독립운동가에게 실형을 선고한 조선총독부 재판소의 판사를 친일 반민족 행위자로 볼 수 없다고 판결했다. 재판부는 친일 반민족 행위가 되려면 "감금, 고문, 학대 등 탄압에 적극 앞장선 행위나 일본 제국주의의 식민 통치와 침략 전쟁에 협력하는 등의 구체적인 행위가 있어야 한다"고 하고 "그가 관여한 재판의 대상이 항일 운동과 관련된 사안이라는 이유만으로 일본 제국주의에 현저히 협력했다고 볼 수 없다"고 밝혔다. 그러나 일제강점기의 법원은 '단순 판결'이라는 기능적 역할에 머물지 않았다. 법원의 법 집행으로 숱한 이들이 갇히고, 고문당하고, 학대당하고, 사형됐다. 법원은 일본 제국주의 통치의 하수인이 아니라 최종 심급이었다.

400

민족문제연구소의 친일인명사전 편찬위원들이 2005년 8월 29일 세종문화회관에서 기자회견을 갖고 친일인명사전 수록 인물 1차 명단을 발표하고 있다.

심사위원 20자평

임지봉 법원의 '제 식구 감싸기'가 일제강점기 판사의 반민족 행위에까지 미치나

정연순 판사는 판결로만 말한다. 판사의 친일 행위는 판결일 수밖에 없다

판결 이후

다행히 1심의 '제 식구 감싸기' 판결은 서울고등법원, 대법원을 거치며 바로 잡혔다. 항소심 재판부는 "대한민국 헌법은 대한민국 임시정부의 법통을 계승한다고 규정함으로써 일제강점기에 시행된 법령의 정당성을 부정하기 때문에, 당시 독립운동가에게 실형을 선고한 것은 무고한 우리 민족 구성원에 대한 탄압 행위

에 해당된다"고 설명했다. 판결은 역사이기도 하다. 그런 점에서 친일 판사는 판결로 역사적 심판을 받았다.

>> 2011년 올해의 판결 '서울고등법원, 독립운동가에 유죄 선고한 판사를 친일 반민족 행위자로 인정한 판결' 참조

4대강 사업에 대한
집행정지 신청을 기각한 판결

환경 부문

4대강 인근 주민들의 집행정지 신청

　국민의 절반 이상이 반대한다는 4대강 사업. 단군 이래 최대의 토목공사로 불릴 이 사업은 오늘도 한반도 구석구석에서 굉음을 내며 착착 진행되고 있다. 여기에 사법부도 기어이 동참하려는가.

　2010년 3월 12일 서울행정법원 행정6부(재판장 김홍도)는 4대강 공사 현장 인근의 주민들이 국토해양부를 상대로 낸 집행정지 청구 소송에서 "주민들의 피해가 참고 견디기에 현저히 곤란한 경우라고 보기 어렵다"라며 기각 판결했다. 재판부는 "수생태계에 미치는 악영향, 자연환경의 파괴, 미래 세대의 환경권 침해, 역사와 문화의 파괴 등은 개인적 손해가 아닌 공익적 손해"이고 "이는 회복하기 어려운 손해 또는 이를 예방하기 위한 긴급한 필요라는 집행정지의 요건을 충족시키지 않는다"고 밝혔다. 이어 5월 4일 전주지방법원, 6월 25일 서울고등법원,

7월 9일 광주고등법원도 비슷한 판결을 잇따라 내렸다. 이에 대해 류제성 변호사는 "소명이 부족하다는 이유로 충분히 심리하지 않고 성급하게 기각한 것은 4대강 사업이 오늘과 내일에 미칠 심각한 영향에 대해 전혀 고려해보지 않겠다는 방증"이라고 말했다.

심사위원 20자평

김태규 돌이킬 수 없는 피해가 생기면 어쩌려고……

정연순 고만해라, 4대강 파내는 당신도, 거드는 당신도

판결 이후

서울행정법원의 판결 이후, 4대강 공사 현장의 인근 주민들은 항고와 재항고를 거듭했지만 재판부의 판단은 바뀌지 않았다. 4대강 사업은 2012년 4월 22일 완공을 끝냈다.

한택근 심사위원장

이제, 헌법재판소를 심사하자!

걸림돌 판결 후보를 다수 배출한 헌법재판소,
최후의 헌법 수호 기관이라는 역할을 제대로 하고 있나

우선 집회와 표현의 자유 부문에서 미국산 수입 쇠고기의 위험성을 보도한 문화방송 〈PD수첩〉의 관련자들에게 무죄를 선고한 서울중앙지방법원의 판결과 12월 2일 선고된 서울중앙지방법원의 항소심 판결을 '최고의 판결'로 선정했다. 심사위원 전원의 일치된 의견이었다.

국민의 기본권이 위협받는 현실을 반영

노동 부문에서는 현대중공업 사내 하청 관련 판결*과 KTX 여승무원 관련 판결*이 이번에 뽑힌 판결과 함께 후보로 올랐다. 결국 현대자동차 사내 하청 관련 판결이 최종 낙점을 받았다. 2009년 올해의 판결에서 '최고의 판결'로 선정된 대법원의 예스코 관련 판결과 현대중공업 사내 하청 관련 판결을 합쳐놓은 듯했다.

심사위원들이 2010년 11월 29일 서울 서초동 '민주사회를 위한 변호사모임' 회의실에 최종 심사를 위해
모였다.

소중한 판결이라는 노동법 학계의 의견을 감안했다. 또한 교원 단체 및 노동조합
에 가입한 교사의 실명과 그들이 가입한 단체 등이 포함된 자료가 해당 교원들의
사생활 비밀과 자유 및 개별적 단결권, 그리고 교원이 가입한 노동조합의 집단적
단결권 등과 밀접한 관련이 있는 정보라고 판단한 서울남부지방법원의 판결도
노동조합의 단결권을 보장하는 데 실질적으로 기여한 판례로 보아 선정했다.

경제 정의 부문에서는 최종 선정된 기아차 관련 판결과 용산 사건의 발단이
된 용산4구역 재개발 관리 처분 계획이 절차상·내용상의 하자가 있다고 인정한
서울고등법원의 판결(2009누28461)이 후보에 올랐다. 선정된 기아차 관련 판결
은 대법원이 고등법원의 판결을 파기하면서까지 대기업의 부당한 하도급 관행을
바로잡으려 노력했다는 데 의견이 모아졌다. 덧붙여 2009년 올해의 판결에서 재
개발 조합 설립 무효를 인정한 판결을 선정한 적이 있다는 점도 고려했다.

형사·사법 부문에서는 용산 참사 사건의 검찰 수사 기록을 열람하고 등사하려는 철거민에게 이를 거부한 것은 위법하다며 국가의 손해배상 책임을 인정한 판결을 선정했다. 물론 철거민들이 낸 헌법소원에 대해 '신속하고 공정한 재판을 받을 권리와 변호인의 조력을 받을 권리를 침해한 것이므로 위헌'이라고 확인한 헌법재판소의 결정(2010년 6월 24일, 2009헌마257)도 거론됐다. 하지만 이 결정은 항소심 재판 도중 우여곡절 끝에 수사 기록을 입수한 뒤에서야 내려져 철거민의 방어권 보장에 실질적 기여를 못 했다는 점 등을 감안해 선정에서 제외했다.

여성·가족 부문에서는 2010년 한 해 동안 여성의 권리를 신장시키는 데 기여한 판결이라 할 만한 것이 거의 없었다. 다만 2009년 12월 11일에 선고돼 2009년 올해의 판결을 선정하는 과정에서 미처 다루지 못한 판결을 찾아내 선정하게 됐다. 자녀의 성과 본을 양아버지의 성과 본으로 변경하는 것을 허가한 판결이다. 가부장제 전통을 벗어나 개인의 존엄과 행복을 보장함으로써 아동과 여성의 인권 보장에 실질적으로 기여했다는 점에서 만장일치로 채택됐다.

교육 부문에서는 고등학교 안에서 종교의 자유를 인정한 대법원의 판결*을 선정하자는 의견도 상당수 있었다. 하지만 전 국민의 관심사인 대학 입시에서 고려대가 이른바 고교등급제를 실시한 데에 손해배상 책임을 인정한 창원지방법원의 판결이 사회적 영향력이 더 크다는 의견이 우세했다.

환경 부문에서는 김해시 취수장에서 멀리 떨어진 곳에 사는 사람들에게도 소송 청구 자격(원고 적격)이 있다며 사건을 부산고등법원으로 돌려보낸 대법원 판결*을 두고 고심했다. 하지만 환경영향평가를 거치지 않으면 아무리 공사가 진척됐다 하더라도 사정을 감안해 미온적인 판결을 할 수 없음을 명백히 밝힌 판결을 선정하자는 데 의견이 모아졌다.

행정 부문에서는 촛불 집회에 참여했다는 이유만으로 한국여성노동자회에 대한 보조금 지원을 중단한 것은 위법하다는 판결을 선정했다. 서울고등법원은 사단법인 '한국 여성의 전화'에 대해서도 같은 취지의 판결을 한 바 있다.

마지막으로 생활 속의 권리 부문에서는 발암 우려 물질인 브롬산염을 국제 기준보다 과다 함유한 생수 제품을 적발하고도 정보공개를 거부한 환경부의 처분은 위법하다는 판결을 만장일치로 선정했다.

디딤돌 판결 10개를 선정해놓고 보니 일반 시민의 생활과 밀접한 관련이 있거나 소수자 인권 보호와 관련된 판결은 소수이고, 표현의 자유나 노동기본권, 환경권과 관련된 판결이 대부분이다. 이는 이명박 정부에서 국민의 기본권이 심각하게 위협받는 상황을 그대로 반영한 것으로 보인다. 최고의 판결로 〈PD수첩〉 관련 판결이 뽑힌 것도 무엇보다 표현의 자유가 위태롭다는 것을 역설한다.

최악의 판결은 헌법재판소의 결정

한편 걸림돌 판결 중에서는 군대에서 불온도서 소지 등을 금지하는 군인복무규율 제16조의2가 헌법에 위배되지 않는다고 한 헌법재판소의 결정과, 이 헌법소원을 제기한 군법무관들을 파면한 것은 정당하다는 서울행정법원의 판결이 공동으로 최악의 판결에 선정됐다.

이외에도 심사 과정에서 도마에 오른 헌법재판소의 결정이 많다. 국회 앞 집회 금지 규정에 대한 합헌 결정이 걸림돌 판결로 선정됐다. 미디어법 2차 권한쟁의 청구를 기각한 결정*, 사형제 합헌 결정*, 48시간 유치장 구금 행위 각하 결정*도 후보에 올랐다. 헌법재판소가 최고이자 최후의 헌법 수호 기관으로서 역할을 다하고 있는지, 그렇지 않다면 제 기능을 다하도록 할 방안이 무엇인지 심각하게 고민해봐야 할 때다.

*현대중공업 사내 하청 관련 판결: 대법원 특별2부(주심 전수안)는 2010년 3월 25일 현대중공업이 사내 하청 업체를 폐업시켜 노동자를 해고에 이르게 한 것은 원청의 부당노동행위에 해당한다고 판결했다(2007두8881).

*KTX 여승무원 관련 판결: 서울중앙지방법원 민사41부(재판장 최승욱)는 2010년 8월 26일 한국철도공사(코레일)의 자회사인 '철도유통'에서 해고된 KTX 여승무원 오 모 씨 등 34명이 한국철도공사를 상대로 낸 '근로자 지위 확인' 소송에서 원고 승소 판결했다(2008가합118219). KTX 여승무원들의 실질적인 사용자는 한국철도공사라는 것이다. 항소심 재판부인 서울고등법원 민사15부(재판장 김용빈)도 2011년 8월 19일 1심과 같이 원고 승소 판결을 했다. 재판부는 "철도 유통은 코레일의 일개 사업 부서로 노무 대행 기관에 불과하고 오히려 코레일이 승무원들을 직접 채용한 것"이라고 밝혔다.

하지만 2심은 엇갈렸다. 이와 별도로 KTX 여승무원 권 모 씨 등 118명이 낸 소송에서 서울고등법원 민사1부(재판장 정종관)는 2012년 10월 5일 원고 승소 판결한 1심을 취소하고 원고 패소 판결한 것이다(2011나78974). 현재 대법원의 판단을 기다리고 있다.

*고등학교 교내 종교의 자유: 대법원 전원합의체(주심 김영란)는 2010년 4월 22일 미션스쿨에서 교내 종교의 자유를 요구하다 퇴학 처분을 당한 학생의 손을 들어주었다(2008다38288). 재판부는 이날 판결에서 종교 교육에 대해 학생들에게 사전에 충분히 설명하고 동의를 구했는지, 학생들이 불이익을 염려하지 않고 자유롭게 대체 과목을 선택하거나 종교 교육 참여를 거부할 수 있는지를 기준으로 내놓았다.

＊김해시 취수장 관련 판결: 대법원 2부(주심 전수안)는 2010년 4월 15일 부산과 양산 시민들이 수돗물을 공급받는 낙동강 물금취수장 근처에 플라스틱 공장 등의 설립을 허가한 김해시를 상대로 낸 '공장 설립 승인처분 취소' 소송에서 행정소송을 걸 수 있는 자격(원고 적격)을 폭넓게 인정했다(2007두16127). 항소심에선 공장 설립을 취소하라고 판결하면서도 취수장 근처에 사는 주민 2명에게만 소송 청구 자격을 인정한 바 있다.

＊미디어법 2차 권한쟁의: 정세균 민주당 대표 등 의원들이 '날치기'로 통과된 미디어법의 표결 과정에 대해 2009년 10월 헌법재판소가 국회의원의 권한을 침해한 행위라고 판단했는데도 국회의장이 재입법 절차를 진행하지 않자, 국회의장 사이의 권한쟁의 심판을 다시 청구했다. 헌법재판소는 2010년 11월 25일 기각 결정했다(2009헌라12).

＊사형제 합헌 결정: 헌법재판소는 2010년 2월 25일 합헌 결정을 내렸다(2008헌가23). 1996년 합헌 결정이 있은 지 14년만이다. 남녀 여행객을 살해한 일명 '보성 어부 살인 사건'의 항소심을 맡은 광주고등법원이 위헌법률 심판을 제청했다. 이번에는 재판관 5 대 4의 의견으로 근소한 차이가 났다.

＊48시간 유치장 구금 행위: 촛불 집회 현장에서 체포돼 48시간 가까이 구금됐다 석방된 시민 9명이 기본권이 침해됐다며 헌법소원을 냈다. 헌법재판소는 2010년 9월 30일 체포적부심사를 거치지 않았다는 등의 이유로 기각했다(2008헌마628).

2009년
올해의
판결

'상식을 법정에서 판가름하는 시대는 불행하다.'
'신중이라는 미명 아래 시대의 담론이나 이슈에 대해 해답을 미루기보다는 가급적 빨리
바로 그 시대에 판결을 내리는 하급심 법관들의 용기에 찬사를 보낸다.'

최고의 판결

- 서울중앙지방법원, 야간 옥외 집회 참가자에게 무죄 선고한 판결

집회와 표현의 자유 부문

- 서울중앙지방법원, '미네르바'에게 무죄를 선고한 판결
- 대법원, 삼보일배 행진은 합법적인 시위 방식이라는 판결

국가 상대 소송 부문

- 서울행정법원, 검역에서 불합격 판정을 받은 미국산 쇠고기의 작업장을 공개하라는 판결
- 서울고등법원, 병사의 자살 이유를 허위로 알린 경우 소멸 시효가 다했더라도 국가가 책임져야 한다는 판결

여성·가족 부문

- 헌법재판소, 혼인빙자간음죄는 위헌이라는 결정

노동 부문

- 인천지방법원, '긴박한 경영상의 필요'라는 해고의 요건을 엄격하게 따져볼 때 콜트악기의 해고는 부당하다는 판결

형사 · 사법 부문

• 대법원, 압수수색 영장을 집행하는 데 엄격하고 구체적인 기준을 제시한 판결

경제 정의 부문

• 서울고등법원, 조합원 부담금의 구체적 산정 기준을 제시하지 않은 재개발 조합 설립은 무효라는 판결

• 서울고등법원, 시장금리가 하락했는데 대출금리는 기존대로 유지한 은행의 불공정 행위에 책임을 물은 판결

생활 속의 권리 부문

• 헌법재판소, 교통사고 처리 특례법의 종합보험 가입자 면책 조항은 위헌이라는 결정

• 서울동부지방법원, 출입 제한이 요청된 도박 중독자를 출입시킨 강원랜드에게 손해배상 책임을 물은 판결

2009년 올해의 판결 심사위원

김동건＿ 법무법인 바른 대표변호사(심사위원장)

금태섭＿ 법무법인 지평지성 변호사

김남근＿ 변호사, 참여연대 민생희망본부장

김승환＿ 전북대 법대 교수

김영진＿ 법무법인 일송 변호사

김제완＿ 고려대 법대 교수

김진＿ 법무법인 이안 변호사

박주현＿ 변호사, 시민경제사회연구소장

오창익＿ 인권연대 사무국장

최강욱＿ 변호사, 민주사회를 위한 변호사모임 사법위원장

7개 부문에서 12개 판결 뽑아

각종 분쟁에서 최종 판단을 내리는 사법부

용기 있는 법관들에게 보내는 사회적 격려 되길

〈한겨레21〉이 2008년에 이어 2009년에도 한국 사회를 밝힌 올해의 판결을 뽑아 선보인다. 이번에는 '최고의 판결'을 포함해 7개 부문에서 12개 판결을 선정했다.

2009년은 우리 사회의 분열과 대립이 더욱 심해졌던 만큼, 각종 분쟁에서 최종 판단을 내리는 사법부의 역할이 어느 때보다 주목받은 한 해였다. 그런 진지한 주목 속에서 살펴본 2009년 사법부의 판결들은 '사법부마저……'라는 실망과 '그나마 사법부가……'라는 안도를 '49 대 51'의 비율로 불러일으켰다는 게 심사위원회의 전반적인 분위기였다. 〈한겨레21〉이 두 번째로 준비한 올해의 판결 기획이 용기 있는 법관들에게 보내는 자그마한 사회적 격려가 되길 바란다. 또 '안도의 판결'이 차지하는 비중을 51에서 더 늘려가는 데

조금이라도 기여했으면 하는 바람이다.

2009년에도 학계와 법조계, 시민사회를 포괄하는 심사위원회를 꾸렸다. 심사위원장은 김동건 변호사(법무법인 바른, 전 서울고등법원원장)가 맡았다. 금태섭 변호사(법무법인 지평지성), 김남근 변호사(참여연대 민생희망본부장), 김진 변호사(법무법인 이안), 오창익 인권연대 사무국장, 최강욱 변호사(민변 사법위원장)가 2008년에 이어 심사위원으로 참여했다. 여기에 최근까지 한국헌법학회장을 지낸 김승환 전북대 법대 교수, 〈대한변협신문〉에 오랫동안 판례 해설을 연재해온 김영진 변호사(법무법인 일송), 김제완 고려대 법대 교수(민법), 박주현 변호사(시민경제사회연구소장)가 새롭게 심사위원으로 참여했다.

야간 옥외 집회 참가자에게 무죄 선고한 판결

최고의 판결

소장 판사들, 헌법재판소에 뚱침을 놓다

야간 옥외 집회를 금지하는 집시법 조항에 헌법재판소는
헌법 불합치로 시한부 생명,
서울중앙지방법원이 이 법 조항을 위반한 사건의 재판에서
전격 무죄 선고

참여연대에 몸담고 있으면서 평소 집회와 시위를 자주 조직하고 참가하기도
하는 안진걸 민생희망팀장에게는 늘 궁금한 게 하나 있었다. '왜 해가 진 뒤에는
집회나 시위를 할 수 없을까.' 인류가 전기를 발명해 사용한 뒤로 야간 활동 시간
은 계속 늘어나고 있는데도 말이다. 같은 단체의 공익법센터 운영위원으로 활동
하는 박주민 변호사와도 종종 논의했다. 야간 집회를 금지하는 '집회 및 시위에
관한 법률'의 해당 조항이 헌법과 어긋난다는 데 두 사람은 의견을 함께했다. 박
변호사는 민주사회를 위한 변호사모임에서도 자유권 문제와 관련해 이론적으로
나 현장 활동에서나 모두 왕성한 활동력을 보이고 있는 대표선수다.

집회 및 시위에 관한 법률 제10조(옥외 집회와 시위의 금지 시간):

밤이라고 거리에서 집회를 못 열 까닭이 없다. 집시법으로 금지된 탓에 이제껏 '문화제'나 '기자회견'이라
는 이름으로 감춰야 했던 한밤의 거리 집회가 이제는 제 이름을 찾게 됐다. 2009년 12월 17일 저녁 서울
종로구 서울시교육청 앞에서 열린 전교조 교사에 대한 부당 징계를 규탄하는 촛불 기자회견.

418

누구든지 해가 뜨기 전이나 해가 진 후에는 옥외 집회 또는 시위를 하여서는 아니 된다. 다만, 집회의 성격상 부득이하여 주최자가 질서 유지인을 두고 미리 신고한 경우에는 관할 경찰관서장은 질서 유지를 위한 조건을 붙여 해가 뜨기 전이나 해가 진 후에도 옥외 집회를 허용할 수 있다.

신영철 대법관이 재판에 개입한 '그 사건'

그러던 중 안 팀장은 촛불의 열기가 절정에 이르던 2008년 6월 25일 서울 광화문 경복궁역 앞에서 미국 쇠고기 수입 고시 철회와 재협상을 요구하는 기자회견을 연 뒤 청와대 쪽으로 행진하다 경찰에 연행됐다. 결국 그는 야간 옥외 집회와 시위를 원칙적으로 금지한 집시법 제10조 위반, 일반 교통 방해 혐의 등으로 구속 기소됐다.

담당 판사인 서울중앙지방법원 형사7단독부의 박재영 판사는 50여 일 만에 안 팀장의 보석 석방을 결정했다. 동시에 안 팀장은 야간 옥외 집회를 금지한 집시법 제10조에 대한 위헌법률 심판을 제청해달라고 박 판사에게 신청했다. 곧바로 〈조선일보〉의 보복이 시작됐다. 기사를 통해 박 판사를 비난한 이 신문은 얼마 뒤 심지어 '불법 시위 두둔한 판사, 법복 벗고 시위 나가는 게 낫다'라는 생뚱맞은 사설까지 쓰기에 이른다. 박 판사는 2008년 10월 9일 헌법재판소에 이 법조항에 대한 위헌법률 심판을 제청했다.

계속 이어지는 보수 언론의 공격에 박 판사는 2009년 2월 1일 결국 사직서를 썼다. 당시 그는 "내 생각들이 현 정권의 방향과 달라서 공직에 있는 게 힘들고 부담스러웠다"고 하고 "언론의 '공격'이 힘들었다거나 사직의 이유가 된 건 아니다"라고 밝혔다. 문제는 직후에 불거졌다.

2008년 박 판사가 안 팀장을 보석 석방한 뒤 당시 서울중앙지방법원장이던 신영철 대법관이 형사단독부 판사 등에게 "실속도 없이 가십 거리나 제공하는, 또 그로 인해 당해 사건은 물론 관련 사건과 다른 판사가 담당하는 사건까지 미세하나마 영향을 미칠 것 같은 언행은 삼가야 한다"라는 내용의 전자우편을 보낸 사실이 2009년 3월 초 밝혀진 것이다. 2008년 박 판사가 위헌법률 심판을 제청한 뒤에는 신 대법관이 비슷한 사건을 맡은 다른 판사들에게 위헌법률 심판 제청과 무관하게 사건의 재판을 속히 진행할 것을 종용하는 전자우편을 보낸 사실도 드러났다.

이를 조사한 대법원 공직자윤리위원회는 2009년 5월 신 대법관의 행위를 두고 "사법 행정권 행사의 일환으로 이뤄진 것이긴 하지만, 외관상 재판에 관여한 것으로 인식되거나 오해받을 수 있는 부적절한 행위에 해당"한다는 결론을 내리면서도 그를 징계위원회에 회부하지는 않았다. 신 대법관의 사퇴를 촉구하는 여론이 끓어올랐지만, 그는 아무 일 없었다는 듯이 자리를 지켰다. 이용훈 대법원장까지 나서서 버티기를 하는 그를 두고 "대법관으로서 감내하기 어려울 것"이라고 했지만, 신 대법관은 계속 '감내'하고 있다.

사법부에 대한 비판이 잦아들 즈음인 2009년 9월 24일, 헌법재판소는 박 판사가 제청한 집시법 제10조에 대한 위헌법률 심판에서 역사적인 결론을 내놓았다(2008헌가25). 해당 조항이 '헌법 불합치'라는 것이다. 이강국 소장을 비롯한 이공현, 조대현, 김종대, 송두환 재판관 등 5명은 위헌 의견을 냈고, 민형기, 목영준 재판관은 헌법 불합치 의견을 냈다. 위헌 결정에 필요한 정족수 6명에 미치지 못해 헌법 불합치라는 절충적 결론이 났다.

헌법재판소는 결정문에서 "야간 옥외 집회에 관한 일반적 금지를 규정한 집시법 제10조의 본문과 관할 경찰서장에 의한 예외적 허용을 규정한 단서 조항은 그 전체로서 야간 옥외 집회에 대한 허가를 규정한 것이라고 보지 않을 수 없고,

이는 헌법 제21조 2항(언론·출판에 대한 허가나 검열과 집회·결사에 대한 허가는 인정되지 아니한다)에 정면으로 위반된다"고 판시했다.

미디어법을 날치기 심판할 때처럼 내용과 형식이 따로따로

이에 덧붙여 조대현, 송두환 재판관은 보충 의견으로 "(해당 집시법 조항은) 야간 옥외 집회를 일반적·전면적으로 금지해 합리적 사유도 없이 집회의 자유를 상당 부분 박탈하는 것"이고 '국민의 자유와 권리는 법률로 제한할 수 있지만 그 본질은 침해할 수 없다'는 내용의 헌법 제37조 2항도 위반한다고 지적했다.

헌법재판소의 결정은 같은 법 조항에 대해 합헌 결정을 내린 1994년의 판단을 뒤집은 것이다. 따라서 긍정적 의미에서 역사적인 판결로 받아들여진다. 헌법재판소는 당시 결정은 "집회의 자유에 대한 자유민주주의 국가에서의 현대적 의의와 기능과 헌법 규정에 담긴 국민들의 헌법 의지를 충분히 고려하지 않은 채" 이뤄진 것이기 때문에 변경돼야 한다고 설명했다.

덧붙여 결정문에는 곱씹어볼 만한 '문장'들이 있다. 헌법재판소는 집회의 허가제를 금지한 헌법 조항이 5·16 군사 쿠데타 직전인 1960년 개헌할 때 들어갔다가, 1972년 유신헌법을 제정하면서 사라진 뒤 6·10 항쟁 직후인 1987년 현행 헌법으로 개헌할 때 부활한 역사적 의미를 살펴야 한다고 했다. 그러면서 1987년의 개헌이 "언론·출판의 자유와 더불어 집회의 자유가 형식적·장식적 기본권으로 후퇴한 과거의 헌정사에 대한 반성적 고려"와 "집회의 자유가 실질적으로 보장되지 않는 한 자유민주주의의 헌정 질서가 발전하고 정착되기는 어렵다는 역사적 경험을 토대로" 이뤄진 것임을 강조했다.

가장 빛나는 문장은 이렇다. 1987년 개헌 때 집회와 시위를 허가제로 운영할 수 없다는 조항이 삽입된 바탕에는 "집회의 허용 여부를 행정권의 일방적·사전적 판단에 맡기는 집회 허가제는 집회에 대한 검열제와 마찬가지이므로, 이를 절대적으로 금지하겠다는 헌법 개정 권력자인 국민들의 헌법 가치적 합의이며 헌법적 결단"이 있다는 것이다. 우리 모두 헌법 개정 권력자로서, 이 시점에서 다시 곱씹어봐야 할 대목이다. 헌법재판소는 또 헌법으로 집회와 시위에 대해 허가제를 금지하고 있는 나라가 전 세계에서 한국과 독일밖에 없다는 점을 상기시켰다. 그 까닭으로 '과거 헌정사에 대한 반성'을 들었다.

이런 많은 미덕에도 불구하고 헌법재판소의 결정은 부정적 의미에서 역사적인 판결이라는 비판도 샀다. 집시법 해당 조항이 내용적으로 분명 위헌임을 확인하면서도, 위헌 결정을 통해 당장 무효화하지 않았기 때문이다. 그 대신 헌법재판소는 늘 그래왔듯 '입법권자인 국회의 재량을 인정하기 위해' 2010년 6월 30일까지는 해당 조항이 유효하다고 선언하며 우회로(헌법 불합치)를 택했다. 2009년에는 미디어법 날치기와 관련한 권한쟁의 심판 사건에서 '국회의 표결 과정은 위법하지만 그 결과물은 위법하다고 볼 수 없다'라는 애매모호한 결정을 내려 한차례 더 욕을 먹기도 한다(2009년 10월 29일, 2009헌라8).

아무튼 또 내용과 형식이 맞지 않는 결론을 낸 것이다. 조대현 재판관만이 "헌법 불합치 결정을 내린 뒤 개선 입법 이전에 (이 조항을) 계속 적용하게 허용하는 것은 위헌 법률의 규범력을 제거하려는 위헌법률 심판 제도의 본지에 어긋난다"라는 이유를 들어 즉각 적용을 중지하라고 요구했다.

선배들의 소극적 결정을 뒤집는 파격적 선고

이런 헌법재판소의 어정쩡한 결론이 나오자, 2008년과 2009년에 일어난 촛불 집회 사건을 수십 건씩 맡고 있던 서울중앙지방법원의 형사단독부 판사들은 일대 혼란에 빠졌다. 누구는 헌법재판소의 결정을 있는 그대로 받아들여 2010년 6

월까지는 유죄를 선고해야 한다고 했다. 형식논리에 대한 존중이다. 또 누구는 해당 집시법 조항으로 기소된 부분에 대해서는 무죄 선고를 내려야 한다고 봤다. 헌법재판소 결정에 대한 적극적 해석이다.

결국 헌법재판소가 미뤄놓은 '미완의 찻잔'을 넘치게 만든 결정적 한 방울의 물은 서울중앙지방법원의 형사단독부 판사들에게서 나왔다. 형사17단독부의 이제식 판사가 먼저 총대를 멨다. 이 판사는 2009년 10월 28일 집시법 제10조 위반과 형법상 일반교통방해 혐의로 기소된 권 모 씨에 대한 판결에서 집시법 관련 부분에 무죄를 선고했다.

그 근거는 이렇다. 내용상 이미 위헌 판정이 난 집시법 제10조는 "(경찰권 발동의 근거가 되는) 행정 법규로서는 2010년 7월 1일부터 위헌으로 확정돼 법률로서의 효력을 상실하지만 (…), 형벌 법규로서는 (…) 소급해 그 조항의 효력이 상실되고 유죄의 확정 판결에 대해 전면적으로 재심이 허용되"기 때문이다. 다시 말해 2010년 7월 1일부터는 이 조항이 무효가 되기 때문에 어차피 지금 유죄 선고를 해도, 2010년 7월 1일 이후 피고인이 재심 신청을 하면 유죄판결을 번복해야 하는 상황이라는 지적이다. 지금 유죄판결을 내리는 것은 오히려 법적 안정성을 흔들 텐데 그래도 유죄 선고를 하는 게 맞느냐 하는 것이다.

이런 논리를 근거로 한 무죄판결은 그 뒤로도 이어졌다. 같은 법원 형사3단독부의 서승렬 판사는 바로 다음 날 이 모 씨의 재판에서 집시법 제10조를 위반한 혐의에 대해 무죄를 선고했다. 같은 날 형사21단독부의 원익선 판사도 유사한 사건에서 같은 결론을 냈다.

서울중앙지방법원 소장 판사들이 헌법재판소의 형식적 결론을 넘어 형벌 법규로서 집시법 제10조는 이미 헌법재판소의 결정과 동시에 소멸했다는 내용의 판결을 내놓자, 일부에서는 '헌법재판소가 개망신을 당했다'라는 평가가 나왔다.

형사단독부 판사들이 선배 재판관들의 소극적 결정을 뒤집어엎는 파격적 선고를 했다는 것이다.

올해의 판결 심사위원회가 헌법재판소의 결정보다 서울중앙지방법원 판사들의 무죄 선고에 가중치를 준 이유다. 김승환 심사위원(전북대 법대 교수)은 "헌법재판소가 해당 조항에 대해 명백히 위헌이라고 결정해놓고도 계속 적용하라고 하면 판사들로서는 곤혹스러울 수밖에 없다"고 하고 "헌법재판소가 내린 결정의 문제점을 하급심 법원이 교정했다"고 말했다. 다른 심사위원들도 소장 판사들의 용기를 높이 평가하는 데 인색하지 않았다. '최고의 판결' 선정을 두고 2008년에는 표결까지 갈 정도로 치열한 논쟁이 있었지만, 2009년에는 심사위원들이 만장일치로 이 판결을 뽑았다.

야간 '시위' 금지엔 헌법재판소가 어떤 결정 내릴까

헌법재판소의 결정(집시법 제10조 중 야간 '옥외 집회' 금지 조항에 대한 헌법 불합치 결정)이 나온 뒤 첫 무죄판결을 내린 이제식 판사는 2009년 12월 7일 집시법 제10조 중 야간 '시위' 금지 조항에 대해서도 헌법재판소에 위헌법률 심판을 제청했다. 이와 함께 서울중앙지방법원에 일반교통방해죄에 대한 위헌법률 심판 제청도 받아들여지면서 이 혐의를 함께 받고 있는 안진걸 참여연대 팀장의 재판은 공판이 멈춘 상태다. 헌법재판소가 이번에도 내용과 형식이 괴리된 '따로국밥'을 내놓을지, 아니면 잘 배합된 '비빔밥'을 내놓을지가 큰 관심거리다.

첫 무죄판결 내린 이제식 판사 인터뷰
'용기라기보다는 판사로서의 양심'

위헌 법률인 집시법 제10조를 한동안 계속 적용하라는 헌법재판소의 결정은 서울중앙지방법원의 소장 판사들에 의해 가볍게 뒤집어졌다. 이 조항을 위반한 협의의 사건을 다룬 재판에서 잇따라 무죄 선고가 나왔다. 첫 테이프를 끊은 이제식(44 · 연수원 31기) 판사는 오로지 '판사로서의 양심'에 따른 판결이라고 말했다. 이 판사는 "앞으로 헌법재판소가 처벌 조항이 있는 형벌 법규에 대해서는 위헌 아니면 합헌으로 단순한 결정을 내리는 게 좋지 않겠느냐"라며 법조계 선배들을 향한 고언도 잊지 않았다.

제일 먼저 무죄 선고를 했다.

– 나는 지금 무죄 선고하는 게 맞다고 봤다. 국가기관의 신뢰성을 생각했다. 기다리기보다는 선고하는 게 낫겠다 싶었다.

선고를 하지 않고 2010년 6월 말까지 기다릴 수도 있었을 텐데.

– 사건들이 쌓여 있는데…… 누군가는 해야 하지 않을까 생각했다. 마침 사건이 있어서 선고한 것뿐이다. 나도 지식이 많은 것은 아니니까, 개인적으로는 내 결론이 옳다고 생각하지만, (선고함으로써) 이 문제에 대한 본격적인 논의가 시작되지 않을까 싶었다.

무죄를 선고하면서 가장 고민한 대목은.

– 헌법재판소의 결정은 구속력이 있어 우리가 따라야 한다. 그러나 지금은 유

죄를 선고하고 나중에는 무죄를 선고한다는 걸 받아들일 수 없었다.

서울중앙지방법원의 형사단독부 판사들이 비슷한 고민을 했을 텐데, 논의를 별도로 했나.

– 구체적인 사건에 대해서가 아니라, 법리적인 부분만 한 번 논의를 했다. 판사들 사이에서도 무죄다, 유죄다, 2010년 6월 30일까지 기다려야 한다는 등 논의가 갈렸다. 결국 마지막엔 본인의 판단에 맡기게 되었다.

비슷한 사건에 대해 같은 법원 안에서 선고를 달리하기보다는 공동으로 논의하는 기구나 틀이 필요하지 않을까.

– 법원의 내부 통신망에서도 논의하곤 한다. 이론적으로 100퍼센트 맞다든지 안 맞다든지 이렇게 결론 날 수도 있지만, 그렇지 않은 경우도 있다. 헌법 제103조에 따라 판사는 법과 양심에 의해 판결해야 하니 어느 한쪽으로 몰아갈 수 없다. 그걸 할 수 있는 게 대법원이다. 마지막 정리를 할 수 있다. 그래서 1심 판사들이 자유로울 수 있다. 자신의 견해를 판결로 나타내고 이를 대법원이 받아들이면 나중에 법원 내의 일반적 견해가 된다.

애초 집시법 제10조에 대한 위헌법률 심판을 제청한 박재영 판사가 법복을 벗는 등 사회 분위기가 좋지 않다. 그래서 부담이 컸을 것 같다.

– 글쎄, 별생각 없었다. 그런 생각이야 당연히 하는 건데…… 특별한 건 없었다.

헌법재판소 재판관들이 법조계의 대선배들인데.

– 상당히 죄송스럽다. 만나 뵈면 드릴 말씀이 없을 것 같다.

이번에 무죄판결을 내린 걸 소장 판사들의 용기라고 표현하면 될까.

– 용기라고 하기는 좀 그렇다. 그냥 선고해야겠다는 생각만 있었다. 판사로서의 양심이라고 보는 게 더 맞을 거다.

헌법재판소가 헌법 불합치라는 이름으로 내용상 위헌인 법률을 한동안 적용하라는 결정을 너무 자주 내린다는 비판이 있다.

– 개인적으로는 형벌 법규에 대해서는 헌법 불합치 결정을 하지 않는 게 맞다고 본다. (우리처럼 헌법재판소가 있는) 독일에서는 그런 결정을 한 적이 없는 것으로 안다. 형벌 사건을 그렇게 결정하면 오히려 더 법적 안정성을 해치거나 국가기관의 신뢰가 타격을 받는다.

위헌 아니면 합헌, 이렇게 단순하게 결정해야 한다는 것인가.

– 그러는 게 좋겠다. 법을 개정해서 효력에 대한 부분도 다시 규정할 필요가 있다. 헌법 불합치 때는 재심이 안 된다든지, 소급 적용을 할 수 없다든지 같은.

무죄판결에 대한 주변의 반응은 어떤가.

– 좋게 말해주더라. 수고했다고 하더라. 비난도 있었지만, 말하기는 좀 그렇다.

이번에 야간 '시위' 금지 조항에 대한 위헌법률 심판까지 제청했다.

– 그렇지 않아도 (야간 옥외 집회와 관련해) 무죄를 선고한 뒤 고민하고 있었는데, (야간 시위와 관련해) 다른 사건의 피고인이 위헌법률 심판 제청을 신청했다.

시위 부분에 대해선 그동안 나온 판단이 전혀 없다. 위헌이든 합헌이든 이번 기회에 정리하고 넘어가는 게 좋겠다고 봤다.

심사위원 20자평

오창익 상식을 확인하는 것도 용기가 필요한 시대. 용기를 낸 판사들에게 박수!

김승환 헌법재판소 재판관들의 어설픈 결정을 바로잡다

김남근 야간 통금 시대에 만들어진 조항은 통금 해제와 함께 진작 사라졌어야

판결 이후

집시법과 관련한 사회적 논란은 끝나지 않았다. 2010년 6월 30일을 끝으로 효력을 잃은 집시법 제10조에 대한 대체 입법은 아직까지 이뤄지지 않았다.

헌법재판소는 2010년 3월 25일 '육로를 불통하게 하거나 기타 방법으로 교통을 방해한 자'를 일반교통방해죄로 처벌하는 형법 제185조에 대해 합헌 결정을 내렸다(2009헌가2). 그러나 합법 집회에 일반교통방해죄를 적용해서는 안 된다는 점을 명시하여 법 적용의 한계를 명확히 했다.

2012년 2월에는 한진중공업의 정리해고에 반대하며 '희망버스'를 기획한 송경동 시인 등 참가자들이 해산명령불응죄(집시법 제24조 5항, 제20조 2항)와 야간 집회 금지 조항(집시법 제10조, 제23조), 일반교통방해죄(형법 제185조)에 대한 위헌법률 심판 제청을 신청했다. 아직 헌법재판소의 대답을 기다리고 있다.

서울중앙지방법원 | 2009고단304
'미네르바'에게 무죄를 선고한 판결

집회와 표현의 자유 부문

시대의 어둠이 만들어준 명판결
검찰의 표적 수사와 법원의 편승 움직임에 일침

"외화 예산 환전 업무 8월 1일부로 전면 중단…… 드디어 일이 터지는구나. 외환 보유고 문제없다고 말로만 떠들어대는데 이제야 시한폭탄 핵잠수함이 서서히 수면 위로 부상하는구나. 지금 외국 애들 전화하고 난리가 났는데 도대체 뭔 생각으로 이러는 건지."(2008년 7월 30일)

"2008년 12월 29일 오후 2시 30분 이후 주요 7대 금융기관 및 수출입 관련 주요 기업에 달러 매수를 금지할 것을 긴급 공문 전송. 정부 긴급명령 1호. 중요 세부 사항은 각 회사별 자금 관리 운영팀에 문의 바람. 세부적인 스펙은 법적 문제상 공개적으로 말할 수 없음. 단 한시적인 기간 내의 정부 업무 명령인 것으로 제한한다."(2008년 12월 29일)

원고지 2장도 안 되는 짧막한 글, 인터넷 공간 어디에서나 볼 수 있는 그렇고

인터넷에 정부 정책과 관련해 허위사실을 게재한 혐의로 구속 기소된 '미네르바' 박대성 씨(오른쪽에서 세 번째)는 2009년 4월 21일 1심에서 무죄 선고를 받고 풀려났다.

그런 글이지만 이를 쓴 서른한 살 젊은이의 손에 수갑이 채워졌다. '인터넷 경제 대통령'이라 불리던 '미네르바' 박대성 씨는 외부와 단절된 채 감옥에서 100여 일을 보내야 했다.

검찰의 과잉 수사에 면죄부, 법원의 구속영장 발부

이 2편의 글이 "정부의 환율 정책을 방해하고 우리 경제의 대외 신인도를 떨어뜨렸다"라며 그를 옭아맨 건 검찰이지만, 법원은 인신 구속에 정당성을 부여했다. 2009년 1월 10일 김용상 당시 서울중앙지방법원의 영장 전담 판사는 "범죄 사실에 대한 소명이 있고 외환시장과 국가 신인도에 영향을 미친 사안으로, 사안의 성격과 중대성에 비추어 구속 수사할 필요성이 있다"라며 순순히 영장을 발부했다. 그로부터 닷새 뒤 변호인단은 구속적부심사를 청구했다. 하지만 서울중앙지방법원 형사31합의부(재판장 허만, 배석판사 이재신·이승호)는 "박씨가 공익을 해할 목적으로 허위 글을 인터넷에 올리는 등 죄를 범했다고 의심할 만한 상당한 이유가 있고, 객관적인 통신 사실 이외의 다른 범죄 사실을 부인하고 있는 점 등을 볼 때 증거 인멸이나 도주의 염려가 있어 구속영장 발부는 적법하다"고 밝혔다. 영장실질심사를 할 때보다 한발 더 나아가 증거 인멸과 도주의 우려까지 들어가며 검찰의 황당한 행동을 두둔하고 나선 것이다.

검찰은 그에게 '공익을 해할 목적으로 전기통신 설비에 의하여 공연히 허위의 통신을 한 자는 5년 이하의 징역 또는 5000만 원 이하의 벌금에 처한다'라는 전기통신기본법 제47조 1항을 적용했다. 그러나 '공익을 해할 목적'이라는 표현이 명확하지 않고, 법조문 자체가 표현의 자유를 침해하므로 위헌성이 강하다는 주장도 만만치 않았다. 게다가 이 법이 제정된 1983년에는 인터넷이라는 개념조차 없었기에, 미네르바를 어떻게든 사회와 격리하려고 무리하게 법을 적용했다는 비판도 나왔다. 이런 비판이 강했기에 법원이 유죄라는 심증을 내보이며 영장을 발부하고 구속적부심사에서 기각했을 때 충격파는 컸다.

그래서 무죄판결은 더욱 빛났다. 2009년 4월 20일 서울중앙지방법원 형사5단독부의 유영현 판사는 "과장되거나 정제되지 않은 서술이 있다 하더라도 당시 게시 글의 내용이 전적으로 허위사실이라고 인식하면서 박씨가 그런 글을 게재했다고 보기 어렵"고 "허위의 사실을 게시한다는 점에 대한 고의가 없는 이상 공익을 해할 목적이 있던 것으로 보기는 어렵다"고 무죄를 선고했다.

유 판사는 박씨가 쓴 '외화 환전 업무 중단' 글을 두고는 "외환 보유고 부족으로 외화 예산 환전 업무가 중단된 게 아니라 시중은행의 외국환 평형 기금의 운용 수익률 하락으로 외화 예산 환전 업무가 중단됐다는 검찰의 주장은 사실로 인정된다"고 하면서도 "외화 예산 환전 업무가 중단된 것은 사실이고 당시 실제로 외환 보유고가 줄고 있었기 때문에 이 글에 위법성은 없다"고 판단했다.

'달러 매수 금지 공문' 글에 대해서도 "기획재정부가 금융기관에 달러 매수를 자제할 것을 요청한 사실이 이미 알려져 있었고, 박씨가 사과한 뒤 글을 삭제한 점" 등을 이유로 무죄 판단을 내렸다. 또 "단문의 보도문 형식만으로 내용의 긴 박성이나 신뢰성이 높아진다고 볼 수 없으며, 박씨의 글이 (환율에) 일부 영향을 미쳤더라도 이를 계량화할 수 없다"고 못을 박았다.

박씨가 올린 수백 편의 글 가운데 단 2편을 문제 삼아 표적 수사를 벌인 검찰은 강하게 반발했다. 하지만 미네르바 사건의 1라운드는 우리 사회에 '표현의 자유'의 소중함을 다시 한 번 상기시키며 극적인 반전으로 막을 내렸다. 박씨의 변호인단은 1심 선고 직후 전기통신기본법 조항에 대해 헌법소원을 냈다. 아직 헌법재판소의 심리가 진행 중이어서 이 사건의 항소심은 미뤄진 상태다.

'삼성 떡값 검사 명단 공개' 사건과 올해의 판결 경합

그런데 미네르바에게 무죄 선고한 판결을 올해의 판결로 선정하는 심사 과정에서 상당한 논쟁이 벌어졌다. 홍길동이 아버지를 아버지라 부르는 건, 당대에는 껍질을 깨는 아픔을 동반해야 했겠지만 상식적이고 당연한 처사가 아닌가. 독립적인 사법부에서 법과 양심에 따라 판결하는 판사가 죄 없는 사람을 무죄라고 선언한 것이 무슨 큰 의미가 있느냐 하는 반론이 나왔다.

심사위원인 최강욱 변호사는 "시대의 어둠이 명판결을 만들어준 것 같다. 당연한 결과가 나왔는데 명판결이라고 뽑는 건 불만"이라고 말했다. 김승환 전북대 법대 교수는 "판사가 이 법의 구성 요건 자체에 문제가 있다는 점은 지적하지 않은 채 법리를 구성한 것은 떳떳하지 못하다"고 지적했다. 법 자체의 위헌성을 지적하는 정공법을 쓰지 않았다는 것이다. 그러나 김제완 고려대 법대 교수는 "미네르바는 약자이고 당시 무죄를 기대하기 힘들었다는 점에서 의미가 있다"고 말했다. 심사위원장인 김동건 변호사도 "만약 1심에서 벌금형이 나오고 항소심에서 무죄가 나오면 검찰은 이를 견해차라고 하며 넘어가겠지만, 1심에서 무죄가 나왔으니 검찰도 할 말이 없어졌다"고 하고 "관료들도 모두 미네르바를 질타하고 검찰이 서슬 퍼렇게 구속했는데, 무죄를 내린 것은 보통 용기로는 안 된다"고 높이 평가했다. 결과는 7 대 3, 이 판결을 올해의 판결로 뽑자는 의견이 우세했다.

'미네르바'의 변호인 김갑배 변호사 인터뷰

위헌법률 심판 제청이 받아들여져
재판이 연기되리라고 예상했는데 무죄 나와

"표현의 자유라는 본질적인 문제 때문이었죠."

'미네르바 변론을 왜 맡았느냐'라는 질문에 김갑배 변호사는 이렇게 답했다. 애초 민주사회를 위한 변호사모임 측이 변론할 예정이었다. 하지만 박찬종 변호사 등이 합류하면서 의견을 조율하는 데 어려움이 예상되자 민변은 공식적으로 손을 뗐다. 민변 소속인 김 변호사는 개인 자격으로 무료 변론에 나섰다. 표현의 자유를 위해, 미네르바의 결백함, 아니 죄 없음을 입증하기 위해 자료를 찾고 접견을 하며 수개월을 보냈다.

재판 과정에서 어려웠던 점은.

─ 변론을 준비하는 과정에서 자료 수집이 어려웠다. 검찰은 미네르바의 이름

으로 올라온 글이 허위사실이라고 주장했는데 이를 반박하기 위한 근거를 수집해야 했다. 그러나 박대성 씨에게 어디서 자료를 얻었느냐고 물어보면, '인터넷에 검색하면 딱 뜬다' 하고 얘기할 뿐, 자료의 출처를 구체적으로 설명하지 못했다. 자신이 쓴 글의 의미를 설명하는 데도 부족한 점이 있었다. 그는 '구치소에 수감돼 있어서 인터넷을 못 쓰니 당황스럽다'고 어쩔 줄 몰랐다.

무죄를 예상했나.

— 전기통신기본법 조항의 위헌성이 명백하기 때문에 위헌법률 심판 제청이 받아들여져, 결국 헌법재판소의 결정이 나온 뒤에 재판이 다시 진행되리라고 봤다.

어쨌든 무죄 선고로 박대성 씨는 좀 더 빨리 자유로운 몸이 됐다.

— 피고인의 처지에서는 가장 좋은 결과다. 하지만 표현의 자유라는 측면에서, 헌법적 (위헌 결정을 통한) 근본 처방이 아니라 (무죄 선고를 통한) 개별 사건 해결에 불과하다는 점이 아쉽다. 전기통신기본법 조항에 대한 헌법소원을 냈고 지금 심리가 진행 중인데, 헌법재판소의 재판관들이 진지하게 사건에 접근하고 있다. 좋은 결과가 나오길 기대한다.

심사위원 20자평

김영진 낡은 오랏줄로 '표현의 자유' 묶으려다 실패했네

오창익 괘씸한 게 죄는 아니라는 상식의 승리

금태섭 우리 모두를 말문 막히게 한 사건, 도대체 왜 구속해야 했을까

판결 이후

헌법재판소는 2010년 12월 28일 박대성 씨가 '전기통신기본법 제47조 1항은 명확성의 원칙에 반하고 표현의 자유를 침해한다'라며 낸 헌법소원에서 재판관 7대 2의 의견으로 위헌 결정을 내렸다(2009헌바88). '공익'이라는 개념이 명확하지 않다는 것이다. 해당 조항은 즉시 효력을 상실했고, 같은 혐의로 입건된 이들은 모두 무혐의로 풀려났다.

김찰은 2011년 1월 박씨의 무죄판결에 대한 항소를 취하했다. 박씨는 구금으로 인한 후유증에 대한 피해 보상을 요구하며 국가를 상대로 1억 원의 손해배상 청구 소송도 진행했다. 하지만 서울중앙지방법원 민사22단독부의 홍성욱 판사는 2013년 11월 3일 '박씨에 대한 공소 제기 자체가 부당하다고 볼 수 없다'라며 기각 결정을 내렸다.

대법원 | 2009도840

삼보일배 행진은 합법적인 시위 방식이라는 판결

대법원, 그 유쾌한 진화
검찰의 기소 내용을 답습한 경직된 하급심
집회의 자유의 범위를 넓힌 대법원 판결

조직의 건전한 변화는 대개 밑에서 '치받으면서' 일어난다. 젊은 감각과 새로운 생각이 기존 관습에 반기를 들 테니까. 위에서 내려오는 '지침'은 변화와 거리가 멀어 보인다. 보수적이라는 평을 듣는 사법부는 더더욱 그럴 것이다. 그러나 이런 선입견을 흔드는 작지만 의미 있는 판결이 나왔다.

'평화적 행진'을 한 수백 명을 체포하고 무더기로 기소

2005년 5월 23일 서울 대학로 마로니에 공원. 민주노총 건설운송노조 덤프연대 주최로 '덤프 노동자 생존권 결의 대회'가 열렸다. 700여 명이 모였지만 참가자의 절대 다수는, 업체들이 단체교섭을 거부하자 상경 투쟁에 돌입한 울산 건설 플랜트 노조원이었다. 이 노조원 600여 명은 직접 교섭을 요구하는 내용을 담은

대법원은 '삼보일배 행진 자체가 타인에게 혐오감을 주거나 폭력성을 내포한 행위라고 볼 수 없다'고 밝혔다. 2005년 5월 23일 울산 건설플랜트 노조원들이 삼보일배를 하며 행진하는 모습.

깃발과 현수막을 흔들며 편도 2개 차로를 이용해 청와대를 향해 '삼보일배'를 시작했다. 경찰은 참가자 전원을 연행했다. 애초 신고와 달리 '울산 건설플랜트 노조원의 집회'로 성격이 변질돼 결과적으로 미신고 집회가 됐으니 집회 및 시위에 관한 법률 위반이요, 교통을 방해했으니 도로교통법 위반이라는 것이었다.

검찰은 노조 간부 등 200여 명을 벌금 100~200만 원에 약식기소했다. 이들은 울산에서 정식 재판을 청구했지만 100만 원 안팎의 감액된 벌금형 선고를 받고 항소를 포기했다. 하지만 남궁현 전국건설산업연맹 위원장 등 노조 간부 7명과 이해삼 민주노동당 비정규직철폐본부장은 서울중앙지방법원에 정식 재판을 청구했다.

2006년 11월 23일 1심 재판부인 서울중앙지방법원 형사18단독부의 박준민 판사는 검찰의 공소 사실을 그대로 인정하고 이들에게 벌금 50만 원을 선고했다. "이 집회는 덤프연대가 주최한 덤프 노동자 생존권 쟁취 결의 신고 대회와 동일성이 인정되지 않는 집회로 미신고 집회에 해당"하고 "삼보일배 행진의 경위, 행진 시간과 경로, 방법 등에 비춰볼 때 사회 통념상 용인될 수 있는 범위 내의 정당행위라고 볼 수 없다"고 밝혔다. 항소심 재판부인 서울중앙지방법원 형사항소4부(재판장 김한용, 배석판사 김도균·송인경)도 같은 생각이었다.

그러나 대법원은 판단이 달랐다. 대법원 3부(주심 김영란)는 2008년 7월 10일 "시위를 신고한 주최자가 그 주도 아래 행사를 진행했다면 목적, 일시, 장소, 방법 등의 신고 범위를 현저히 일탈했어도 이를 신고 없이 시위를 주최한 행위로 볼 수 없다"라며 사건을 항소심으로 돌려보냈다. 방송 차량과 무대 시설을 덤프연대가 준비하는 등 집회 신고자와 주최자가 일치하는 한, 집회 내용이 변했다고 해도 '미신고 집회'로 볼 수 없다는 것이다.

사건을 내려 받은 서울중앙지방법원 형사항소1부(재판장 임종헌, 배석판사 남기용·김혜란)는 2009년 1월 8일 대법원이 지적한 딱 그 부분(집시법 위반)만 무죄로 바꿔, 30만 원이 깎인 벌금 20만 원을 선고했다.

피고인들의 재상고로 사건은 다시 대법원으로 올라갔는데, 여기에서 또 한 번 '생각의 진화'가 이뤄진다. 삼보일배에 따른 도로교통법 위반 혐의도 무죄로 판단한 것이다. 대법원 1부(주심 김능환)는 2009년 7월 23일 애초 집회신고서에 편도 2차로를 통한 행진이 예정됐다는 점을 들어 "삼보일배 없이 천천히 (행진이) 진행된 경우와 달리 볼 것이 아니다"라고 밝혔다. 재판부는 또 "삼보일배 방식의 행진은 표현의 자유 영역을 벗어나지" 않고 "이는 시위의 목적을 달성하는 데 필요한 합리적인 범위에서 사회 통념상 용인될 수 있다"고 덧붙였다.

삼보일배 행진, 표현의 자유 영역을 안 벗어나

이제 사건은 두 번째 파기환송심에 들어간다. 3년여에 걸쳐 끈질기게 '법정 싸움'을 벌인 이해삼 씨는 "귀찮아서 그냥 벌금을 내고 상소를 포기한 사람도 많았는데, 작은 사안이지만 재판을 끝까지 하자고 했다"고 한다. 또 "상식이 통한다면 무죄라고 생각했다"라고 말했다. 상식이 통하게 만든 대법원 판결. '어른들'의 진보는 무겁지만 유쾌하다.

심사위원 20자평

오창익 평화적 행진을 한 수백 명을 현행범으로 체포하는 경찰의 깡다구에 제동을!

최강욱 시위의 자유는 공익을 위한 것!

금태섭 뙤약볕 아스팔트에서 삼보일배 하는 분들이 형벌을 두려워할까마는

판결 이후

2010년 1월 15일, 서울중앙지방법원 5형사부는 이 사건의 재파기환송심에서 무죄를 선고했다. 끈질긴 싸움이 얻어낸 무죄 선고였다.

검역에서 불합격 판정을 받은
미국산 쇠고기의 작업장을 공개하라는 판결

국가 상대 소송 부문

불투명 정권에 투명의 죽비를

정보공개법의 취지에 따라
검역 불합격 작업장을 공개하라

'상식'을 법정에서 판가름하는 시대는 불행하다. 그것이 '올해의 판결'로 꼽히는 시대는 더 불행하다. 비상식의 시대, 그 한복판에 있다는 말이기 때문이다.

2009년 말 민주사회를 위한 변호사모임은 농림수산식품부 산하의 국립수의과학검역원장을 상대로 정보공개 청구 소송을 낸다. 이에 앞서 수입 검역에서 불합격 판정을 받은 미국산 쇠고기의 내역을 알기 위해 정보공개를 청구했는데, 받은 자료엔 관련 작업장에 대한 정보가 통째 빠져 있었기 때문이다. '미국산 쇠고기 수입 위생 조건' 고시엔 준수 사항을 위반할 경우 한국 정부가 수입을 중단하는 등의 대응 조처를 취하도록 돼 있다. 그 대상이 되는 작업장에 대한 정보는 불합격 내역의 알짬이다.

4년 7개월 만에 수입이 재개된 미국산 쇠고기를 국립수의과학검역원 실무진들이 검역하고 있다.

국민의 알 권리보다 미국 업체를 비호하는 데 신경 쓴 정부

그런데도 당시 국립수의과학검역원은 "자칫 미국산 쇠고기를 수출한 해당 작업장이 국민의 건강에 위협을 가할 심각한 잘못을 저지른 것으로 오해할 수 있다"라는 엉뚱한 이유를 대며 정보공개를 거부했다. 국내에서 소비될 식품의 위생에 대한 염려나 국민의 알 권리보다 미국 사업자에 대한 '오해'나 '영업 방해'를 걱정하는 말이기도 했다. 실제 국립수의과학검역원은 "(정보공개를 청구한 내용은) 해당 작업장의 경영·영업상 비밀 사항으로, 공개되면 정당한 이익을 현저히 해할 우려가 있다"고 말했다. 정부가 세금을 들여 미국산 쇠고기가 괜찮다며 아예 광고하고 홍보하던 때다.

2009년 4월 30일 서울행정법원 행정14부(재판장 성지용, 배석판사 이창헌·강문희)는 민변의 손을 들어줬다. 국립수의과학검역원은 항소했지만, 서울고등법원 행정4부(재판장 윤재윤, 배석판사 한정훈·이광영)의 판단도 1심과 마찬가지였다.

1심과 2심의 논거는 일관되고 상식적이다. "해당 작업장들이 기준을 잘 지키고 있냐를 공개해, 광우병 공포로 미국산 쇠고기의 안전성에 대해 크게 불안해하는 국민의 알 권리를 충족시킬 필요가 있다." 해당 작업장이 특정되고 불합격된 사유가 구체적·중립적으로 명시되므로, 오해의 소지나 정당한 이익을 해칠 우려가 없음을 낱낱이 적시했다. 특히 이 모든 것이 논쟁이 되는 배경 자체를 꼬집었다. "국민의 알 권리를 보장하고 국정에 대한 국민의 참여와 국정 운영의 투명성을 확보한다는 정보공개법의 입법 목적과 취지에 비추어보면 (…) 공개하지 않을 사유에 해당하는지 않는지는 엄격하게 해석할 필요성이 있는데……."

실제 이명박 정부에 들어 '정보공개 원칙'이 쉽게 부정되고 '감수성'도 현저히 떨어지고 있다. 행정안전부의 '2008년 정보공개 청구 연차 보고서'를 보면, 정보공개 청구 대비 정보공개 비율은 2007년 79퍼센트에서 2008년 68퍼센트로 크게 줄었다. 비공개 결정에 대한 이의신청을 받아들인 '인용률'도 같은 시기 43퍼센트에서 29퍼센트로 떨어졌다.

박상표 '국민건강을 위한 수의사연대' 정책국장은 "작업장의 정보를 알게 되면 위반 사항이 거듭될 때 정부의 대응 조처가 잘 지켜지는지, 외국에서 리콜이 있을 때 우리와도 관계가 있는지 등을 확인하는 근거가 될 것"이라고 내다봤다.

2009년 11월 20일 국립수의과학검역원은 상고를 포기하고 불합격 처분을 받은 쇠고기를 수출한 미국 작업장의 정보를 주기적으로 공개하겠다고 밝혔다.

MB 정부가 출범한 뒤 정보공개율 급락

강기갑 전 국회의원이 2009년 10월 내놓은 국정감사 자료를 보면, 2009년 6월 말까지 1년간 쇠고기 수입 검역에서 불합격 처분을 받은 미국산 쇠고기의 수출 작업장 23곳 가운데 21곳이 2007년 최대 20회까지 불합격 사유로 적발됐다. 물론 아직도 그곳이 어디인지는 알지 못한다. 실질적인 공개는 아직 이뤄지지 않은 탓이다. 국립수의과학검역원의 실무자는 "공개 범위, 서식 등을 현재 논의 중"이고 "다른 파일로 주기적으로 올리게 될 것"이라고 말했다.

심사위원 20자평

오창익 주인이 알겠다는데, 머슴들이 왜 이렇게 가리는 게 많은지

김승환 국민의 건강과 직결되는 정보는 감추지 말라잖아

병사의 자살 이유를 허위로 알린 경우 소멸 시효가 다했더라도 국가가 책임져야 한다는 판결

국가 상대 소송 부문

충성도 진실은 남겨둔다

가혹 행위로 인한 병사의 자살
'소멸 시효가 다했다'고 주장하는 정부

사람이 사회생활을 하면서 지켜야 할 일반적인 법규범을 모아놓은 게 민법이다. 민법이 모든 법규범의 기초로 여겨지는 이유다. 민법 2조는 민법의 핵심을 이렇게 정리해놓고 있다. "권리의 행사와 의무의 이행은 신의에 좇아 성실히 하여야 한다. 권리는 남용하지 못한다."

화장실 뒤로 '집합' 그리고 탕, 탕, 탕!

대학 1학년생 원 모(당시 스무 살) 씨가 군에 입대한 것은 1986년 9월 2일이다. 신병 교육을 마치고 자대에 배치된 원씨는 60밀리미터 박격포 탄약수로 복무를 시작했다. 그는 조용하고 내성적인 성격이었다. 그의 중대는 해안과 탄약고에서 실탄과 수류탄을 지참한 채 경계 근무를 서야 했기에 다른 중대보다 군기가 센

갓 입대한 병사들이 신병 훈련소에서 훈련을 받는 모습.

편이었다. 선임병은 한 달에 수차례씩 후임병들을 화장실 뒤편으로 불러냈다.

특히 축구 시합에서 지기라도 한 날엔 주먹질이 매웠다. 힘겨워하던 원씨는 동료 병사들에게 자주 '다른 소대가 부럽다'라는 말을 했단다. 1987년 9월 무렵엔 해안에서 경계 근무를 서던 도중 자살을 하려다 선임병에게 들켜 미수에 그치기도 했다. 1988년 1월 10일 일요일, 그예 파국이 찾아왔다.

그날 오후 소대 대항 축구 시합이 열렸다. 원씨가 속한 본부소대팀이 꼴찌를 했다. 운동신경이 무딘 원씨는 시합 도중 헛발질을 하기도 했다. 그때마다 선임병들은 목소리를 높였다. "야, 인마! 확실히 해." 시합이 끝나는 것이 두려웠을 터다.

예상하던 대로였다. 선임병 정 모 병장은 원씨를 포함한 후임병 5~6명을 화장실 뒤로 불러냈다. 뭇매가 이어졌다. 그날 저녁 6시 30분께 원씨는 휴가 갈 때나 입는 군복을 입고 깨끗이 닦은 군화까지 신고서 초소 근무를 나갔다. 40분 뒤인 7시 10분께 원씨는 초소에서 나와 자신의 소총에 실탄을 장전했다. 탕, 탕, 탕! 세 발이 발사됐다.

사건을 조사한 사단 헌병대는 사망 원인을 '총기에 의한 자살'로, 자살 동기를 '애인의 변심, 건강 문제로 인한 신병 비관 등'으로 결론 내렸다. 1988년 3월 3일 부모에게 전달된 수사 결과 문서에는 "상급자에게 구타나 가혹 행위를 당한 사실을 전혀 발견할 수 없었으며, 고 원 상병이 속한 내무반은 화기가 넘치는 가족적인 분위기였다"라고 쓰여 있었다. 오래도록 이어질 외로운 싸움의 시작이었다.

2006년 1월 대통령 소속으로 '군의문사 진상규명위원회'(군의문사위)가 꾸려졌다. 원씨 부모는 그해 4월 21일 진정서를 냈다. 군의문사위는 2008년 6월 5일 마침내 원씨의 자살 동기를 밝혀냈다. "구타와 가혹 행위가 직접적이고 주요한 원인이 돼 사망에 이르게 됐다"고 인정한 게다.

원씨 부모는 군의문사위의 조사 결과를 토대로 국가를 상대로 손해배상 청구 소송을 제기했다. 2009년 3월 26일 수원지방법원 안산지원 2민사부는 1심 재판에서 국가 쪽의 주장을 따라 '소멸 시효가 완성됐다'라는 이유로 원고 패소 판결을 내렸다. 원씨 부모는 항소했다.

서울고등법원 민사12부(재판장 서명수, 배석판사 남성민·안병욱)는 2009년 10월 7일 원고 승소 판결하며 판결문에서 이렇게 밝혔다.

잘못을 인정하지 않고 상고한 국가

"군 수사대는 조금만 수사를 더 했더라면 실제 자살 동기를 쉽게 알 수 있었음에도, 개인 사정에 의한 자살로 단정 지었다. 국가에 책임을 물을 수 없는 것으로 (원고 쪽이) 인식하게 했으니, (국가의) 소멸 시효가 됐다는 주장은 신의칙에 반한 권리남용에 해당한다."

국가는 애초 거짓을 말했다. 억울한 죽음임이 밝혀진 뒤에는 '소멸 시효 완성'을 내세우며 책임을 지려 하지 않았다. 약자를 보호해야 할 법원도 관행처럼 같은 논리를 답습했다. 항소심에서 1심 판결을 뒤집고 국가의 책임을 인정한 것은 이번이 처음이다. 아직도 깨닫지 못했는가. 국가는 즉각 상고했다.

심사위원 20자평

김영진 아들 가진 부모의 심정을 헤아려줬네

최강욱 국가가 의문사 유가족에 갖추어야 할 최소한의 도리

김남근 진실을 숨기더니 나중에는 소멸 시효 지났다고 오리발

판결 이후

하지만 대법원의 판단은 달랐다. 대법원 제3부(주심 안대희)는 2010년 3월 23일, 군복무 중 자살한 원씨의 유족이 국가를 상대로 낸 손해배상 청구 소송에서 원고 일부 승소 판결한 원심을 깨고, 사건을 서울고등법원으로 돌려보냈다. 군 수사대의 수사가 부실하게 이뤄졌다 하더라도, 기록 중 어디에도 원고의 청구권 행사를 방해했다는 점을 인정할 자료는 없다는 이유였다. 2010년 6월 4일, 원씨 유족의 항소는 기각됐다.

혼인빙자간음죄는 위헌이라는 결정

여성 · 가족 부문

국가여, '허리 아랫일'에 그만 관여를
남녀의 성적 결정권을 침해하는
혼인빙자간음죄는 위헌

혼인빙자간음죄를 규정한 형법 조항이 제정된 지 56년 만에 폐지됐다. 2009
년 11월 26일 헌법재판소 전원재판부는 혼인빙자간음죄를 규정한 형법 제304조
에 대해 재판관 6 대 3의 의견으로 위헌 결정을 내렸다. 이 조항은 즉각 효력을
상실했다.

일본 형법을 잘못 베낀 데에서 유래

애초 혼인빙자간음죄가 도입된 과정부터 황당했다. 1953년에 만들어진 우리
형법은 '일본 개정 형법 가안'(1940년)의 영향을 받았다. '가안'에는 혼인빙자간
음죄가 포함돼 있었으나, 일본은 논의 끝에 개정 형법에서 해당 조항을 뺐다. 결
국 혼인빙자간음죄는 '잘못된 베끼기'의 소산인 셈이다. 이후 1992년 형법 개정

2009년 11월 26일 헌법재판소는 혼인빙자간음죄가 남녀의 성적 자기결정권을 침해한다고 결정했다.

안을 만들 당시 폐지를 논의했으나, 막상 1995년 개정할 때는 반영되지 않았다. 2002년의 헌법소원 심판에서는 재판관 7 대 2의 의견으로 합헌 결정이 났다.

이번 결정에서 헌법재판소는 혼인빙자간음죄가 남성과 여성 모두의 권리를 침해한다는 점을 분명히 했다. 남성의 경우 성행위 여부와 그 상대방을 결정할 수 있는 성적 자기결정권을 제한받는다. 이는 개인의 인격권과 행복 추구권을 침해하고, 헌법 제17조가 보장하는 사생활의 비밀과 자유도 제한한다. 헌법재판소는 판결문에서 "우리 형법이 혼전 성관계를 처벌하지 않는 이상 성관계를 유도하는 행위도 처벌하면 안 된다"고 밝혔다.

여성 역시 성적 자기결정권을 침해받는다. 남성이 결혼을 약속했다고 해서 성관계를 맺은 여성이 훗날 자신의 착오였다며 국가에 남성의 처벌을 요구한다면, 국가와 여성 모두가 여성을 '성적 결정 능력이 없는 존재'로 보는 셈이란 설명이다.

법조문에 드러난 정조 관념도 문제다. 혼인빙자간음죄는 보호 대상을 '음행의 상습 없는 부녀', 즉 '불특정인을 상대로 성생활을 하는 습관이 없는 여성'으로 한정한다. 여러 남성과 성관계를 맺는 여성은 '음행의 상습 있는 부녀'로 낙인찍어 보호할 대상에서 제외한다. 헌법재판소는 이를 두고 "여성에 대한 고전적 정조 관념에 기초한 가부장적, 도덕주의적 성 이데올로기를 강요하는 셈"이라고 지적했다.

사회 구성원의 인식이 변한 것도 이번 위헌 판정에 영향을 끼쳤다. 헌법재판소는 "한 번의 혼전 성관계가 여성에게 곧 결혼을 의미하거나 정상적인 결혼을 가로막는 결정적 장애가 된다는 사회적 인식이 존재하지 않는 한, 혼인빙자간음을 법률이 보호할 필요성은 미미하다"고 밝혔다. 최근 5년간 혼인빙자간음죄로 기소된 경우도 연평균 30건 미만에 그친다.

이번 결정으로 그동안 혼인빙자간음죄로 처벌받은 모든 사람이 재심을 청구할 수 있게 됐다. 헌법소원 심판을 청구한 임 모 씨와 양 모 씨는 석방되거나 무죄판결을 받게 될 전망이다.

정리돼야 할 또 다른 유산, 간통죄

개인이 스스로 선택한 성행위에 국가가 개입하는 법 조항이 하나 더 남았다. '간통죄'다. 기혼자인 양씨의 경우 부인이 간통죄로 고소를 한다면 다시 법정에 서야 한다. 헌법재판소는 간통죄에 대해 1990년, 1993년, 2001년, 2008년 네 차례에 걸쳐 합헌 결정을 내렸다. 2008년에는 재판관 4 대 5의 의견으로 위헌이라는 쪽이 많았지만, 위헌 정족수인 재판관 3분의 2(6명)를 넘지 못해 합헌으로 결정 났다. 대한변호사협회는 이번 결정을 환영하는 성명에서 '혼인빙자간음죄와 동일한 문제를 갖는 간통죄 역시 정리해야 할 역사적 유산'이라고 밝혔다.

사랑을 잃고 법을 찾는 이들을 향해 헌법재판소의 결정문은 이렇게 말한다. "법률이 도덕의 영역을 침범하면 그 사회는 법률 만능에 빠져서 품격 있는 사회 발전을 기약할 수 없게 된다. 성인이 어떤 종류의 성행위나 사랑을 하건 그것은 개인의 자유 영역이고, 다만 명백히 사회에 해악을 끼칠 때만 규제하면 충분하다."

심사위원 20자평

금태섭 대학 시절 눈을 의심하게 만든 법 조항이 이제야 없어지는군

김남근 그러나, 남성들, 민사 책임은 질 수 있다는 사실

오창익 헌법재판소가 사문화된 법이 아니라 사문화시켜야 할 법을 다뤄줬으면

판결 이후

2011년 8월 의정부지방법원이 직권으로 위헌법률 심판을 제청해 현재 간통죄에 대한 다섯 번째 위헌 심사가 진행 중이다.

법조계에서는 현행 헌법재판관 구성을 볼 때, 과거와 다르게 간통죄에 대해 위헌 결정을 내놓을 가능성이 높다고 보고 있다. 2013년 12월 김진태 새누리당 의원이 헌법재판관 9명의 인사청문회 서면 답변서에서 밝힌 간통죄에 대한 견해를 분석한 결과를 보면, 재판관 5명이 간통죄 폐지에 전향적이다.

'긴박한 경영상의 필요'라는 해고의 요건을 엄격하게 따져볼 때 콜트악기의 해고는 부당하다는 판결

노동 부문

기업 맘대로 해고? 누구 맘대로!

콜트악기와 콜텍의 정리해고 노동자 사건

폭주 기관차처럼 거침없는 정리해고의 물결에 돌 하나가 던져졌다. 특히 근로기준법에 정리해고의 제1 요건으로 나오는 '긴박한 경영상의 필요'라는 규정이 쟁점이 됐다. 보기 드문 풍경이다. 대개 경영진의 논리가 고스란히 수용되면서 그야말로 사문화된 원칙에 가까웠던 탓이다.

2004년 1월 15일 대법원의 판례(2003두11339)가 큰 변곡점이 됐다. "'긴박한 경영상의 필요'는 반드시 기업의 도산을 회피하기 위한 경우에 한정되지 않고, 장래에 올 수도 있는 위기에 미리 대처하기 위하여 인원 삭감이 필요한 경우도 포함한다." 이후 경영계는 물론 정부 쪽도 '긴박한'이란 단서를 아예 법규에서 지워야 한다고 주문한다. 단순한 '경영 전략' 차원에서도 정리해고는 가능해야 한다는 논리다.

법원이 잇따라 회사 쪽의 부당해고 책임을 물었지만, 복직까지는 아직 먼 길이다. 2009년 3월 4일 서울 인사동 남인사마당에서 열린 '콜트·콜텍 폐업 철회와 복직을 요구하는 문화 행동 및 기자회견' 모습.

근로기준법 제24조(경영상 이유에 의한 해고의 제한):

① 사용자가 경영상 이유에 의하여 근로자를 해고하려면 긴박한 경영상의 필요가 있어야 한다. 이 경우 경영 악화를 방지하기 위한 사업의 양도·인수·합병은 긴박한 경영상의 필요가 있는 것으로 본다.

'기업의 사회적 책임을 방기해서는 안 돼'

거대한 흐름에 맞선 꼴이다. 인천지방법원 11민사부(재판장 최은배, 배석판사 정현식·서영호)는 2009년 5월 14일 국내의 대표적 기타 생산 업체인 '콜트악기'의 해고 노동자들이 제기한 '해고 무효 확인' 소송에서 해고가 부당하다고 판결했다. 노동자들에겐, 해고가 시작된 2007년 4월 이후 2년여 만에 전해진 복음이다. 재판부는 판결의 배경을 이렇게 설명했다.

"기업은 주주나 투자자의 의사에 따라 운영되거나 정리 여부가 결정되는 것이 아니라, 기업이 존재하게 된 많은 사회적 요인에 따라 존속 여부가 결정되는 것이다. 단순히 도산의 위험성이나 장래의 막연한 경영상 위기를 이유로 그 기업을 폐지하여 근로자를 해고하고, 사회에 대한 기업의 책임을 방기하는 결과를 낳는 방향으로 '긴박한 경영상 필요' 여부를 판단해서는 안 된다."

대법원 판례와도 뚜렷하게 선을 긋는다. 눈길을 끄는 대목이다.

이어 재판부는 회사 쪽이 제기한 '긴박한 경영상의 필요'를 정면으로 뒤집었다. 재판부는 "해고할 당시 회사의 경영 상태가 성장성이나 수익성 측면에서 나빠지고 있었다 할지라도, 안전성 측면에서는 매우 양호했다고 볼 수 있다"고 하고 "종합하면 해고를 해야 할 정도로 경영상 필요나 긴박성이 있었다고 볼 수 없다"고 밝혔다.

이는 해고가 부당하다는 중앙노동위원회의 결정에 맞서 콜트악기가 제기한

'부당해고구제 재심판정 취소' 소송에 대한 행정소송 1심 판결과도 배치된다. 서울행정법원 12행정부(재판장 정종관, 배석판사 권창영·정혜은)는 2008년 10월 16일 "주문량이 줄고 동종 업계의 치열한 경쟁으로 인해 단기간에 매출이 확대되거나 재무 상태가 현재보다 개선될 여지가 없는 점 등을 고려해보면, 경영상 해고해야 할 긴박한 필요성이 인정된다"라며 회사 쪽 손을 들어줬다(2008구합12122).

행정소송 2심 재판부도 같은 결론

회사는 민사소송에 대해, 노동자 쪽은 행정소송에 대해 각각 항소했다. 하지만 행정소송 2심을 맡은 서울고등법원 행정1부(재판장 안영률, 배석판사 신헌석·조정현)는 2009년 8월 13일 민사소송 1심 판결의 상당 부분을 인용하며 '해고는 부당하다'고 판결했다. '긴박한 경영상 필요'라는 제일 요건을 갖추지 못했다는 이유였다. 근거는 대단히 구체적이다. 1) 2000년 이후에는 2006년에 처음으로 당기 순손실이 발생했을 뿐이고, 2) 30퍼센트라는 높은 비율의 전자기타 세계 시장 점유율에 계속 신상품을 내고 있는 점, 3) 2006년 유동 비율(315퍼센트)과 부채 비율(37퍼센트)이 동종 업계의 평균치인 103.9퍼센트와 168.35퍼센트에 견줘 크게 양호한 점 등을 세세히 적시했다.

외면받던 노동자들의 허기를 채우는 숫자는 이뿐만이 아니다. 인천지방법원의 민사소송 1심 판결과 서울고등법원의 행정소송 2심, 두 판결의 판결문을 보면 1) 2006년 10월과 2007년 12월 관리직 사원들을 승진시키고, 해고하기 전후 특히 관리직 사원들의 임금을 인상하거나, 2) 목표 생산량을 맞추려고 해고일(4월 12일)부터 그달 29일까지 연장·휴일 근로를 시켜 평균 근로 시간이 전년 평균치보다 330퍼센트 증가한 사실이 담겨 있다. 한마디로 정리해고를 통해, 남은 생산직은 노동시간이 늘고 관리직은 임금이 늘어난 셈이다. 재판부는 "주문량의 감소로 인한 구조조정이라는 사측의 설명과 배치된다"고 꼬집었다.

콜트악기의 역사는 현대 한국 노사 갈등사의 한 단원으로 꼽을 만하다. 재판부가 판결문에 담은 경영 지표와 핵심 정보만으로도 기업 역사의 골격이 그려진다. 국내 2위의 전자악기 제조업체로, 2006년 8억 5000만 원의 당기 순손실을 입는다. 정확히 10년 동안 흑자 경영이 이어진 이후 처음이다. 그리고 이듬해 4월 부평공장의 노동자 160명 가운데 56명을 정리해고한다. 2008년 8월엔 공장 문을 아예 닫는다. 당시 콜트악기는 "국내에서 기타 생산은 수익성이 없"고 "그래도 유지하려 했으나 경영 적자와 노사 갈등 때문에 폐업할 수밖에 없었다"고 설명했다. 한국 공장이 2003년 전후로 해외 공장에서 만든 '반제품'의 마무리 공정을 떠맡다가 정리해고로 인한 분쟁, 노조와의 갈등을 거치며 그마저도 없앤 것이다. 노조는 '위장폐업'으로 본다.

가공할 추진력을 내보이는 회사에 대항하려고 노동자들은 공장 앞에 천막을 세웠다. 때로는 원효대교 끝 쪽의 송전탑에 올랐다. 단식 농성을 벌였다. 주목받지 못했다. 메아리도 없었다. 기댈 곳은 정의의 여신인 디케가 든 저울뿐이다. 이 사건의 민사소송과 행정소송에서 노동자 쪽의 변호를 맡은 김선수 변호사는 "그간 정리해고와 관련된 소송에서는 노동자 편을 들더라도, 해고 회피 노력이나 절차상의 문제가 배경이 된 게 대부분"이었으며 "그와 달리 이번엔 긴박한 경영상 필요라는 요건부터 엄격히 판단해야 한다는 논지가 전개되었다"고 말했다.

노동계 안팎에서 이 올해의 판결에 큰 의미를 부여하는 까닭이다. 1990년대 말 '도산 회피'만을 긴박한 경영상의 필요로 보던 관례가 점차 완화돼, 요즘엔 '경영 합리화'를 위한 조처까지 폭넓게 인용하는 추세인 탓이다. 심사위원인 김진 변호사는 "경영상의 이유는 회사가 장부를 들이대기만 해도 필요성이 인정됐으나, 이번 판결은 재판부가 최초로 감사 보고서 수준의 분석을 거쳐 그렇지 않다고 선언했다는 점에서 의미가 크"며 "올해 노동 부문 판결 가운데 가장 두드러진다"고 평가했다.

2009년 12월 행정소송은 대법원에, 민사소송은 서울고등법원에 계류 중이다. 회사가 불리한 판결에 맞서 각각 상고하고 항소한 결과다. 2009년 11월 27일엔 자회사 콜텍도 해고가 부당하다는 항소심 판결을 받았다. 그런 판결이 잇따르지만 아직 복직된 이는 전무하다. 복직할 회사는 공식적으로 사라진 상태다. 김선수 변호사는 "폐업 이후 복직 문제를 어떻게 할 것인가가 민사소송의 또 다른 쟁점이 될 것"이라고 말했다.

회사 쪽 폐업으로 복직은 여전히 불투명

해고된 후 세 번째 맞는 겨울의 바람을 콜트악기 공장 앞에 세워진 천막은 여전히 막지 못한다. 1000일이 훌쩍 넘었다. 방종운 노조위원장은 "대법원 판결까지 나와야 회사 쪽 대응이 있지 않을까 싶지만, 그조차도 복직은 아닐 것"이라고 내다봤다. 해고된 노동자들은 2010년 1월 14일부터 17일까지 회사가 참여하는 악기 박람회 '남미 악기쇼'(미국 캘리포니아)에 원정 복직 투쟁을 하러 떠날 계획이다. 그들의 해맞이가 된다. 항소심에서 진 콜트악기도 국내 매출 5위권의 법무법인을 추가로 선임해 새해를 준비하고 있다.

심사위원 20자평

박주현 엉터리 장부로 회사 망한다며 해고하는 사장님 나빠요~

김남근 경영상 해고라면 묻지도 따지지도 않고 인정해주던 건 이제 옛날

판결 이후

행정소송과 민사소송은 승자도 패자도 없는 경기가 됐다.

행정소송에서 승리자는 해고 노동자들이었다. 서울고등법원 1행정부는 2009년 8월 11일 콜트악기가 중앙노동위원회를 상대로 낸 '부당해고구제 재심판정 취소' 소송의 항소심에서 1심을 뒤집어 원고 패소 판결했다. 2012년 2월 23일 대법원 행정2부(주심 이상훈)는 콜트악기의 상고를 기각하고 원심을 확정했다 (2009두15401). 재판부는 "노동자들이 회사 쪽의 정리해고에 대해 제기한 행정소송에서, 당시 해고는 긴박한 경영상의 필요에 따르지 않았다"라며 중앙노동위원회의 구제 명령이 타당하다고 노동자들의 손을 들어줬다.

대법원까지 간 민사소송에서 승리자는 회사 측이었다. 2012년 5월 18일 서울고등법원 2민사부는 해고 무효 확인 소송의 항소심에서 원고 일부 패소 판결했다. 3심에서 대법원 민사1부는 2012년 10월 11일 해고 노동자들의 상고를 기각함으로써 원심을 확정했다(2012다56825). 회사 쪽이 2007년 4월 실시한 해고는 무효지만, 2008년 부평공장 직장 폐쇄에 따른 정리해고는 정당하다는 판결이었다.

회사 측은 재판이 끝난 뒤인 2012년 5월 또다시 '정상적인 조업을 재개하기가 불가능하다'라며 노동자들에게 정리해고를 통보했다. 그해 겨울, 콜트악기 부평공장에서는 가혹한 장면이 연출됐다. 2013년 2월, 7년째 농성을 벌이던 콜트악기 노동자들이 법원의 결정에 따라 공장에서 강제 퇴거를 당했기 때문이다. 이들은 또다시 혹독한 겨울을 기다리고 있다.

콜트악기의 자회사 콜텍은 2007년 7월 노사 갈등과 생산량 저하를 이유로 대전공장 운영이 불가능하다며 폐업 공고를 낸 뒤 직원 83명 전원을 정리해고했다.

해고 노동자들이 콜텍을 상대로 낸 '해고 무효 확인' 소송에서 서울남부지방법원 13민사부는 2009년 4월 3일 긴박한 경영상의 필요를 인정해 정리해고는 정당하다며 원고 패소 판결했다. 항소심 재판부인 서울고등법원 15민사부는 2009년 11월 27일 "수년간 상당한 액수의 당기순이익을 냈고 재무구조가 안정적이었다"라며 원고 승소 판결했다. 하지만 대법원 민사1부(주심 안대희)는 2013년 2월 23일 원고 승소 판결을 내린 원심을 파기하고 사건을 서울고등법원으로 돌려보냈다 (2010다3629). 재판부는 기업이 전체적으로 흑자를 내도 상황에 따라선 일부 사업 부문을 폐쇄하고 정리해고하는 것이 가능하다고 봤다. 서울고등법원 민사1부(재판장 정종관)는 2014년 1월 10일 이 사건의 파기환송심에서 원고 패소 판결했다. 현재 해고 노동자들의 상고로 대법원에 계류 중이다.

대법원 | 2008도763

압수수색 영장을 집행하는 데 엄격하고 구체적인 기준을 제시한 판결

형사 · 사법 부문

검찰 수사 관행에 '획기적인 일침'

김태환 제주도지사 사건 판결

"비서실장님!"

2006년 4월 27일, 제주특별자치도 청사 2층. 김태환 제주도지사의 비서관 한 모 씨가 비서실장실 문을 벌컥 열었을 때, 사무실 안은 검찰의 압수수색 작업이 한창이었다. 한씨는 옆구리에 도지사의 집무실에서 들고 나온 서류 뭉치를 끼고 있었다. 도지사의 업무 일지와 메모지 등이었다. 수사관과 검사가 그에게 다가와 '들고 있는 서류를 압수하겠다'고 했다. 한씨는 거부했으나 실랑이를 벌인 끝에 검사가 서류를 압수해 갔다.

압수수색 대상 장소가 아닌 곳의 서류까지 압수

전날 제주지방검찰청은 김태환 제주도지사와 측근들의 공직선거법 위반 혐의

2009년 6월 29일 김태환 제주도지사에 대한 주민소환 투표가 청구됐다.

를 입증할 증거를 찾기 위해 법원에서 압수수색 영장을 발부받았다. 현직 지사인 김 지사가 2006년 5월 31일 지방선거를 앞두고 재출마하는 과정에서 공무원을 동원해 선거운동을 기획했다는 혐의였다.

영장에 명시된 압수수색의 대상은 오 모 제주도청 기획관, 김 모 특별보좌관, 김 모 기획관실 행정 6급 공무원 등 3명의 사무실에 있는 관련 자료였다. 비서관 한씨는 압수수색의 대상자가 아니었고, 그가 들고 있던 서류 또한 압수수색의 대상 장소에 보관 중인 서류가 아니었다. 한씨는 영장을 구경도 못 했다.

문제는 여기서 그치지 않았다. 한씨가 문을 열고 들어선 곳은 피의자인 특별보좌관 김씨와 비서실장이 공동으로 사용하는 사무실이었다. 당시 김씨가 부재 중이어서 수사관은 비서실장에게 영장을 제시하고 수색을 시작했다. 검찰은 특별보좌관 김씨의 사무실에 대한 압수수색 영장만을 갖고 있었지만, 비서실장의 책상까지 수색해 노트북컴퓨터를 압수해 갔다.

5개월 뒤, 비서실장과 한씨는 제주지방검찰청에 소환돼 조사를 받았다. 그들은 이 자리에서 무려 5개월 만에 '압수 목록'을 처음으로 확인했다. 압수 목록에는 한씨가 들고 있던 서류 뭉치와 비서실장의 노트북컴퓨터 등이 '임의 제출' 형식으로 압수되었다고 기재돼 있었다. 압수 목록의 작성일은 공란이었다.

언뜻 사소해 보이는 이 세 장면은 이후 재판 과정에서 결정적으로 작용하게 된다.

제주지방법원 4형사부(재판장 고충정)는 2007년 1월 26일에, 광주고등법원 1형사부(재판장 조영철)는 2007년 4월 12일에 공직선거법 위반 혐의로 김태환 지사에게 당선무효형인 벌금 600만 원을 선고했다. 여기엔 압수물이 중요한 근거가 됐다. 현직 도지사가 다가오는 선거에 공무원을 동원해 지역별로 선거운동 네트워크를 조직한 사실 등이 압수된 문건을 통해 입증된 것이다.

그러나 대법원 전원합의체(주심 박일환)는 2007년 11월 15일 "헌법과 형사소송법이 정한 절차에 따르지 않은 채 수집한 증거는 유죄 인정의 증거로 삼을 수 없다"라며 무죄판결을 내렸다. 공직선거법 위반 혐의를 입증할 유력한 증거인 1) 2004년 제주도 업무 일지, 2) 15개 지역, 29개 직능별로 선거운동의 책임자를 지정한 '지역별·직능별 특별 관리 조직 책임자 현황', 3) 산남 지역을 7개로 쪼개 총책을 지정한 문건인 '산남 지역 책임자 추천의 건', 4) 주간 보고 등이 모두 증거능력을 잃었다. 이는 압수수색 과정에서 위법하게 수집된 증거의 증거능력을 인정하지 않은 국내 첫 판결이다. (대법원은 '위법하게 수집된 증거라 할지라도 증거

물의 형상과 내용에 변화가 없다면 증거로서 채택이 가능하다'라는 1968년 판례(68도 932)를 40년 만에 대법관 전원 합의로 깼다.)

대법원은 압수수색 과정에서 생긴 위법 사항을 조목조목 짚었다. 우선 비서관 한씨에게 영장을 보여주지 않은 채 서류 뭉치를 뺏은 상황은 명백한 위법이란 점이 지적됐다. 대법원은 "현장에서 압수수색을 당하는 사람이 여럿일 경우 모두에게 개별적으로 영장을 제시해야 한다"고 밝혔다. 헌법 제12조 3항에선 '체포·구속·압수 또는 수색을 할 때에는 적법한 절차에 따라 법관이 발부한 영장을 제시해야 한다'라고 규정하고 있다. 또 형사소송법 제118조엔 '압수수색 영장은 처분을 받는 자에게 반드시 제시'하도록 명시하고 있다.

'선거에 공무원을 동원한' 혐의는 사실이지만

형사소송법 제219조와 제109조 2항에선 피의자가 아닌 사람의 물건에 대해 압수수색이 필요한 경우 엄격한 요건 아래 영장을 발부받도록 규정하고 있다. 피의자가 아닌 한씨가 갖고 있던 서류를 별도의 영장 없이 압수한 점도 위법이었다.

대법원은 또 검찰이 압수수색의 대상 장소에 보관 중인 물건이 아닌, 한씨가 그곳에 일시적으로 가져온 물건을 압수한 점, 한씨가 압수를 거부하자 검사가 "검찰에 가서 조사를 받고 주겠냐"라며 강압적인 태도를 보여 압수물을 제출받은 점도 잘못으로 꼽았다.

'압수 목록'과 관련한 위법 사항도 여럿 있었다. 이번 사건에서 검찰이 압수수색을 한 지 5개월 뒤에야 압수 목록을 대상자에게 보여준 데 대해 대법원은 "압수물 목록은 피압수자 등이 압수물에 대한 권리 행사 절차를 밟는 가장 기초적인 자료가 되므로, 압수 직후 현장에서 바로 작성하여 교부하는 것이 원칙"이라고 밝혔다. 또 압수 목록에는 서류 뭉치 등을 '임의 제출' 형식으로 받았다고 적혀 있는 반면, 압수 조서에는 압수물들을 '강제 압수'했다고 쓰여 있다. 압수 목록 작성 날짜도 공란으로 남아 있다. 대법원은 "작성 월일을 누락한 채 일부 사실에 부합하지 않는 내용으로 작성하여 5개월이나 지난 뒤에 압수 목록을 교부한 행위는 형사소송법이 정한 바에 어긋난다"고 지적했다.

이번 판결에서 대법원은 '원칙'을 확인했다. "압수수색 영장에 기재한 문언은 엄격하게 해석해야 하고 피압수자에게 불리한 내용으로 유추 해석하는 것을 허용할 수 없다. 위법하게 수집된 증거라도 (진실을 규명하고 사법 정의를 위해 필요하다고 평가되는 경우라면) 유죄 인정의 증거로 사용할 수 있다. 그러나 이러한 예외적인 경우를 함부로 인정하게 되면 (법이 정한 절차에 따라 증거를 수집해야 한다는) 원칙을 훼손하는 결과를 초래할 위험이 있다."

김태환 지사 쪽 변호인단은 처음부터 이 사건의 증거가 위법하게 수집됐다는 점을 제기하는 데 주력했다. 대법원은 공개변론까지 열어가며 위법하게 수집된 압수물은 증거능력이 있는가 하는 문제를 정면으로 다룬 끝에 김 지사에게 무죄 판결을 내렸다. 사건은 고등법원으로 파기환송됐고, 광주고등법원 형사2부는 2008년 1월 15일 대법원 판결의 취지에 따라 김 지사에게 무죄를 선고했다. 이에 검찰은 재상고를 했지만 2009년 3월 12일 대법원 1부(주심 김영란)는 무죄를 선고한 원심을 확정했다.

피고인 개인과는 별도로 '수사 원칙'의 문제

대법원에서 최종 무죄판결을 받은 김태환 지사는 2009년 6월 또 한 차례 검찰 수사를 받았다. 이번에는 업무추진비를 횡령한 혐의였다. 이 사건 역시 증거 불충분으로 혐의 없음 처분이 내려졌다. 2009년 8월에는 제주도민들이 김 지사의 주민소환 투표를 발의했다. 5만 1044명이 주민소환에 동의하는 서명을 했고, 주민소환의 발의 요건인 10퍼센트(4만 1649명)를 훌쩍 넘겼다. 이에 따라 주민소환 투표가 치러졌지만 투표율이 저조해 끝내 주민소환은 불발에 그쳤다. 광역단체장에 대한 주민소환 투표가 이뤄진 것은 처음이었다.

김태환 지사 개인은 이렇게 많은 잡음에 휩싸인 인물이지만, 그로 인한 이번 판결은 압수수색 영장을 집행하는 데 구체적 기준을 제시했다는 의미가 크다. 김 지사의 변론을 맡은 문강배 변호사는 "이번 판결 이후에 검찰이 압수수색 영장에 포괄적인 범죄 사실을 써 넣고 아무 곳이나 가서 압수하는 관행이 사라지게 됐다"고 하면서 "수사는 불편해졌을지 모르지만 인권 측면에서 진보한 판결"이라고 말했다.

심사위원 20자평

김승환 압수수색 영장을 집행하는 기준은 검사의 입이 아니라 영장

금태섭 압수수색의 적법성을 따질 이유를 만들어준 한국의 미란다 판결

김진 마구잡이 전자우편 압수수색도 제한하는 법리로, 꽉꽉!

조합원 부담금의 구체적 산정 기준을 제시하지 않은 재개발 조합 설립은 무효라는 판결

경제 정의 부문

'용산의 눈물'이 작은 열매를 맺다

2009년 들어 재건축·재개발 관련 사건에서 조합원의 권리와 민주주의적 절차를 강조한 판결이 계속돼

재개발과 재건축 동의와 관련해 주민들의 가장 큰 관심은 자신이 비용을 얼마만큼 부담하면 몇 평짜리 아파트를 분양(소유권 귀속)받게 되느냐 하는 것이다. 대법원 판례도 "도시 및 주거 환경 정비법(도정법)상 조합 설립의 동의 사항에 '비용 분담에 관한 사항 및 소유권 귀속에 관한 사항'을 두어 주민들 자신이 어느 정도의 비용을 투입해 어느 정도 규모의 건물을 소유할 수 있는지 기초 지식을 제공하는 게 가장 중요하고 본질적인 사항"이라고 밝히고 있다.

사업 도중에 부담금과 아파트 평형을 변경

그런데 서울시의 조사를 보면, 재개발과 재건축 사업이 진행되는 과정에서 주민의 부담금이 70~80퍼센트씩 상승한다. 처음 시작할 때는 막연한 정보만 주면

법원은 그동안 재건축·재개발 관련 법적 다툼에서 현실적인 이유를 들어 조합과 시공사 쪽 손을 들어주는 경우가 많았다. 하지만 용산 참사 이후 엄격한 의견 수렴 절차와 민주주의적 조합 운영에 무게를 두는 판결을 계속 내놓았다. 조합 설립 무효 판결이 내려진 서울 중구 순화 제1-1구역 도시환경 정비 지구 전경.

서 별 부담 없이 큰 평수의 아파트를 분양받을 수 있는 것처럼 기대를 갖게 해놓고, 막상 비용 분담을 구체적으로 정하는 관리처분 단계에서 예상 못 한 거액의 부담금을 부과하는 것이다. 그 결과 재개발과 재건축 사업 현장마다 분쟁이 끊이지 않고 소송이 계속된다. 성동 뉴타운 사업이 대표적이다. 20평형대 소형 아파트를 분양받는 데 조합원이 부담할 금액이 2억 원에 달했다. 소득수준이 뻔한 영세 가옥주로선 입주하는 게 불가능하다. 처음부터 부담금 규모를 비교적 상세하게 알렸더라면 주민들은 어떤 선택을 했을까?

이런 비합리적이고 비민주적인 재건축·재개발 사업 진행과 관련해, 2009년 들어 법원이 연거푸 주목받을 만한 판결을 내놓고 있다. 가장 대표적인 게 주민

들이 순화 제1-1구역 도시환경 정비 사업 조합을 상대로 낸 '설립 부존재 확인'
소송에서 서울고등법원이 내린 판결이다.

서울의 도심 한복판인 중구 순화동의 순화 제1-1구역 도시환경 정비 사업은 5
년 전 조합이 설립돼 추진돼왔다. 그런데 주민들이 서명한 재개발 동의서에는 대
지 면적, 건축 연면적, 전체적인 규모만이 적혀 있을 뿐이었다. 사업이 끝나면 자
신들이 소유하게 될 건물에 대해선 아무런 정보를 가질 수 없었다. 비용 분담과
관련해서도 철거 비용 4억 원, 신축 비용 914억 8900만 원, 기타 신축 비용 279
억 3100만 원과 합계(1198억 2000만 원)만 기재돼 있었다. 금액이 산출된 내역에
관해서는 아무 설명도 없었다. "비용은 일반 분양 수입금 및 조합원 분담금으로
충당하고 부족분은 공평하게 부담한다"라는 '공자님 말씀' 한 줄이 전부였다.

결국 조합원 김 모 씨 등은 서울중앙지방법원에 '조합 설립 부존재 확인' 소송
을 냈다. 1심 재판부는 2008년 3월 20일 김씨 쪽 손을 들어줬다. 항소심도 마찬
가지였다. 서울고등법원 민사16부(재판장 강영호)는 2009년 3월 19일, 시작 단계
에서 조합원에게 비용 분담과 소유권 귀속에 대한 구체적 정보를 제공하지 않은
채 동의를 받아 조합이 설립됐음을 지적했다. 또 이후 세 차례나 설계가 바뀌어
조합원의 구체적 비용 분담과 소유권 귀속 정보가 변경됐는데도, 최초의 재개발
동의에 필요한 조합원 80퍼센트의 동의를 다시 받지 못했다는 점을 들어 조합
설립이 무효라고 판단했다. 항소심 판결은 지금까지 지적돼온 재건축·재개발
사업의 두 가지 문제점을 통렬하게 드러냈다.

중요한 내용을 바꿀 때에는 엄격한 동의 절차 밟아야

첫째, 비용 산출과 소유권 귀속에 대한 엄격한 기준을 제시했다. 재판부는 "이
러한 동의서의 내용은 주민들이 비용 분담액과 소유권 귀속을 예측할 기준이라

468

고 볼 수 없어 재개발 동의가 무효이고, 따라서 조합 설립이 무효"라고 판단했다. 시공사와 재개발을 추진하는 쪽에서는 사업이 진행되는 도중에 설계가 변경되거나 비용이 증가되므로, 조합 설립 단계에서 비용 분담과 소유권 귀속에 대한 사항을 구체적으로 정하는 것은 현실적으로 어렵다고 항변했다. 하지만 재판부는 애초 비용 분담 산출 기준이 이후 사업을 시행하는 단계에서 다시 합의를 하지 않아도 될 정도로 구체적이거나, 장차 사업에 참가할 경우 그 비용을 어떻게 분담할지 예측할 수 있을 정도로 구체적이어야 한다고 못을 박았다. 일단 진행된 재개발과 재건축 사업은 시작 단계에서 잘못이 있어도 중단시킬 수 없다는 과거 판례와는 사뭇 다른 경향을 보인 것이다.

이처럼 사업비 분담과 소유권 귀속에 대해 투명하고 엄격한 절차를 밟아야 한다고 밝힌 판결은 2009년 다른 법원에서도 여럿 나왔다. 부산 감천1구역 주택 재개발 조합 설립 무효 소송(부산고등법원, 2008나16905), 부산 해운대 중동1구역 재개발 조합 설립 무효 소송(부산동부지방법원, 2008가합1759), 서울 금호19구역 재개발 조합 설립 무효 소송(서울동부지방법원, 2008가합13270), 서울 도봉2구역 주택 재개발 조합 설립 무효 소송(서울북부지방법원, 2008가합3903) 등이 대표적이다. 이 재판부들은 조합원에게 비용 분담이나 소유권 귀속에 관한 구체적인 정보를 제공하지 않은 채 동의를 받은, 불투명한 조합 설립 행위는 무효라는 취지의 판결을 내놓았다.

둘째, 재건축·재개발 사업을 진행할 때 민주주의적 절차가 중요하다는 점을 강조했다. 순화 제1-1구역 도시환경 정비 사업 조합은 재개발을 논의하는 과정에서 조합원이 부담할 평당 공사비를 427만 3000원에서 47만 2000원을 늘려 474만 5000원으로 정했다. 또 설계를 세 차례나 바꾸는 바람에 아파트의 평수 배정이 크게 달라졌다. 40평형대 이하의 아파트를 64세대 신축할 예정이었다가

조합의 비민주적 운영으로 인해 법원에서 조합 설립 무효 판결이 내려지면 공사가 중단된다. 이는 조합원은 물론 조합과 시공사의 피해로 이어진다.

16세대로 대폭 축소했고, 80평형대 이상의 아파트를 추가하는 등 전체적인 사업 기조를 고급 아파트 신축으로 변경한 것이다.

조합은 1심 판결이 난 뒤 조합원 46명의 동의를 받아 하자를 없앴다고 항변했으나, 항소심 재판부는 "조합 설립 당시 토지 소유자 등 78명에 대한 동의 요건인 5분의 4(63명), 또는 현행 도정법 소정의 동의 요건인 4분의 3(59명)에 모두 미치지 못함이 명백하다"고 밝혔다. 비록 일반 분양금 수익이 늘어난다 하더라도 조합원이 부담할 금액이 크게 늘어난다면, 최초의 재개발·재건축 조합 설립 때처럼 엄격한 동의 절차를 다시 밟아야 한다는 것이다. 지금까지는 조합원 과반수의 결의만으로 부담금 인상이나 설계 변경을 밀어붙여온 게 현실이다.

무책임 행정의 후과後果, 용산 참사

최근 몇 년간 난개발과 과속 개발에 대한 원주민들의 저항은 극심해졌지만, 행정기관은 무책임한 행정을 펼쳤고 법원도 방임적인 태도를 취해왔다. 2009년 초에 일어난 용산 참사는 그런 무책임한 행정이 빚은 전형적인 사례다. 2009년 들어 법원이 재개발·재건축 행정과 관련해 확연히 달라진 판결 경향을 보이는 것은 뒤늦었지만 다행스런 현상이다.

우선 재개발이 필요할 정도로 노후하지 않은데 개발이익만을 좇아 재개발 지구를 지정하는 행정처분에 제동을 건 판결이 여럿 나왔다. 무허가 건물 여부를 따지지 않고 노후하고 상태가 나쁜 건축물이 50퍼센트 이상이 되면 주거 환경 개선 사업의 도시 정비 계획 수립 대상이 될 수 있도록 한 경기도 조례는 상위법인 도정법에 어긋난다는 서울고등법원의 판결(2008누35431)이 대표적이다. 이 판결에서는 또 노후·불량 건축물의 수, 무허가 건축물의 수, 호수 밀도 중 어느 하나만 충족하면 주거 환경 개선 사업 구역으로 지정할 수 있다는 경기도의 도시 환경 정비 조례도 무효라고 밝혔다. 상위 법령은 재개발을 하려면 여러 조건을 충족시키도록 명시했는데, 지방자치단체가 일방적으로 이 가운데 한 가지 조건만 충족시켜도 된다고 정한 것은 잘못이라는 것이다.

이 밖에 주거 이전비 지급 대상자를 선정하는 기준 시기를 정비 지구 지정 공람일이 아니라 사업 시행 계획 인가일로 늦춰야 한다는 서울고등법원의 판결(2008누34711)도 사회적 약자의 주거권 안정에 큰 의미를 지닌다. 흔히 정비 지구 지정 공람일 이후 3~4년이 지나야 비로소 사업 시행 계획이 인가되고 이주가 시작돼, 그 사이에 들어온 세입자 등은 주거 이전비를 받지 못해왔다.

물론 아쉬움도 있다. 최근 대법원은 종전에 민사소송으로 진행된 재개발·재건축 조합 설립 무효 소송이나 관리 처분 계획 결의 무효 확인 소송 등을 행정소송으로 진행해야 한다면서 모든 사건을 행정법원으로 이송하도록 했다. 결국 여러 해에 걸쳐 소송을 진행한 조합과 건설사, 주민들은 다시 1심부터 소송을 진행해야 하는 고통을 겪게 됐다.

사법부는 인권의 최후 보루여야 한다는 말은 어찌 보면 당연하다. 하지만 재개발과 재건축 분야에서는 그 명언이 간단히 통하지 않던 것이 현실이다. 정부의 개발 위주 정책과 개발이익에 혈안이 된 이해관계 당사자들이 도사리고 있는 '현실'의 힘은 막강했고, 법원은 '다른 쪽에도 바쁜 일이 많다'라는 핑계를 계속 댔기 때문이다. 심사위원인 김남근 변호사는 "2009년 들어 재개발·재건축 분야에서 법원이 보여준 새로운 태도 변화는 의미가 작지" 않고 "개발 사업을 둘러싼 우리 사회의 여러 가치를 조화시키고 계층 간의 갈등을 해소하는 일에 법원이 동참하기 시작한 신호로 읽힌"다고 말했다.

'재개발 난맥'은 중앙정부와 지방자치단체의 책임
단체장만 결심하면 부조리 많이 줄어들 텐데
–김남근 참여연대 민생희망본부장

재개발과 재건축 사업에서 불투명한 사업 관행이 자리를 잡게 된 데는 중앙정부와 지방자치단체의 무책임한 재개발 행정이 한몫했다. 개발 사업의 속도만 강조한 나머지 막상 사업이 시작되고 나면 영세 가옥주나 세입자의 억울한 하소연을 팔짱을 낀 채 모른 체한다.

국토해양부가 만든 '표준 동의서'의 양식이 대표적이다. 법원은 이미 여러 판결에서 그 양식이 구체적인 비용 분담과 소유권 귀속에 대한 정보를 제대로 전달하지 못하므로 조합원들에게 그것을 통해 동의를 받았더라도 무효라고 밝혔다. '표준'이란 말이 머쓱해진 셈이다.

실무적으로는 지방정부의 책임이 크다. 이미 수많은 재개발·재건축 사업장이 '팔짱 행정'으로 난장판이 된 지 오래되었다. 서울시가 뒤늦게나마 조합 설립과 시공사 선정 등 초기 단계에서 공공 관리 제도를 도입하고 책임 행정을 펼치겠다고 밝힌 것은 바람직하다. 하지만 아직 시범 업에 머물고 있어 해당 인허가 권한을 가진 일선 구청은 이러한 정책 변화에 호응하지 않고 있다. 비용 분담과 소유권 귀속에 대한 법원의 판결이 나온 뒤에도 이를 시정하려고 적극적으로 움직이는 관할 구청이 서울시에는 단 한 곳도 없을 정도다.

서울시는 변화를 주려는 노력을 기울여야 한다. 기왕에 투명한 재개발·재건축 진행을 위해 공공 관리 제도를 도입했다면, 설계, 철거, 토목, 건축, 설비, 전기, 조경 등 공사 항목별로 구체적인 공사비를 주민 동의 단계에서 추정할 수 있는 전산 프로그램을 개발해 운용해야 한다. 그래야만 사업 초기부터 주민들이 사업성을 면밀히 검토할 수 있다. 사업 추진 단계에서 서울시가 표준 공사비를 제시하는 것도 한 방법이다. 표준 공사비보다 너무 높은 공사 대금을 책정한 사업 시행 계획은 일선 구청이 승인을 하지 않도록 행정지도에 나서는 것도 검토할 만하다.

사실 조합 설립 인가, 사업 시행 계획 승인, 관리 처분 계획 인가, 착공 승인 등 재개발과 재건축의 각 단계는 모두 관할 관청의 행정적 검토를 거친다. 따라서 단체장이 '주민에게 제대로 된 정보를 제공하지 않은 채 재개발과 재건축을 시작할 수 없다'라거나 '조합원 부담금을 70~80퍼센트씩 인상하는 재개발 사업은 인허가를 내줄 수 없다'고 결심하면, 지금 재개발과 재건축 과정에서 벌어지는 황당한 일들은 대부분 미연에 막을 수 있다.

하지만 현실은 그렇지 않다. 중앙정부는 재개발과 재건축 등 도심 개발 사업을 통해 경기를 부양하려는 개발 드라이브 정책을 펼치고, 이와 맞물려 지방자치단체는 '빨리빨리' 속도 행정과 팔짱 행정을 일삼고 있기 때문이다. 그 피해는 고스란히 시민에게 넘겨진다. 2009년 서울시에서 재개발과 재건축으로 멸실될 예정인 주택이 3만 1000가구인데 반해 공급될 예정인 단독주택과 다가구주택은 1만 1000가구에 불과해, 전세 수요를 감당하기 어렵다. 결국 전세 대란이 일어나고 서민들은 짐을 싸 도시 외곽으로 밀려난다. 2010년에는 4만 8000가구가 멸실될 예정이라는데, 전세 대란이 얼마나 더 심각해질지 벌써부터 걱정이다.

심사위원 20자평

김영진 무차별 개발이 능사가 아니라 사람이 우선이다

오창익 지금까지 누구를 위한 재개발이었는지?

김남근 한 번 도장 찍고 봉 되는 영세 가옥주, 쫓겨나는 원주민……

판결 이후

순화 제1-1구역 도시환경 정비 사업 조합의 상고로 사건은 대법원까지 갔다. 그런데 염려한 대로 대법원 민사3부(주심 차한성)는 2010년 4월 8일 원심을 파기하고 사건을 서울행정법원으로 이송했다. 재판부는 조합이 행정 주체인 점을 고려하면 공법상 법률관계에 관한 사건이므로 애초 서울중앙지방법원이 아니라 서울행정법원에 소송이 제기되었어야 했다고 밝혔다. 1심의 전속 관할 법원이 잘못되었다는 것이다. 서울행정법원이 이 사건을 심리해야 한다고 판단했다.

시장금리가 하락했는데 대출금리는 기존대로 유지한 은행의 불공정 행위에 책임을 물은 판결

경제 정의 부문

은행이 고리대금업자는 아닐진대
은행에 '최소한의 상도덕'을 일깨운 대법원 판결

금융감독원에 따르면, 최근 우리나라 은행권이 취급하는 주택 담보대출 금융 상품의 비중은 변동 금리형 92.6퍼센트, 고정 금리형 1.4퍼센트, 혼합형 6.0퍼센트다. 혼합형은 고정형을 도중에 변동형으로(또는 변동형을 고정형으로) 바꿀 수 있는 상품이다. 그런데 변동 금리부 주택 담보대출 상품을 잘 들여다보면, 단순한 양도성 예금증서CD 금리에 연동된 대출 상품이 아니라 고정형과 변동형의 중간 형태를 띤 것도 있다. 한국씨티은행의 변동 금리부 주택 담보대출 상품이 대표적이다.

시장금리는 떨어졌는데 이자를 4년간 동결

이 상품의 대출 약정서는 이자율을 연 몇 퍼센트로 하되, 기간은 3, 6, 12, 24

서울 마포구에 있는 한 은행의 대출 창구.

개월 중 하나를 고객이 선택해 매 기간이 종료할 때마다 은행이 이자율을 변경할 수 있고, 변경된 이자율에 이의가 있으면 1개월 안에 대출을 해지할 수 있다는 내용을 담고 있다.

한국씨티은행은 이 대출 상품을 판매하기 시작한 뒤 2001년 9월까지 시장금리(CD·금융채 금리) 추세에 맞게 매년 수차례 대출금리를 바꿨다. 그러나 이후 2005년 3월까지 단 한 차례도 바꾸지 않았다. 2002년 12월부터 2005년 5월 사이에 시장금리가 계속 하락했는데도 한 번도 대출금리를 내리지 않은 것이다. 이를 통해 은행 쪽이 과다 수취한 이자액은 34억 원에 이른다.

이에 대해 금융 감독 당국은 은행이 대출금리를 적절하게 운용하지 못했다며 과다 수취한 이자를 고객에게 반환하라고 지시했다. 공정거래위원회는 은행에 과징금을 부과했다. 한국씨티은행은 불복하면서 소송을 냈다.

은행 쪽은 "이 상품의 이자율 결정 방식은 단순 시장금리 연동 상품과는 근본적으로 다르"며 "시장금리의 변동을 즉각 대출금리에 반영하지 않는 대신 시장금리가 대폭 상승하거나 하락하면 이에 따라 금리를 조정하고, 소폭으로 등락을 반복하는 안정기에는 변경하지 않을 수 있다"고 주장했다. 시장금리가 상승하는 기간에는 은행이 부담을 지고, 반대로 시장금리가 하락하는 기간에는 고객이 부담을 지는 상품이란 얘기다. 언뜻 보면 고정형과 변동형의 단점을 보완한 흥미로운 금융 혁신 상품이라고 여길 만도 하다.

　　그러나 서울고등법원 6특별부(재판장 조병현)는 2007년 9월 5일 한국씨티은행이 공정거래위원회를 상대로 낸 '시정 명령 및 과징금 부과처분 취소' 소송에서 과징금 납부가 정당하다는 판결을 내렸다. 한국씨티은행이 다시 상고했으나 대법원 1부(주심 이홍훈)는 2009년 10월 29일 '고등법원의 사실 인정과 판단은 정당하다'라며 상고를 기각했다.

　　항소심 재판부는 "이자율 변경은 일반적으로 공정거래위원회가 제정하는 은행 여신 거래 기본 약관의 규정('이자 등의 비율에 관한 은행의 인상·인하는 건전한 금융 관행에 따라 합리적인 범위 내에서 이뤄져야 한다')을 적용받는다"고 판단했다. 이와 관련해 한국씨티은행이 금리를 고정하던 기간 중 시중은행의 주택 담보대출 평균 금리는 6.79퍼센트에서 5.15퍼센트까지 25퍼센트가량 하락했다. 즉 한국씨티은행의 대출금리인 7.90퍼센트(3개월 주기 이자 변동 대출 상품)보다 1.11∼2.75퍼센트나 낮은 수준이었다. 재판부는 "문제가 된 기간 동안 지속적으로 시장금리가 하락함으로써 금리를 인하할 요인이 발생했으므로 합리적인 범위 안에서 적절한 수준으로 금리를 인하했어야 한다"고 판단했다.

은행의 '우월한 지위'에 따른 책임도 지적

재판부는 또 금융기관과 개인 사이에 이뤄지는 대출 거래에서 대출 이자율 등 거래 조건은 대부분 금융기관이 주도하고, 주택 담보대출은 대출 규모가 큰 데다가 대출 상품의 복잡한 금리 구조를 비교하는 데 비용이 상당히 발생하기 때문에 대출 기간 동안 다른 은행으로 대출을 전환하기도 사실상 어렵다는 이유로, "은행이 '우월한 지위'에서 불공정한 행위를 했다"고 밝혔다.

___

심사위원 20자평

박주현 은행이 돈 벌면 서민은 가난해져요

최강욱 은행의 탐욕은 화禍를 부른다

김진 사인했으니 다 책임지라고? 그럼, 법이 왜 있니?

교통사고 처리 특례법의 종합보험 가입자 면책 조항은 위헌이라는 결정

생활 속의 권리 부문

인간보다 자동차를 위하는 정책에 경종

억울한 교통사고 피해자를 양산한
'교특법의 종합보험 가입자 면책 조항'은 위헌

2004년 9월 5일 낮 1시 서울대 행정대학원 석사과정을 밟고 있던 조 모 씨는 친구를 만나러 서울 도곡동의 타워팰리스 앞을 걸어가고 있었다. 끼이익…… 쿵. 조씨는 돌진하는 승용차 왼쪽 앞부분에 치여 공중에 붕 떠올랐다가 털썩 하며 떨어졌다. 콘크리트 도로에 머리를 세게 부딪혔다. 옆에 있다가 목격한 조씨의 친구는 "귀에서 수도꼭지를 튼 것처럼 피가 콸콸 쏟아졌다"고 말했다.

곧바로 가까운 병원으로 옮겨진 조씨는 17시간 동안 뇌에 가득 찬 혈액을 빼내는 수술을 받았다. 입원한 기간만 4개월. 얼굴과 왼쪽 몸통에 마비 증세가 왔다. 그해 12월 퇴원한 뒤 1년 동안 매일 병원에서 재활 치료를 받아야 했다. 사고가 난 뒤 1년 동안은 휴학을 해야 했다.

2009년 11월 23일 119 구조대원들이 인천대교 위에서 교통사고 부상자를 이송하는 훈련을 하고 있다.

'미안하다'고 말하는 전화 한 통 못 받아

가해자는 서울 강남에 사는 남자였다. 승용차로 아이를 데려다주고 돌아가던 길이었다. 수술이 끝나고 찾아왔다고는 하는데, 조씨는 그의 얼굴을 한 번도 보지 못했다. '미안하다'고 말하는 전화 한 통 받지 못했다.

조씨는 퇴원한 직후인 2005년 1월 "종합보험에 가입한 운전자는 큰 사고를 내도 아예 기소도 못 하게 한 것은 피해자의 평등권과 재판 절차 진술권 등을 침해한다"라며 교통사고 처리 특례법(교특법) 제4조 1항에 대해 헌법소원을 냈다.

이 조항의 핵심은 가해자가 보험이나 공제에 가입했을 경우 중앙선 침범이나 음주운전 등 교특법이 규정한 10대 중과실과 사망 사고가 아니면, 아무리 인적·물적 손해를 일으켰어도 형사처분을 면제한다는 것이다. 조씨는 "교특법의 면책 조항 탓에 피해자가 사과를 받거나 피해자와 가해자가 화해할 기회조차 갖지 못한다. 그게 이해하기 힘들었고 답답했다"고 말했다.

4년 동안 치열한 법리 공방이 이어졌다. 사실 이 조항은 1997년 1월 16일 합헌 결정이 난 적이 있었다(90헌마110, 136). 이번에도 정부 쪽은 "과실의 경중을 따져 형사처분 여부를 결정하는 것은 입법자의 재량에 속하므로, 면책 조항이 기본권 침해에 해당한다고 볼 수 없다"고 주장했다. 국선 변호인으로 선임된 문한식 변호사는 교통사고로 인한 사망 사고와 식물인간의 사례를 들어 반박 논리를 내세웠다. 문 변호사는 "교통사고로 식물인간이 되는 경우도 있는데 이는 사망 사고 이상으로 고통이 심하다. 사망 피해자와 식물인간이 된 피해자 간에 차별을 두는 건 정당하지 않다. 이러한 차별은 기본권을 크게 제한하는 것"이라고 반박했다.

4년 뒤인 2009년 2월 26일 헌법재판소 전원재판부는 "피해자를 중상해에 이르게 한 경우에도 공소를 제기할 수 없도록 규정한 교특법 조항은 헌법에 위반된다"라며 재판관 7 대 2의 의견으로 위헌 결정을 내렸다. 헌법재판소는 "교통사고로 중상해를 입은 결과 식물인간이 되거나 평생 심각한 불구나 난치의 질병을 안고 살아가야 하는 피해자의 경우, 그 결과의 불법성이 사망 사고보다 결코 작다고 단정할 수 없다"고 하고 "교특법의 면책 조항은 중상해 피해자들의 평등권을 침해한 것"이라고 밝혔다.

문 변호사는 "인간의 존엄과 가치를 존중하고 보호하는 것이 우리 헌법의 이념이다. 이러한 이념에 반하는 교특법 조항에 위헌 결정이 내려진 것은 당연한 결과"라고 말했다.

교통사고의 비범죄화 추세에 역행한다는 비판도

이 헌법재판소 결정은 우리 사회에 또 다른 화두를 던졌다. 피해자의 권리는 강화됐지만 전과자 양산 등 부작용도 우려되기 때문이다. 심사위원인 김제완 고려대 교수는 "트럭 사고 등 중상해를 입힌 경우 가해자 가운데 상대적으로 서민이 많아, 자칫하면 전과자를 양산할 수도 있을뿐더러 교통사고의 비범죄화 추세와도 어긋나는 결정"이라고 지적했다.

심사위원 20자평

금태섭 사람이 차에게 거둔 마지막 승리(최초의 승리는 육교 철거)

김남근 나, 보험에 들었으니 괜찮아, 이건 옛말

출입 제한이 요청된 도박 중독자를 출입시킨 강원랜드에게 손해배상 책임을 물은 판결

생활 속의 권리 부문

도박장에도 도의는 세워라

도박은 중독성 질환이다. 중독성 질환의 특성은 외부의 도움이 필요하다는 점이다. 자극에 길들여진 사람은 스스로 거기서 벗어날 수 없기 때문이다.

2009년 12월 9일 감사원은 국내에서 유일하게 내국인용 카지노를 운영하는 강원랜드에 대한 기관 운영 감사 결과를 발표했다. 감사원은 감사 보고서에서 "영업장에서 불법 행위를 하거나 본인 또는 가족의 요청이 있는 고객에 대해선 출입을 제한하고, 이를 해제하려면 심의위원회의 의결을 거쳐야" 하는데 "그럼에도 2006년 이후 모두 71명에 대한 출입 제한을 임의로 해제해 고객의 재산 상실을 초래했다"고 지적했다.

카지노에서 손님들이 게임에 열중하고 있다. 강원랜드는 도박 중독 증세를 보이는 이들의 출입 제한 규정을 어겼다.

200억을 탕진하던 동안 출입 제한을 네 차례나 요청

카지노 출입을 제한해달라고 요청한 사람들은 누구일까? 2009년 10월 국회 문화체육관광방송통신위 소속의 송훈석 의원(무소속)은 강원랜드로부터 제출받은 '출입 금지자 현황'을 공개했다. 이를 보면 2000년부터 2009년 8월까지 본인이나 가족이 카지노 영업장 출입 금지를 요청한 건수는 무려 1만 3313건에 이른다. 이들은 대부분 도박 중독 고위험군에 속했다. 귀금속 가공업자인 50대 김 모 씨도 그중 한 명이다.

강원랜드 카지노는 크게 일반 고객이 대상인 일반 영업장과 회원 고객VIP이 대상인 회원용 영업장으로 나뉜다. 하지만 바깥에 잘 알려지지 않은 또 다른 영업장이 있다. 이른바 '우대 회원V-VIP' 전용 영업장이 예약제로 운영되고 있다. 게임에 참여하려면 2억 원 이상을 지녀야 한단다. 김씨는 주로 이곳에서 도박을 했다.

카지노업 약관 제7조는 카지노의 고객인 본인이나 직계 혈족, 배우자 등이 도박 중독 등을 이유로 출입 제한을 요청하면, 담당 부서는 피요청자가 영업장을 출입하는 것을 제한해야 한다고 정해놓았다. 또 제8조는 출입이 제한된 사람은 해제 요청을 하더라도 일정한 '냉각기간'을 두도록 했다. 첫 번째 출입 제한 요청을 풀 때까지는 최소 3개월, 두 번 이상 출입 제한을 요청했을 때는 6개월 이상이 지난 뒤 심의를 통해 출입 제한 조처를 풀도록 규정하고 있다.

김씨는 2003년 4월 1일부터 2007년 4월 22일까지 모두 181번이나 우대 회원 전용 영업장에서 도박을 즐겼다. 잃은 판돈은 무려 208억 1149만 9971원에 이른다. 30여 년 모은 재산을 다 날리고 나서 사채를 끌어다 도박을 할 정도로 중독된 상태였다. 이 기간에 김씨 스스로 한 차례, 김씨 부인이 세 차례 강원랜드 쪽에 출입 제한을 요청했다. 하지만 강원랜드 쪽은 네 차례 모두 규정을 저버리고 김씨의 출입 제한 조처를 풀어줬다.

고객을 보호할 의무는 나 몰라라

김씨는 뒤늦게 '고객를 보호할 의무를 다하지 않았다'라며 강원랜드를 상대로 손해배상 청구 소송을 제기했다. 서울동부지방법원 민사14부(재판장 이우재)는 2009년 7월 8일 김씨의 손을 들어줬다. 재판부는 판결문에서 "(강원랜드는) 김씨의 병적 도박 중독 상태를 잘 알고 있으면서도 도박을 제한하는 어떤 조치도 하지 않고, 규정을 위반하여 출입 제한을 해제해준 것은 최소한의 고객 보호 의무를 위반한 것"이라며 "강원랜드 쪽은 김씨가 잃은 판돈 중 15억 5180만 원을 지급하라"고 판시했다.

'폐광 지역 개발 지원에 관한 특별법'에 따라 설립된 강원랜드는 2000년 10월 카지노를 개장했다. 발행된 주식의 51퍼센트를 한국광해관리공단 등 공공 부문이 소유하고 있어 '공공기관의 운영에 관한 법률'의 적용을 받는 명실상부한 공공기관이다. 국가는 국민이 도박에 빠지는 걸 막아야 할 의무가 있다. 강원랜드는 2008년에만 3092억 원의 당기 순이익을 올렸다.

심사위원 20자평

김승환 도박업으로 돈벌이 하더라도 상도는 지켜야지

최강욱 도박 중독을 능가하는 강원랜드의 수익 중독

판결 이후

강원랜드는 1심 판결에 불복하여 항소했다. 2심을 맡은 서울고등법원 14민사부(재판장 이강원)는 원고 일부 승소 판결을 내렸다. 김씨가 강원랜드를 상대로 낸 손해배상 청구 소송은 현재 대법원에서 재판이 진행되고 있다.

김진 변호사

헌법적 혜안 보여준 '야간 옥외 집회 참가자에게 무죄 선고한 판결'
심사위원 만장일치로 최고의 판결

2008년에 이어 2회째인 〈한겨레21〉의 올해의 판결 기획은 법으로 먹고사는 사람들에겐 신선한 반가움이자 반성의 계기가 된다. 법률 전문가를 자처하면서도 한 해 동안 나온 판결을 두루 살피고 의미를 되새기려는 생각은 미처 못 하기 때문이다. 한편 각자의 자리에서 법의 다양한 관점들을 천착해온 여러 사람이 한자리에 모여 생각을 교환하고, 그러면서 이전에 미처 깨닫지 못한 판결의 속살을 알아가는 일은 개인적으로 설레고 흥미진진한 작업이기도 했다.

두 차례 심사를 거쳐 70여 개 판결 중 12개 뽑아

심사위원들과 몇몇 전문가에게 추천받은, 우리 사회에 '좋은' 영향을 끼친 판결은 7개 부문에 걸쳐 70여 개에 이르렀다. 이를 온라인 사전 심사와 3시간이 넘는 열띤 오프라인 토론을 거쳐 다시 12개로 압축했다. 중요성이나 의미가 큰 판결이 많아 그중에서 어떤 것을 골라내야 할지 쉽게 결정할 수 없었다. 심사위원 대다수가 의미 있다고 생각하는 판결을 우선하되, 분야마다 좀 더 관심 있는 심사위원의 설명을 듣고 나서 중요하다고 공감이 가는 판결을 뽑았다.

후보 판결 중엔 집회와 시위의 자유, 표현과 언론의 자유와 관련된 판결이 많았다. 이는 한 해 동안 사법권이 표현의 자유를 신장하는 데 상당한 역할을 해왔고, 그것이 국민에게 주는 메시지와 위안이 컸음을 의미한다.

이 기본권 부문에서는 판결 3개를 올해의 판결로 선정했다. 그 과정에서 노회찬 의원의 '삼성 떡값 검사 명단 공개' 무죄판결(2009노520)이 끝까지 경합을 벌이다가 아쉽게 탈락했다. 서울중앙지방법원의 '미네르바 사건' 판결이 갖는 사회적·시대적 중요성에 더 높은 점수를 줘야 한다는 의견이 약간 우세했다. 삼보일배 행진의 '위법성 조각'을 밝힌 대법원 판결은 집회와 시위의 자유와 관련해 대법원에서 전향적인 의견을 내놓았다는 점에서 높은 평가를 받았다. 서울중앙지방법원이 '야간 옥외 집회 참가자'에게 내린 무죄판결은, 헌법재판소가 야간 집회 금지 조항에 대해 헌법 불합치 결정을 내리면서 2010년 6월까지는 잠정적으로 현행법을 적용하도록 했음에도 하급심 법원이 무죄를 선고한 것이다. 그 헌법적 혜안과 결단이 지니는 의의를 보면서 심사위원들은 이 판결을 '최고의 판결'로 선정하는 데 만장일치로 합의했다.

여성·가족 부문에서는 '혼인빙자간음죄 위헌 결정'을 선정했다. 여성 인권 담론에서 갖는 의미에 대해 의문이 없지는 않았지만, 여성 보호 담론의 의미와 함께 사생활에 형벌을 부과하는 문제에 대해 헌법재판소가 의견을 내놓았다는 상징성을 고려해 올해의 판결에 넣었다.

국가 상대 소송 부문에서는 병사의 자살 사유를 허위로 알린 국가가 손해배상 소멸 시효가 다했다고 주장하는 건 권리 남용이라고 판시한 서울고등법원의 판결을 선정했다. 그 내용이나 법리가 완전히 새롭지는 않지만, 최근 과거사 관련 사건에서 소멸 시효가 지났다는 주장을 받아들여 국가의 면책을 인정한 일련의 판례가 우려스럽다는 점을 감안했다. 검역에서 불합격 판정을 받은 미국산 쇠고기의 작업장을 공개하라는 서울행정법원의 판결은 국민의 알 권리를 환기시켰다는 점에서 높은 점수를 얻었다.

노동 부문에서는 많은 판결이 추천되었다. 그중에서도 과거 판례와 달리 골프장 경기 보조원을 근로기준법상 근로자라고 인정한 수원지방법원의 판결(2009년 10월 9일, 2009가합4896)이 유력한 후보였으나, 이에 대한 평가가 하나로 모아지지 않았다. 그 대신 정리해고의 요건인 '경영상 긴급한 필요'가 무엇을 의미하는지 상세하게 논증한 인천지방법원의 '콜트악기 사건' 판결을 선정했다. 콜트악기의 해고는 정당하지 않다고 판단함으로써, 경제 위기를 빌미 삼아 마구잡이로 구조조정을 벌이는 관행에 경종을 울린 판결이다.

형사·사법 부문에서는 압수수색 영장을 집행하는 데 구체적 기준을 제시함으로써 영장주의가 갖는 의미를 탄탄하게 다진 '김태환 제주 지사 사건' 판결이 뽑혔다.

경제 정의 부문과 생활 속의 권리 부문에서는 계약법 원리에 제한을 가하고 경제적 약자를 보호하는 차원에서 법원이 적극적으로 법 적용을 한 판결을 높이 평가했다. 은행이 시장금리가 하락하는데 대출금리를 기존대로 유지한 것은 부당하다는 대법원의 판결, 출입 제한이 요청된 도박 중독자를 출입시킨 강원랜드에게 책임을 물은 서울동부지방법원의 판결을 선정하는 데 의견이 모아졌다.

10대 중과실이 아니라면 교통사고 가해자에게 형사책임을 지지 않도록 한 교통사고 처리 특례법 조항은 위헌이라는 결정에 대해선 교통사고 가해자와 피해자에 대한 상반된 영향 때문에 설왕설래가 있었으나, 사람보다 자동차를 우선하는 제도와 정책에 제동을 걸었다는 긍정적 평가가 다소 우세했다.

공동체의 삶에 심대한 영향을 미치는 판결

특히 2009년에는 용산 참사에서 보이듯 재개발 사업과 관련된 사회적 분쟁이 많았다. 법원도 그동안 웬만큼 위법한 사업 진행에는 눈감아오던 태도에서 벗어난 모습을 보였다. 조합원이 비용을 부담할 내역 등을 투명하게 공개하고, 조합원 부담금이 상승할 경우에는 조합을 설립할 때와 똑같은 수준의 조합원 결의를 거치도록 한 서울고등법원의 판결 등 재개발 사업의 투명성과 민주성을 요구하는 판례가 높은 평가를 받았다.

총평을 쓰는 이 순간에 다시 봐도 아쉬움이 남는 판결이 많은 것을 보니, 사법권이 판결을 통해 공동체의 삶에 얼마나 심대한 영향을 미치는지 실감하게 된다. 지연된 정의는 정의의 거부다. 신중이라는 미명 아래 시대의 담론이나 이슈에 대해 해답을 미루기보다는 가급적 빨리 바로 그 시대에 판결을 내리는 하급심 법관들의 용기에 찬사를 보내며 아울러 분발을 당부한다.

'묵묵히 일한 법조인들 빛나' '시민도 법에 관심을'

김동건 · 금태섭 · 김남근 · 김승환 · 김영진(왼쪽부터)

김제완 · 김진 · 박주현 · 오창익 · 최강욱(왼쪽부터)

김동건(변호사) – 심사에 참여해달라는 요청을 받고 나서 망설였다. 영광이기도
하지만 부담이 더 크게 다가왔다. 삼사위원들과 논의하면서 다양한 시각을 잘 조
화해냈다고 자부한다. '사법 과잉 시대'이긴 하지만 시대의 해결책을 위해 좀 더
빨리 판결해주는 용기를 법관들에게 당부 드린다.

금태섭(변호사) – 후보 판결 중 표현의 자유에 관한 것이 많은 게 눈에 띈다. 기
본권이 위축될 수 있는 상황에서 법원이 제동을 건 것은 고맙지만, 좀 더 적극적
으로 역할을 해줬더라면……. 압수수색의 적법 절차에 대한 판결은 형사 사건 변
호사 입장에서는 획기적인 것이다.

김남근(변호사) — 후보 판결에 집회와 표현의 자유에 관한 판결이 많이 뽑혔다는 것은 우리 사회의 인권과 민주주의에 빨간불이 켜졌음을 보여주는 신호다. 이런 상황에서 사명을 다하려는 법관들의 고민과 노력도 많이 보였다. 최후까지 법원이 이를 견지할 수 있기를 기대한다.

김승환(전북대 법대 교수) — 판결의 생명인 공정성은 재판관들의 직업적 탁마와 긴장을 통해 높아진다. 심사를 하면서 하급심 판결과 상급심 판결 간의 긴장, 법원의 판결과 헌법재판소의 결정 간의 긴장을 느낄 수 있었다. 바로 그것이 사법권 판단이 더욱 공정해지는 데 기여를 한 것이 아닐까.

김영진(변호사) — 심사 대상이 된 70여 개의 후보 판결을 살펴보면 집회와 결사의 자유, 표현의 자유와 관련해 의미 있는 판결이 많았다. 심사하면서 간과한 부분을 다른 심사위원의 심사평을 듣고 새삼 깨달으며 인식의 폭을 넓히게 된 자리가 됐다.

김제완(고려대 법대 교수) — 한겨울 추위 속에서도 봄을 느끼듯이, 어렵고 각박한 여건에도 힘없고 억울한 시민의 눈물을 닦아준 좋은 판결을 통해 새로운 희망을 본다. 한편으로는 사법부를 통해서도 구제받지 못한 억울한 사연이 얼마나 많을지…… 그 당사자들에게 빚을 진 느낌이다.

김진(변호사) — 2009년에도 민변이 솔선하지 못하고 〈한겨레21〉의 기획에 업혀 가게 돼 부끄럽다. 각각의 판결이 가지는 의미를 알면서 많은 공부가 되었고, 2010년에는 심사위원보다는 올해의 판결을 만들어낸 변호사가 되고 싶다는 발칙한 소망도 감히 가져본다.

박주현(시민경제사회연구소장) — 변호사 현업에서 떠난 지 9년 만에 올해의 판결을 곱씹어보는 시간을 갖게 되니 새로웠다. 법은 사회의 원칙과 양심을 지키는 최후의 보루일 텐데, 과연 그 역할을 다했는지 많은 회의가 들었다. 또한 그렇기에 자신의 역할을 묵묵히 수행한 일부 법조인들의 노력이 더욱 빛났다.

오창익(인권연대 사무국장) – 정치도 대화도 타협도 모조리 실종됐고, 법률주의적 해법만이 판치는 게 현실이다. 국회에서 벌어지는 몸싸움도, 평화적인 일체의 저항도 법원으로 간다. 대통령마저 화난 얼굴로 법질서를 말하는 법 만능의 시대다. 그럴수록 법에 관심을 갖는 일반 시민이 늘어났으면 좋겠다.

최강욱(변호사) – 국민은 억울한 상황에서 사법부와 헌법재판소를 떠올린다. 하지만 이들은 퇴행하는 민주주의를 지켜내고 준엄한 심판을 내리지 못했고 상황에 따라 권력의 눈치를 보았다는 비판에서 자유롭지 못할 것이다. 그 와중에도 사법부의 존재 이유를 일깨워준 소중한 성과가 있었다는 점은 다행이다.

2008년
올해의
판결

'우리 사회는 이 판결들의 보폭만큼 진전한 셈이다.'
'마지막 사실심인 고등법원이 매너리즘에 빠져 퇴행하는 모습을 보였다.'

최고의 판결

- 대법원, 법 개정 전의 불법파견도 2년을 넘기면 원청 업체가 직접 고용한 것으로 간주한다는 판결

소수자 보호 부문

- 대법원, 난민 신청자에게 요건과 증명 책임을 완화해준 판결
- 헌법재판소, 시각장애인 안마사 독점권은 합헌이라는 결정

집회와 표현의 자유 부문

- 대법원, 금지 통보를 받은 집회라도 상경하려던 농민을 원천 봉쇄한 것은 불법이라는 판결
- 헌법재판소, 접수 순위를 정하기 어렵다는 이유로 집회신고서를 반려한 경찰의 관행은 위헌이라는 결정

행정 부문

- 서울행정법원, 사면심사위원회 위원의 명단과 약력을 공개하라는 판결

여성 부문

- 대법원, 직장에서 성희롱한 지점장을 해고한 것은 정당하다는 판결

노동 부문

- 대법원, 요양 승인 기다리다 뒤늦게 휴업급여를 신청한 경우 시효 소멸을 적용해서는 안 된다는 판결

가족·가사 부문

- 서울서부지방법원, 회복 불가능한 환자가 요구할 경우 인공호흡기를 제거하라는 '존엄사' 판결

- 대법원, 친권과 양육권은 아이의 복리를 우선적으로 고려해 결정하라는 판결

형사·사법 부문

- 대법원, 조사 과정에서 변호인의 참여권을 제한한 것은 위법이라는 판결

손해배상 부문

- 대법원, 폭설로 고속도로에 고립된 피해자에게 한국도로공사가 배상하라는 판결

- 대법원, 성매매 밀집 지역의 화재로 질식사한 것에 대해 국가와 지방자치단체가 배상하라는 판결

경제 정의 부문

- 대법원, 자금 차입에 의한 기업 인수(LBO 방식)는 불법이라는 판결

- 서울고등법원, 하청 업자에게 미분양 아파트를 떠넘긴 것은 불공정 거래라는 판결

2008년 올해의 판결 심사위원

윤진수__ 서울대 교수(심사위원장)

금태섭__ 변호사

김남근__ 변호사, 민주사회를 위한 변호사모임 민생경제위원장

김진__ 변호사

박경신__ 고려대 교수

박근용__ 참여연대 사법감시팀장

박영주__ 변호사

오창익__ 인권연대 사무국장

이종수__ 연세대 교수

최강욱__ 변호사

교수, 법조인, 활동가 등
10명의 심사위원이 부문별로 선정

세상의 진실은 전진한다
멀게 느껴지지만 삶의 방식을 결정하는 사법부의 판결

우리나라 국가권력의 세 축인 입법부, 행정부, 사법부 가운데 국민들이 가장 멀다고 느끼는 곳은 어디일까?

아마도 대다수는 사법부를 꼽을 것이다. 당사자가 아니고서는 직접 접할 기회가 별로 없기 때문이다. 게다가 행정부와 각 정당의 일거수 일투족은 매일 중요한 뉴스로 다뤄지는데 반해 사법부와 관련된 소식은 보도 건수도 적을뿐더러 '어떤 판결이 내려졌다'라는 단신이 대부분이다. 입법부와 행정부의 대표자들이 선거라는 국민과의 직접적인 대면 속에서 선출되는데, 법원은 그렇지 않다는 점도 거리감을 주는 요인 가운데 하나일 것이다.

하지만 법원의 판단은 입법부나 행정부의 그것 못지않게 평범한 국민들의 삶의 방식을 결정한다. 판결을 통해서다. 정치, 경제, 사회, 문화 모든 부문의 분쟁은 결국 법원으로 귀속되고, 여기에서 판결이 내려지면 '의견'이나 '주장'이던 것이 '규범'으로 자리매김된다. 실제 지은 죄가 아무리 많아도 법원에서 죄의 증명이 부족하다며 무죄로 판단하면 자유의 몸이 되지만, 아무리 본인이 떳떳해도 법원에서 유죄로 판단하면 차가운 교도소에 갇히게 된다. 사건 당사자뿐 아니라 일반 국민도 법원이 판례를 통해 만든 기준을 벗어나면 그에 합당한 처벌이나 규제를 받게 된다.

입법부나 행정부의 행보 또한 재판의 대상이다. 국회가 만든 법이 헌법재판소의 위헌 결정에 따라 한갓 종잇장으로 변하기도 하고, 행정부의 법 집행을 무효화하는 판결도 나온다. 법치주의가 강화되는 한편 사회의 이해관계를 조정해야 할 정치가 표류하면서 사법부의 구실은 더욱 중요해지고 있다.

이런 이유로 〈한겨레21〉은 한 해를 정리하는 송년호에서 '올해의 판결'을 선정해 소개하기로 했다. 그저 남의 일 같고 어려워 딱딱하고 재미없어 보이는 판결이 우리 삶에 무슨 영향을 끼치고 사회를 어떻게 변화시켜 가는지 보여주기 위해서다. 그 가운데에서도 한국 사회를 밝게 비추고 좀 더 나은 사회를 앞당기는 데 기여한 좋은 판결을 골라봤다. 돌이켜보면 2008년 우리 사회는 이 판결들의 보폭만큼 진전한 셈이다.

판결을 선정하기 위해 학계와 법조계, 시민사회를 포괄하는 올해의 판결 심사위원회를 꾸렸다. 학계에서는 자타가 공인하는 민법 권위자인 윤진수 서울대 교수가 심사위원장으로 참여했고, 헌법학회와 공법학회에서 왕성한 활동을 펼치는 이종수 연세대 교수, 서해안 기름 유출 사건과 관련해 각종 법률 구조 활동을 해온 박경신 고려대 교수가 심사위원으로 참여했다. 또 법조계에서는 대한변호사협회와 민주사회를 위한 변호사모임 등의 추천을 받아 심사위원을 위촉했다. 대한변호사협회의 인권위원이자 군법무관들의 '군대 내 불온서적 지정' 헌법소원을 진행하고 있는 최강욱 변호사, 민주사회를 위한 변호사모임 민생경제위원장으로 활동 중인 김남근 변호사, 〈한겨레〉에 '현직 검사가 말하는 수사 제대로 받는 법'을 기고한 검사 출신의 금태섭 변호사, 판사 출신으로 부동산과 금융 관련 소송에서 두각을 나타내고 있는 박영주 변호사, 노동 분야에서 활발한 활동을 보여 세계경제포럼 선정 '차세대 지도자'로 뽑히기도 한 김진 변호사 등이 참여해 함께 머리를 맞댔다. 비법조인 가운데에서는 대표적 인권활동가이자 검경 수사권 조정 자문위원으로 활동하기도 한 오창익 인권연대 사무국장과 수년 전부터 법원 모니터링 활동을 벌여온 박근용 참여연대 사법감시팀장이 참여해 어려운 작업을 함께했다.

법 개정 전의 불법파견도 2년을 넘기면 원청 업체가 직접 고용한 것으로 간주한다는 판결

최고의 판결

불법파견 노동자도 직접고용하라

3년간 4전 5기, 이경수, 김미주 씨에게는 생애 최고의 순간

이경수 씨와 김미주 씨는 입사 동기다. 이씨는 스물둘, 김씨는 스물한 살이던 2000년 4월 3일 서울 성동구 용답동에 있는 예스코(당시 이름은 극동도시가스)로 첫 출근을 했다. 학교를 졸업한 뒤 얻은 첫 직장이었다. 영업관리팀에 배치된 이들은 고객지원센터 창구에서 도시가스 공급과 관련한 각종 질의나 민원을 접수·처리하는 업무를 맡았다. 체납된 가스요금을 받거나 공사비를 수납하기도 했다. 접수된 민원을 해당 업무 담당자에게 연결해주거나 각종 우편물 정리, 문서 수발 업무도 막내 여직원이던 이들의 몫이었다.

파견 2년, 도급 20개월, 계약직 2년 뒤 해지 통보

하지만 이씨와 김씨는 다른 직원들과는 신분이 달랐다. 이들의 법적인 사용주는 진방템프그룹. 예스코와 '비서, 타자원 및 관련 사무원' 파견 계약을 맺은 파견 업체다. 당시 이씨와 김씨를 포함해 10명가량이 진방템프에서 파견돼 왔다. 물론 서류상 그렇게 돼 있을 뿐이고, 이들에 대한 일상적인 업무 감독과 휴가 승인, 근태 관리, 근무 평가 등은 모두 예스코의 몫이었다.

예스코에 근무한 지 정확히 2년을 채운 2002년 4월 3일, 이씨와 김씨는 소속사가 바뀌었다. 두레비에스피. 또 다른 파견 업체다. 예스코는 진방템프와의 파견 계약을 끝내고, 이번엔 두레비에스피와 업무 도급 계약을 체결했다. 물론 이또한 서류상 변화일 뿐이고, 이씨와 김씨는 여전히 같은 자리에서 같은 업무를 보며 같은 상사에게 지시를 받았다.

20개월가량이 흐른 뒤인 2003년 12월, 이씨와 김씨는 이번엔 무소속(?)이 됐다. 회사가 이들과 직접고용 계약을 맺은 것이다. 1년 기간의 계약직 사원이었다. 물론 맡은 일은 그대로였다. 1년 뒤인 2004년 11월 회사는 1년 계약을 갱신해줬다.

다시 1년쯤 흐르고 난 2005년 10월 25일, 이씨와 김씨는 청천벽력 같은 소식을 들었다. 회사가 재계약이 종료되는 11월 30일부로 계약을 해지하겠다고 통보한 것이다. 처지가 비슷한 여직원 5명도 해고 통보를 받았다. 파견(2년)에서 도급(20개월), 계약직(2년)을 거치며 6년 가까이 정을 쌓은 직장인만큼 충격이 클 수밖에 없었다.

풀뿌리라도 잡고 싶은 심정에 일단 정규직 노조에 도움을 요청했다. 당시 임기를 2개월 남기고 있던 조구일 노조위원장이 발 벗고 나섰다. 회사 쪽에 이번 조처의 부당함을 설명했지만, 통하지 않았다. 조 위원장은 이씨와 김씨를 데리고 노조와 자문 계약을 맺은 민주노무법인의 이혜수 노무사를 찾아갔다. 전후 사정을 파악한 이 노무사는 "(회사가) 2년 파견 뒤 위장 도급을 통해 불법파견을 이어갔으므로, 법적인 보호를 받을 수 있을 것"이라며 이들을 안심시켰다.

이 노무사가 이렇게 말한 건, 파견 근로자 보호 등에 관한 법률(이하 파견법)에서 파견 가능 업종을 건물 청소원, 자동차 운전원, 비서·타자원 등 26개 직종으로 엄격히 한정하고 있기 때문이다. 이씨와 김씨가 실제 수행한 업무는 자신들의 직종과는 동떨어진 것이다. 또한 두레비에스피와 2002년 4월에 맺은 계약도 '위장 도급'이 명백했다. 다른 직원들과 섞여 일하는 형태가 유지된 만큼 도급 대상이 아닐뿐더러, 업무는 그대로 놔두고 계약만 바꾼 것이기 때문이다. 당시 파견법 제6조 3항은 "사용주가 2년을 초과하여 계속적으로 파견근로자를 사용하는 경우에는 2년의 기간이 만료되는 날의 다음 날부터 파견근로자를 (정규직으로) 고용한 것으로 본다"고 규정하고 있었다(직접고용 간주 규정). 즉 2년 이상 이씨와 김씨를 불법파견의 형태로 근무시킨 회사 쪽에 직접고용이라는 법적 책임이 있었다.

물론 회사의 주장은 달랐다. 적법한 도급 계약이었으며, 2003년 말부터 1년 단위로 2년 동안 계약직으로 근무한 것이 직접고용 계약의 전부인 만큼 정규직으로 고용할 의무가 없다는 것이다. 회사 쪽에서는 이와 함께 해고된 여직원들을 회유하는 작업에도 나섰다. 결국 이씨와 김씨를 제외한 계약직 여직원 5명은 회사로부터 500만 원씩을 받는 대신에 회사를 상대로 민형사상 책임을 제기하지 않는다는 각서를 쓰기로 했다.

구 파견법 제6조 제3항: "사용주가 2년을 초과하여 계속적으로 파견근로자를 사용하는 경우에는 2년의 기간이 만료되는 날의 다음 날부터 파견 근로자를 고용한 것으로 본다."(직접고용 간주 규정)

파견법(2006년 12월 개정) 제6조의2: 직접고용 간주 규정이 직접고용 의무 규정으로 대체됨.

네 번 연달아 패하다

'다른 길'을 고집한 이씨와 김
씨의 앞길이 순탄할 리 없었다.
당시 두 사람을 대리한 이혜수 노
무사에 의하면 "돈을 받고 회사
를 떠나기로 한 이들이 '회사에서
7명 모두 각서를 써야 500만 원
을 줄 수 있다고 하는데, 너희 때
문에 못 받을 수도 있다'라며 이
씨와 김씨를 몰아붙였다"고 한
다. 이 노무사는 "이 일로 이씨와
김씨가 마음에 큰 상처를 입은 기
억이 난다"고 말했다.

김미주 씨, 조구일 전 예스코 노조위원장, 이경수 씨
(왼쪽부터). 두 사람은 꼬박 3년 동안 법적 투쟁을 벌
인 끝에 회사로 돌아갈 수 있었다.

두 사람은 끝내 뜻을 굽히지
않았고, 회사는 결국 5명에게만
500만 원씩 지급하고 일을 마무
리했다. 물론 둘에 대한 해고 방
침도 여전했다. 결국 둘은 서울지
방노동청에 '부당노동행위 및 부
당해고 구제'를 신청했다. 조구일

서울지방노동위원회와 중앙노동위원회에서 이씨와
김씨를 변론한 이혜수 노무사.

위원장의 배려로 노무사 선임 비용은 노조에서 지원받을 수 있었다. 하지만 서울
지방노동청(공익위원 김성진·정진철·최연희)은 2006년 2월 12일 "직접 사용종속
관계가 성립된 것은 최초 계약 성립일인 2003년 12월 1일인 점 등에 비춰 '2년

경과시 직접고용 간주' 규정이 적용될 여지가 없다"라며 신청을 기각했다. 이 노무사는 "사실 우리 쪽이 질 줄은 몰랐다. 그런데 막상 결과가 그렇게 나와 이씨와 김씨에게 매우 미안하던 기억이 난다"라며 당시를 회고했다.

둘은 중앙노동위원회에 재심을 신청했다. 하지만 같은 해 6월 22일 중앙노동위원회(공익위원 고흥소·임종률·안영수)는 "이씨와 김씨의 파견 근로는 불법파견 근로에 해당하여 직접고용 간주 규정의 적용 대상이 아니다"고 밝히며 신청을 기각했다. 적법한 파견이었다면 직접고용 간주 규정이 적용되지만, 불법파견이기 때문에 법 적용이 안 된다는 논리다. 불법파견이 인정되고도, 바로 그 때문에 법의 보호를 받을 수 없는 기막힌 상황에 부딪친 것이다.

둘은 노조위원장으로서 임기를 마치고 평범한 직원으로 되돌아온 조구일 씨와 함께 민주노총 법률원의 권두섭 변호사를 찾아갔다. "이씨와 김씨 모두 노조 활동을 오래한 사람들도 아니고, 그냥 평범한 여성들로만 보였다." 권 변호사는 "파견노동자, 비정규직 노동자들이 처한 전형적인 사례라고 판단돼 사건을 맡게 됐다"고 말했다. 권 변호사는 곧 서울중앙지방법원에 중앙노동위원회의 재심 판정을 취소해달라는 소송을 제기했다. 반년 넘게 벌이가 없던 둘에게 돈이 있을 리 없었다. 조씨가 사비를 털어 변호사 선임 비용과 인지대 등을 댔다.

하지만 전망은 밝지 않았다. 불법파견은 직접고용 간주 규정의 적용 대상이 아니라는 법원 판결이 이미 여럿 있었기 때문이다. 노동 관련 사건의 법원 판례 흐름을 꾸준히 공부해온 한 부장판사는 이렇게 설명했다. "1988년 파견법이 처음 제정됐을 때는 불법파견이 직접고용 간주 규정의 적용 대상이 아니라는 발상 자체가 없었다. 하지만 파견이 일반화되고 2년 넘게 파견 근무한 이들이 크게 늘어나면서, 사용자 쪽을 대리하는 대형 로펌 소속 변호사들을 중심으로 합법 파견만 직접고용 간주 규정의 적용 대상이라는 주장이 제기되기 시작했다. 2002년 서울행정법원에서 처음으로 이 같은 판결이 나온 뒤 1심, 2심 재판부 거의 대부분이 이 판례를 따랐다."

그 사이 국회에서도 직접고용 간주 규정에 대해 논란이 일었다. 국회는 2006년 11월 결국 불법파견 근로자도 2년 이상 고용하면 원청 사업자는 직접고용해야 한다는 것을 명시한 파견법 개정안을 통과시켰다(2006년 12월 21일 개정). 기존의 판례를 법률로 바로잡은 것이다. 하지만 두 사람과는 무관한 일이었다. 법이 개정되기 전에 일어난 일이어서 새 법률이 소급 적용되지 않았다. 2006년 12월 26일 서울행정법원 13부(재판장 이태종)는 이씨와 김씨에게 직접고용 간주 규정이 적용되지 않는다고 판결했다. 둘은 곧바로 항소했지만, 10개월 뒤 내려진 항소심에서도 결과는 마찬가지였다. 서울고등법원 특별1부(재판장 박삼봉)는 2007년 10월 5일 별도의 판결문도 작성하지 않은 채 '1심 판결문을 그대로 인용한다'라며 원고 패소 판결을 내렸다.

> 서울고등법원 특별1부는 2007년 10월 5일 별도의 판결문도 작성하지 않은 채 원고 패소 판결을 내렸다. 이씨와 김씨는 이번엔 대법원에 상고했다. 끝까지 가보자는 생각에서였다.

희망의 빛, 공개변론

두 사람은 이번엔 대법원에 상고했다. 권두섭 변호사의 말에 의하면 "크게 기대하지는 않았지만 끝까지 가보자는 생각"에서였다. 분쟁하는 인원이 상대적으로 많은 기륭전자나 KTX 여승무원들과 달리 단둘뿐인 이들에게는 집회나 농성 같은 선택지가 없기도 했다. 2심과 3심에서도 조구일 씨가 변호사 비용과 인지대를 댔다. 조씨는 "애초에 이씨와 김씨가 500만 원을 받고 쉽게 나갈 수도 있었지만, 끝까지 함께 가기로 나와 굳게 약속을 했다. 나도 최대한 힘을 다해 돕겠다고 말했는데 약속을 저버릴 수가 없었다"고 말했다.

상고하고 6개월쯤 흐른 뒤인 2008년 5월 26일, 권 변호사는 대법원으로부터 전화 한 통을 받았다. 사건이 전원합의체로 넘어갔으며, 공개변론을 진행하기로 결정됐다는 통보였다. 대법관 14명 앞에서 주장을 펴고 질의와 응답 시간을 가질 기회를 얻게 된 것이다. 대법원은 사회적으로 의미가 있거나 중요한 사건이라고 판단되는 경우에 한해 한 달에 한 번가량 공개변론을 열고 판결을 내린다.

권 변호사는 무료 변호인단을 꾸리는 작업에 착수했다. 김선수, 강기탁, 박상훈, 김진 변호사가 흔쾌히 참여하겠다는 뜻을 밝혔다.

6월 19일 오후 4시 대법원에서 공개변론이 열렸다. 권 변호사 등은 파견법의 입법 취지와 어느 쪽으로 판단하는 것이 사회 정의에 부합하는지를 설명하며 대법원이 사회적 약자인 비정규직 노동자들의 문제를 해결하기 위해 적극적으로 나서라고 주문했다. 예스코 쪽에선 대법관 출신인 박재윤 변호사(법무법인 바른)가 나와 "불법파견에도 직접고용 간주 규정을 적용할 경우엔 기업 활동에 제약이 너무 커진다"고 주장했다.

공개변론이 열리고 3개월 뒤인 9월 18일 대법원 전원합의체(주심 김지형)는 대법관 14명 전원의 일치 의견으로 "파견 기간이 2년을 넘길 경우 직접고용으로 간주하는 옛 파견법을 '적법한 파견'에만 적용된다고 축소 해석한 원심의 판단은 파견법의 입법 취지에 비춰 근거가 없고 타당하지 않다"라며 사건을 서울고등법원으로 파기환송했다. 대법원은 "직접고용 간주 규정이 적법한 파견에만 적용된다고 보면, 파견법을 어기고 불법파견을 받은 사업주는 오히려 직접고용의 부담을 지지 않는 결과가 되어 법적 형평에 어긋난다"고 지적했다.

서울지방노동청에 부당해고 구제를 신청한 뒤 3년 가까운 시간 동안 네 번 연

508

달아 패한 이씨와 김씨가 마지막 뒤집기에 승리한 순간이었다. 당시 방청석에 앉아 있던 조구일 씨는 "판결문을 읽는데, 다른 말은 무슨 말인지 모르겠고 오직 '파기환송한다'라는 말만 들리더라"고 하고 "너무 기뻐서 이씨, 김씨와 그날 밤새 울고 웃으며 취하도록 술을 마셨다"고 말했다.

대법원으로부터 사건을 돌려받은 서울고등법원 행정3부(재판장 유승정)는 2008년 11월 17일 조정으로 사건을 마무리했다. 이씨와 김씨는 회사에 복직하되, 회사를 상대로 낸 소송을 모두 취하하고 소송비용도 각자 부담하기로 하는 조건이었다. 권 변호사는 "이씨와 김씨가 2011년까지 기존 정규직 직군이 아닌, 처우가 낮은 별도 직군에 있어야 하는 등 아쉬운 부분이 있지만, 복직이 돼 고용 보장이 된 것에 의의를 두고 조정을 수용했다"고 말했다.

"파견 기간이 2년을 넘길 경우 직접고용으로 간주하는 옛 파견법을 '적법한 파견'에만 적용된다고 축소 해석한 원심의 판단은 파견법의 입법 취지에 비춰 근거가 없고 타당하지 않다. (…) 직접고용 간주 규정이 적법한 파견에만 적용된다고 보면, 파견법을 어기고 불법파견을 받은 사업주는 오히려 직접고용의 부담을 지지 않는 결과가 되어 법적 형평에 어긋난다." -대법원 재판부

입사 동기에서 복직 동기로

결국 이씨와 김씨는 해고된 지 정확히 3년 만인 2008년 11월에 예스코에 복귀했다. 20대 초반에 입사 동기이던 이들은 서른 언저리에 복직 동기가 된 셈이다. 하지만 이게 끝은 아니다. 업무 환경 또한 많이 변했고, 현재 이들은 새로운 업무 수행을 위해 교육 과정을 밟고 있다고 전해졌다. 물론 파견과 도급, 비정규

직을 거쳐 실업자가 돼 3년 넘게 싸워온 경험은 그 무엇과도 바꿀 수 없는 아프면서도 소중한 기억으로 남을 것이다.

이씨와 김씨는 인터뷰 요청에 "회사에 복직된 마당에 인터뷰를 하는 것은 회사에 누가 될 수도 있어 사양할 수밖에 없는 점을 이해해달라"고 말했다.

공개변론 맡은 5인의 변호인단, 완벽한 팀워크

무보수 드림팀 '상황극까지 짰다'

대법원 공개변론에서 이씨와 김씨를 변호한 권두섭, 김선수, 강기탁, 박상훈, 김진 변호사(왼쪽부터).

이경수, 김미주 씨 사건의 가장 극적인 대목은 비슷한 사건을 맡은 1심·2심의 판사들이 대부분 직접고용 간주 규정을 합법 파견에만 적용해 좁게 해석해왔음에도, 대법원 재판부가 이를 뒤집었을 때였다. 특히나 전원합의체로 넘겨 공개변론까지 거쳤다는 점, 여기에 소수 의견을 낸 이 하나 없이 대법관 14명 전원이 이 결정에 동참했다는 것은 매우 이례적인 일로 평가된다.

물론 대법원이 이러한 결정을 내리기까지는 숨은 공로자들이 많다. 우선 서울대 노동법연구회와 법원 내 노동법커뮤니티·노동법실무연구회 소속 소장파 판사 등이 비정규직 문제와 관련한 여러 이슈와 법리 흐름을 정리하는 등 이번 판결의 기초를 마련했다.

하지만 일등 공신은 역시 공개변론을 앞두고 꾸려진 변호인단이다. 변호인단의 좌장 격인 김선수 변호사(전 사법제도개혁추진위원회 기획단장)는 자타가 공인하는 최고의 노동 전문 변호사다. 김 변호사와 함께 법무법인 시민에서 활동하는 강기탁 변호사(전 민변 노동위원장)도 2003년 인사이트코리아 사건의 변호를 맡아 서울고등법원에서 '불법파견도 직접고용 간주 대상'이라는 최초 판결을 이끌어냈다(대법원(주심 이용우)은 2003년 9월 23일 해고된 자회사의 노동자는 사실 위장 도급으로 직접고용 관계에 해당한다는 원심을 확정했다. 2003두3420). 서울행정법원 부장판사 출신인 박상훈 변호사(법무법인 화우)는 1988년 창립된 서울대 노동법연구회의 창립 멤버로 노동 문제에 끊임없는 관심을 가져왔다. 김진 변호사는 비교적 젊은 변호사들 중에서 가장 적극적으로 노동 관련 사건을 다뤄왔다.

이들은 무보수로 변호인단에 참여해달라는 요구에 흔쾌히 응했다. 박상훈 변호사는 "1980년대 초반 사법시험을 공부할 때부터 노동법 변호사가 되겠다는 꿈을 가지고 있었"으며 "우리 사회의 큰 화두인 비정규직 근로자를 위해 뭔가를 할 수 있다는 것이 기뻤고, 노동 사건의 중요한 쟁점에 대한 논의라면 당연히 무료라도 참여해보고 싶었다"고 말했다.

더욱 빛난 것은 이들의 완벽한 팀워크다. 박상훈 변호사는 손수 파워포인트를 이용해 모두 발언을 했고, 강기탁 변호사는 참고인들에 대한 질의를 맡았으며, 김선수 변호사는 최종 마무리 발언을 맡았다. 권두섭 변호사와 김진 변호사는 대법관 예상 질문을 정리하는 일을 맡았다. 김진 변호사는 "공개변론을 준비하는 열흘 남짓 세 차례 모여 회의를 했는데 전원 100퍼센트 참석률을 보였"으며 "상황극까지 짜볼 정도로 모두가 열의를 갖고 노력했다"고 말했다.

공개변론에 참여한 대법원의 한 판사도 "원고 쪽이 파워포인트도 준비하고 발언도 적극적으로 하는 등 열의를 갖고 공개변론을 준비해온 것이 기억에 남는다"고 말했다.

심사위원 20자평

최강욱 네 번 지고도 굴하지 않은 원고들에 경의를!

박영주 잠시나마 함께하는 세상을 꿈꾸게 하다

박경신 위반만 있고 처방은 없던 파견법에 마침내 처방이

김남근 그래도 역시 법은 상식 위에 서 있었으니

박근용 목마른 이 시대 노동자들에게 찾아온 오아시스

난민 신청자에게 요건과
증명 책임을 완화해준 판결

난민 지위로 가는 문턱을 낮추다
'박해를 받을 충분한 근거가 있는 공포'에 대한 증명 책임

'명사. 씩씩하고 굳센 기운 또는 사물을 겁내지 아니하는 기개.'

국립국어원이 낸 표준국어대사전은 '용기'를 이렇게 풀이한다. 해마다 세계 난민의 날(6월 20일)이 되면, 유엔 난민고등판무관 사무소(UNHCR, 유엔난민기구)를 비롯한 난민 지원 단체들은 각종 행사를 알리는 포스터를 내건다. 포스터에는 온갖 역경을 '씩씩하고 굳센 기운'으로 이겨낸 전 세계 난민들의 모습이 담겨 있다. 무한 폭력의 광기를 피해, 죽음의 음침한 골짜기를 지나, 마침내 국경을 넘은 난민들의 표정에선 '사물을 겁내지 아니하는 기개'가 느껴진다. 그래서 흔히들 말한다. '난민이 되는 데는 용기가 필요하다'고.

틀렸다. '용기'만으로 난민이 될 수는 없다. '난민'은 국제법이 부여하는 '지위'다. 복잡한 법적 절차를 거쳐야 한다. '난민'이 되는 데는 때로 시간이 많이 걸

'기억하세요, 그들도 우리처럼.' 2008년 6월 20일 오후 '세계 난민의 날'을 맞아 국제앰네스티 한국지부 등 인권 단체의 회원들이 서울 덕수궁 앞에서 난민들에 대한 관심을 촉구하는 퍼포먼스를 하고 있다.

리기도 한다. 법무부가 집계한 자료를 보면, 1994년부터 2008년 11월 말까지 우리나라에서 난민 신청을 한 이들은 모두 2133명에 이른다. 이 가운데 101명에게만 난민의 지위가 허용됐다. 국가인권위원회가 연구 용역을 발주하고 법무법인 소명과 공익변호사그룹 공감 등이 참여해 작성한 〈2008 난민 인권 실태 조사 보고서〉의 내용을 보자. 응답자 4명 중 1명 꼴(24.2퍼센트)로 "난민 신청서를 접수한 지 1년이 넘었으나 아직 심사관과 면담조차 못 했다"고 답했다.

난민 지위 인정 신청

여기 에레쎄 롬보토 나르씨스(40 · 가명)가 있다. 콩고민주공화국(옛 자이르)의 수도 킨샤사 출신인 그는 독실한 기독교인이다. 콩고 땅에서 가장 '진보적이고 투쟁적인' 단체라는 평가를 받는 아르미 드 빅투와르 교회에서 청년회장을 맡을 정도로 교회 일에 열심이었다. 1997년 5월 모부투 세세 세코 독재 정권이 무너졌다. 반군 지도자인 로랑 카빌라가 정권을 잡은 뒤에도 콩고의 내정은 나아질 줄 몰랐다. 이내 또 다른 내전이 불을 뿜어냈고 폭력의 악귀는 콩고의 비옥한 땅을 피로 적셨다.

이 무렵 나르씨스는 예배와 집회가 열릴 때마다 설교와 연설을 통해 '징집 거부'와 '반전운동'을 주도했다. 정부군이든 반군이든 당시 콩고에서 총을 든다는 것은 약탈과 살인, 소년병 강제 모집과 성폭행에 가담하는 것을 뜻했다. 나르씨스는 〈한겨레21〉과 전화 인터뷰를 하면서 "그런 행동은 기독교의 가르침에 위배된다고 믿는다"고 말했다. 그러던 1999년 9월 1일, 예배를 마치고 집으로 돌아가던 나르씨스는 일행 10여 명과 함께 정부군에 체포됐다. 매를 맞고, 투옥됐다. 얼마나 시간이 지났을까? 절망의 한가운데에서 그를 빼내준 것은 교회의 신도들이었다.

야만의 손아귀에서 벗어난 나르씨스는 그해 10월 7일 킨샤사 공항에서 국제선 항공기에 몸을 실었다. 1차 행선지는 케냐였지만 최종 목적지는 어디가 될지 알 수 없었다. 1998년에 결혼한 아내(29)는 함께 떠나지 못했다. 그렇게 다시 아랍에미리트의 두바이로, 타이의 방콕으로, 만 이틀에 걸쳐 기나긴 여정을 이은 끝에 그가 도착한 곳은 대한민국이었다.

낯설고 물선 땅에서 살아남아야 했다. 하다 보니 충북 제천의 양계장에서 닭을 잡았다. 오래가지 못했다. 그해 12월 6일 정부가 불법 체류자를 일제 단속할 때 걸려들었다. 청주출입국관리사무소로 옮겨진 그는 2000년 11월 27일 한 난민 지원 단체의 도움으로 법무부에 '난민 지위 인정 신청서'를 냈다. 법무부가 '불허' 판정을 내린 것은 그로부터 2년 6개월가량이 지난 2003년 5월이었다. 이의신청을 해봤지만 결과는 마찬가지였다. 법정 다툼이 시작됐다.

서울행정법원 12부(재판장 조해현)는 2006년 1월 26일 나르씨스를 포함한 7명이 제출한 '난민 인정 불허가 결정 취소' 소송에서 기각 결정을 내렸다. 재판부는 판결문에서 '정치적 표현 행위로 인한 박해에 대해 충분한 근거가 있는 공포가 존재한다는 주장을 믿을 수 없다'라고 지적했다.

나르씨스는 콩고에서 '징집 거부'와 '반전운동'을 주도했다. 그러던 1999년 9월 1일, 예배를 마치고 집으로 돌아가던 중 일행 10여 명과 함께 정부군에 체포됐다. 매를 맞고, 투옥됐다.

박해 가능성에 대한 입증 책임

핵심은 '박해 가능성'이었다. 난민협약(난민의 지위에 관한 협약) 제1조는 난민이 되기 위해선 '박해를 받을 충분한 근거가 있는 공포'가 있어야 한다고 규정하고 있다("인종, 종교, 국적, 특정 사회 집단의 구성원 신분 또는 정치적 의견을 이유로 박해를 받을 충분한 근거가 있는 공포로well-founded fear of being persecuted 인하여, 자신의 국적국 밖에 있는 자로서, 국적국의 보호를 받을 수 없거나, 또는 그러한 공포로 인하여 국적국의 보호를 받는 것을 원하지 아니하는 자"). 입증을 해야 하는 책임은 나르씨스에게 있다. 무엇보다 '충분한'이란 말이 중요했다. 목숨을 걸고 허위허위 떠나온 길이다. 증거 자료가 있을 리 없다. 무엇으로 '충분함'을 채울 것인가? 모든 난민 신청자가 겪는 어려움이다. 난민 지원 단체인 '피난처'의 이호택 대표는 최근 방한한 로저 하인스 뉴질랜드 난민지위항소법원 부원장의 말을 인용해 이렇게 설명했다.

"어느 방 안에 남녀 각각 10명씩 20명이 있다고 하자. 그 방에 갑자기 무장 괴한이 들이닥친다. 괴한은 무작위로 남녀 1명씩 죽이겠다고 말한다. 그러곤 남성들을 1명씩 차례로 끌어내 '키가 너무 크다'느니, '머리 모양이 맘에 안 든다'느니 하며 트집을 잡다가 1명을 죽였다고 하자. 방 안에 있는 여성 10명 중 1명이 다음 차례다. 통계적으로 여성들이 끌려 나가 죽을 확률은 각각 10퍼센트에 불과하다. 하지만 그들 모두 100퍼센트 생명의 위협을 느낄 수밖에 없다. 난민이 처한 상황이 딱 이렇다. 박해를 당할 가능성이 10퍼센트밖에 되지 않더라도 적극적으로 보호해야 하는 이유다."

항소했다. 2심에서부터 나르씨스의 변호를 맡은 김종철 변호사는 "난민협약상 '박해'는 생명이나 신체에 대한 위협뿐 아니라 '인간의 본질적 위엄'을 침해·차별하는 것"을 뜻하는데 "1심 재판부는 '박해'를 '생명 또는 신체의 자유에 대한 중대한 침해'로 좁게 해석했다"고 강조했다. 1년여 동안 법정 공방을 벌인 끝에 서울고등법원 8특별부(재판장 최병덕)는 2007년 1월 19일 나르씨스의 손을 들어 줬다. '작은 기적'이었다. 물론 끝은 아니었다. 법무부는 서울고등법원의 판결에 불복해 항고했다. 기다림은 계속됐다.

그리고 2008년 7월 24일 최종심 선고 공판이 열렸다. 대법원 3부(주심 안대희)는 판결문에서 "박해를 받을 '충분한 근거 있는 공포'가 있음은 난민 인정 신청을 하는 외국인이 증명하여야 할 것이나, 난민의 특수한 사정을 고려해 그 외국인에게 객관적인 증거에 의해 주장 사실 전체를 증명하도록 요구할 수는 없다"고 밝혔다. 또 "진술에 일관성과 설득력이 있고, 주관적으로 느끼는 공포의 정도, (난민) 신청인이 거주하던 지역의 통상인이 같은 상황에서 느끼는 공포의 정도 등에 비춰 전체적인 진술의 신빙성에 의해 그 주장 사실을 인정하는 것이 '합리적인' 경우에는 그 증명이 있다"고 판시했다. 난민 신청자에게 있는, 박해 가능성에 대한 '입증 책임'을 크게 줄여준 것이다.

> "진술에 일관성과 설득력이 있고, 주관적으로 느끼는 공포의 정도, (난민) 신청인이 거주하던 지역의 통상인이 같은 상황에서 느끼는 공포의 정도 등에 비춰 전체적인 진술의 신빙성에 의해 그 주장 사실을 인정하는 것이 '합리적인' 경우에는 그 증명이 있다." –대법원 재판부

'콩고에 관심을 가져달라'

입국한 지 8년 9개월 만이고 난민 신청서를 제출한 때부터 따져봐도 7년 8개월여 만이다. 콩고인 에레쎄 롬보토 나르씨스는 그렇게 대한민국 정부의 보호를 받는 '난민'이 됐다. 그 세월 동안 나르씨스는 헤어진 부인과 상봉해 경기도 안산에 정착했다. 2005년과 2007년엔 각각 딸과 아들이 태어났다. "난민 인정을 받은 뒤로 의료보험이 된다. 아이들이 아프면 더럭 겁부터 났는데 정말 다행이다." 좋은 일에는 마가 낀다고 하던가. 자동차 업계의 불황으로 나르씨스가 3년여 다니던 타이어 공장이 최근 문을 닫았다. 생계를 어떻게 꾸려갈지 뾰족한 대책은

없다. 나르씨스는 "어떻게든 살아질 것"이라고 말했다. 그리고 덧붙였다. "콩고
는…… 지금도 문제가 많다. 많은 사람들이 죽어가고 있다. 민주주의는 여전히
멀고 울음소리만 넘쳐난다. 관심을 가져달라. 많이 알려달라. 그게 콩고 사람들
을 돕는 길이다."

심사위원 20자평

김남근 한국 인권 이미지 체면치레 좀 해줬네

박경신 기본권의 주체가 될 수 있는 권리도 기본권이다

오창익 법무부의 쇄국정책을 돌아보라는 상식의 요구

최강욱 대법원이 이끌어낸 진정한 세계화를 위한 발걸음

판결 이후

2013년 7월 1일, 아시아에서는 처음으로 한국에서 난민법이 시행됐다. 법무부는
"난민법으로 난민 인정 절차를 강화했으며, 난민의 생계비 지원, 한시적인 취업
허가 등 생존을 위한 권리도 포함됐다"고 설명했다. 하지만 여전히 허술한 조치
라는 비판도 있다. 난민법의 효력을 발휘하는 지원 여부가 담당 공무원의 재량에
크게 달려 있기 때문이다. 첫 걸음을 어렵게 내딛은 난민법이 가야 할 길은 아직
멀다.

시각장애인 안마사 독점권은
합헌이라는 결정

소수자 보호 부문

직업 선택의 자유, 도그마를 벗어나다

시각장애인 안마사 제도를 둘러싼
세 번째 헌법재판소 결정

2008년 10월 30일 헌법재판소는 시각장애인만 안마사 자격을 인정하는 의료법 조항(의료법 제82조 1항)에 대해 재판관 6 대 3의 의견으로 합헌 결정을 내렸다. 다수 의견은 "시각장애인의 이동권조차 보장되지 않는 현실에서 안마사라는 직업은 그들이 선택할 수 있는 극소수의 직업 가운데 하나"이고 "시각장애인의 복지와 인간다운 생활권을 보장하기 위해서는 안마사 직업을 독점하게 하는 방법이 불가피한 입법적 선택"이라고 합헌 이유를 밝혔다. 또 "다른 대안이 충분치 않은 상황에서 역사적으로 교육과 고용 등 일상생활에서 차별을 받아온 소수자로서 실질적인 평등을 구현하기 위해서는 이들을 우대하는 조처가 필요하다"고 덧붙였다. 시각장애인 안마사 제도를 둘러싼 세 번째 헌법재판소 결정이다

시각장애인 안마사 제도와 위헌 논란

'시각장애인 안마사'의 연원은 일제강점기로 거슬러 올라간다. 1912년 조선총독부가 설치한 경성제생원(국립 서울맹학교의 전신)에서는 시각장애인에게 침술과 안마술을 가르쳤다. 시각장애인에게 적합하다 하여 이때부터 안마사 자격 제도를 마련해 안마사로 육성한 것이다. 1962년에는 보건사회부 예규로, 1975년에는 의료법으로 시각장애인에게 안마사 자격을 인정하도록 규정했다. 1984년에 나온 안마사에 관한 규칙은 시각장애인에 '한정해' 안마사 자격을 주도록 정해놓았다.

시각장애인 안마사 독점권은 마치 관습법처럼 굳어진 셈이다. 이 규정은 2000년대 들어 빈번하게 헌법 심사의 도마 위에 오르고 있다. 지난 2003년에는 '시각장애인에게만 안마사 자격을 주는 규정을 법률이 아닌 시행 규칙에 집어넣은 것은 잘못'이라며 서울지방법원이 구 의료법 제61조 1항과 4항에 대해 위헌법률심판을 청구했다. 6월 26일 심리한 결과, 위헌 의견을 밝힌 재판관이 5명, 합헌 의견이 4명이었다(2002헌가16. 구 의료법은 '비맹非盲 제외' 기준을 문언화하지 않고 구체적인 내용을 보건복지부령으로 정하도록 위임하고 있어, 재판관 5명은 포괄 위임입법 금지 원칙 위반이라는 위헌 의견을 냈다). 위헌 의견이 더 많았지만 위헌 결정을 위한 정족수(6명)에서 1명이 모자라 이 조항은 일단 아슬아슬하게 효력을 유지할 수 있었다.

2006년에는 3년 전 청구한 이유에 '시각장애인 안마사 독점권은 일반인의 직업 선택의 자유를 침해하는 과잉 금지'라는 취지가 덧붙은 헌법소원이 제기됐다. 5월 25일 재판관 7 대 1의 의견이라는 압도적인 차이로 위헌 결정이 났다(2003헌마715, 2006헌마368. 비맹 제외 기준을 규정한 보건복지부령 '안마사에 관한 규칙'이 법률 유보 원칙과 과잉 금지 원칙에 위배해 비시각장애인의 직업 선택의 자유를 침해한다는 취지였다. 재판관 1명이 외국 출장을 나가 8명이 심리했다). 시각장애인 안마사 독점권이 무너진 것이다.

시각장애인 안마사들은 위헌 결정에 격렬하게 반발했다. 서울 마포대교의 난간에서 펼침막을 흔들며 한강으로 뛰어드는 '고공 농성'을 벌였다. 생활고를 걱정한 한 시각장애인 안마사가 투신자살하기도 했다. 강하게 반발하던 안마사들은 대체 법률안을 마련하겠다는 정부의 약속을 듣고서야 25일 만에 농성을 풀었다.

그 뒤 정치권은 대체 입법 작업에 착수했다. 열린우리당과 한나라당이 경쟁적으로 시각장애인에게만 안마사 자격을 인정하는 의료법 개정안을 내놓았다. 국회는 여야 합의로 2006년 8월 이 개정안(의료법 제61조 1항을 개정해 비맹 제외 기준을 법률 조항에 명시)을 통과시켰다.

헌법재판소가 위헌이라고 판단한 시각장애인 안마사 독점권을, 국회가 입법 행위로 다시 인정한 것이다. '관련 조항을 법률이 아닌 규칙에 규정한 것은 잘못'이라는 헌법재판소의 의견만 받아들여 독점 조항을 법률에 집어넣었으니 사실상 헌법재판소의 결정 취지를 거스른 행위였다. 다시 한 번 헌법 심사가 불가피했다. 헌법재판소의 위헌 결정이 이후 입법 '내용'을 강제할 수 있는지도 중요한 법리 쟁점으로 떠올랐다.

'비맹 제외' 기준은 과잉 금지인가

2008년 10월 30일 헌법재판소는 결정을 내릴 때 이에 대한 대답도 내놓았다. 시각장애인이 아닌 자가 안마사를 할 수 없다는 '비맹 제외' 기준이 과잉 금지에 해당한다는 헌법재판소 결정의 내용이 이후 법률에도 지속적으로 적용되려면, 이 이유로 위헌 결정을 내린 재판관이 위헌 정족수인 6명 이상이어야 한다. 그러나 2006년의 위헌 결정에서는 위헌이라고 판단한 7명의 재판관 중 5명만이 이 이유를 댔다(남은 2명의 재판관은 관련 조항을 법률이 아닌 규칙에 규정한 형식상의 문제를 위헌 이유로 댐). 따라서 시각장애인 안마사 독점권을 다시 인정한 입법 자체가 위헌 행위는 아니라는 논리였다. 재판관들은 자신들의 권한까지 제한적으로 해석하면서 안마사들을 위한 대체 입법의 손을 들어준 셈이다.

소수자와 약자의 편을 들어준 것이기에 환영받을 만한 결정이지만 비판도 적지 않았다. 헌법재판소가 2년 전 '다른 사람의 직업 선택의 자유를 침해하기 때문에' 위헌 결정을 내린 것을 정면으로 뒤집은 판단이라는 것이다. 올해의 판결을 심사하는 과정에서도 여러 심사위원들이 '헌법재판소가 여론에 굴복한 것 아니냐'고 지적했다. 물론 반론도 있다. 2006년의 결정과 2008년 결정 사이에 무려 7명의 재판관이 바뀌었다. 인적 구성이 변하면서 소수 의견이 다수 의견이 되고 다수 의견이 소수 의견이 될 수 있다는 것이다.

정답이 어느 쪽이든 간에, 지난 세 차례 헌법 심사 과정에서 정작 주목해야 할 부분은 헌법재판소의 '자기부정'이 아니라 시각장애인 안마사 독점권을 둘러싼 찬반 논리가 더욱 풍성해졌다는 점이다.

합헌으로 보는 쪽은 '국가는 신체장애자 및 질병·노령 기타의 사유로 생활 능력이 없는 국민은 법률이 정하는 바에 의해 국가의 보호를 받는다'라는 헌법 제34조 5항을 논지의 기본으로 삼는다. 여기에 공간 이동과 기동성이 거의 필요하지 않고 촉각이 발달한 시각장애인에게 안마사 독점권을 인정하는 것이 생계를 보장하는 적절한 수단이라는 점, 시각장애인이 아닌 사람도 물리치료사 등의 자격을 취득해 안마 사업 분야에 종사할 수 있다는 점, 일반인에게 안마 사업을 허용해 경쟁이 생겨나면 시각장애인을 보호하는 게 무의미해진다는 점 등을 든다.

위헌이라고 보는 쪽의 논리도 만만찮다. 정부가 다른 국민들의 기본권을 침해하면서까지 너무나 손쉽게 독점권을 인정하고 있다고 비판한다. 또 보건소와 복지 시설에 시각장애인 산업안마사를 고용하게 하거나, 안마원에 시각장애인 고용 할당제를 실시하는 등의 대안을 제시한다. 이러한 방안을 마련하려 하지도 않고 독점권을 인정하는 것은 '사회보장과 사회복지를 증진하려는 노력을 해야 할 국가의 의무(헌법 제34조 2항)를 게을리한 것'이라고 지적한다. '직업 선택의 자유'만을 무턱대고 옹호하는 의견이 아니다. 시각장애인 안마사 독점권을 둘러싼 위헌 논란에 확실하게 마침표가 찍혔다고 보기 어려운 이유다.

지난 세 번의 헌법 심사 과정에서 정작 주목해야 할 부분은 헌법재판소의 '자기부정'이 아니라 시각장애인의 안마사 독점을 둘러싼 찬반 논리가 더욱 풍성해졌다는 점이다.

복지 시설에 안마사 고용 등 대안을 제시해야

심사위원인 이종수 연세대 교수는 "직업 선택의 자유라는 도그마에서 벗어나 시각장애인의 문제를 중심에 두고 합헌 결정을 내렸다는 점에서 의미가 있다"고 하고 "장래에는 시각장애인들이 안마사를 독점하지 않아도 생존권이 보장되도록 국가의 노력이 필요하다"고 말했다.

시각장애인 안마사 독점권에 대한 헌법재판소의 판단 변화

2003년 위헌 제청 '장관령에 안마사 자격을 정해놓은 것은 위임입법의 한계를 벗어난 것'

합헌 4명(한대현, 하경철, 김효종, 송인준)

— 안마사는 원칙적으로 시각장애인에게 허용되는 업종이라는 법의식이 형성. '비맹 제외' 기준이 법률에 나와 있지 않아도 정부 정책에 대한 시각장애인의 신뢰를 보호할 필요 있어

위헌 5명(윤영철, 김영일, 권성, 김경일, 주선회)

— 국민의 직업 선택의 자유, 기본권 제한 규정은 마땅히 법률에 규정돼야

2006년 헌법소원 '위임입법의 한계를 벗어났고, 비시각장애인의 직업의 자유를 제한'

합헌 1명(김효종)

— 일반적인 직업 선택의 자유를 보호하는 것보다 시각장애인의 인간다운 생활을 보장해야 하는 공익이 우선

위헌 7명

— 위임입법의 한계 벗어나(윤영철, 권성)

— 위임입법의 한계 벗어났고 직업 선택의 자유 침해(전효숙, 이공현, 조대현)

— 비시각장애인의 진입 자체를 봉쇄하고 있어 직업 선택의 자유 침해(주선회)

— 위임입법의 한계를 벗어나지 않았지만, 직업 선택의 자유 침해(송인준)

2008년 헌법소원 '직업 선택의 자유를 침해했고, 헌재의 위헌 결정을 거슬렀다'

합헌 6명(김희옥, 김종대, 민형기, 이동흡, 목영준, 송두환)

— 시각장애인에 대한 복지 정책이 미흡한 현실에서 안마사는 시각장애인이 선택할 수 있는 유일한 직업, 차별받는 소수자 우대 조처 필요

위헌 3명(이강국, 이공현, 조대현)

— 시각장애인을 우대할 다른 방법이 없지 않고, 다양한 대안을 외면한 채 위

헌적 독점권을 인정하고 있어

판결 이후

논란은 계속되고 있다. 2010년 시각장애인 안마사 독점권에 대한 헌법소원이 다시 제기됐다. 헌법재판소는 2010년 7월 29일 재판관 6 대 3의 의견으로 합헌 결정을 내렸다(2008헌마664 등).

2013년 또 한 번 헌법 심사의 도마에 올랐다. 서울중앙지방법원은 안마소 운영 업자의 신청을 받아들여 '시각장애인을 합리적 이유 없이 우대함으로써 시각장애인이 아닌 국민들의 직업 선택의 자유와 일반 소비자의 행복 추구권을 침해해 위헌의 소지가 있다'라며 위헌법률 심판을 제청했다. 헌법재판소는 2013년 6월 27일 '시각장애인에게만 안마사 자격을 주는 것은 위헌의 소지가 없다'라며 재판관 전원 일치 의견으로 합헌 결정을 내렸다(2011헌가39, 2012헌마608, 2013헌가3). 이것은 시각장애인 안마사 독점권을 둘러싼 헌법재판소의 다섯 번째 결정이며 네 번째 합헌 결정이다.

대법원 | 2007도9794

금지 통보를 받은 집회라도 상경하려던
농민을 원천 봉쇄한 것은 불법이라는 판결

집회와 표현의 자유 부문

원천봉쇄는 불법 공무 집행
집회와 시위에서 경찰의 자의적 권한 행사

2007년 3월 10일 오전 9시 30분. 충북 제천시 농민회의 사무국장인 김준철 씨와 농민회 봉양읍 지회장인 김남홍 씨는 다른 농민회원 10여 명과 함께 봉양읍 주민자치센터 앞마당에 세워둔 승합 차량에 올랐다. 이날 오후 3시 서울시청 앞에서 열리는 한미 자유무역협정 반대 집회에 참여하려고 서울로 가는 길이었다. 이들의 발길을 순찰차와 경비 지프차를 앞세운 제천경찰서 소속 경찰들이 막아섰다. 이 집회가 '집단적인 폭행·협박·손괴 등으로 공공의 안녕과 질서에 직접적인 위협을 가할 것이 명백하다'라는 이유로 금지 통고를 받은 탓에, 경찰이 참석자들의 출발을 저지하는 '원천봉쇄'에 나선 것이다.

시위를 하러 서울로 가는 농민들을 경찰이 고속도로에서 막고 있다.

'상경 행위'는 집회 참가 준비에 불과

　30분 가까이 실랑이가 벌어졌다. 급기야 화가 난 김 사무국장이 순찰차의 펜더(흙받기) 부분을 발로 걷어찼다. 김 지회장은 주민자치센터 앞마당 바닥에 있던 배수로 뚜껑을 경비 지프차 뒤쪽 차창에 집어던져 차창이 깨졌다. 각각 수리비 18만 6450원, 27만 원의 견적서가 나왔다. 검찰은 이들을 공용 물건 손상 혐의로 기소했다. 당시 지프차에 타고 있던 김 모 경장이 머리 뒤쪽에 유리 파편을 맞아 전치 2주의 찰과상을 입었다는 이유로 김 지회장에겐 폭력 행위 등 처벌에 관한 법률 위반과 특수 공무 집행 방해 치상 혐의도 추가됐다. 김 경장의 치안 질서 유지 업무 등 정당한 공무 집행을 방해했다는 논리다.

하지만 청주지방법원 제천지원 형사부(재판장 신용석, 배석판사 차영민·이세라)는 2007년 7월 6일 김 지회장에게 공무 집행 방해 혐의에 대해서는 무죄판결을 내렸다. 원천봉쇄 조처가 집회 예정 시간보다 5시간 30분 전에, 집회 예정 장소에서 150킬로미터나 떨어진 곳에서 이뤄진 데다가 '상경 행위'는 집회 참가 준비에 불과하므로, 경찰관직무집행법 제6조의 범죄 예방을 위한 경찰권 발동과 행사 요건에 해당하지 않는다는 것이다. 이 법 조항은 범죄 행위가 '목전'에서 행해지려 한다고 인정될 때나, 인명과 신체에 위해를 미치거나 재산에 중대한 손해를 끼칠 우려가 있어 긴급한 경우에만 범죄 예방 조처를 할 수 있도록 규정하고 있다. 재판부는 "각 지역마다 소규모의 집회 참가자를 제지해 분산시키는 것이 (집회에 참가하는 걸 막는 데) 현실적으로 필요하고 효과적이라고 해도, 출발을 제지하는 원천봉쇄 조처는 '공무 집행의 적법성'이 인정되지 않는다"고 판시했다. 다만 두 사람이 경찰 차량을 파손한 점을 인정해 김 사무국장에겐 벌금 100만 원, 김 지회장에겐 벌금 300만 원을 선고했다.

검찰은 '불법 집회 원천봉쇄는 적법한 공무 집행'이라며 즉각 항소했다. 2심을 맡은 대전고등법원 형사1부(재판장 김상준, 배석판사 신동헌·손삼락)는 2007년 10월 31일 혐의 전부를 인정해 1심 판결을 깨고 김 지회장에게 징역 8개월과 집행유예 2년을 선고했다. 김 지회장은 상고했다. 대법원 1부(주심 차한성)는 2008년 11월 13일 2심 판결을 파기하고 사건을 대전고등법원으로 돌려보냄으로써 이들의 손을 들어줬다.

공무 집행의 적법성 여부

1심 판결을 내린 신용석 재판장(수원지방법원 형사11부 부장판사로 근무 중)은

"집회를 원천 봉쇄해야 할 현실적 필요성과 법을 엄격히 해석하고 적용해야 한다는 원칙 사이에서 고민을 하지 않을 수 없었다"고 돌아보며 "하지만 필요하다면 법을 제정해야지, 법과 집행이 따로 갈 수는 없다는 직업적 양심에 따라 판결했다"고 말했다.

심사위원인 박근용 참여연대 사법감시팀장은 "이 사건은 집회와 시위에서 경찰이 자의적으로 권한을 행사한 대표적 사례로, 경찰이 함부로 재량권을 남용할 수 없도록 쐐기를 박은 판결"이라고 선정 이유를 밝혔다.

심사위원 20자평

금태섭 서울시청 앞 집회를 제천에서 막으려 하다니

박경신 원천봉쇄라는 위헌적 집회 탄압이 영원히 사라지길

이종수 경찰의 과잉 대응을 법원이 원천 봉쇄하다

접수 순위를 정하기 어렵다는 이유로 집회신고서를 반려한 경찰의 관행은 위헌이라는 결정

집회와 표현의 자유 부문

집회와 시위가 허가받을 사항인가

유령 집회에 물먹는 집회 신고

집회와 시위의 자유와 관련해 눈길을 끄는 판결이 나왔다. 헌법재판소 전원재판부(주심 목영준)는 2008년 5월 29일 두 단체가 같은 장소에서 동시에 집회를 하겠다며 낸 집회신고서를 접수 순위를 정하기 어렵다는 이유로 모두 반려한 경찰의 조처는 위헌이라는 결정을 내렸다.

아홉 차례나 '유령 집회'에 물먹어

전국화학섬유산업노동조합 소속 한국합섬 HK 노조는 2007년 3월 26일, 1개월 뒤 서울 태평로 삼성 본관 건물과 삼성생명 사이 인도에서 집회를 열겠다며 관할인 남대문경찰서에 집회신고서를 내고 접수증을 받았다. 그런데 삼성생명 인사지원실도 같은 날 집회신고서를 냈다. 한국합섬의 최대 채권자인 삼성석유

2008년 1월 서울 남대문경찰서 1층 로비에서 밤새워 줄을 선 끝에 업무가 시작된 직후인 아침 9시, 가장 먼저 집회신고서를 내려는 이들의 모습.

화학에 투자를 요구하려는 HK지회의 집회를 막으려고 삼성 쪽이 신고한 이른 바 '유령 집회'다. 남대문경찰서는 두 집회가 '신고서가 접수된 순위를 정하기 어렵고, 시간과 장소가 경합해(겹쳐) 상호 방해와 충돌 우려가 있다'라며 다음 날 집회신고서를 양쪽 모두 반려했다. HK지회는 '남대문경찰서는 삼성의 파수꾼이냐'라며 강하게 반발했다. 그 뒤로도 같은 이유로 여덟 차례나 집회신고서가 반려됐다.

참다못한 HK 노조는 2007년 6월 25일 '집회신고서를 반려한 것은 집회와 결사의 자유를 침해한 것이다'라며 헌법소원을 냈다. 여기에는 이길 수 있다는 자신감이 깔려 있었다. 헌법소원을 내기에 앞서 서울행정법원에 '집회신고서 반려 처분 무효' 소송을 냈고, 법원은 '집회신고서를 반려한 경찰의 조처는 법적 근거를 찾을 수 없다'라는 취지로 각하 판결을 내렸기 때문이다. 즉 경찰의 조처는 법에 근거한 '법 집행'으로 볼 수조차 없으므로 행정 소송의 대상 자체가 될 수 없다는 얘기였다. 사건을 맡은 김기덕 변호사는 "헌법소원에서 위헌 결정이 나오는 건 100건에 1건 나올까 말까 한 예외적인 일이나, 이러한 법원의 판단에 비춰 볼 때 위헌 결정이 나올 가능성이 있다고 봤다"고 말했다.

헌법재판소의 '상식'도 법원과 크게 다르지 않았다. 헌법재판소는 재판관 7 대 2의 의견으로 "집회의 자유는 반드시 법률로만 제한될 수 있고, 이 경우에도 본질적 내용을 침해하지 않는 최소한의 범위에 그쳐야 한다. 법률이 정하지 않은 방법으로 이를 제한할 경우엔 그것이 과잉 금지 원칙에 위배되는지 판단할 필요 없이 헌법에 위반된다"고 판단했다. 그러면서 "법 집행을 책임지는 국가기관인 피청구인(남대문경찰서)은 실무상 아무리 어렵더라도 법에 규정된 방식을 따라야 할 책무가 있고, 적법한 절차에 따라 접수 순위를 확정하려는 노력을 한 뒤 후순위로 접수된 집회에 대해 금지 또는 제한을 통고해야 했다"고 판시했다.

집회 신고제를 허가제처럼 운영하는 관행

김복기 헌법재판소 공보관은 이 결정을 놓고 "헌법에 보장된 집회의 자유를, 접수 순위를 정하기 어렵다는 현실적인 이유로 제한하면 헌법의 취지가 유명무실해진다. 위헌 결정은 경찰의 이런 관행에 문제가 있다는 점을 지적하고, 집회의 자유는 최대한 보장해야 한다는 점을 강조한 것"이라고 밝혔다.

이 결정을 올해의 판결로 추천한 김남근 변호사는 "집회와 시위의 자유는 선거 시기에만 민주주의 원리가 작동되는 임기제·대의제의 한계를 극복하는 큰 의미를 가짐에도, 경찰 행정의 현실은 집회 신고제를 허가제처럼 운영하고 있다"라고 말하며 "이는 헌법에 위반된다는 점을 명확히 지적한 판례"라고 평가했다.

김진 일찍 신고하러 달리기하는 방식이 옳다는 건 아님

오창익 아, 글쎄, 집회는 허가제가 아니라니까

이종수 경찰의 불공정한 법 집행에 쐐기를 박다

>> 2011년 올해의 판결, '서울행정법원, 유령 집회로 집회의 자유를 제한해서는 안 된다

  는 판결' 참조

사면심사위원회 위원의 명단과 약력을 공개하라는 판결

행정 부문

'사면의 달인' 배후를 알고 싶다
국가 대사를 비공개 상태에서 결정해선 안 돼

김우중 전 대우그룹 회장과 최원석 전 동아건설 회장의 공통점이 있다. 두 사람은 모두 한때 내로라하는 재벌 기업의 총수였다. '사면 삼관왕'이라는 묘한 기록을 보유했다는 사실도 닮은꼴이다.

김우중 전 회장은 김영삼 정부 시절 두 차례 특별사면을 받았다. 2007년 말 노무현 대통령의 마지막 사면에도 이름을 올리며 최초의 사면 삼관왕이라는 기록을 세웠다. 최원석 전 회장은 1995년 원전 뇌물 사건에 연루됐다가 사면받은 것이 처음이다. 이어서 1997년 개천절 특사와 2008년 광복절 특사에도 포함됐다. 시민 사회단체는 두 사람을 '사면의 달인'이라고 불렀다.

사면심사위원회 위원 명단을 공개하지 않은 법무부의 결정에 대해 서울행정법원이 부당하다는 판결을 내렸다. 시민단체 회원들이 2008년 8월 12일 청와대 앞에서 재벌 총수 '봐주기' 식 사면을 규탄하고 있다.

사면 대상자로부터 독립적 위치에 있는가

특별사면은 법적으로 보장된 대통령의 고유 권한이다. 특사를 단행할 때마다 청와대는 '경제 살리기' 또는 '국민 대화합'을 이유로 내세웠다. 하지만 김우중과 최원석, 두 전직 재벌 총수의 사례처럼 특사는 대부분 비난을 받았다. '돈 있고 힘 있는 사람에게 특사가 집중된다'라는 평가에서 벗어나지 못했다.

원칙도 기준도 없는 특별사면에 분노한 사람이라면 2008년 11월 13일 서울 행정법원 14행정부(재판장 성지용, 배석판사 조정웅·강문희)가 내린 판결을 주목해야 한다. 견제의 무풍지대에 있던 사면 관행에 법원이 제동을 걸었기 때문이다. 재판부는 경제개혁연대(소장 김상조)가 사면심사위원회 위원의 명단과 약력을 공개해야 하라며 법무부를 상대로 낸 '정보공개 거부처분 취소' 소송에서 원고의 손을 들어줬다.

경제개혁연대는 2008년 광복절 특별사면에 앞서 법무부에 사면심사위원회 위원들의 정보를 공개하라고 청구했다. 사면심사위원회가 의사 결정을 좀 더 투명하게 할 수 있도록, 위원회의 구성 내역을 공개하라는 요구다. 경제개혁연대의 소송 대리인을 맡은 김영희 변호사는 다음과 같이 설명했다.

"대통령이 자의적으로 사면권을 남용하는 것을 방지하기 위해 2008년 3월 사면심사위원회를 만들어놓았지만, 여기서 논의하는 내용은 공개되지 않습니다. 그렇다면 적어도 위원이 사면 대상자에게서 독립적인 위치에 있고 사면의 적정성을 판단할 만한 인사인지 공개해달라는 것이었습니다."

법무부는 경제개혁연대의 요구를 받아들이지 않았다. 법무부는 재판 과정에서 "사면심사위원 9명의 이름과 약력을 공개할 경우, 조직적 압력과 폭언이나 협박 등을 받아 신변이 위태로울 수 있다"고 주장했다. 또 위원의 이름을 공개하면 빗발치는 전화 등으로 업무 수행에 차질을 빚을 것이라는 우려도 내비쳤다.

1심에서 패한 법무부는 법원의 결정에 당혹스럽다는 반응이다. 법무부는 현재 항소를 제기한 상태다. 홍만표 법무부 대변인은 "아직 판결이 확정된 것이 아니기 때문에 법원의 최종 결정을 좀 더 지켜보겠다"고 말했다.

사면으로 사법권을 제한받는 법원

소송을 제기한 경제개혁연대는 1심의 결과가 상급심에서도 뒤바뀌지 않으리라 자신하고 있다. 경제개혁연대의 관계자는 "사면심사위원 명단을 공개할 수 없다는 법무부의 주장은 법적 근거가 없는 만큼 상급심에서도 합리적 판단이 이뤄질 것"이며 "사면권 남용 때문에 사법권을 제한받는 법원이 사면심사위원회에 대해선 어떠한 정보도 공개하지 않으려는 법무부의 부당함을 스스로 확인해줘야 한다"고 말했다.

올해의 판결 심사위원회는 "서울행정법원의 판결은 사면권이 남용되고 있다는 일반적인 인식과 중요한 국가 대사가 비공개 상태에서 결정되는 관행에 대한 우려를 반영하고 있다"고 선정 이유를 밝혔다.

심사위원 20자평

금태섭 최대한 비난받는 사면, 최소한 심사는 받아야

박경신 세금으로 이뤄지는 모든 심의는 국민의 감시를~

박근용 특별사면이라는 밀실에 쏟아진 한줄기 햇빛

판결 이후

판결은 항소심에서도 바뀌지 않았다. 서울고등법원 2행정부는 2009년 8월 21일 법무부의 항소를 기각했다. 3심까지 올라갔지만 대법원 특별3부는 2010년 1월 14일 심리를 속행하지 않고 기각함으로써 원심을 확정했다. 법무부는 사면심사위원회 명단을 공개했다.

예상한 대로 사면심사위원회의 인적 구성은 우려스러웠다. 외부 위원 4명 중에는 이명박 대통령의 대선 캠프 외곽 조직인 선진국민연대의 공동상임의장 출신, 대기업 총수의 변론을 주로 맡아온 로펌 소속인 전 지검장 등이 끼여 있었다. 명단이 공개된 사면심사위원회는 이후 이명박 정부에서 '화려한' 사면의 기록을 남겼다. 이건희 삼성전자 회장 단 한 사람만을 위한 특별사면이 있었고, 이명박 대통령 임기 말에는 최측근 인사인 최시중 전 방송통신위원장, 후원자인 천신일 세중나모 회장을 비롯한 55명의 특별사면이 이뤄졌다. 사면심사위원회 위원의 명단이 아니라 사면법 자체가 사회적 문제가 됐던 이유다. 현재 법무부는 사면심사위원회 명단을 위촉받는 대로 홈페이지 등에 공개하고 있다.

직장에서 성희롱한 지점장을 해고한 것은
정당하다는 판결

여성 부문

성희롱을 하려면 일자리를 걸고 하라
여직원들을 성희롱하다가 해고된 지점장

2003년 삼성카드 지점장 정 모 씨가 여직원을 성희롱한 사실이 세상에 알려
진 지 6년째다. 판결이 엎치락뒤치락하며 대법원까지 와서 2008년 7월 10일에
야 '지점장을 해고한 것은 정당하다'라는 결론이 났다. 하지만 끝은 아니다. 고등
법원으로 파기환송돼 2008년 12월 12일 공판이 열렸지만, 정씨는 자신에게 유
리한 증언을 할 여직원을 증인으로 신청하며 싸움을 연장했다.

재판이 진행되는 동안 피해 여직원 10여 명은 속앓이를 했다. 회사 쪽과 노동
위원회에 나가 피해 사실을 증언한 뒤, 회사 동료들은 '괜히 회사 망신을 시킨
다'라며 눈을 흘겼고, 가해자 정씨는 찾아와 '뭐라고 진술했느냐'라며 압박했다.
갈수록 피해 여직원들은 위축됐다. 재판이 시작되자 모두 법정 진술을 꺼렸다.
결국 변호인 앞에 1명도 모습을 드러내지 않았다. 5년이 지난 2008년 이제 피해

'성희롱, 여성에 대한 일상적 차별이자 노동권 침해!' 2007년 6월 18일 여성 단체 회원들이 서초동 법원 앞에서 여기자를 성추행한 최연희 의원에 대한 선고유예 판결을 비난하는 퍼포먼스를 하고 있다.

여직원 중 회사에 남아 있거나 연락이 닿는 이는 찾아볼 수 없다.

엉덩이 치고 뽀뽀했는데, 고의성 없다?

정씨의 '손버릇'은 진작 소문이 자자했다. 그는 1985년 삼성그룹에 공채로 입사해 2000년부터 삼성카드에서 일했다. 지점장으로 일하던 2003년 4월, 여직원을 지점장실로 불러 목과 어깨를 주무르게 하는가 하면, 같은 해 7월에는 컴퓨터

모니터를 보고 있는 여직원을 뒤에서 껴안았다. 일하고 있는 다른 여직원의 엉덩이를 치고 지나가기도 하고, 회식을 하다가 옆자리에 앉은 여직원의 귀에 입을 맞추기도 했다.

성희롱은 갈수록 대담해졌다. 한 여직원을 식당으로 불러내 '네가 여자로 보인다'고 말하기도 하고, 다른 여직원에겐 새벽 1시에 전화해 '오빠야. 내가 너 사랑하는지 알지. 넌 나 안 보고 싶냐'라는 질문을 했다. 성과가 좋은 여직원에게는 '열심히 했어, 뽀뽀' 하며 얼굴을 들이대고, 회식 자리를 옮기는 중에도 계단에서 여직원을 껴안고 입을 맞추면서 '내가 너 얼마나 좋아하는지 알지'라고 말했다.

참다못한 직원들이 회사에 이 사실을 알렸다. 회사는 2003년 9월 6일 정씨가 여직원들을 성희롱하고 조직력을 저해했다며 징계 해고했다. 이후 서울지방노동위원회가 구제 결정을 내리자 회사 쪽은 2차 해고를 했다. 노동위원회도 더 이상 정씨의 구제 신청을 받아들이지 않았다.

이 과정에서 정씨는 자신에게 불리한 증언을 한 여직원들을 찾아갔다. 그중 나이가 가장 어린 여직원의 집까지 찾아가 '내가 널 그렇게 기분 나쁘게 했느냐'고 따져 물었다. 당황한 여직원이 '그런 것은 아니다'라고 변명하자, 정씨는 이를 녹취해 증거로 제출하며 소송을 냈다. 서울행정법원 4행정부(재판장 민중기, 배석판사 김정숙·이성호)는 2006년 3월 24일 정씨가 중앙노동위원회를 상대로 낸 '부당해고 구제 재심판정 취소' 소송에서 원고 패소 판결했다. 재판부는 "원고는 회사 쪽이 성희롱 피해 여성들과 접촉하지 말라고 했음에도 이를 어겼고, 1997년 삼성생명 영업소장으로 재직할 때나 2002년 삼성카드의 다른 지점의 지점장으로 근무할 당시에도 성희롱으로 주의를 받은 사실을 확인했다"고 하면서 "이는 인사 규정이 정한 징계 사유에 해당하며 징계권자가 재량권을 남용한 것으로 볼 수 없다"고 밝혔다.

542

그러나 이 판결은 고등법원에서 뒤집혔다. 서울고등법원 5특별부(재판장 조용호, 배석판사 유승룡·박우종)는 2007년 10월 10일 "정씨에 대한 2차 해고는 징계권 남용에 해당한다"라며 원고 승소 판결을 내렸다. 재판부는 여직원들에게 성적 굴욕감을 느끼게 했으므로 성희롱은 맞다고 하면서도 "원고의 행동이 성적 동기에서 비롯된 것이라기보다는 격려할 의도, 혹은 성과에 대한 과도한 흥분 상태에서 우발적으로 이루어진 것"이라는 단서를 붙였다. 그러니까 "원고의 행동은 왜곡된 사회적 인습이나 직장 문화로 인해 형성된 생활 태도에서 비롯된 것이어서 해직 요건인 '고의성이 현저한 경우'로 보기 어렵다"는 논리다. 유승룡 판사는 〈한겨레21〉과의 전화 통화에서 "당시 판결은 '해고'는 과하다는 취지였다"고 밝혔다.

> "이번 대법원 판결은 조직 문화의 오래된 관행상 '격려의 의미' 혹은 '작은 실수'로 치부하던 성희롱을 더 이상 사회가 용인하지 않겠다는 첫 선언."
> ─김성수 변호사

조사받고 재판하는 과정에서 위축된 피해자들

판결에 충격을 받은 변호사들은 이 사건에 힘을 실어줄 시민단체를 찾아보았다. 하지만 문제는 간단치 않았다. 법무법인 지평지성의 류혜정 변호사는 "굵직한 시민단체의 남자 선배마저 '삼성이 노동자를 해고한 일에 함께 나설 수 없다'며 성희롱 문제를 신경 쓰지 않아서 놀랐다"고 말했다. 사건은 그렇게 대법원으로 넘어갔다.

대법원 특별3부(주심 안대희)는 2008년 7월 10일 "원고의 해고를 징계권 남용이라고 판단한 것은 성희롱 행위자에 대한 징계 해고에 관한 법리를 오해한 것"이라며 파기환송했다. 재판부는 판결문에서 "직장에서의 성희롱을 방지해야 할 위치에 있는 자가 성희롱을 할 경우, 그 피해자가 고용상의 불이익이 두려워 성희롱을 감내할 가능성이 크기에 더욱 엄격하게 취급해야 한다"고 말했다. 또한 원심 판결과 달리 정씨의 행위를 '고의성이 현저하다'고 판단했다.

1심에서부터 사건을 함께 맡아온 법무법인 지평지성의 김성수 변호사는 "이번 대법원 판결은 조직 문화의 오래된 관행상 '격려의 의미' 혹은 '작은 실수'로 치부하던 성희롱을 더 이상 사회가 용인하지 않겠다는 첫 선언"이라며 "이제 성희롱을 하려면 일자리를 걸고 하라며 경종을 울린 셈"이라고 말했다.

의미 있는 판결이 나왔지만 사건 관련자는 아무도 행복하지 않다. 지난 6년간 피해자들은 모두 몸을 움츠려야 했고, 가해자는 해고됐으며, 해고를 한 회사 측도 '더 이상 회사 이름이 언급되지 않기를 바란다'라며 인터뷰를 피했다. 사건의 최종 판결은 또 해를 넘기게 됐고, 정씨는 집까지 찾아가 녹취를 한 여직원을 증인으로 신청했다. 여직원은 이미 주소를 바꿔 출석요구서도 송달되지 않은 상태다. 이번 사건의 파기환송심은 2009년 2월 27일 오후 2시에 다시 열린다.

류혜정 변호사 인터뷰
'여직원들이 계속 피해받는 모습 안타까워'

"가장 큰 문제는 성희롱 피해자들이 지난 6년간 계속해서 2차, 3차 피해를 입었다는 것이죠."

류혜정 변호사가 한숨을 쉬며 말했다. 그는 성희롱 가해자인 지점장이 자신의 해고가 부당하다며 노동위원회와 회사를 상대로 낸 소송에서 회사 쪽 변론을 맡아왔다.

재판이 길어졌다. 어려웠던 점은?

– 피해자들이 조사를 받는 과정에서 하도 시달려 재판이 시작되자 변호인도 만나주지 않았다. 회사나 노동위원회 쪽에 진술하는 과정에서 어떤 보호도 받지 못했으니 당연한 결과다. 가해자는 '내가 회사에 얼마나 헌신했는지 아느냐'고 법정에서 당당하게 말하고 피해자들은 숨는 식이었다. 아마 (회사가 아니라) 성희롱 피해자들이 책임질 소송이었다면 끝까지 가기 어려웠을 거다.

지점장이 저지른 성희롱의 수위가 매우 높다.

– 성희롱 사건이라고 하지만 사실 내용을 보면 성추행 수준이다. 피해자들이 형사 고소, 민사상 손해배상 소송에 나설 경우 승산이 있다. 이미 판결을 통해 성희롱 사실이 인정됐음에도 대리소송이 불가능하기 때문에 피해자들 없이는 소송을 할 수 없다. 만약 피해자가 표현을 잘 못 하는 장애인이고 보호자가 없다면 어찌할 뻔했는가. 성범죄에는 대리소송을 허용해야 한다.

성희롱 문제와 '노동자 해고' 문제가 겹쳤다.

– 그 부분 때문에 시민 사회단체의 협력을 이끌어내기 어려웠다. 하지만 조직에서 지위를 이용한 성범죄가 일어날 경우 해고는 사용자의 '권리'가 아니라 '의무'라는 인식이 뿌리 내리기를 바란다.

심사위원 20자평

김진 별 뜻 없다는 핑계는 이제 안 통한다

박영주 '세상의 반'의 분노를 조금은 위로할 수 있을까

이종수 해고가 지나치다는 고등법원의 판결이라니

최강욱 이 당연한 결과가 나오기까지 여성들은……

판결 이후

서울고등법원 8행정부는 2009년 3월 20일 파기환송심에서 삼성카드의 2차 해고는 징계권 남용에 해당한다는 취지의 정씨의 항소를 기각했다. 대법원 특별1부는 2009년 7월 23일 심리를 속행하지 않고 정씨의 상고를 기각함으로써 원심을 확정했다. 6년 동안 피해자들에게 큰 상처를 남긴 성희롱 사건의 재판은 그렇게 끝이 났다.

대법원 | 2007두2173

요양 승인 기다리다 뒤늦게 휴업급여를 신청한 경우 시효 소멸을 적용해서는 안 된다는 판결

노동 부문

형식논리의 관례를 뒤집다

요양 승인이 나고 나서 뒤늦게 휴업급여를 신청한 상황

김 모(58) 씨는 1999년 봄 ㄷ기계회사에 입사해 나사 홈을 파는 작업 등을 했다. 그러던 2001년 7월 휴일에 집에서 낮잠을 자고 일어나려던 그는 몸이 마비되는 증상을 겪었다. 병원에서는 뇌경색이라고 했다. 업무상 재해라고 판단한 김씨는 근로복지공단에 요양급여(치료와 요양을 하는 데 필요한 급여)를 신청했으나 공단은 거절했다. 김씨의 업무가 뇌경색과 연관 있다고 보기 어렵다는 이유다. 김씨는 공단의 처분을 취소해달라는 소송을 냈다. 1심과 2심은 잇따라 김씨의 손을 들어줬고, 2005년 6월 대법원에서 판결은 확정됐다. 다음 달 공단은 김씨에게 요양 승인을 내줬다.

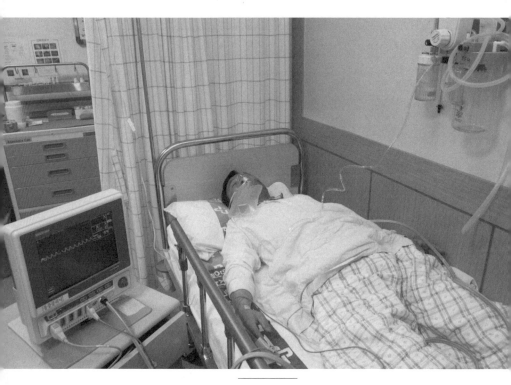

노동자가 산업재해를 당해 요양급여를 신청했다가 거부당했을 경우 법원 소송을 통해 구제받을 수 있지만, 승소해도 노동자는 손해를 보기 일쑤였다. 대법원의 판결이 날 때까지 수년을 기다리는 동안 휴업급여를 신청할 수 있는 시효가 지나버리기 때문이다.

재판하는 동안 휴업급여의 소멸 시효가 지나가버려

그러나 김씨의 고난은 거기서 멈추지 않았다. 재해를 입은 다음 날인 2001년 7월 23일부터 치료가 끝난 2005년 6월 20일까지 일을 하지 못한 김씨는 이 기간의 휴업급여(요양하는 동안 일을 하지 못해 받지 못한 임금의 70퍼센트가량 보전받는 급여)를 달라고 공단에 신청했다. 산업재해보상보험법에 따라 재해를 입은 노동자는 요양급여와 휴업급여를 동시에 신청할 수 있다. 그런데 공단은 김씨가 2005년 7월 21일에야 뒤늦게 휴업급여를 신청한 것을 문제 삼았다. 법적으로 해당 권리의 소멸 시효가 3년인 만큼 휴업급여를 신청한 2005년 7월 21일로부터 3년 전인 2002년 7월 21일 이후 기간만 휴업급여를 인정할 수 있다는 논리다. 즉 사고가 난 이튿날인 2001년 7월 23일부터 2002년 7월 20일까지 363일치의 휴업급여는 줄 수 없다고 결정한 것이다. 가뜩이나 업무상 재해를 인정받기 위해 2년 8개월 동안 법원을 드나들어야 했던 김씨는 억울했다. 김씨는 다시 법원의 문을 두드렸다.

사건을 받아든 서울행정법원 11행정부의 김상준 부장판사와 윤경아, 정준화 판사는 고민했다. 형식논리상 공단 측의 조처가 타당성이 없지 않지만, 이는 사법 정의에 맞지 않다고 생각했기 때문이다. 휴업급여 지급의 전제 조건이 되는 요양 승인 문제를 놓고 김씨가 오랫동안 소송을 진행할 수밖에 없었던 점 등을 고려할 필요가 있었다. 하지만 비슷한 사건들에 대해 행정법원은 공단 쪽의 손을 들어주는 판결을 여러 차례 내린 바 있다. 재판부가 이 사건에 대한 1심 판결을 내리기 3개월 전인 2006년 2월 23일, 대법원도 유사한 처지의 노동자가 낸 소송에서 원고 패소 판결(2005두13384)을 내렸다.

하지만 형식논리와 사법 정의 사이에서 고민하던 서울행정법원 재판부는 후자를 택했다. 2006년 5월 17일 김씨가 근로복지공단을 상대로 낸 '휴업급여 부지급처분 취소' 소송에서 원고 승소 판결했다. 사실 그동안 산업재해를 당한 노동자가 휴업급여를 신청해도 그 전제인 요양 승인이 확정될 때(김씨의 경우 2005년 6월 대법원 판결)까지는 공단 쪽이 이를 지급한 전례가 없었다. 노동자 쪽으로선 휴업급여를 미리 신청해봐야 소용없다는 인식을 가질 수밖에 없었던 것이다. 재판부는 '휴업급여를 신청해도 실익이 없다는 인식을 갖게 한 책임이 공단 쪽에도 있다'고 판시했다.

기존 판례에 대한 하급심의 도전

근로복지공단이 항소했으나 서울고등법원 5특별부(재판장 조용호)는 2006년 12월 20일 항소를 기각함으로써 김씨의 손을 들어줬다. 마침내 2008년 9월 18일 대법원의 판결이 내려졌다. 기존 판례에 대한 하급심의 도전이었기에 대법원은 전원합의체(주심 고현철)를 열어 논의했다. 그러고는 기존의 대법원 판례를 뒤집기로 최종 결정했다. 재판부는 판결문에서, 사실상 권리를 행사할 수 없는 기간에도 획일적으로 시효가 진행된 것으로 보아 권리를 소멸시키는 것은 '국민의 권리를 구제하려는 사법의 이념에도 부합하지 않는다'고 밝혔다.

2008년 말 이제 대전고등법원에서 근무하고 있는 김상준 부장판사는 〈한겨레 21〉과의 통화에서 소회를 털어놓았다. "(대법원 판례에) 상반되지만 한 번쯤 (새로운 판결을) 써보자는 생각"이었으며 "대법원이 14명 대법관 전원합의체로 (판례를) 변경한 것을 보고 기분이 좋았다"고 말했다.

심사위원 20자평

김진 소송하느라 못 한 것을 시간 지났다고 안 주던 몰상식

오창익 소멸 시효는 아무 때나 들이대나

최강욱 약자의 권리에 소멸 시효를 들이대던 강자의 오만

회복 불가능한 환자가 요구할 경우 인공호흡기를 제거하라는 '존엄사' 판결

가족·가사 부문

한국의 존엄사 논쟁, 이제부터 진짜
죽음을 앞둔 당사자의 '선택권'을 인정한 판결

서울서부지방법원 민사12부(재판장 김천수, 배석판사 홍예연·최윤정)는 2008년 11월 28일 한국 사회에 새로운 화두를 던졌다. 앞으로 오랫동안 법조계, 의료계, 종교계가 함께 고심하게 될 문제다. 회생할 가능성이 없는 환자의 '존엄사'를 허용하는 판결을 내렸다. 생명에 대한 환자의 자기결정권을 법원이 인정한 국내 첫 사례다.

평소 '인공호흡기는 끼우지 말라'고 하던 환자

김 모(76) 씨는 2008년 2월, 폐암 진단을 위해 서울 신촌 세브란스병원에서 검사를 받다가 과다 출혈로 인한 저산소성 뇌상을 입고 식물인간이 됐다. 4개월 뒤인 6월, 김씨와 자녀들은 무의미한 연명 치료를 중단해달라며 신촌 세브란스

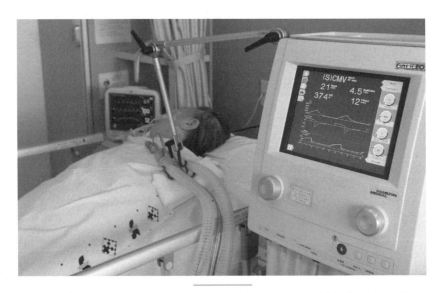

이번 판결은 '생명 유지에 대한 환자의 자기결정권을 규정하는 법적 요건을 정립하는' 계기가 되었다.

병원을 운영하는 연세대를 상대로 '무의미한 연명 치료 장치 제거' 소송을 제기했다. 서울서부지방법원은 원고 일부 승소 판결을 내렸다. "헌법 제10조가 보장하는 개인의 인격권과 행복 추구권에 따르면, 생명 유지 치료가 육체적·정신적 고통을 강요하고 인간의 존엄과 인격적 가치를 해할 때는 환자가 의사의 치료를 거부할 수 있고, 병원은 이에 응할 의무가 있다"고 설명했다.

이 판결이 특별한 이유는 존엄한 죽음에 대한 당사자의 '선택권'을 인정했다는 데 있다. 재판부는 연명 치료를 중단할 것을 요구하는 '가족들'의 권리까지 받아들이지는 않았지만, 환자가 의식이 없는 경우 평소 언행을 통해 존엄사 선택을 추정할 수 있다고 밝혔다. 비록 김씨가 식물인간 상태가 되어 그의 뜻을 확인할 수는 없지만, "'안 좋은 일이 생겨 소생하기 힘들더라도 인공호흡기는 끼우지 말라'고 하던 그의 평소 발언이나 생활 태도 등을 종합해볼 때, 의식이 있었다면 치료를 거부했을 것으로 추정할 수 있다"고 판시한 것이다.

서구에서 존엄사 문제

서구의 경우 존엄사와 안락사에 대한 논쟁은 수천 년에 걸쳐 이어져왔다. 적어도 존엄사 문제에 한하자면, 한국은 이 판결을 통해 이제 막 '근대'로 접어들게 됐다.

엄밀하게 말해서 존엄사는 안락사와 조금 다른 개념이다. '좋은 죽음'이라는 뜻의 '유타나시아euthanasia'는 보통 '안락사'로 번역되어 쓰인다. 17세기 영국 철학자 프랜시스 베이컨이 처음으로 이 개념을 사용했다. 그러나 1930~1940년대 독일의 나치가 안락사의 개념을 원용해 인종 학살을 벌인 뒤, 안락사라는 용어는 부도덕한 의료 살인의 다른 말로 취급됐다. 1960년대 이후 세계의 인권 운동가들이 '죽을 권리right to die'라는 구호를 새로 들고 나왔고, 국내에서도 최근엔 '존엄사'라는 말이 더 널리 쓰이고 있다.

서구에서 존엄사 문제가 오랫동안 논쟁의 대상이 된 데에는 인본주의 철학과 기독교 사이의 줄기찬 대립이 크게 작용했다. 고대 그리스 철학자 플라톤은 '자살을 통해 불명예스런 상황과 치명적 질병의 고통에서 탈출할 수 있다면, 고귀하고 영웅적 행위'라고 말했다. 고대 로마 철학자 세네카도 '적절한 시기에 죽음을 택하는 것은 인간의 본질적 권리'라고 평했다. 이들은 생명을 끝내는 개인의 선택권을 지지했다.

그러나 중세 이후 모든 형태의 자살은 종교의 이름으로 금기시됐다. 불치병으로 고통에 시달리는 환자들에게도 '자살'은 허용되지 않았다. 여기에는 환자의 극심한 고통이 속죄와 관련 있다는 종교적 믿음도 작용했다. 17세기 영국국교회 주교인 제러미 테일러는 '병은 영광을 얻기 위해 인간이 치러야 할 고통'이라고 말했다.

상황은 프랑스대혁명과 함께 뒤바뀐다. 볼테르와 몽테스키외 같은 계몽주의
자들은 자살을 개인의 자유 문제로 봤다. 철학자 데이비드 흄은 '자살은 개인의
권리'라고 말했다. 종교계와의 논쟁은 계속됐지만, 20세기 초반까지 이런 태도는
비교적 확산되는 추세에 있었다. 1870년 영국에서 발행된 〈사색〉이라는 잡지는
범죄자를 사형에 처하고 젊은이들을 전쟁으로 내모는 기독교가 안락사를 살인으
로 규정할 자격이 있는지를 묻는 내용을 실어 반향을 불러일으켰다.

안락사에 대한 지지 여론은 20세기 초반, 극단으로 치달았다. 독일 의학자들
이 1920년 출간한 책《가치 없는 생명의 파멸을 용인하며Die Freigabe der Vernichtung
lebensunwerten Lebens》가 대표적이다. 우생학을 철저히 신봉한 이들은 불치병 환자와
심신장애자의 안락사를 지지하며 "그들의 죽음은 돌보는 사람들에게 기쁜 소식
이 될 것이며, 환자 스스로도 죽음을 기쁘게 받아들일 것"이라고 썼다. 우생학과
인종적 편견이 만나면서 나치의 대학살이 탄생했다.

재판부는 연명 치료 중단을 요구하는 '가족들'의 권리까지 받아들이지는 않
았지만, 환자가 의식이 없는 경우 평소 언행을 통해 존엄사 선택을 추정할
수 있다고 밝혔다.

존엄사를 둘러싼 논란

이 무렵 최초의 안락사 찬성 단체들이 탄생한 것은 '존엄사 찬성자'들에게 다
소 부끄러운 과거다. 1935년 만들어진 영국의 '자발적 안락사 합법화 협의회',
1938년 창설된 미국의 '안락사 협의회' 등은 당시 학계를 휩쓸던 우생학과 아주
무관하진 않았다. 이 때문에 나치의 악몽이 세계를 휩쓴 1940년대 이후 안락사

합법화 운동은 사실상 '뇌사' 상태에 빠졌다.

이를 새롭게 불러온 것은 1960년대 전 세계를 휩쓴 자유 민권운동이었다. 이들은 지배자의 우생학이 아닌 소수자의 인권에 기초하여 존엄사 문제에 접근했다. 각종 안락사 관련 단체들도 대대적으로 개편하고 분화함으로써 '죽을 수 있는 권리' 또는 '존엄하게 죽을 권리'를 중심으로 거듭났다. 오늘날 존엄사 운동의 진정한 탄생이 이때 이뤄졌다. 1980년에는 18개 나라의 27개 안락사 단체가 연합한 '죽을 권리 협회들을 위한 세계 연합'이 결성됐다.

존엄사 반대론의 둥지이던 종교계도 변화를 겪었다. 반대하는 이유로 영혼의 구원 등이 아니라 생명의 보편적 존엄성을 내세우고 있다. 또 존엄사에 대한 환자의 선택이 죽음과 고통에 대한 공포에서 비롯한다는 점에 착안해 통증 완화 치료를 확대하는 길을 대안으로 제시하고 있다. 죽을 권리의 합법화는 고통 경감 치료를 제대로 받지 못하는 소외 계층에게 존엄사 선택을 부추기고, 결국 이들에 대한 사회적 보건 의료 서비스가 나빠진다는 이들의 반론은 최근 새롭게 주목받고 있다. 세계보건기구WHO 역시 모든 사회 구성원이 통증 완화 치료를 보장받기 전에는 조력 자살과 적극적 안락사를 합법화하지 않도록 권유하고 있다.

존엄사를 둘러싼 논란에는 현대 의학의 발전도 결정적 기여를 했다. 예방의학의 발전으로 인간의 수명이 늘어난 것은 물론, '소생의학'의 발달로 불치병 환자의 생명을 연장하는 길이 열렸다. 1950년대부터 본격화된 소생의학은 처음에는 소아마비 환자, 급성 신부전 환자 등에 대한 치료법으로 쓰였지만, 최근에는 그냥 두면 죽을 수밖에 없는 환자들의 생명을 인위적으로 연장하기 위한 수단으로 널리 활용되고 있다.

소생의학이 발달하면서 안락사는 세분화되었다. '소극적 안락사'는 생명을 유지해주는 호흡 장치와 영양 튜브 같은 의료 장비의 연결을 환자의 뜻에 따라 끊는

2008년 12월 17일 오전 서울 신촌 세브란스병원 쪽이 존엄사 판결에 대해 상고하겠다는 방침을 설명하고 있다.

것을 말한다. 보통 존엄사라고 할 때는 이런 소극적 안락사를 칭한다. 서울서부지방법원의 판결도 이에 해당한다. 반면 '적극적 안락사'는 환자의 고통을 덜어주기 위해 의사가 치사량의 약물을 투여해 죽음에 이르게 하는 것이다. 환자의 요청 없이 의사가 이를 결정하는 것도 '적극적 안락사'에 포함된다. 다만 의사가 결정적 행위를 하더라도 이를 환자가 요청했을 경우엔 '조력 안락사'라고 하여 구분한다.

의사윤리강령도 '죽음을 앞둔 환자의 고통을 줄이고 인간답게 자연스런 죽음을 맞을 수 있도록 최선을 다한다'라고 규정하고 있다. 현행법을 엄밀하게 적용할 경우 이는 촉탁살인죄나 자살 방조죄에 해당한다.

한국은 첫걸음을 겨우 뗀 상태

현재 이 분야에서 첨단을 달리고 있는 나라는 네덜란드와 벨기에다. 네덜란드는 2000년에, 벨기에는 2001년에 자발적 안락사와 조력 안락사를 허용하는 법을 만들었다. 네덜란드가 존엄사를 합법화한 배경은 특이하다. 1990년대 내내 환자에게 동의를 받지 않은 채 부당하게 안락사 수천 건이 시행됐다는 보고서가 나오면서 인권 단체들이 관련 입법을 통해 안락사를 투명화하자고 주장했다.

두 나라를 제외한 대부분의 국가에서 존엄사나 안락사는 아직 '법외' 지대에 있다. 영국은 관련 법령을 제정하려는 운동이 처음으로 펼쳐진 1936년 이후 적어도 여섯 차례 넘게 법을 제정하려 했지만 모두 부결됐다. 오스트레일리아는 1996년 안락사 법을 만들었다 6개월 만에 폐기했다. 독일과 프랑스는 안락사 자체를 엄격하게 금하고 있다.

미국은 그 중간 지대에 있다. 40개 주가 소극적 안락사를 허용하고 있다. 대체로 적극적 안락사는 인정하지 않지만, 오리건주는 예외다. 1998년부터 적극적 안락사의 하나인 의사에 의한 조력 안락사를 허용하는 법을 시행하고 있다. 죽음에 임박한 불치병 환자에게 치명적 약물을 혼합해 처방하는 것을 허용하고 있다. 법이 시행된 첫해인 1998년에 16명이 이를 통해 죽었다. 2001년에는 그 수가 90여 명으로 늘었다.

오리건주 법에 따라 지정된 존엄사 요청서에는 이런 내용이 있다. "……이에 나는 담당 의사가 본인의 생명을 인간적이고 존엄하게 끝맺는 데 사용될 약물을 처방해주길 요청합니다. 나는 어느 때건 이 요청서를 철회할 권리가 있다는 것을 잘 이해하고 있습니다. 처방받은 약을 투여했을 때 내가 사망하게 된다는 것을 알고 있습니다." 요청서를 제출한 환자에겐 유예 기간 17일이 주어진다.

한국은 이 문제에 관한 한 첫걸음을 겨우 뗀 상태다. 1997년 보라매병원 사건으로 관심이 촉발되긴 했지만, 관련 법안 제정 등의 논의로 확산되진 못했다. 당시엔 회복 가능성이 낮은 남편에 대한 부인의 퇴원 요청을 받아들였다는 이유로 의사들까지 '부작위 살인죄'로 기소됐다.

한국인들에게도 존엄사는 그리 낯설지 않다. '집에서 편안하게 생을 마감할 수 있도록 해달라'라는 환자 가족의 요청은 대부분 수용된다. 2001년 제정된 대한의사협회의 의사윤리강령도 '죽음을 앞둔 환자의 고통을 줄이고 환자가 인간답게 자연스런 죽음을 맞을 수 있도록 최선을 다한다'라고 규정하고 있다. 현행법을 엄밀하게 적용할 경우 이런 행위는 형법상 촉탁살인죄나 자살 방조죄에 해당한다.

서울서부지방법원의 판결은 현재진행형이다. 2008년 12월 12일 신촌 세브란스병원 쪽은 상고를 결정했다. 비약상고를 통해 항소심을 거치지 않고 곧바로 대법원에 판단을 묻겠다는 입장이었지만, 김씨와 가족 등이 이를 거부해 2심을 거치게 됐다. 어떤 결정이 나든지 항소가 불가피할 것으로 보여 결국은 대법원의 판단까지 나올 가능성이 높다.

1심 판결에서 원고의 승소를 이끈 신현호, 백경희 변호사는 "이번 판결을 전후해 존엄사에 대한 사회적 인식이 성숙해간다는 느낌을 받았다"고 밝히면서 "이를 계기로 생명 유지에 대한 환자의 자기결정권을 규정하는 법적 요건을 정립해야 한다"고 말했다. 관련 법령을 제정하려는 움직임도 있다. 전현희 민주당 의원 쪽은 2008년 12월 19일 국회의원회관에서 '존엄사 허용'을 주제로 공청회를 열었다. 의원실 관계자는 "생명 유지에 대한 환자의 자기결정권을 우선시하는 인식이 확산되고 있다"고 하고 "어려우면서도 대단히 중요한 문제이므로 신중하게 법안 제정을 준비할 계획"이라고 밝혔다. 한국에서 존엄사 논쟁은 지금부터가 진짜다.

심사위원 20자평

오창익 무의미한 치료는 이제 그만, 많이 힘들었다 아이가

최강욱 상급심의 판단도 역시 주목받을 수밖에

이종수 환자 가족의 경제적 부담을 덜어줄 국가적 노력도

참고 자료

《마지막 비상구: 안락사를 말하다》데릭 험프리 지음, 김종연 외 옮김, 지상사

《소극적 안락사》기독교윤리연구소 펴냄, 예영커뮤니케이션

《안락사를 합법화해야 할까》미셸 오트쿠베르튀르 지음, 김성희 옮김, 민음사

《안락사의 역사》이안 다우비긴 지음, 신윤경 옮김, 섬돌

판결 이후

2심 재판부인 서울고등법원 9민사부(재판장 이인복)는 2009년 2월 10일 1심 판결이 정당하다며 신촌 세브란스병원 쪽의 항소를 기각했다. 대법원 전원합의체(주심 김능환)는 2009년 5월 21일 의학적 자문을 거쳐 이른바 '김 할머니'로 알려진 김씨가 회복이 불가능하다는 판정을 받은 뒤, 국내에서 처음으로 인공호흡기를 떼어도 좋다는 판결을 내렸다. 그러나 이 판결이 일반적인 존엄사를 모두 인정한 것으로 확대 해석되자 가톨릭 등 종교계는 생명을 경시하는 풍조가 생길 것이라고 우려했다. 그 뒤 종교계, 의학계, 법조계, 사회단체 등이 모여 존엄사와 연명 치료 중단을 놓고 여러 차례 논의를 거듭했다. 2009년 7월 '무의미한 연명 치료 중단'에 대한 9개 원칙이 발표됐다.

의료진이 예상한 것과 달리 김씨는 인공호흡기를 제거한 뒤에도 7개월 가까이 더 투병을 했다. 그러자 인공호흡기를 부착한 게 적절한 조처였느냐 하는 논쟁도 일었다. 김씨는 존엄사와 관련한 많은 논의를 남긴 채 2010년 1월 10일 사망했다. 2013년 10월에 대통령 소속 국가생명윤리위원회는 연명 치료 중단에 대한 특별법을 제정할 것을 권고했으며, 정부는 발의안을 준비하고 있다.

대법원 | 2008므380

친권과 양육권은 아이의 복리를
우선적으로 고려해 결정하라는 판결

가족·가사 부문

누가 키울까, 아이의 입장에서 보라
폭력적이고 무정자증인 남편 vs
집을 나가 노래방 도우미로 일하는 부인

한 모(47) 씨와 정 모(35) 씨는 17년 전 택시에서 처음으로 만났다. 운전기사와 손님으로 만났다가 곧 사귀는 사이가 됐다. 서른과 열여덟 살이라는 적지 않은 나이차에도 불구하도 둘은 곧 동거를 시작했다. 얼마 안 돼 정씨는 임신했지만 불과 3개월 만에 유산하는 아픔을 겪었다. 한씨가 술에 취해 흉기를 들고 친구와 싸우는 것을 말리다 큰 충격을 받은 것이다. 이후로도 한씨의 과음과 폭언, 폭행은 계속됐다.

아이들의 친권자이자 양육권자로 부인을 지정

어느덧 8년이 흘러 부부는 다시 아이를 갖기 위해 병원을 찾았다가 불임의 원인이 한씨의 무정자증임을 알게 됐다. 부부는 제삼자의 정자를 받아 인공수정을

요즘 법원에서는 아버지라는 이유만으로 또는 이혼의 책임이 상대방에 비해 덜하다는 이유만으로 친권과 양육권을 주지는 않는다. 2008년 11월 11일 서울프레스센터에서 손숙, 허수경, 김부선 씨가 고 최진실 씨의 자녀들에 대한 조성민 씨의 친권 회복을 반대하는 기자회견을 열고 있다.

통해 2001년 쌍둥이 아들을 얻었다. 하지만 한씨의 폭언과 폭행은 여전했고, 경제적으로도 고통을 겪었다. 한씨는 1개월에 50만 원 정도의 생활비만을 정씨에게 줬다.

계속되는 남편의 폭언과 폭행에 지친 정씨는 2006년 7월께 집을 나왔다. 2개월 뒤 남편 한씨를 상대로 이혼 및 위자료 지급을 청구하는 소송을 냈다. 한씨도 이혼 및 위자료 지급 청구 맞소송을 냈다. 이 과정에서 집을 나온 정씨가 생활비를 마련하기 위해 노래방 도우미로 일하게 됐는데, 여기서 알게 된 손님과 모텔에 들어갔다가 한씨가 신고하여 경찰 조사를 받기도 했다.

부부의 이혼 소송을 맡게 된 광주지방법원 순천지원 정수영 판사는 2007년 3월 이혼 청구를 받아들이고, 아이들의 친권자이자 양육권자로 부인 정씨를 지정했다. 정 판사는 〈한겨레21〉과의 통화에서 "여러 차례 조정을 시도했지만 실패해 지금도 기억에 남는 사건"이며 "당시 아이들을 따로 면담하고 나서 판결을 내렸다"고 말했다.

한씨는 1심 판결에 불복해 항소했다. 광주지방법원 가사부(재판장 김진상, 배석 판사 이호산·김영기)는 2008년 1월 24일 1심 판결을 뒤집고 남편 한씨를 친권자이자 양육권자로 지정했다.

사건은 대법원에서 다시 뒤집혔다. 대법원 2부(주심 김능환)는 2008년 5월 8일 "아이들이 인공수정으로 출생한 점, 별거한 뒤 부인이 아이를 양육해왔는데 별다른 문제가 없던 점, 정서적으로 성숙될 때까지는 어머니가 양육하는 것이 아이들의 건전한 성장과 복지에 도움이 되는 점 등을 감안하면 아버지를 친권자이자 양육권자로 지정한 것은 잘못"이라며 사건을 광주지방법원으로 파기환송했다. "미성년자의 친권을 행사할 자와 양육자를 정할 때는 미성년자의 성별과 연령, 그에 대한 부모의 애정과 양육 의사는 물론, 경제적 능력의 유무, 친밀도, 미성년자의 의사 등 모든 요소를 종합적으로 고려하여 판단해야 한다"는 것이 판결 이유다.

서울가정법원의 한 판사는 "이혼의 귀책사유와 아이의 친권자·양육권자 문제는 별개라는 것이 최근 판결의 흐름"이며 "설령 한쪽 배우자가 이혼의 책임이 더 크더라도, 아이들에게 더 필요하다고 인정되면 친권자와 양육권자로 지정될 수 있다"고 말했다. 이런 점을 대법원 판례로 확정했다는 데 이번 판결의 의미가 있다.

이혼의 귀책사유와 양육권은 별개 문제

결국 광주지방법원 민사2부(재판장 강신중, 배석판사 정회일·서영기)는 2008년 9월 12일 어머니 정씨를 아이들의 친권자이자 양육권자로 지정하고, 아버지 한씨에게는 주말 동안 아이들을 만날 면접 교섭권을 주는 선에서 강제 조정했다. 심사위원장인 윤진수 서울대 교수는 "아이들의 복리를 우선적으로 고려해 친권자와 양육권자를 정해야 하는 것은 당연하지만, 대법원에서 친권자와 양육권자를 정하는 기준을 처음 제시했다는 점에서 의미가 있다"고 말했다.

심사위원 20자평

금태섭 서로 키우겠다고 싸우는 것은 보기라도 좋지

김진 이 당연한 이야기가 대법원에서는 처음이라니!

박근용 아이의 행복을 무시하는 세상이라서 더 반가워

대법원 | 2008모793

조사 과정에서 변호인의 참여권을 제한한 것은 위법이라는 판결

형사·사법 부문

조사 과정에서 변호인의 적극적 참여권을 인정

피의자에게서 떨어져 앉으라는 검찰 수사관의 처분

2008년 6월 18일 오전 10시, 최명호 변호사는 사기 혐의로 고소된 의뢰인 김모 씨와 함께 인천지방검찰청 조사과의 조사실에 들어섰다. 두 번째 검찰 조사였다. 최 변호사는 이날 조사 과정의 녹취를 요구했다. 같은 달 5일에 있은 1차 조사에서 유도성 질문으로 피의자를 불리하게 만든 수사관의 신문 방식에 문제가 있다는 판단에서였다. 같은 이유로 1차 조사에서도 이미 여러 차례 이의를 제기한 상태였다. 그러나 수사관은 '녹취 신청'을 철회하라고 했다. 최 변호사가 이를 거부하자, 이번에는 피의자 쪽이 '알아서' 녹음을 하라고 했다. 최 변호사는 마침 갖고 있던 휴대용 MP3를 책상 위에 꺼내놓았다.

변호인의 피의자 신문 참여권을 침해

그러자 수사관은 갑자기 최 변호사에게 황당한 요구를 하기 시작했다.

"변호인! 이쪽으로 떨어져 앉으세요."

피의자와 나란히 앉아 있던 최 변호사를 피의자의 3시 방향에 3미터가량 떨어져 앉으라고 했다. 녹취 신청을 철회하지 않고 녹음을 강행하자 기분이 상한 모양이었다.

"이게 무슨 말입니까. 내게 그렇게 명령할 권리는 없습니다."

"그러면 이 방에서 나가세요."

최 변호사는 자신의 귀를 의심하지 않을 수 없었다. 법률에 보장된 변호인 입회권을 행사하고 있는데 갑자기 나가라니…….

최 변호사는 다시 말했다. 언성이 높아졌다.

"정말입니까? 그러면 준항고하겠습니다."

"준항고가 뭔지 모르겠는데, 알아서 해요. 당신이 내 말을 듣지 않았잖아."

최 변호사는 그렇게 검찰청사를 나와 인천지방법원에 준항고장을 냈다. 판사나 검사, 사법 경찰관의 처분이 부당하니 이를 취소해달라고 법원에 청구하는 것이 준항고다. 인천지방검찰청 수사관의 퇴실 명령은, 형사소송법에 규정된 변호인의 피의자 신문 참여권을 침해한 것이라는 주장이다.

인천지방법원은 2008년 7월 14일 최 변호사가 낸 '변호사 퇴실 명령에 대한 준항고'를 받아들였다. 인천지방법원 형사6단독부의 박종국 판사는 결정문에서 "수사관이 아무런 합리적 이유도 제시하지 않은 채 피의자 옆에 앉아 있는 변호인에게 피의자에게서 떨어진 곳으로 옮겨 앉을 것을 요구하고, 변호인이 이를 거부한다는 이유로 퇴실을 명한 것은 정당한 이유 없이 변호인의 피의자 신문 참여권을 침해한 처분"이라고 밝혔다. 인천지방검찰청 쪽은 대법원에 재항고했다. 하지만 대법원 3부(주심 이홍훈)는 2008년 9월 12일 "당시 변호인이 피의자 신문을 방해하거나 수사 기밀을 누설할 염려가 있었다는 등의 특별한 사정은 발견할 수 없다"라며 재항고를 기각하고 최 변호사의 준항고를 받아들인 원심을 확정했다.

형사소송법 제243조의2(변호인의 참여 등):
① 검사 또는 사법경찰관은 피의자 또는 그 변호인·법정대리인·배우자· 직계친족·형제자매의 신청에 따라 변호인을 피의자와 접견하게 하거나 정 당한 사유가 없는 한 피의자에 대한 신문에 참여하게 하여야 한다.

최명호 변호사

네 죄를 네가 알렸다며 자백을 강요하는 수사 관행

최 변호사는 〈한겨레21〉과의 인터뷰에서 "개정된 형사소송 법이 적용되면서 일선 현장에서 변호인의 참여권이 구체적 으로 확인된 첫 사례"라고 말했다. 우리 헌법에는 변호인의 조력을 받을 권리가 명시돼 있지만, 형사소송법에 명문 규 정이 없다는 이유로 그동안 수사기관은 변호인의 입회를 꺼 렸다. 헌법재판소와 대법원의 판례로 조금씩 시도되던, 변호인의 수사 과정 참여 는 지난 2007년 '사법 개혁'의 성과로 형사소송법에 관련 규정이 명시되기에 이 른다. '정당한 사유가 없는 한' 변호인의 참여는 허용돼야 하지만, 이번 사례가 보여주듯 변호인은 수사기관에 '눈엣가시' 같은 존재일 뿐이다. 최 변호사는 "변 호인이 참여함으로써 생기는 수사상 어려움을 검찰이 참지 못하는 이유는 '네 죄 를 네가 알렸다'며 자백을 강요하는 수사 관행에 젖어 있기 때문"이며 "증거 위 주의 과학수사를 하겠다는 인식 전환이 필요하다"고 지적했다.

올해의 판결 심사 과정에서 이번 사건을 강력히 추천한 금태섭 변호사는 "변호인을 수사 과정에서의 법률적 조언자로 전제했다는 점에 이번 결정의 의미가 있다"고 평가했다. 금 변호사는 "수사 과정에서 입회권이 침해됐을 때 적극적으로 문제를 제기해 법원의 판례를 만들어가는 이러한 노력은 변호사의 책무"라고 덧붙였다.

심사위원 20자평

금태섭 변호사도 자기가 앉을 자리는 스스로 찾을 수 있다

박영주 검사실은 왜 항상 춥게 느껴질까

이종수 변호사가 옆에 있어야 의뢰인을 돕지

〉〉2010년 올해의 판결, '대법원, 조사 과정에서 변호인의 참여권을 제한한 것은 위법이라는 원심을 파기한 판결' 참조

폭설로 고속도로에 고립된 피해자에게
한국도로공사가 배상하라는 판결

손해배상 부문

고속도로 폭설 대란, 천재만은 아니다
국가 재난 관리 시스템 부재에서 비롯한 인재

2004년 3월 5일, 대전에 49센티미터의 폭설이 내렸다. 이 폭설은 충청권을 지나는 경부고속도로와 중부고속도로, 호남고속도로 등을 강타하며 국토의 대동맥을 마비시켰다. 이른바 폭설 대란의 시작이었다. 김덕환(34·가명) 씨는 이날 오전 10시 30분께 경부고속도로 상행선을 가다가 옥천 근처에서 차를 멈췄다. 눈이 쉴 새 없이 퍼붓더니 순식간에 어른의 무릎 높이만큼 쌓였다. 다른 구간에서도 차들이 멈추기 시작했다. 장지로 가던 운구차와 혈액 수송용 응급차도 눈에 갇혔다.

눈은 더 이상 낭만의 대상이 아니었다. 승객들은 한국도로공사와 경찰, 119 구조대, 심지어 청와대에도 전화해 위급한 상황을 알렸다. 그러나 당시 건설교통부 상황실, 한국도로공사 상황실, 경찰 고속도로순찰대 상황실 등은 즉각 효율적으로 초기 대응을 하지 못한 채 우왕좌왕했다.

2004년 3월 5일 충청 지역에 기록적인 폭설이 쏟아져 고속도로가 마비됐다. 하지만 한국도로공사는 최소한의 교통 통제나 제설 작업조차 하지 않아 수많은 사람들이 길에서 뜬눈으로 밤을 새워야 했다.

도로에 갇힌 채 지새운 악몽의 밤

당시 정부와 한국도로공사의 관계자들은 방송 인터뷰에서 오후 6시가 지나면 정체가 풀릴 것이라고 밝혔다. 그러나 상황은 최악으로 치달았다. 오후 6시를 넘기자 경부고속도로의 천안 - 남이 - 죽암 구간과 황간 - 옥천 구간, 호남고속도로의 회덕 구간 등 총 90여 킬로미터는 차량 8000여 대가 뒤엉킨 거대한 주차장으로 변했다. 운전자와 승객들 1만 9000여 명은 추위와 배고픔 속에서 오지 않는 제설 차량을 기다리며 긴 악몽의 밤을 뜬눈으로 지새웠다.

2004년 4월 28일, 12~30시간 동안 고속도로에 갇힌 피해자들 가운데 244명이 '한국도로공사가 고속도로를 잘못 관리한 탓에 극심한 고초를 겪었다'라며 대전지방법원에 손해배상 청구소송을 냈다. 원고인단 모집은 각 지역의 참여연대 등 시민단체들이 나섰고, 민주사회를 위한 변호사모임의 변호사들도 힘을 보탰다. 서울과 대구에서도 같은 소송이 제기됐다.

대전지방법원 3민사부(재판장 황성주, 배석판사 조원경·이혜진)는 2006년 4월 19일 원고 일부 승소 판결을 내렸다. 재판부는 "한국도로공사는 고속도로 관리 주체로서 유지하고 관리할 의무가 있고, 폭설이 내린 당시 고속도로의 관리에 하자가 있던 점이 인정되므로 고립 피해자들이 입은 정신적 손해를 배상할 책임이 있다"라며 "고립 피해자들에게 고립 시간별로 일인당 12시간 미만은 35만 원, 12~24시간까지는 40만 원, 24시간 이상은 50만 원으로 하되 여자와 70세 이상 고령자, 미성년자는 10만 원을 가산해 지급하라"고 판결했다.

또 재판부는 "고립 사태가 발생하기에 앞서 기상청이 예비 특보를 발표했기에 폭설에 따른 교통 정체를 충분히 예견할 수 있었으므로, 한국도로공사는 미리 정해진 재해 상황별 조치 계획에 의해 즉시 차량의 진입을 통제하는 등 교통 제한과 운행 정지 조처를 취해야 할 의무가 있다"고 지적했다. 끝으로 "한국도로공사가 적절하게 이와 같은 의무를 이행했다면 각 고립 구간의 정체를 피하거나, 완전히 사고를 방지하지는 못할지라도 적어도 고립 시간을 상당히 줄일 수 있었으나, 안일한 태도로 교통 제한과 운행 정지 등 필요한 조처를 충실히 이행하지 않았다"고 밝혔다.

"한국도로공사는 고속도로 관리 주체로서 유지하고 관리할 의무가 있고, 폭설이 내린 당시 고속도로의 관리에 하자가 있던 점이 인정되므로 고립 피해자들이 입은 정신적 손해를 배상할 책임이 있다." −대전지방법원 3민사부

차량 통제와 제설 작업이 지연된 책임

이에 앞서 같은 피해자들이 낸 소송에서 2005년 11월에는 대구지방법원이, 같은 해 9월에는 서울중앙지방법원이 같은 이유로 원고 일부 승소 판결을 내렸다.

한국도로공사는 2006년 5월 16일 1심 판결에 불복해 '불가항력인 천재지변이어서 어쩔 수 없었다"라며 대전고등법원에 항소장을 제출했다. 하지만 대전고등법원 민사3부(재판장 이종석, 배석판사 최성진·정선오)는 2007년 4월 4일 한국도로공사의 항소를 기각했다.

결국 대법원 1부(주심 김지형)는 2008년 3월 13일 한국도로공사의 상고를 기각함으로써 원심을 확정했다. 재판부는 "한국도로공사는 최저속도 제한이 있는 고속도로를 관리하며 강설시 신속히 제설 작업을 하고, 나아가 필요한 경우 제때에 교통을 통제하고 고속도로의 기본 기능을 유지하거나 신속히 회복시킬 의무가 있다"고 밝혔다. 또 "강설에 대처하기 위하여 완벽한 방법으로 도로 자체에 융설 설비를 갖추는 것이 현대 과학기술의 수준이나 이것이 재정 사정에 비추어 사실상 불가능하더라도, 최저속도의 제한이 있는 고속도로의 경우 도로 관리자가 도로의 구조, 기상예보 등을 고려하여 사전에 충분한 인적·물적 설비를 갖추어 강설시 신속히 제설 작업을 할 관리 의무가 있다"고 덧붙였다.

이로써 폭설 대란이 일어난 지 4년여 만에 소송이 일단락됐다. 소송을 낸 고속도로 이용객들은 각각 35~60만 원씩의 배상금을 받을 수 있었다.

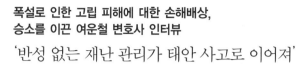

**폭설로 인한 고립 피해에 대한 손해배상,
승소를 이끈 여운철 변호사 인터뷰**

'반성 없는 재난 관리가 태안 사고로 이어져'

폭설 손해배상 소송의 원고 쪽 법률 대리인인 여운철 변호사는 2008년 12월 18일 "이 판결은 폭설 대란이 천재지변일 뿐 아니라 국가 재난 관리 시스템 부재에서 비롯한 인재임을 인정한 것"이라고 평가했다. 여 변호사는 특히 "손해배상금의 액수가 많고 적음을 따지기보다 분산된 여러 피해자들이 뭉쳐 통일된 대응을 하고 승소를 이끌어냈다는 것은 국민의 권리를 찾았다는 점에서 의미가 크다"고 하고 "정부와 공공기관의 안일하고 무책임한 방재 행정에 책임을 물었다는 점도 판결의 중요한 의의 가운데 하나"라고 말했다.

여 변호사는 폭설 대란 직후 정부가 소방방재청을 꾸리는 등 위기에 적극적으로 대처하겠다고 했으나 이후에도 대처에 소홀했고, 그 결과 재해를 미리 막지 못한 것이 아쉽다고 말했다. 서해안 기름 유출 사고가 대표적이다. 1995년 시프린스호 사고로 바다 수면의 기름을 수거하는 방재 능력은 키웠지만, 사고 재발을 막기 위한 법률을 제정하거나 개펄 등 바다 생태계의 특성을 고려한 방제 방식을 체계화하는 데 미흡했다는 것이다. 그는 "시프린스호 사고를 조사하면서 단일 선체 유조선이 외부 충격에 약하다는 점이 알려졌으므로, 정부가 이중 선체 구조로 된 유조선만 연근해를 항해하도록 제한하는 법적 규제를 강화했더라면 태안 사고에서 피해 규모를 크게 줄였을 것"이라고 말했다.

여 변호사는 "스페인은 방재 시스템뿐 아니라 국민이 천재지변이나 전쟁, 테러 등으로 대규모 피해를 입었을 때 국가가 보상하는 체계까지 갖추고 있다"고 하고 "모쪼록 정부는 폭설 대란과 서해안 기름 유출 사고 등을 거울삼아 획기적으로 발전된 방재 시스템을 마련하여, 더 이상 '소 잃고 외양간 고치기'식 대처가 없었으면 한다"고 강조했다.

심사위원 20자평

금태섭 폭설 속 48시간 고립, 갇혀본 사람만이 안다

김남근 공무원들의 일상적인 대국민 안전 조처에 경각심!

오창익 내 집 앞 눈은 내가, 고속도로 눈은 한국도로공사가

이종수 비싼 유류세·자동차세 생각하면 당연한 얘기

대법원 | 2005다48994

성매매 밀집 지역의 화재로 질식사한 것에 대해
국가와 지방자치단체가 배상하라는 판결

손해배상 부문

'감금 성매매',
국가와 지방자치단체는 직무 유기
군산 유흥가의 화재로 감금된 여종업원들이 질식사

2002년 1월 29일 전북 군산시 개복동 환락가에 있는 술집 '아방궁'에서 누전으로 불이 났다. 화재는 대낮에 일어나 30분 만에 '간단히' 진화됐지만, 1층 방에서 늦은 잠에 빠져 있던 여종업원 13명 등 모두 15명이 질식사했다. 화마를 피하려면 1층 방을 나와 비상 사다리가 있는 2층으로 올라가야 했지만, 1층의 철제 방문은 밖에서 잠겨 있었다. 감금 상태이던 것이다. 여성들의 주검은 잠겨 있던 1층 방문 앞에서 발견됐다. 당신 굳게 닫힌 문 앞에서 절규하고 절망했을 여성들의 처참한 상황을 충분히 짐작할 수 있는 광경이다.

더욱 기가 막힌 것은 인근 대명동의 한 성매매 업소에서 불이 나 여성 5명이 숨진 사건이 불과 1년 4개월 전 일이라는 점이다. 개복동은 대명동에서 1킬로미터쯤 떨어진 '옆 동네'다.

2002년 1월 29일 전북 군산시 개복동 성매매 밀집 지역의 한 술집에서 불이 나, 갇혀 있던 성매매 여성들이 희생됐다. 피해 여성들의 합동 영결식 장면.

1층 철제 방문이 밖에서 잠겨 있었다

대명동 화재 이후 경찰과 소방 당국은 감금 성매매를 근절하고 소방 안전을 확립한다고 호들갑을 떨었다. 군산소방서는 2001년 4월, '유흥 주점 밀집 지역 업소 합동 소방 점검'을, 군산경찰서는 같은 해 10월 '월동기 대비 유흥 주점 밀집 지역 안전시설 점검'을 실시했다. 경찰은 민관 합동 특별 면담반을 편성해 여종업원들을 상대로 심층 면담도 벌였다. 그런데도 여성들은 그대로 '위험'에 노출돼 있었다. 경찰과 업주들의 '지저분한 유착'과 소방서의 '눈 가리고 아웅' 식 소방 점검 때문이었다.

개복동 유흥가에서 50미터 떨어진 개복파출소의 임 모 씨 등 경찰관 3명은 업주들이 모금한 돈 750만 원을 챙기고 수시로 식사 접대를 받으며 '특수 관계'를 유지했다. 유흥 주점에서 벌어지는 성매매를 그대로 묵인하는 한편, 종업원을 채용할 때 지명수배 여부까지 확인해주었다. 대명동 화재로 난리가 났는데도 경찰과 업주의 '검은 고리'는 끊어지지 않은 것이다. 이들은 결국 뇌물죄 등으로 기소돼 처벌받았다. 소방관 진 모 씨 등 2명도 소방 점검 과정에서 아방궁 1층 숙소의 문이 밖에서 잠긴다는 사실을 알았지만, '피난상 장애 요인이 없다'라고 점검부에 적었다. 이들도 허위 공문서 작성죄로 약식기소돼 유죄판결을 받았다.

그런데 감금 상태에서 불이 나서 탈출하지 못해 사람이 죽어나가는 야만적인 사고가 1년 4개월 만에 다시 일어났다. 어처구니없는 사건을 방지하겠다던 경찰은 뇌물을 받았고, 소방서는 점검을 게을리했다. 그렇다면 여성들의 죽음은 결국 이들의 직무 유기에서 비롯된 것이 아닐까.

그러나 서울중앙지방법원 민사합의17부(재판장 신성기, 배석판사 이승규·김소영)는 2004년 5월 14일, 유족들이 낸 손해배상 청구 소송에서 업주들의 책임만 인정하고 국가(경찰)와 전라북도(소방서)는 책임이 없다고 판결했다. 이들의 직무 유기로 인해 여성들이 죽게 됐다는 '상당 인과관계'를 인정할 수 없다는 이유였다. 재판부는 판결문에서 "업주들은 대명동 화재 이후 강화된 단속을 피하기 위해 가게의 자물쇠를, 전문적으로 열쇠를 취급하는 사람이 아니면 알아볼 수 없는 특수 자물쇠로 바꾸고 창문의 쇠창살을 철거함으로써 외관상 감금 사실을 알기 어렵게 했다"고 밝혔다. 경찰이 감금 사실을 몰랐다는 것이다. 재판부는 이어 "경찰은 대명동 사건 이후 여종업원의 인권을 위해 심층 면담을 벌였으나, 감금 행위가 신고된 사실이 전혀 없었다"라며 경찰 편을 들었다.

직무 유기와 여종업원들의 죽음 사이에 인과관계

소방관들의 책임에 대해서도 재판부는 "철제문을 발견하고도 장애 요인이 없다고 허위로 문서를 작성한 점은 인정되나, 대명동 화재 사건 이후 점검·교육·순찰·훈련을 강화해온 점 등을 고려해볼 때 점검 과정에서 의무를 소홀히 한 점이 있더라도 소방관들의 직무 유기와 여종업원들의 죽음 사이에 상당한 인과관계가 있다고 보기 어렵다"고 판단했다.

심급이 올라갈수록 1심 재판부의 판단은 하나하나 '탄핵'되기 시작했다. 항소심을 맡은 서울고등법원 민사합의23부(재판장 심상철, 배석판사 전광식·조규현)는 2005년 7월 20일, 경찰도 배상할 책임이 있다는 판결을 내놓았다.

> 국가와 지방자치단체에 민사상 면죄부를 주는 1심 판결은 부끄러움을 더했다. 그러나 항소심과 상고심이 진행되면서 국가와 지방자치단체의 책임이 상식적인 수준에서 인정됐다. 같은 사안도 재판부가 얼마나 적극적으로 접근하는지에 따라 전혀 다른 결과가 나올 수 있음을 보여주는 사례다.

2심과 3심에서는 인과관계를 인정

재판부는 1) 여종업원들이 면담 과정에서 '2차는 자기 맘'이라고 진술해 성매매 행위가 있음을 내비친 점, 2) 두 차례 실시한 특별 단속에서 개복동 유흥가의 다른 주점에서 성매매를 강요하고 감금한 행위가 적발된 점, 3) "감금 상태에서 성매매를 한다는 사실을 알고 있었으나 면담 과정에서 이런 얘기가 없어 그냥 지나쳤다"라는 군산경찰서 여성청소년계 소속 경찰관의 진술 등을 들어 "경찰이 (여성들이) 감금된 채로 성매매를 강요받는 사실을 쉽게 알 수 있는 상황이었거나, 실제로 그런 정황을 인식하기도 했다"라고 판단했다. 특히 1심에서 '전문가가 아니면 알아볼 수 없다'고 본 특수 자물쇠에 대해서는 "대명동 사건 이후에도 감금 사실이 적발된 업소가 여럿 있었기 때문에 특수 자물쇠를 설치하고 쇠창살을 폐쇄했다고 해서 적발이 어렵게 됐다고 볼 수도 없다"라고 일축했다.

대법원에서는 소방관의 배상 책임까지 인정됐다. 대법원 2부(주심 김능환)는 2008년 4월 10일, "합동 점검 과정에서 소방관은 1층과 2층 사이에 잠금장치가 있고 문을 잠글 경우 2층으로 올라갈 수 없는 구조로 돼 있음을 알고 있었다"고 보고 "시정 조치를 명하지 않은 소방공무원의 직무상 의무 위반은 현저히 불합리한 경우에 해당해 위법하며, 직무상 의무 위반과 화재로 사망한 결과 사이에 상당한 인과관계가 존재한다"고 판시했다.

또 한 번 감금 상태에서 성매매를 강요받던 여성들이 화재로 죽게 된 이번 일은 한국 사회의 후진성을 보여주는 수치스런 사건이다. 국가와 지방자치단체에 민사상 면죄부를 준 1심 판결은 부끄러움을 더했다. 그러나 항소심과 상고심이 진행되면서 국가와 지방자치단체의 책임이 상식 수준에서 인정됐다. 사실은 변하지 않았지만 판단은 변했다. 같은 사안도 재판부가 얼마나 적극적으로 접근하느냐에 따라 전혀 다른 결과가 나올 수 있음을 보여주는 사례다.

6년 동안 싸움을 이끈 이정희 의원 인터뷰
'2차'를 회식으로 알았다는 황당한 증언

이정희 변호사(2008년 당시 민주노동당 국회의원)는 6년 동안 개복동 사건을 해결하는 데 중심에 서 있었다. 이 의원은 〈한겨레21〉과의 인터뷰에서 그간의 '싸움'이 '길고도 힘들었다'고 말했다.

어떻게 이 사건을 맡게 됐나.

– 민주사회를 위한 변호사모임 여성인권위원회가 이 사건의 중요성을 인식하고 화재가 난 다음 날 현장에 직접 내려갔다. 대명동 사건을 해결하는 데 힘쓴 시민단체 '두레방'과 함께 '노예 성매매'였음을 알 수 있는 일기장 등을 증거로 수집하고, 검찰에 철저한 수사를 요구했다. 결국 경찰관의 뇌물 수수와 소방관의 직무 유기가 드러났다. 시민단체와 변호사의 빠른 대처가 사건의 실마리를 푸는 데 기여한 셈이다.

1심 판결을 접했을 때의 느낌은.

– (한참 생각한 뒤에) 황당했다. 일단 판결이 이해되지 않았다.

재판 과정에서 어떤 점이 어려웠나.

– 국가와 지방자치단체가 줄곧 책임을 회피하는 모습을 보고 속이 상했다. 자기들에게 유리한 자료만 제출했고, 어떤 자료가 있는지 우리는 알기도 어려웠다. 증인의 증언도 이해되지 않았다. 경찰이 화재가 나기 전에 여성들을 면담하는 과정에서 '2차는 자기 맘'이라는 진술을 받은 적이 있다. 2심에서 그 진술을 받은 군산경찰서 여경이 증인으로 나왔는데, '2차'를 "보통 회사에서 회식을 가는 2차로 알았다"고 진술하더라. 배상의 책임이 두려웠겠지만, 국가가 지켜야 할 기본 상식이 망각되는 현실이 정말 어이없었다.

이번 판결의 의미는.

– 성매매방지법에 명시된 국가와 지방자치단체의 책임은 그동안 '선언적 문구'에 불과했다. 그나마 한 사건에서 지난한 과정을 거쳐 국가와 지방자치단체의

책임이 인정됐다. '최소한'의 경종을 울렸다고 본다.

심사위원 20자평

박영주　연기와 불길 속에 스러진 이들에게 자그마한 위안이 되길

오창익　공무원들이 제대로 일하면 막을 수 있었다니까

박근용　발뺌하며 빠져나가려던 미꾸라지를 잡았어요

김진　성매매 집결지의 비극, 구매자 당신은 자유로운가

자금 차입에 의한 기업 인수(LBO 방식)는 불법이라는 판결

경제 정의 부문

'봉이 김선달'식 기업 인수에 제동
피인수 업체의 자산을 담보로 돈을 빌려 인수하는 건 배임죄

도급 순위 51위 건설사인 (주)신한을 인수한 김춘환 회장의 수완은 봉이 김선달의 솜씨에 버금간다. (주)신한의 부동산과 예금 등을 금융권에 담보로 맡겨 700억 원의 인수 자금을 조달했기 때문이다. 그가 활용한 차입 매수LBO·Leveraged Buy-Out 방식은 미국을 비롯한 선진국에서 자주 쓰이는 금융 기법으로, 최근 수년 새 국내 인수·합병M&A 시장에서도 자주 활용돼왔다. 제 돈을 들이지 않고도 우량 기업을 매수할 수 있으니 이쯤 되면 대기업 인수도 '손 안 대고 코 풀기'라고 부를 만했다.

그러나 2008년 2월 28일, 대법원은 김 회장에게 '업무상 배임'이라는 철퇴를 내렸다. 재판 기간만 2003년 5월부터 2008년 6월까지 무려 5년여에 걸쳤고, 변호를 맡은 대형 로펌만 6곳에 이른 희대의 사건이었다. 대법원이 고등법원의 무

(주)신한은 김춘환 회장이 인수한 뒤 2007~2008년 국외 수주 2조 2000억 원의 실적을 기록하는 등 꾸준한 성장세를 보였다. 인수·합병 방식은 불법적이었지만, 기업 회생이라는 측면에서는 성공적인 사례가 된 셈이다. (주)신한의 중동 지역 건설 현장 모습.

죄판결 원심을 두 차례나 파기환송하는 우여곡절을 겪은 끝에 김 회장의 유죄가 확정됐다. 인수 대상 기업의 자산을 담보로 금융기관에서 돈을 꾸어 기업 인수 자금으로 쓰는 LBO 방식의 M&A에 대한 최초의 사법적 판단이자 대표적 사례가 나온 것이다.

두 차례 파기환송, LBO에 관한 첫 판례

미국 부동산 업계에서 이력을 쌓아온 김춘환 회장이 건설 회사 (주)신한을 인수하러 나선 시점은 2001년 3월께로 거슬러 올라간다. 김 회장은 2년 전 부도를 맞은 뒤 법원에서 회생 절차를 밟고 있던 (주)신한을 인수하기 위해, (주)신한과 신주 발행을 위한 양해 각서를 체결하고 우선 협상 대상자 지위를 얻었다. 2001년 6월 자신이 설립한 페이퍼 컴퍼니인 S&K월드코리아가 (주)신한의 지분 66.2퍼센트를 인수하면서 (주)신한의 대표이사가 됐다. 이 무렵 김 회장은 인수 자금을 조달하기 위해 동양현대종금에서 320억 원을 대출받는 과정에서 (주)신한이 소유한 550억 원대의 부동산에 근저당권을 설정해주기로 약정했다. 또 한미은행에서 320억 원을 대출받으면서 (주)신한이 소유한 예금 320억 원을 담보로 제공할 것을 약정했다. 마치 주택 담보대출을 받는 것처럼 자신이 인수할 기업의 자산을 '지렛대'로 삼아 기업 인수 자금을 마련한 것이다.

김 회장의 배임이 확정되기까지 6심에 이르는 재판 과정은 잘 짜인 한 편의 법정 드라마를 방불케 해 다양한 법리와 법 해석의 충돌, 반전을 엿볼 수 있다. 1심을 맡은 서울지방법원 남부지원 1형사부(재판장 민중기, 배석판사 최현종·임선지)는 2003년 11월 28일 김 회장에게 배임 혐의에 대해 유죄판결을 내렸다. 재판부는 "LBO 방식을 사용하는 경우 피인수 회사가 부도가 나 법정관리를 받고 있는 등 도산 위기에 처한 한계 기업이라 하더라도, 그 회사의 주주나 채권자들의 잠재적 이익은 여전히 보호돼야 할 것"이며 "인수자로서는 피인수 회사에 대해 그 부담에 상응하는 반대급부를 제공해야 한다"라고 밝혔다. 담보를 제공했다가 탈이 나면 (주)신한과 주주 및 채권자들이 손실을 보는 만큼, 김 회장 쪽에서 일정한 대가를 지불하거나 최소한 대출금을 다 갚을 때까지 S&K월드코리아가 인수한 주식과 채권 등을 임의로 처분할 수 없도록 (주)신한이나 금융기관에 담보로 제공하는 조처를 취했어야 한다는 취지다.

2심에서는 정반대의 판결이 나왔다. 서울고등법원 6형사부(재판장 김용균, 배석판사 오준근·김하늘)는 2004년 10월 6일 배임 혐의에 대해 무죄판결을 내렸다. 재판부는 판결문에서 "((주)신한의 이익을 추구하기 위해) 담보를 제공한 것으로 볼 여지가 크며, (담보를 제공한) 사실을 들어 곧바로 피고인에게 (주)신한에 손해를 가하려는 의사가 있었다고 단정할 수는 없다"라고 밝혔다. 당시 변호인 쪽은 LBO로 주인이 바뀌면서 실적이 개선되고 부실기업의 형편이 살아났으며, LBO를 하더라도 인수 기업이 신용이 높아야 한다는 등의 논리를 내세웠다.

2심에서 혐의 대부분에 무죄판결이 내려지자 검찰은 상고했다. 대법원 3부(주심 김황식)는 2006년 11월 9일 (주)신한의 자산을 담보로 인수 대금을 차입한 김 회장 쪽이 상응하는 대가를 (주)신한과 주주에게 지급했어야 한다는 1심 논리의 손을 들어줬다. "페이퍼 컴퍼니인 S&K월드코리아가 (주)신한의 주식과 경영권을 인수할 자금을 마련하기 위해 (대출이) 이루어진 것이므로, 대출로 인한 직접적 이득은 (주)신한에 귀속된다고 할 수 없고 (…) 피고인 또는 S&K월드코리아가 개인의 이익을 위해 한 행위"라는 것이다. 대법원은 원심을 파기하고 사건을 서울고등법원으로 돌려보냈다.

이후 서울고등법원 2형사부(재판장 한위수)는 2007년 7월 5일 파기환송심에서 (주)신한이 소유한 부동산을 담보로 제공한 부분에 대해서는 유죄를 확정하고, 예금을 담보로 제공한 부분에 대해서는 무죄를 선고했다. 그러나 대법원 1부 (주심 양승태)는 2008년 2월 28일 재상고심에서 또다시 이를 뒤집어 두 사안 모두에서 배임죄가 성립한다고 유죄판결을 내리고, 사건을 다시 심리하라고 서울고등법원으로 환송했다.

재파기환송심을 맡은 서울고등법원 6형사부는 2008년 6월 4일 대법원의 판결에 따라 피고인에게 징역 3년에 집행유예 4년, 벌금 20억 원을 선고함으로써 형을 확정했다. 재판부는 배임죄의 성립은 인정하면서도, (주)신한이 실제 손해를 보지 않았고 김 회장 쪽이 대출금을 궁극적으로 (주)신한의 채무를 변제하는 데 사용한 점, 인수 이후 순자산 가치가 오르고 도급 순위가 높아진 사정을 참작해 징역형의 집행은 유예한다고 밝혔다(2008노707).

판결한 즉시 M&A 시장에 파문

대법원 판결은 1심 판결보다 논리 면에서 한발 더 나아간 것이다. 인수자가 자신의 주식과 채권 등을 임의로 처분되지 못하도록 피인수 회사나 금융기관에 담보로 제공했다 하더라도 배임을 피할 수 없다고 못을 박았다.

대법원의 판단은 M&A 시장에 큰 파문을 던졌다. 특히 재계는 미국과 영국 등에서는 별 탈 없이 통용되는 LBO를 불법 행위로 보는 것은 문제라며 반발했다. 실제 미국에서는 1970년대 이후 주요 사모투자펀드PEF들이 LBO를 활용해 대형 M&A를 성사시켜왔다. LBO가 미국 전체 M&A 시장에서 차지하는 비중은 2006년을 기준으로 27퍼센트에 이르렀다. 송창현 변호사는 "미국과 영국에서 LBO 방식의 M&A는 일상적이고 정형화된 기법"이고 "그러나 국내에서는 최근 나온 대법원 판례 때문에 M&A를 추진하는 분위기가 싸늘해진 것이 사실"이라고 말했다.

동양메이저가 한일합섬을 인수한 과정도 배임죄 논란을 불러일으켰다. 서울 을지로에 있는 동양그룹 사옥.

LBO 방식의 M&A에 찬물을 끼얹은 데에는 동양메이저 사건도 한몫했다. 부산지방검찰청 특수부는 최근 동양메이저가 한일합섬을 인수하면서 금융권에서 돈을 빌린 뒤 갚은 과정 등을 문제 삼아 현재현 동양그룹 회장을 배임 등의 혐의로 기소했다. 동양메이저는 1998년부터 법정관리에 들어간 한일합섬에 대한 협상에서 매각 우선 협상 대상자로 2006년 말 선정됐다. 이듬해 초 일종의 페이퍼 컴퍼니인 특수목적회사SPC로 설립한 동양메이저산업 등 4개 회사를 내세워 한일합섬의 주식 1760만 주를 인수하고 최대 주주가 됐다. 그리고 동양메이저가 동양메이저산업을 먼저 합병한 뒤 다시 한일합섬을 합병했다. 3개 회사를 1개 회사로 만든 것이다.

동양그룹의 한 고위 관계자는 "한일합섬의 주식을 인수할 당시 동양메이저는 회사가 보유한 주식을 담보로 인수 자금을 조달했고, 나중에 합병된 회사에서 차입금을 갚았기 때문에 (주)신한의 LBO 사건과는 확연히 다르다"고 주장했다. 그러나 검찰 관계자는 "(동양메이저가 책임져야 할) 채무를 합병 회사에 떠넘겼다는 점에서 분명히 배임이라고 본다"고 밝혔다. 법조계의 전문가들은 동양메이저 사건은 (주)신한의 M&A에 활용된 것과는 다른 유형의 LBO이며, 이 사건에 대한 배임죄 적용 여부가 LBO 방식의 존폐를 가르는 중요한 갈림길이 될 것으로 본다.

한 M&A 전문가는 "까르푸를 인수한 이랜드, 대한통운을 인수한 금호아시아나, 하이마트를 인수한 유진 등 최근의 굵직한 M&A가 사실상 LBO 방식으로 이뤄졌다"고 하면서 "최근 법조계의 잣대로 보면 대부분 불법성을 띨 수 있다"고 말했다.

대법원 판결은 1심 판결보다 논리 면에서 한발 더 나아간 것이다. 인수자가 자신의 주식과 채권 등을 임의로 처분되지 못하도록 피인수 회사나 금융기관에 담보로 제공했다 하더라도 배임을 피할 수 없다고 못을 박았다.

대주주의 전횡을 막아낼 중요한 장치

LBO 방식의 불법성 자체에 반론을 제기하는 목소리는 여전하다. 서울고등법원의 설민수 판사는 "((주)신한에 대한 대법원의 판단은) 사실상 LBO에 사망 선고를 내린 것"이며 "우리나라처럼 배임죄를 확대 적용하면 경제 활동이 위축될 우려가 크다"고 말했다. M&A 전문가인 김상곤 변호사는 "국내 대형 로펌에서는 지금도 수많은 변호사들이 LBO가 배임이 아니라는 논문을 쏟아내고 있다"고 말했다.

하지만 법조계와 시민단체 등에서는 이번 대법원 판결이 대주주 등의 전횡을 막아낼 중요한 장치를 제공한다고 평가하는 목소리가 높다. 경제개혁연대 운영 위원인 김석연 변호사는 "미국 등에서는 이해관계 당사자들이 회사 자산을 이용 해 사익을 취했다고 판단되면 민사소송을 쉽게 걸 수 있지만, 국내에선 쉽지 않 다"고 하고 "배임죄를 통해 소액주주, 채권자, 노동자들의 권리를 보호해야 하는 까닭이 여기에 있다"고 설명했다. 심사위원인 김남근 변호사는 "첨단 금융 기법 으로 차입을 일삼는 방식이 결국 전 세계적으로 금융 위기를 불러온 것 아니냐" 고 하고 "남의 돈을 끌어다 기업을 인수하면 다른 이들에게 피해를 주고 해당 기 업의 부실화를 낳을 수 있기 때문에 이를 규제하는 것은 중요한 의미가 있다"고 말했다.

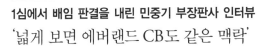

1심에서 배임 판결을 내린 민중기 부장판사 인터뷰
'넓게 보면 에버랜드 CB도 같은 맥락'

(주)신한 M&A 재판의 1심 판결을 맡은 민중기 부산고등법원 부장판사는 "이번 대법원의 판결은 단순히 차입 매수라는 기업 인수 방법을 규 제했다는 의미에 한정되지 않는다"고 말했다. 대주주나 경영자가 경제적 효율성 을 추구한 행동이라 하더라도 결과적으로 회사와 소액주주 등을 위험에 빠뜨리 면 배임과 횡령이라는 법리로 규제받는다는 것이 확인됐다.

1심 판결이 날 당시 LBO 방식의 기업 인수·합병은 국내에서 유례를 찾기 힘 들었다. 판례가 정립되지 않았고 관련 논문도 전무하다시피 한 상황이었다. 민 부장판사는 "당시 피고인 쪽은 미국 법원에서 합법성이 인정된 사안이라고 주장 하고, 검찰은 그것은 미국 쪽 사정이고 현행 법 체계에선 허용되지 않는다고 맞섰다"고 하면서 "피고와 검찰 양쪽에 자신들에게 유리한 판례와 논문을 찾아 제출할 것을 요구했고, 주심 판사도 관련 자료를 열심히 추적하고 검토했다"고 돌아봤다.

그렇다면 1심에서 유죄판결을 내리는 데 작용한 결정적 논리는 무엇일까? 민 부장판사는 "대표이사가 자신의 빚을 갚기 위해 회사의 재산을 담보로 제공하는 경우를 배임으로 보는 기존 판례들이 영향을 끼쳤으며, 미국 법원도 LBO 방식이 적법하려면 담보 제공에 대해 적절한 대가를 지불해야 한다고 판시해왔다는 점이 중요한 근거가 됐다"고 밝혔다.

"넓게 보면 한 기업 집단 안에서 내부 계열사끼리 보증을 서는 문제나 (삼성 쪽 경영 승계 과정에서 나온) 삼성에버랜드 전환사채 문제의 밑바탕에도 이번 판결과 같은 법리적 문제가 깔려 있습니다. 우리 사회에 자본주의 회사 체제가 계속되는 한, 판례는 다소 수정되더라도 이번 LBO 방식에 대한 기본 법리는 그대로 이어질 것입니다."

심사위원 20자평

김남근 현대판 '봉이 김선달'을 혼내주는 판결

김진 사려는 회사를 담보로 돈을 빌려 그 회사 사는 게 첨단 기법?

박영주 첨단 금융 기법과 범죄 행위의 갈림길

오창익 새로운 기법이면 아무렇게나 해도 되나

최강욱 첨단 기법이 범죄로, 전문 변호사들의 영원한 숙제

하청 업자에게 미분양 아파트를 떠넘긴 것은 불공정 거래라는 판결

경제 정의 부문

미분양 아파트를 하청 업체에 떠넘기는 관행에 철퇴

경제적 약자에 '울며 겨자 먹기' 강요하는 불공정 거래

'약자에 대한 우월적 지위를 남용했다'는 주장과 '힘들 때 서로 도와주는 게 관행'이라는 주장이 맞섰다. 법원은 '원칙'을 지켰다.

대주건설은 2003년 광주와 부산 등 9곳에 아파트 단지를 지었다. 하지만 분양률이 2~59퍼센트에 그쳤다. 분양이 극도로 저조하자 대주건설은 분양 기간을 2년 연장했다. 그래도 분양은 절반을 조금 넘는 수준이었다.

자금 압박에 시달리던 대주건설은 2006과 2007년에 걸쳐 레미콘, 골조, 토목, 폐기물 등을 취급하는 20개 업체에 하도급 계약을 맺어주는 대가로 미분양 아파트의 1~3층 49세대를 분양했다. 미분양 아파트의 분양금은 한 채당 1억 5000만~2억 5000만 원가량 됐다. 하도급 업체들은 3~4채씩 떠맡아 수억 원의 돈이 물리게 됐다. 업체들은 떠맡은 아파트를 친척들에게 넘기거나 제삼자에게 되파

건설사가 미분양 아파트를 하도급 업체들한테 할당하는 것은 불공정 거래라는 판결이 나왔다. 대주건설의 경기 용인 공세 지구 모델하우스 현장.

느라고 어려움을 겪었다.

건설사는 '상생 협력 방안'이라고 주장

이를 적발한 공정거래위원회는 2008년 4월 '원청 업체가 우월한 지위를 남용한 행위'라며 계약 금액의 1퍼센트에 상당하는 6억 원의 과징금을 대주건설에 부과했다. 원청 업체가 경제적 이익을 부당하게 요구하지 못하도록 한 하도급법 제12조2를 적용한 것이다. 황정곤 공정거래위원회 하도급개선과장은 "행위 자체가 좀 심했다. 한두 개 하청 업체에 미분양 아파트를 떠넘기는 게 보통인데 20개 업체에 떠넘겼다"고 말했다.

대주건설은 공정거래위원회를 상대로 '과징금 부과 및 시정 조치 취소' 소송을 냈다. 대주건설은 "아파트 미분양 사태로 지방 건설업계가 극심한 경영난과 유동성 부족에 시달리는 상황에서, 건설사와 하청 업체가 함께 살아남기 위한 상생 협력 방안으로 추진했다"고 밝혔다. 또 "유동성에 다소 여유가 있는 하도급 업체가 건설사의 미분양 아파트를 분양받는 건 주택 건설업계의 일반적인 관행"이라고 강조했다.

서울고등법원 6행정부(재판장 조병현, 배석판사 윤강열·조윤희)는 '원칙'을 선택했다. 대주건설은 패소했다. 재판부는 2008년 11월 5일 "배정된 아파트가 실수요자들마저 분양을 꺼리는 저층이고, 대주건설이 아파트를 분양받으면 앞으로 입찰에서 유리하도록 인센티브를 주기로 한 점에 비춰보면, 하도급 업체들이 계약을 따내기 위해 어쩔 수 없이 미분양 아파트를 떠안은 것으로 보인다"고 지적했다. 또 "하도급 업체가 미분양 아파트를 분양받는 것이 업계의 관행이라고 인정할 증거가 없으며, 비록 경제적 어려움을 타개하려고 택한 방법일지라도 이는 공정한 하도급 거래 질서를 해친 행위"라고 밝혔다.

하도급 업체는 심한 자금난

조병현 부장판사는 〈한겨레21〉과의 통화에서 "사실관계는 명확했습니다. 건설사는 상생 협력과 관행이라고 주장했죠. 하지만 경제적 약자인 하도급 업체들이 응하지 않을 수 없는 계약이에요. 법원은 원칙을 지켰다고 봅니다"라고 말했다. 하지만 대주건설은 이에 불복해 대법원에 상고장을 제출했다.

이번 판결로 하도급법을 위반한 떠넘기기식 계약이 크게 줄어들 것으로 보인다. 그동안 일부 건설사들은 하도급 업체에 공사 대금 대신 미분양 아파트나 상가, 토지를 떠넘기는 불법 계약을 맺어왔다. 하도급 업체는 이를 현금화하지 못해 자재와 장비 비용을 대지 못하거나 직원의 월급을 주지 못하는 사례가 빈번했다.

황정곤 공정거래위원회 과장은 "미분양 아파트를 떠넘기는 일은 건설 경기가 어려울 때 자주 일어난다. 이번 판결로 그런 불법 관행이 뿌리가 뽑혔으면 좋겠다"고 말했다. 대주건설 홍보실 쪽은 "미분양 물량을 서로 맡아주는 것은 건설업계의 관행이다. 하지만 이번 판결을 계기로 앞으로 미분양 아파트를 떠넘기는 일은 없을 것"이라고 밝혔다.

심사위원 20자평

김남근 경제 위기가 심화되면 더 우려되는데, 경종을 울리다

김진 대마는 살고 하청 업체만 줄도산하는 비극은 막아야

이종수 이제는 세금으로 미분양 아파트 사줘야 한다고?

판결 이후

대법원 특별2부(주심 김지형)는 2010년 12월 20일 대주건설의 상고를 기각하고 원고 패소 판결한 원심을 확정했다. 재판부는 "수급 사업자들은 원고와 하도급 계약을 체결하기 위해 어쩔 수 없이 분양 계약을 체결한 것으로 보인다"고 하고 "원고의 행위는 공정한 하도급 거래 질서를 해친 행위"라고 설명했다. 갑을 관계를 이용해 미분양 아파트를 떠넘기는 관행에 던진 엄중한 경고였다.

윤진수 심사위원장

게으른 관습 일깨운 부지런한 법리
'안마사' 판결과 '존엄사' 판결이 끝까지 경합

한국 사회의 민주화가 진전되면서 행정 권력에 대한 견제는 점차 강화되었다. 반면에 법원과 헌법재판소의 기능은 전보다 훨씬 부각되었다. 그에 따라 사법기관의 재판이 국민에게 미치는 영향도 커지게 됐다. 그런데 이러한 재판이 반드시 국민들의 지지를 받지는 않았고, 국민 권익에 이바지하지 못한 판결도 있었다.

한편 언론은 사법기관의 판례를 비판하는 데는 적극적이어도 전향적이고 국민을 배려하는 판례를 상대적으로 소홀히 취급하는 경향이 없지 않았다. 중요한 재판임에도 간과되는 경우도 있었다. 〈한겨레21〉은 이러한 흐름에서 벗어나 2008년 한 해 동안 선고된 주요 판례 중 국민들에게 긍정적 영향을 끼친 판결을 집중적으로 다뤄보는 특집을 기획했다.

올해의 판결 심사위원들이 2008년 12월 2일 한겨레신문사 8층 회의실에 모여 열띤 토론을 벌이고 있다.

종전에 없던 새로운 법리를 제시했는가 하는 기준

전문가들로 구성된 심사위원회는 심사위원과 각 분야의 전문가들이 추천한 80여 개 판결을 놓고 토의를 하여 선정했다. 이 판결들을 여러 부문으로 나눈 뒤 각 부문별로 판결 한두 개를 선정했다. 해당 부문에 마땅한 판례가 없어서 선정하지 못한 경우도 있었다. 선정 기준은 국민에게 중요한 의미를 가졌는가, 그렇다면 종전에 없던 새로운 법리를 제시했는가 하는 점이다. 심사 과정에서 쉽게 의견이 모아지기도 했으나, 판례의 중요성이나 의미에 대해 심사위원들 사이에 의견이 갈린 적도 적지 않았다. 장시간 논의를 거듭한 끝에 15개 판결을 뽑았다. 여기에는 대법원이나 헌법재판소의 판례뿐만 아니라 하급 법원의 판례도 상당수 포함됐다.

뽑힌 판결을 보면, 우선 소수자 보호 부문에서는 난민 신청 당사자에게 난민 인정 요건과 증명 책임을 완화한 대법원의 판결, 시각장애인에게만 안마사 자격을 인정하는 의료법 조항이 합헌이라는 헌법재판소의 결정이 선정됐다. 앞의 판결은 우리나라에서 외국인이 늘어나고 있음에도 아직까지 한국 사회는 외국인에게 배타적이라는 일반적인 인식을 불식시키고, 외국인 난민의 인권을 신장했다는 점이 평가됐다. 뒤의 판례는 직업 선택의 자유보다는 소수자 보호를 중시한 것으로서, 헌법재판소 스스로가 과거에 내린 반대 취지의 결정을 사실상 뒤집고 장애인 보호에 적극적인 태도를 보인 혁신적인 결정이라는 점을 높이 샀다.

집회와 표현의 자유 부문에서는 금지 통보된 집회라도 상경 자체를 원천 봉쇄한 것은 불법이라는 대법원의 판결과, 집회 순위를 정하기 어렵다는 이유로 집회 신고서를 반려한 것은 위헌이라는 헌법재판소의 결정이 중요하다고 판단했다. 앞의 판결은 '원천봉쇄'를 통해 집회와 시위를 관리하는 경찰의 잘못된 관행에 브레이크를 걸었다는 점이 인상적이었다. 1심 재판부는 무죄를 선고했고 항소심에서 유죄로 판단한 사건에 대해 대법원 재판부는 다시 뒤집어 무죄판결을 내렸다. 뒤의 판례는 집회 신고제를 허가제처럼 운영하던 경찰의 관행에 쐐기를 박았다는 점이 중요하다고 심사위원들 사이에 의견이 모아졌다. 이외에 헌법재판소는 표현의 자유를 보호하는 결정을 여럿 내린 바 있으나, 기존 판례의 연장선 위에 있다고 판단돼 배제했다. 이는 아마도 심사위원들이 집회의 자유가 중요하게 된 최근 분위기에 영향을 받았는지도 모르겠다.

전문가들로 구성된 심사위원회가 각 심사위원과 전문가들이 추천한 80여 개 판결을 놓고 토의를 하여 선발했다. 심사 과정에서 쉽게 의견이 모아지기도 했으나, 판례의 중요성이나 의미에 대해 심사위원들 사이에 의견이 갈린 적도 적지 않았다.

법원의 적극적 태도가 인상적

행정 부문에서는 사면심사위원의 명단과 약력을 공개해야 한다는 서울행정법원의 판결이 선정됐다. 이는 사면권이 남용되고 있다는 일반적인 인식과, 중요한 국가 대사가 비공개 상태로 심의되는 관행에 대한 우려 때문이다. 그리고 여성 부문에서는 성희롱을 한 지점장을 회사가 징계 해고한 처분은 정당하다는 대법원의 판결을 뽑았다. 아직 여성에 대한 성희롱을 그다지 문제시하지 않는 잘못된 관행에 경종을 울린 것으로 평가됐다. 특히 2심에서 1심의 결론이 뒤집혀 해고처분이 과도하다는 판결이 나왔는데, 대법원 재판부가 이를 바로잡아 여성의 인권 문제를 지켜내려는 단호한 의지를 보인 점이 인상적이었다.

노동 부문에서는 불법파견이더라도 2년 이상 근무한 직원은 직접고용 간주 대상이 된다는 대법원 전원합의체의 판결, 근로복지공단의 요양 불승인 처분이 근로자가 제기한 소송에서 취소되면 휴업급여에 대한 소멸 시효의 항변이 신의 · 성실의 원칙에 반하여 허용될 수 없다고 한 대법원 전원합의체의 판결이 높이 평가됐다. 앞의 판결에서 대법원은 심각한 사회문제가 되어버린 비정규직 문제를 진지하게 받아들여 전원재판부에 회부하고, 공개변론을 걸쳐 반대 의견 없이 대법관 14명 전원 일치로 결론을 내렸다. 심사위원회는 논란이 많은 사안을 다루면서 근로자의 권익을 옹호하는 방향으로 혼란을 제거했다는 점에 주목됐다. 뒤의 판결은 대법원이 형식적인 법 논리만을 따르지 않고 근로자의 권리를 보호하기 위해 신의 · 성실의 원칙을 활용함으로써 적극적인 태도를 보였다는 점에 의미가 있다.

가족 · 가사 부문에 관해서는, 이혼할 경우 경제력이 있는 아버지보다 자녀를 잘 키울 수 있는 어머니가 아이의 친권자이자 양육자가 되어야 한다는 대법원의 판결, 무의미한 연명 치료 장치를 제거하라고 명한 서울서부지방법원의 판결이 주목을 받았다. 앞의 판결은 친권자와 양육자를 결정할 때 자녀의 복리가 우선되어야 함을 대법원의 판례상 최초로 밝힌 의미가 있다. 뒤의 판결은 최근 중요한 사안으로 떠오른 치료 중단(존엄사)에 대해 사회적 토론의 계기를 제공했다는 점이 높이 평가됐다.

형사·사법 부문에서는 수사기관이 조사 과정에서 피의자에게서 떨어져 앉으라고 변호인에게 지시한 것은 위법이라는 대법원의 판결을 뽑았다. 형사 피의자에게 변호인의 조력을 받을 권리를 실질적으로 보장했다는 의미가 있다고 봤다.

손해배상 부문에서는 군산시 개복동의 화재로 사망한 성매매 여성들의 유족이 국가와 전라북도를 상대로 제기한 소송에서 책임을 인정한 대법원의 판결과, 폭설 대란 때 운전자들이 고속도로에 고립되어 피해를 입은 것에 대해 한국도로공사가 배상하라는 대법원의 판결이 선정됐다. 앞의 판결은 성매매 집결지의 여성들이 화재로 사망한 것에 대해 국가와 지방자치단체에 책임을 물음으로써 성매매 여성의 인권 문제를 다시 한 번 상기시킨 점이 돋보였다. 뒤의 판결은 종전 같았으면 자연재해이니 불가항력이라고 체념했을 문제에 대해 법원이 적극적 태도를 보인 점이 눈에 띄었다.

최고의 판결 후보로 오른 판결 3개

경제 정의 부문에서는 차입 매수LBO 방식으로 기업을 인수한 과정에서 대가 없이 피인수 회사의 자산을 담보로 제공한 것은 배임죄에 해당한다는 대법원의 판결, 아파트 시공 업체가 하도급 업체들에게 미분양 아파트를 떠넘기는 것은 불공정 거래에 해당한다는 서울고등법원의 판결이 주목을 끌었다. 앞의 판결에 대해서는 피인수 회사를 약탈적 기업 M&A으로부터 보호할 수 있는 최소한의 장치가 마련됐다고 보는 견해가 있는 반면, 기업 M&A 자체를 어렵게 한다는 부정적 평가도 없지 않았다. 뒤의 판결은 경제적 약자인 하도급 업체를 보호한다는 의미가 있었다.

마지막으로 2008년 선고된 판결 중 최고의 판결을 가리기 위해 심사위원들은 치열한 논쟁을 벌였다. 후보로 거론된 것은 시각장애인 안마사 독점권에 대한 헌법재판소의 결정과 불법파견 근로자에게도 직접고용 간주 규정이 적용된다는 대법원의 판결, 연명 치료 중단에 대한 서울서부지방법원의 판결이었다. 장시간 논의한 끝에, 불법파견 근로자에게도 직접고용 간주 규정이 적용된다는 판결이 뽑혔다. 심사위원들이 이 판결의 손을 들어준 것은 사회적으로 절실한 문제인 파견 근로자의 고통에 대법원이 공감한 것이 인상적이었기 때문이다.

마지막으로 좋은 기획을 마련한 〈한겨레21〉과 장시간 진지하게 토론한 심사위원 여러분의 노고에 감사를 드린다.

심사위원 한마디
'한국 사회 뭘 했나' '변호사들 고생했다' '다음엔 최악의 판결을'

윤진수 · 금태섭 · 김남근 · 김진 · 박경신 (왼쪽부터)

박근용 · 박영주 · 오창익 · 이종수 · 최강욱 (왼쪽부터)

윤진수(서울대 법대 교수) – 불러주셔서 영광이었지만 부담도 되었다. 심사위원들의 얘기를 들으면서 세상엔 다양한 시각이 있다는 것을 느꼈다. 나는 학교에서 민사 분야를 가르치는데, 나와 시각이 다른 이들의 얘기가 유익했다.

금태섭(변호사) – 사실 법은 소수자를 보호하려는 취지에서 만들어진 건데, 인기 없는 논리라도 잘 살려줘야 하지 않나. 그런데 언론 보도를 보면 정치적인 부분만 그대로 옮기는 측면이 있다. 다음에는 최악의 판결도 뽑아서 우리가 무엇을 지지하지 않는지 한번 섬세하게 살펴봤으면 한다.

김남근(변호사) – 국민들 대부분은 조망권 등 생활환경 문제에 높은 가치를 부여하고 있는데, 법원은 최근 법을 엄격하게 적용해 이를 잘 인정하지 않는 흐름을 보이고 있어 아쉽다. 민생과 서민 문제와 관련해 소비자분쟁조정위원회, 중앙환경분쟁조정위원회, 공정거래위원회 등이 좋은 결정을 많이 내리고 있다. 언론이 이를 많이 알리면 판결에도 영향을 미칠 수 있지 않을까 싶다.

김진(변호사) – 민주사회를 위한 변호사모임이 왜 이런 일을 먼저 잘하지 못할까 하는 생각이 든다. 비판적 변호사 단체들이 좀 더 잘해야 한다고 생각한다.

박경신(고려대 법대 교수) – 나쁜 판결이 나오더라도 장기적으로는 법원의 논리를 어떻게든 잘 해석해 이후 좋은 판결을 이끌어내야 한다. 사회적 영향과 의미도 중요하지만 법리와 논리적 부분도 언론이 충분히 다뤄줬으면 한다.

박근용(참여연대 사법감시팀장) – 실은 〈한겨레21〉과 참여연대는 경쟁 관계다(웃음). 예전에 걸림돌 판결과 디딤돌 판결을 뽑는 기획을 했다가 욕도 먹었다. 앞으로 인원을 보강해서 비슷한 기획을 다룰 계획이다. 더 잘해보겠다.

박영주(변호사) – 판례를 하나씩 놓고 얘기하다 보니 변호사들이 이러한 결과를 이끌어내려고 얼마나 고생했을까 하는 생각을 했다. 이번에 뽑은 판결처럼 뜻깊은 판결이 계속 나오면 좋겠다.

오창익(인권연대 사무국장) – 한 해 동안의 판결을 돌아보니 '우리 사회가 도대체 뭘 했나' 하는 생각이 든다. 성과가 별로 없는 게 판례에도 나타나는 듯해 씁쓸하다.

이종수(연세대 법대 교수) – 오늘 헌법재판소에 대한 중요한 지적이 많았다. 그런데 간통죄와 종합부동산세, 안마사와 관련된 일련의 판결을 보면 여론에 편승하는 모습이 보인다. 헌법재판소가 여론 재판을 하게 되면, 국민들은 사회적 이슈가 생길 때마다 여론에 호소하려 할 것이다. 헌법재판소가 이 점을 알고 올바른 결정을 내려야 한다.

최강욱(변호사) – 정치가 제 기능을 못하고 후퇴하는 바람에 갈등이 생길 때마다 사법적 판단을 구하려 몰려든다. 사법 과잉의 시대다. 과연 좋은 판결을 어떻게 선별할지 고민이 많았다. 한 가지 지적하고 싶은 것은 후보로 올랐거나 선정된 판결 중에 고등법원의 판결이 귀하다는 점이다. 마지막 사실심인 고등법원이 매너리즘에 빠져 퇴행하는 모습을 보면서 많은 법률가들이 우려하고 있다.

그 외 주요 판결

- 2014년. 대법원, 골프장 경기보조원은 근로기준법상 근로자로 볼 수 없다는 판결.(195쪽)

- 2013년. 광주지방법원, 위안부 피해 할머니들과 유족 5명이 미쓰비시중공업을 상대로 낸 손해배상 소송에서 원고의 손을 들어준 판결.(158쪽)

- 2013년. 대법원, 하남시선거관리위원회 직원의 신고는 부패 행위 신고에 해당하지 않는다는 판결.(90쪽)

- 2013년. 서울중앙지방법원, 최병승 씨가 현대차를 상대로 낸 '근로자 지위 확인과 임금 지급' 소송에서 원고의 손을 들어준 판결.(174쪽)

- 2013년. 서울고등법원, 골프장 경기보조원을 근로기준법상 근로자로 인정한 첫 항소심 판결.(194쪽)

- 2012년. 대법원, 일본 강제징용 피해자들이 신일본제철을 상대로 낸 손해배상 소송에서 파기환송한 판결.(157쪽)

- 2012년. 헌법재판소, 통신 자료 제공에 관한 법 조항인 구 전기통신사업법 제54조 3항에 대한 헌법소원을 각하한 결정.(179쪽)

- 2012년. 대법원, 군 복무 중에 자살했더라도 직무 수행과 상관관계가 인정되면 국가유공자로 예우해야 한다는 판결.(209쪽)

- 2012년. 헌법재판소, 수형자가 외부로 서신을 보낼 때 봉하지 않은 상태로 교도소에 제출하도록 한 법 조항은 위헌이라는 결정.(209쪽)

- 2012년. 서울동부지방법원, 일반교통방해 혐의로 기소된 희망버스 참가자들에게 무죄 선고한 판결.(209쪽)

- 2012년. 의정부지방법원, 친딸을 수년간 성폭행한 아버지에게 중형을 내리면서 이를 방관한 어머니에게도 공모죄를 선고한 판결.(210쪽)

- 2012년. 서울중앙지방법원, 고려대 의대 성추행 사건의 한 가해자와 그의 어머니에게 2차 가해를 적용해 징역형을 선고한 판결.(210쪽)

- 2012년. 대법원, 대출 광고에 속아 자신의 통장을 넘긴 소시민들을 구제한 판결.(210쪽)

- 2012년. 서울고등법원, 음란물을 판정할 때는 전체적인 맥락을 고려해야 한다는 취지로 박경신 고려대 교수에게 무죄 선고한 판결.(211쪽)

- 2012년. 부산고등법원, 예비 타당성 조사를 받지 않은 4대강 낙동강 사업은 위법이라는 판결.(212쪽)

- 2012년. 서울고등법원, 수원역 노숙 소녀 살인 사건의 재심에서 범인으로 몰린 노숙인에게 무죄 선고한 판결.(212쪽)

- 2012년. 수원지방법원, 트위터를 통해 농담으로 북한을 찬양한 박정근 씨에게 유죄 선고한 판결.(222쪽)

- 2012년. 대법원, 경찰의 불심검문 관련 사건에서 무죄 선고한 원심을 파기한 판결.(223쪽)

- 2012년. 헌법재판소, 노조 간부로 활동하다가 강제 출국 조치를 당한 이주노동자들이 낸 헌법소원을 기각한 결정.(223쪽)

- 2012년. 헌법재판소, 낙태죄는 합헌이라는 결정.(223쪽)

- 2012년. 헌법재판소, 최저임금보다 낮은 현역병 월급에 대한 헌법소원에서 관련 규정은 합헌이라는 결정.(223쪽)

−2011년. 서울행정법원, 삼성 반도체 공장 노동자 고 황유미 씨와 이숙영 씨의 백혈병은 산업재해라는 판결.(58쪽)

−2011년. 헌법재판소, 선거일 이전 6개월부터 선거운동을 금지한 공직선거법 제93조 1항에 대한 한정위헌 결정.(148쪽)

−2011년. 대법원, 업무방해 혐의로 기소된 이석행 전 민주노총 위원장에게 원심을 깨고 일부 무죄 취지로 파기환송한 판결(256쪽)

−2010년. 대법원, 현대중공업이 사내 하청 업체를 폐업시켜 노동자를 해고에 이르게 한 것은 부당노동행위라는 판결.(409쪽)

−2010년. 서울중앙지방법원, 해고된 KTX 여승무원들이 한국철도공사를 상대로 낸 '근로자 지위 확인' 소송에서 원고의 손을 들어준 판결.(409쪽)

−2010년. 대법원, 학교에서 종교의 자유를 요구하다 퇴학 처분을 당한 학생의 손을 들어준 판결.(409쪽)

−2010년. 대법원, 김해시 취수장 관련 사건에서 원고 적격을 폭넓게 인정한 판결.(410쪽)

−2010년. 헌법재판소, 미디어법 2차 권한쟁의 청구에서 기각한 결정.(410쪽)

−2010년. 헌법재판소, 사형제는 합헌이라는 결정.(410쪽)

−2010년. 헌법재판소, 48시간 유치장 구금 행위에 대한 헌법소원에서 기각한 결정.(410쪽)

−2010년. 헌법재판소, 전기통신기본법 제47조 1항은 위헌이라는 결정.(435쪽)

−2009년. 서울중앙지방법원, 용산 참사 철거민들 9명에게 유죄 선고한 판결.(168쪽)

사진 출처 및 제공
한겨레신문사

올해의 판결

—

발행일 초판 1쇄   2014년 3월 24일

지은이   한겨레21 올해의 판결 취재팀
펴낸이   임후성
펴낸곳   북콤마
편집 · 디자인 blank page   조진일

—

등록   제406-2012-000090호
주소   (413-756) 경기도 파주시 문발동 파주출판단지 534-2 201호
전화   031-955-1650
팩스   0505-300-2750
이메일   bookcomma@naver.com
트위터   @bookcomma

—

ISBN   979-11-950383-4-3 (03300)